Die ältere Geschichte

der

Stadt Bremerhaven

von

TH. SACHAU

Pastor emer.

Bremerhaven 1927

Verlag von L. v. Vangerow

JOHANN SMIDT

Die ältere Geschichte der Stadt Bremerhaven

von

TH. SACHAU

Bremerhaven 1927

Verlag von L.v. Bangerow

Druck von Fischer & Wittig, Leipzig.

© 2025 Theodor Sachau, Robert Westerhoff
Verlag: BoD · Books on Demand GmbH, In de Tarpen 42,
22848 Norderstedt, bod@bod.de
Druck: Libri Plureos GmbH, Friedensallee 273,
22763 Hamburg
ISBN: 978-3-7693-5315-0

Vorwort

Am 9. August vorigen Jahres feierte die uns nahe liegende, hoch aus den Fluten der Nordsee ragende schöne Felseninsel Helgoland ihr hundertjähriges Bestehen als Seebad. Der verdienstvolle Gründer des Bades war der schlichte Schiffszimmermann Jacob Andresen Siemens. Auf diese Jahrhundertfeier folgt am 1. Mai dieses Jahres die hundertjährige Wiederkehr der Gründung Bremerhavens. Aus allen Gegenden Deutschlands, sowie auch aus dem damals noch englischen Helgoland erhielt es seine Ansiedler, unter denen der Helgoländer Schiffszimmermann R. C. Rickmers, von dem Unternehmungsgeist seines Lehrmeisters Siemens erfaßt, hier sein Glück versuchte und es in reichem Maße fand. – Andere Städte haben ihre Jahrtausendfeier, wie in diesem Jahre Nordhausen am Harz. Was bedeutet demgegenüber die für das Leben einer Stadt kurze Spanne Zeit von hundert Jahren! Und doch, wenn wir zurückblicken auf die bedeutende Entwicklung, welche die Tochterstadt Bremens in ihren Hafenanlagen, in Handel und Schiffahrt, sowie in kultureller Beziehung in einem Jahrhundert erlebt hat, haben wir wohl Grund genug, den Tag ihrer Gründung besonders festlich zu begehen.

Da ich zweiundvierzig Jahre im Pfarramt an der hiesigen vereinigten evangelischen Gemeinde gestanden habe, mit den Interessen unserer Stadt ganz verwachsen bin und von jeher an ihrer Entwicklung lebendigen Anteil nahm, war es mir schon lange ein Bedürfnis und zugleich eine Quelle der Freude, mich mit der älteren Geschichte Bremerhavens, die das größte Interesse darbietet, über die aber manche unserer Einwohner nur dürftig unterrichtet sind, zu beschäftigen. Das gesammelte Material ist nun anläßlich der Jahrhundertfeier zur Darstellung gekommen. Mein Buch: „Die ältere Geschichte der Stadt Bremerhaven" behandelt die Zeit von ihrer Gründung bis zur Durchführung der neuen Stadtverfassung Ende 1879. Vorangestellt ist eine kurze Vorgeschichte Bremerhavens und des ganzen Unterwesergebietes. – Nicht nur aus amtlichen Akten und in meine Geschichte einschlägigen Schriften, sondern auch aus dem Munde der ältesten Bürger, sowie aus schriftlich niedergelegten Erinnerungen habe ich den Stoff für meine Arbeit geschöpft. Zu dem umfassenden Werke des historisch geschulten Studienrates Dr. Bessel, Bremerhaven, der die hundert Jahre

Bremerhavens anläßlich seiner Jahrhundertfeier im Auftrage der Stadt behandelt hat, dürfte nach verschiedenen Seiten hin mein Buch eine Ergänzung bieten. Es beschäftigt sich eingehender, als von der den Zusammenhang der allgemeinen deutschen Geschichte stärker berücksichtigenden Arbeit Dr. Bessels erwartet werden darf, mit den Einwohnern der Stadt, ihrem Leben und Wirken, mit dem Vereinsleben und seinen führenden Männern, mit verschiedenen staatlichen Einrichtungen, wie Lotsen-, Schleusen-, Quarantäne- und Brandlöschwesen und den in diesen Berufen stehenden Einwohnern, mit dem Leben und Treiben der Jugend Alt-Bremerhavens. Auch bringt es eine Reihe von Familien-Stammtafeln der in den zwanziger und dreißiger Jahren des vorigen Jahrhunderts Eingewanderten.

Möge mein Buch eine freundliche Aufnahme zumal bei den Nachkommen unserer ältesten Einwohner finden. Wem statistische Angaben, ausführliche Mitteilungen über Gemeindeverfassung und dergleichen in meiner Geschichte kein sonderliches Interesse abgewinnen, der wird hoffentlich doch manches darin finden, was ihn fesselt oder ihm liebe Erinnerungen weckt.

Herrn Studienrat Dr. Bessel möchte ich an dieser Stelle besonders dafür danken, daß er verschiedene Lücken in meiner Darstellung hat ausfüllen helfen. –

Bremerhaven, am 1. April 1927
Pastor emer. Theodor Sachau.

Hauptsächlich genutzte Quellen:

„Die Bürger-Convents-Verhandlungen" bzw. Verhandlungen zwischen dem Senat und der Bürgerschaft. – Die Akten des Bremer Staatsarchivs , des Bremischen Amtes in Bremerhaven, die städtischen und kirchlichen Akten. – Die hiesige und die bremische Presse, was erstere betrifft u. a. insbesondere: „Bremerhavens Entwicklung als Seehafen und der Norddeutsche Lloyd 1830-1920" von Wilh. Ehlers, Bremen in der Jubiläumsausgabe der Nordwestdeutschen Zeitung 1920. – „Die Memoiren eines Bremerhavener Jungen", Manuskript von Wilhelm Dreyer. – Mitteilungen aus dem Munde der ältesten Bürger unserer Stadt, Wilhelm Luerssen, Mittelstraße, Justes Pötter, Mühlenstraße und Heinrich von Riegen, Bürgermeister Smidt-Straße.

An Büchern und größeren Werken benutzt:

Professor Buchenau: Die freie Hansestadt Bremen.

Wilhelm von Bippen: Geschichte der Stadt Bremen

Johann Smidt, ein Gedenkbuch mit einem Vorwort der historischen Gesellschaft des Künstlervereins. Bremen 1888, C. Ed. Müllers Verlagsbuchhandlung und Bremerhaven Julius Mocker.

W. von Bippen: Johann Smidt ein hanseatischer Staatsmann.

Dr. H. A. Müller: Gedenkbuch der freien Hansestadt Bremen, sowie der Hafenstädte Bremerhaven und Vegesack von 1851 bis 1876. Bremen 1876.

Theodor von Kobbe und Wilhelm Cornelius: Wanderung an der Nord- und Ostsee, Leipzig. Georg Wigands Verlag. Seite 54-64: „Bremerhaven", von Th. von Kobbe.

D. R. Ehmck: Festungen und Häfen an der unteren Weser.

R. Rudloff, F. Claussen, D. Günther: Die Bremerhavener Hafen- und Dockanlagen. Hannover, Verlag von Gebr. Jänecke, 1903.

Wilh. Langenbeck: Die Geschichte des Norddeutschen Lloyd. 1921, Historia-Verlag Paul Schraepler in Leipzig.

Norddeutscher Lloyd Bremen. Jahrbuch 1905.

P. J. Wilcken: Bilder aus dem deutschen Flottenleben 1849. Hannover 1861. Verlag von Carl Rumpler.

Dr. Max Bär: Die deutsche Flotte von 1848 bis 1852. Leipzig 1898. Verlag von S. Hirzel

Über optische Telegraphie und die erste von Kapitän Wendt eingeführte elektrische Telegraphenlinie zwischen Bremen und Bremerhaven:

Aus „Abhandlungen herausgegeben vom Naturwissenschaftlichen Verein". VIII. Band. Bremen, C. Ed. Müller, 1884. Dr. Edmund Rothe: Kapitän J. W. Wendt.

D. Steilen: Optische Telegraphie.

Über Kanalisierung:

Herm. Gebhard: Die Kanalisation der Stadt Bremerhaven. Bremerhaven 1882.

Über das Vereinsleben:

Die Protokolle des Bürger-Schützen-Vereins, die Jubiläumsschriften vom Turnverein und den Gesangs- und Kriegervereinen.

Über die Garnison Bremerhaven:

Humpert, Oberleutnant z. S.: Geschichte der III. Matrosen-Artillerie-Abteilung zu Lehe a. d. W. Lehe, Druck von Ernst Bruns, 1911.

Über die Thomas-Explosion:

„Das Thomas-Verbrechen am 11. Dezember 1875", Wiedergabe eines alten Berichtes von der „Provinzialzeitung" als besondere Druckschrift. Wesermünde-Bremerhaven, 1925.

Über das Theaterleben:

Johann Meinken: Der Volksgarten in Bremerhaven, ein Kulturbild.

Über die kirchlichen Verhältnisse:

Bremische Biographie des 19. Jahrhunderts. Bremen 1912. Verlag von Gust. Winter.

Dr. Weiß: Bilder aus der Bremischen Kirchengeschichte des 19. Jahrhunderts.

Hasenkamp: Die erste Predigerwahl zu Bremerhaven, erzählt und be-leuchtet von Hasenkamp, Pastor der reformierten Gemeinde zu Lehe. Lehe 1855. Druck von D. Remmler & Comp.

Pastor H. Wolf: Über den angeblichen Kirchenjammer in Bremer-haven 1862.

Pastor Schnackenberg: Kurze geschichtliche Entwicklung der Evan-gelisch-lutherischen Gemeinde zur Kreuzkirche in Bremerhaven. Krause & Randermann 1911

Erster Teil

Aus der Vorgeschichte Bremerhavens

Aus der Vorgeschichte Bremerhavens[1]

Jahrhunderte hindurch hatte Bremen sich als eine treue Stadt des Erzbischofs erwiesen und sich völlig unter seine Oberhoheit gebeugt. So war es denn natürlich und konnte Bremen dessen sicher sein, daß der Landesherr seiner Hauptstadt ein größeres Interesse und eine größere Fürsorge entgegenbringen würde, als den übrigen Städten des Stiftes, Stade, Buxtehude (und Verden), und daß er jede Beeinträchtigung des Handels und der Schiffahrt seiner Stadt nach Kräften verhindern oder beseitigen würde. Als aber seit dem 13. Jahrhundert, jener Zeit, in welcher die Städte und insbesondere die norddeutschen Seeplätze, einen raschen Aufschwung nahmen, Bremen sich stark genug fühlte, um zu versuchen, sich immer mehr von der erzbischöflichen Gewalt zu befreien – da mußten freilich die Interessen der Stadt und des Erzbischofs auseinandergehen. In der Gewißheit, daß die Beherrschung der Weser die Grundbedingung seiner Handelsblüte sei, begann Bremen eine selbständige Herrschaft über die Weser, die es fortan „seinen Strom" gerne nannte, auszuüben. Nachdem es sich durch kaiserliche Privilegien die Hoheitsrechte über die Weser hatte zusichern lassen, war sein ganzes Streben darauf gerichtet, den heimischen wie fremden Schiffern und Kauffahrern nach Kräften die Wasserstraße zu sichern. Das geschah durch Auslegung von Tonnen[2] und andere Seezeichen auf der Weser, durch die Bekämpfung der friesischen Seeräuber, bei der armierte Orlogschiffe und die beständig an der Mündung des Stromes liegenden Wachtschiffe ihren schweren Dienst verrichteten, sowie durch strenge Ahndung jeder gegen die freie Benutzung der Weser gerichtete Gewalttat. Um die Herrschaft über den Strom zu behaupten, hatte die Stadt sich das Recht erworben, daß von ihren Mauern bis „zur salzen See" keine neue Burg in der Nähe des Stromes ohne ihre Einwilligung errichtet werden durfte. Die Beobachtung dieses Rechtes ließ sie sich wiederholt durch Verträge sichern, zunächst mit den Erzbischöfen. Diese betrachteten sich anfänglich

---

[1] Die Darstellung wesentlich nach D. R. Ehmck, Festungen und Häfen an der unteren Weser. Vgl. auch Staatsarchivar von Bippen, Geschichte der Stadt Bremen, II. Bd. Und H. Smidt, Zur Geschichte des Fleckens Lehe, Jahrbuch VIII.
[2] Tonnen wurden auf der Weser wahrscheinlich zuerst in der zweiten Hälfte des 14. Jahrhunderts gelegt, während sie urkundlich erst 1426 vorkommen (Buchenau, Die freie Hansestadt Bremen 1900, Seite 70)

zwar als die eigentlichen Inhaber der Jurisdiktion über den Strom, übten sie aber nicht aus und traten sie dann stillschweigend an die Stadt ab. Solche Verträge, wie sie auch mit dem benachbarten Adel und den Volksgemeinden an der Unterweser abgeschlossen, erneuert und gelegentlich erkämpft wurden, gaben doch der Stadt keine sichere Gewähr einer völligen Beherrschung der Weser. Sie mußte darauf bedacht sein, durch Landerwerb an beiden Ufern sich festere Positionen zu verschaffen. Und das gelang ihr in einer Weise, wie sie es selber kaum zu hoffen gewagt. Noch im 14. Jahrhundert wurden ihr am rechten Weserufer die Schlösser Blumenthal und Stotel verpfändet. Auch das Stadland am linken Ufer kam unter die Botmäßigkeit. Dann wurde, um Stad- und Butjadingerland in der Gewalt zu haben, 1407 die Friedeburg (Bredeborg) in Atens bei Blexen errichtet.

Als Graf Christian von Oldenburg sich mit den Friesen zur Gegenwehr verbündet hatte und dabei besiegt und in Gefangenschaft geraten war, kam 1408 auch das Land Wührden[3] als Pfand für die Kriegskosten in Bremens Besitz. Besonders wertvoll wurde für die Stadt das große Amt Bederkesa. Die eine Hälfte desselben war ihr schon 1396 von dem in Geldnöten befindlichen Erzbischof Otto verpfändet worden. Die andere Hälfte, den Herzögen von Sachsen-Lauenburg gehörig, kam 1411 in ihren Pfandbesitz. Die Erwerbung dieses Amtes war für Bremen vor allem deshalb so wichtig, weil zu ihm das Kirchspiel Lehe (als besonderes Gericht) gehörte, das sowohl an die Weser als auch an die Geestemündung grenzte. Ehmck im Eingang seines interessanten Aufsatzes „Über die Festungen und Häfen an der untern Weser", der zugleich eine lichtvolle Darstellung der politischen Begebenheiten gibt, die unsere Gegend im Laufe der Jahrhunderte durchlebte – bemerkt: „Es gibt Landstriche, wo eine glückliche Beschaffenheit der Luft, des Landes und Wassers sich in solcher Vereinigung findet, daß die Natur selbst die Menschen auffordert, sich dort heimisch zu machen. Plätze, denen die Natur von Vornherein schon eine bedeutende Geschichte mitgegeben zu haben scheint und die (mit ihren natürlichen Hilfsquellen) selbst unter verschiedenartigen Bewohnern und verwandelten politischen Verhältnissen wichtige Stätten der geschichtlichen Entwicklung geblieben sind." Der Verfasser wendet dann mit Recht diese allgemeinen

---

[3] Vgl. Ramsauer, Pastor in Dedesdorf, „Das Land Wührden".

Erfahrungssätze auf die Gegend unserer Stadt Bremerhaven an, „auf welche auch nach mißlungenen Versuchen der Blick der Menschen, wie eine größere Zukunft vorahnend, stets gerichtet blieb." Bremen konnte in der Tat keine wertvollere Stütze und keinen vorzüglicheren Schutz für Schiffahrt und Handel gewinnen, als wie es ihm das südlich von Bremerlehe gelegene Gebiet der Geestemündung darbot. Von hier aus konnte es seine Wachtschiffe in die Mündung der Weser legen, und die einlaufenden Schiffe fanden in der Geeste bei stürmischem Wetter oder gegen die Räubereien der Friesen oder sonstige feindliche Angriffe sicheren stadtbremischen Schutz. Aber zunächst waren es die Neider und Widersacher der alten Hansestadt, die das unmittelbar oder weiter ab gelegene Terrain am Zusammenfluß der Geeste und der Weser zum Stützpunkt ihrer feindlichen Pläne machten, zuerst die Erzbischöfe, später vor allem die schwedischen Könige. Genanntes Terrain und insbesondere das Areal, auf welchem Bremerhaven gelegen ist, sollte ein geschichtlich denkwürdiger Boden werden.

Es war im Jahre 1408, als Erzbischof Johann II. (vorher Probst von Hadeln) in der Nähe der Geeste den Bau einer festen Schanze begann. Die erst im vorigen Jahre von den Bremern auf dem jenseitigen Weserufer in Atens errichtete Friedeburg, welche sich bereits siegreich bewährt und zu weiterer Machtvergrößerung der Stadt beigetragen hatte, wurde dem Erzbischof je länger desto mehr ein Dorn im Auge, aber auch ein Sporn, um auch seinerseits eine Zwingburg gegen die Widersacher der kirchlichen Oberhoheit zu errichten. Am linken Ufer der Geeste bei Geestendorf ließ er die Burg erbauen, welche – wie Renners Chronik berichtet – von der Menge der Stinte, die herbeischwammen und staunend das neue Werk betrachteten, den Namen Stinteborg[4] erhielt. Sie war zunächst gegen die um ihre alten Volksfreiheiten ringenden Wurster errichtet; doch zugleich auch gegen die Stadt Bremen, ihr den Zugang zu ihrer Herrschaft Bederkesa zu erschweren. „Zudem konnte man von der Stinteborg das Fahrwasser der Weser, das sich vor der Geeste nahe an das Ostufer drängte, bestreichen und so den Bremer Weserhandel durch Belastung mit hohen erzbischöflichen Zöllen schädigen" (Plettke). Bremen machte nun alsbald dem Erzbischof Vorstellung mit Berufung auf sein altes Recht, keine fremde Burg an

---

[4] Die Burg lag in der Nähe des jetzigen Geestemünder Rathauses, vielleicht etwas südlicher (Fr. Plettke, Zur Geschichte von Geestemünde, Jubiläumsausgabe der Nordwestdeutschen Zeitung 1920)

der Weser zu dulden. Das hinderte Johann II. nicht, weiter zu bauen. Doch ehe das Werk vollendet war, durchschwamm eine Schar besorgter aber entschlossener Wurster bei Nachtzeit die Geeste, überfiel die kleine Besatzung, zerstörte möglichst viel an dem Bau, warf die Geschütze ins Wasser und vernichtete das vorhandene „büssen krut" (=Pulver[5]). Als der Erzbischof von neuem die Arbeit in Angriff nehmen ließ, drohte der Bremer Rat mit Entsendung bewaffneter Eisenschiffe, so daß der Bau eingestellt werden mußte. Der Ärger, der darüber im erzbischöflichen Lager sich regte, war groß. – Der große Gebietszuwachs, den die Stadt Bremen im Laufe der Zeit erfahren hatte, hielt reichlich ein Jahrhundert an. Dann nahm er immer mehr ab, zur Freude ihrer Feinde. Durch Einlösung gingen das Land Wührden (1514) und die Grafschaft Stotel an ihre früheren Herren zurück. Im Jahre 1524 erlag die verhaßte Friedeburg dem vereinigten Angriff der Rüstringer und Friesen, und mit ihr gingen das Stad- und Butjadinger Land für Bremen verloren. Als die Wurster nach heldenmütiger Gegenwehr von dem Erzbischof Christoph unterworfen waren, kam 1526 auch das Kirchspiel Lehe unter die Botmäßigkeit des Erzstiftes. Doch das kaiserliche Kammergericht, bei dem Bremen einen Prozeß angestrengt hatte, sprach das Kirchspiel wieder der Stadt zu.

Im Jahre 1536 erneuerte Lehe den alten Vertrag mit Bremen und zahlte jährlich ein am St. Nikolaustage fälliges Schutzgeld von 25 Gulden. Die Bremer Herrschaft wurde indes unbequem. Der Rat zeigte in der Behandlung der an Selbstverwaltung gewöhnten Leher nicht die nötige Vorsicht und Besonnenheit. Doch der Druck der späteren Herren wurde ihnen noch weit empfindlicher. – Bevor Schweden seine Hand auf unsere Gegend legte, war auch schon von anderen Mächten das Gebiet der Geestemündung als ein wichtiger militärischer Stützpunkt ins Auge gefaßt worden. – Während des Dreißigjährigen Krieges begannen die kaiserlichen Truppen, welche 1628 in unserer Gegend lagen, eine alte verfallene Schanze, die vielleicht ein Rest der Stinteburg war, wieder herzustellen.

Der Rat in Bremen erfuhr von den Soldaten, daß die Befestigung einen etwaigen Einfall des dänischen Königs von der See her abwehren sollte. Der

---

[5] Nach der Mitteilung des Bremischen Chronisten, aus der hervorgeht, daß die Burg mit Kanonen, wohl den ersten unserer Heimat, armiert war (Fr. Plettke).

Siegeszug Gustav Adolfs aber zwang die Truppen, unsere Gegend zu verlassen. Neun Jahre später richteten dann wirklich die Dänen ihr Auge auf die Geestemündung. Als Friedrich, der zweite Sohn Christians IV. von Dänemark, 1637 in den Besitz des Erzstiftes gelangt war, begann er sofort Händel mit Bremen und bestritt dessen Reichsunmittelbarkeit. Zwei Jahre darauf schickte er Truppen nach Lehe, und im April erschienen zwei dänische Orlogschiffe, die von den Handelsschiffen ungewöhnliche Abgaben erhoben. Bei Geestendorf wurde eine sogenannte Realschanze[6] und auf dem jetzigen Bremerhavener Gebiete, auf dem sogenannten „Maenhorn, am Ende des Winsels" (Wintzelweges) ein größeres Erdwerk errichtet und mit Geschützen armiert. Aus sicherer Quelle erfuhr der Rat von Bremen, daß der Erzbischof sogar mit dem Plane umgehe, bei Geestendorf eine Stadt zu erbauen, deren Bürger er auf Jahre hinaus besondere Vorrechte verleihen wollte. Da erging zur rechten Zeit in scharfen Worten an den Erzbischof ein kaiserlicher Befehl, und laut des zu Stade am 4. Oktober 1639 abgeschlossenen Vertrages mußten die mit Mühe eben errichteten Schanzwerke geschleift werden. – Durch den Westfälischen Frieden kam Schweden in den Besitz der Herzogtümer Bremen und Verden, und von neuem lenkte sich die Aufmerksamkeit auf die militärische Bedeutung unserer Gegend.

Im Jahre 1653, während der Streitigkeiten wegen des Elsflether Zolles, besetzte der schwedische General Graf Königsmark Lehe und warf vor dem Orte eine Schanze auf. Nur durch schwere Opfer, durch Abtretung des Amtes Bederkesa und des Gerichts Lehe, sowie durch Verzicht auf die Hoheit über Blumenthal und Neuenkirchen konnte Bremen in dem Vergleich zu Stade vom 28. November 1654, wenn auch nicht die ausdrückliche Anerkennung der Reichsunmittelbarkeit erkaufen, so doch deren zeitweiligen Besitz behaupten. –

Wie früher im Norden Europas trat jetzt auch an der Weser Dänemark als Rivale Schwedens auf. Eine Flotte erschien am 3. Juli 1657 vor der Geeste und brachte durch wenige Schüsse die Schanze bei Geestendorf zur Übergabe. Doch war diese Eroberung nur von ganz kurzer Dauer. Unter Karl X. von Schweden, der in Dänemark einfiel, das im Frieden zu Roeskilde schwere Bedingungen eingehen mußte, wurde schon am 2. August 1657

---

[6] Innerhalb der letzten Geesteschleife vor der alten Mündung der Geeste.

die genannte Schanze durch den schwedischen General Wrangel zurück-erobert. –

War bis dahin das Gebiet an dem Ausfluß der Geeste vorwiegend nur als ein militärischer Stützpunkt berücksichtigt worden, so erkannte man in Stockholm unter dem jungen, begabten und tatendurstigen Karl XI. zum ersten Male klar, wie günstig der Platz sich auch in kommerzieller Beziehung ausnutzen ließe.

Im Jahre 1672 beschloß der König in dem nördlichen Winkel zwischen Weser und Geeste an der Stelle der alten Leher Schanze eine Festung und Handelsstadt zu gründen. Schon der letzte Erzbischof Heinrich hatte diesen Gedanken erwogen, er ebenso wie jetzt der Schwedenkönig mit der Absicht, durch solche Anlage allmählich Bremens Handel lahmzulegen (Leippen, Geschichte der Stadt Bremen, III, S. 179). Die Mittel zur Erbauung sollten den Subsidien entnommen werden, die Frankreich an Schweden zahlte, damit letzteres imstande sei, den Großen Kurfürsten vom Kriege gegen Frankreich abzuhalten. Truppen wurden gelandet, das nötige Baumaterial herbeigeschafft, und der Gouverneur der Herzogtümer Bremen und Verden, Feldmarschall Horn in Stade, tat selbst am 11. Juni 1672 den ersten Spatenstich. Doch erst im folgenden Jahre schritt die Arbeit vorwärts. Landmesser wurden von Stade aus beauftragt, den Platz für die neue Festung abzumessen und auf einer Karte zu verzeichnen. Der Stader Regierung wurde befohlen, Vorschläge für die Heranziehung von Einwohnern nach der neuen Stadt auszuarbeiten. Erst, als am 21. April aus Stockholm der „Obrist und französische Ingenieur", P. Melle, dem die Anlage des Platzes und das Kommando übertragen war, mit einer neuen Truppenabteilung erschien, wurde mit dem eigentlichen Bau begonnen. – Interessant ist die Nachricht, daß zum Zweck des Festungsbaus die Mündung der Geeste, welche damals weiter oberhalb im heutigen Geestemünde lag, eine andere ziemlich vom alten Geestendorf abführende Richtung erhielt, die sie noch heute hat. Pratje in seinem Geschichtswerk: Altes und Neues aus den Herzogtümern Bremen und Verden, Stade 1778, X, S. 299, § 10, berichtet uns: „Der Platz nahe dabei, wo vor Anlegung dieser Festung die Leher Schanze gestanden, liegt jetzt an der Vieländischen Seite[7], indem ein

---

[7] D.h. also südlich von der Geeste; denn das „Vieland" war der Landstrich südlich von der Geeste bis zur Rohr, dem Nebenflusse der Lune.

kleiner Arm des Geesteflusses durchgegraben und der alte Alveus (Fluß) durch Einsenkung eines Schiffes verstopft worden ist." Bei Ausgrabung des Geestemünder Hafens kam der alte Schiffsrumpf wieder zum Vorschein, der irrtümlich früher von Altertumsforschern als der Rest eines Askommannenbootes erklärt worden ist. Der 1800 und 1817 aufgenommene Plan von der Geeste bis zur Mündung der Weser (s. den Plan 2 im Anhang) zeigt auf den Geestendorfer Außendeichsländereien kleine, von dem alten Ausfluß der Geeste herrührende, mit Ratjer Loch, Sandbraak und alte Geeste bezeichnete Wasserläufe. Diese deuten die Richtung an, welche ursprünglich die Mündung der Geeste genommen hat. Der kleine Arm des Geesteflusses (Pratje), der bis zur Weser gegraben wurde, nahm beim Ratjer Loch seinen Anfang. Bis zur Erbauung der Karlsburg machte die Geeste kurz vor ihrer Mündung, wie aus dem Plan der Karlsburg im Anhang, Karte 1 zu ersehen ist, noch eine große Schleife nach Süden, bis tief in das heutige Geestemünde hinein. Eine schwache Andeutung von der „alten Geeste", als reguliertem Wasserlauf im damaligen Außendeichsland, befindet sich auch auf der Situationskarte von 1826, welche der Mitteilung des Senats an die Bürgerschaft vom 9. März 1827 über den mit Hannover geschlossenen Vertrag als Anlage beigefügt wurde. „Vor 30 Jahren", berichtet Fr. Plettke in seinem Artikel „Zur Geschichte von Geestemünde" in der Jubiläumsausgabe der Nordwestdeutschen Zeitung 1920, „hieß auch noch ein Graben östlich des Hauptzollamtes in Geestemünde die ‚alte Geeste'. Vermutlich ist das Absinken des westlichen Rathausteiles in den ersten Jahren nach der Erbauung darauf zurückzuführen, daß dieser Teil auf dem alten Geestebett steht."

Nach Herstellung des neuen Geesteausflusses und nach angestrengten Aufbauarbeiten erhob sich allmählich die stattliche Festung, die vom König den Namen Karlsburg erhielt, geschützt durch den Geestefluß und durch Gräben, die aus ihm abgeleitet waren, von 16 bis 18 Fuß Tiefe und gegen 80 Fuß Breite. Auf der Landseite sicherten den Ort außer dem Graben ein bebößchter Wall, einige Reihen von Palisaden und drei befestigte Tore, das Geestendorfer, ihm gegenüber das Wurster und östlich das Leher Tor. Auf den Wällen standen schließlich (1675) in 36 Rondeelen 72 Kanonen. Ein fester Pulverturm war errichtet, und Baracken waren erbaut für eine Garnison von etwa 2.200 Mann. Ein freier Raum, der im Bedürfnisfall nach der

Südseite der Geeste hinüber erweitert werden konnte, war für eine Handelsanlage vorgesehen. Doch blieb die ganze Fläche unbebaut. Welche Hoffnung man in Schweden anfänglich auf die Karlsburg setzte, beweist der für die Ansiedler ausgestellte Freiheitsbrief. Engländern, Holländern, Portugiesen und Vertretern anderer Nationen, falls sie gedächten, daselbst Kontore und Kaufhäuser zu errichten, sollte in allen Wegen zu erkennen gegeben werden, wie sehr man darauf bedacht sei, Handel und Wandel zu stärken. Das am 16. März 1674 in Stockholm ausgestellte Privilegium sicherte dem Platze große Vorrechte zu: Schenkung des Grundstückes, nur mit der Verpflichtung, es zu bebauen, Abgabefreiheit für eine Reihe von Jahren, Gewerbefreiheit und ungestörte Ausübung jeder christlichen Konfession, wobei freilich die Regierung nur den Lutheranern eine Kirche bauen wollte. Es waren großartige Vorschläge in bezug auf die Karlsburg[8], welche man in Stade ausgearbeitet und der Regierung in Stockholm unterbreitet hatte: Gründung von Schule und Kirche, Hospital und Friedhof, Rat-, Zeug- und Provianthaus, Errichtung von Pack- und Kaufmannshäusern, Herstellung von Textil- und Lederwaren und Aufbau von 400 Privathäusern. Wenn so weitgehende Pläne wirklich in Erfüllung gegangen wären, hätte Bremen wohl schwere Sorge um seine Zukunft befallen können angesichts eines solchen konkurrierenden Handelsemporiums an der Unterweser. Aber alles blieb ein schöner Traum, weiter nichts.

Der vorläufige „Bürgermeister" von Karlsburg, Besser, der Ende 1673 nach Stockholm gereist war, um das Werk an der Geestemündung möglichst zu fördern, kehrte im Oktober 1674 mit schweren Enttäuschungen zurück. Dem Festungsbau brachte man dort Interesse genug entgegen, wiewohl es schwer hielt, rechtzeitig die große Anzahl der Geschütze, die nötigen Baumittel und die Löhne für die Truppen der Karlsburg zu beschaffen. Dagegen von dem Stadtgründungsplan wollte man nicht mehr viel wissen. Das Land war durch eine Mißernte schwer heimgesucht. Die Staatskassen waren leer. Die Welt stand gerade im Zeichen des ersten Raubkrieges Ludwigs XIV. Die bewegten und verwickelten politischen Verhältnisse, die auch Schweden in den Krieg hineinziehen mußten, nahmen die volle Aufmerksamkeit des Hofes in Anspruch und ließen eine Handelsstadt an

---

[8] Siehe Studienrat Dr. Bessels Geschichte der Karlsburg in seinem Werk „Geschichte Bremerhavens".

der Geestemündung nicht aufkommen. Gleich nach Bessers Rückkehr wurde zwar versucht, etliche hundert Familien, die gerüchteweise aus Holland, das durch den Angriff der Franzosen in schwere Bedrängnis geriet, auswandern wollten, für die Karlsburg zu gewinnen. Doch alles vergeblich.

1674 trat auch das Reich dem Kampfe gegen Frankreich bei. Nun mußte der König von Schweden, durch Vertrag an Frankreich gebunden, von Pommern her den Kurfürsten von Brandenburg angreifen. Infolgedessen wurde (1675) auch Schweden zum Reichsfeinde erklärt, und bald begannen die Braunschweiger und die Münsterschen, mit den Brandenburgern und Dänen verbündet, den Feldzug gegen die Herzogtümer Bremen und Verden. Die Stadt Bremen hielt sich klugerweise neutral, leistete aber im geheimen den Verbündeten Vorschub. In kurzer Zeit ward den Schweden alles entrissen, mit Ausnahme der beiden Waffenplätze, der alten Festung Stade und der neuen Fortifikation Karlsburg. Der Angriff auf letztere sollte zu Wasser und zu Lande geschehen. Am 19. September[9] erschien die vereinigte holländisch-brandenburgische Flotte mit neun Orlogschiffen und einer Menge von Begleitschiffen vor der Karlsburg. Alsbald erging die Aufforderung zur Übergabe. Der tapfere Kommandant Melle nahm sie nicht an und ließ dem brandenburgischen Admiral Simon de Bolsey erwidern, er wisse den Brandenburgern nichts als Kraut und Lot zuwillen. Die Beschießung begann. Sie dauerte vom frühen Morgen bis vier Uhr nachmittags. Aber die vielen Geschosse vermochten der Festung nur wenig anzuhaben. Bolsey beschloß deshalb, die Ankunft der verbündeten Landtruppen abzuwarten. Aber sie erfolgte nicht. Uneinigkeit herrschte im dortigen Lager, und insbesondere das Haupt der Alliierten, der trügerische Bischof von Münster, gönnte unter keinen Umständen Brandenburg Eroberungen an der Nordseeküste. In Stade fürchtete man, daß die Festung sich nicht halten würde. Eiligst brachte man von Stade Standarten Reiter und Dragoner zur Hilfe auf, die gerade an Land befindlichen Brandenburger, welche bei Weddewarden wieder die Schiffe besteigen wollten, mußten, 300 Mann stark, den berittenen Truppen sich ergeben. Auch die von Oldenburg herübergekommenen Fähnlein dänischer Reiter wurden überwältigt, gefangen genommen und zur Dienstleistung in der Festung gezwungen. Vergeblich hoffte die Flotte

---

[9] Vgl. H. A. Schumacher: Aus den ersten Zeiten der preußischen Kriegsflotte. Weserzeitung 1869, 13. und 15. Juni.

auf eine Verbindung mit den Verbündeten. Die holländischen Schiffe trennten sich alsbald von den brandenburgischen und gingen nach Kopenhagen. Die brandenburgischen Schiffe legten unter dem Kommando von Jacob Raule in die Elbe, ohne vor Stade etwas auszurichten. Endlich entschloß man sich im verbündeten Lager zu einer weitläufigen Zernierung der Karlsburg. Ein ganzes Vierteljahr hielt sich Melle. „Mangel an Holz, Salz und Volk" (Pratje) – ein großer Teil der Besatzung war durch Krankheit dienstunfähig geworden – nötigte ihn endlich am 28. Dezember zu dem Entschluß, mit den Belagerern das Abkommen zu treffen, daß er die Festung übergeben wolle, wenn in vierzehn Tagen kein Entsatz komme. Da dieser ausblieb, erfolgte am 12. Januar 1676 die Übergabe unter ehrenvollen Bedingungen. Erst als am 3. August desselbigen Jahres sich Stade ergab, war der Nordwesten Deutschlands ganz von den Schweden befreit. Lange wurde in Bremen, das klugerweise dem Kriege gegen Schweden sich nicht angeschlossen hatte, über das Schicksal der Karlsburg verhandelt und schließlich die Demolierung beschlossen. Doch war sie sehr unvollständig ausgeführt, als die Schweden im Sommer 1697 [10] durch die Verträge, die Brandenburg und Bremen mit ihnen schlossen, wieder in den Besitz der Herzogtümer gelangt waren. Im Jahre 1683 schritten dann die Schweden selbst zu einer weiteren Demolierung der Festung. Die Palisaden wurden weggeschafft und die Geschütze nach Stade geführt. Wohl nicht nur Mangel an Brunnenwasser und Ansiedlern, wie sie angaben, trieb zu diesem Entschluß, sondern diplomatische Vorstellungen der Holländer, denen sich vielleicht auch Brandenburg und Dänemark anschlossen. Doch ganz wurde das Werk auch jetzt noch nicht zerstört. Noch immer gab es einen Kommandanten und zwei Kompanien deutscher Soldaten mit den Frauen und Kindern. Nur e i n e Kompanie war zur Zeit in der Festung, die andere lag in Lehe. 1685 wurde alles nach Lehe verlegt [11]. Die militärischen Gebäude verfielen immer mehr. Im folgenden Jahre erhielt Lehe, das wiederholt um Zuwendung des Abbruchmaterials gebeten hatte, eine verfallene Baracke, um das Holz zum Bau einer neuen Schule zu verwenden. Ein „Konstabel" war zwar noch auf der Karlsburg, um die paar Geschütze, die merkwürdiger-

---

[10] *1679; siehe Druckfehlerverzeichnis, S. 395*
[11] Nach Bessels Mitteilungen.

weise noch stehn geblieben waren, zu bewachen, doch fand er keine passende Gelegenheit für ein Quartier und zog es vor, in Lehe zu wohnen. Auf der verfallenen Festung war es ganz einsam geworden. Nur Claus Öhr[12], der ehemalige Bäcker und Proviantmeister der Karlsburg, ein Stader Bürger, der erste Einwohner, konnte sich von dem Platze nicht trennen, er blieb bis zu seinem Tode.

Noch einmal schien es so, als sollte für die verfallene Karlsburg doch noch eine günstige Wendung des Schicksals eintreten. Der eben zur Regierung gekommene fünfzehnjährige tatkräftige und ehrgeizige Karl XII. von Schweden, angeregt durch eine schon 1694 verfaßte Denkschrift des Amtmanns Rift zu Bremervörde, war entschlossen, die Stadt und Festung Karlsburg wieder aufzubauen und befestigen zu lassen, nicht nur zur Defension und zum Schutze des Herzogtums Bremen, sondern auch zum Handel und Wandel. Der Feldmarschall Erich Dalberg mußte einen Riß zur Ausbesserung und Erweiterung des Platzes anfertigen. Die schwedischen Gesandten wurden aufgefordert, die Evangelischen in England und Holland, vor allem die aus Frankreich vertriebenen Reformierten, welche sich zahlreich in Deutschland aufhielten, unter der Hand davon in Kenntnis zu setzen, daß ihnen für den Fall ihrer Ansiedlung besondere Vorrechte auf dreißig Jahre gegeben werden sollten. Es geschah indes in der politisch unsicheren Zeit so gut wie nichts für die Ausführung des neuen Planes. Zu einer Handelsanlage kam es nicht. Durch die großen Kriege, welche der König von 1700 an gegen Dänemark, Rußland und Polen führte, geriet alles ins Stocken. In kurzer Zeit kam 1712 durch Eroberung das längst ersehnte Herzogtum Bremen in Dänemarks Besitz. In demselben Jahre besetzte Hannover das ehemalige braunschweig-lüneburgische Herzogtum, das seit 1692 zum Kurfürstentum erhoben war. Zwei Jahre später erhielt Kurfürst Georg durch Erbschaft die englische Königskrone. Einer solchen Macht gegenüber, die ebenfalls auf unsere Küstengegend Anspruch erhob, glaubte Dänemark das eroberte Land auf die Dauer nicht behaupten zu können. Schon 1715 gab es das Herzogtum Bremen gegen eine Geldentschädigung an Hannover ab. Dieses aber schien keine Neigung zu haben, noch einmal den Versuch zu machen, den vielumstrittenen Platz an der Geestemündung als große Handelsanlage auszunutzen. Die Karlsburg verödete, dem Sturm und

---

[12] Nach Bessels Mitteilungen.

Regen preisgegeben. Die Wälle sanken ein, die Gräben verschlammten, und die furchtbare Weihnachtsflut des Jahres 1717 vollendete das Zerstörungswerk. Es schien, als ob für immer der Platz seine Bedeutung verloren und das Schicksal sein endgültiges Urteil über diesen Zankapfel verschiedener Nationen gesprochen habe. Doch wurde der auf ein Handelemporium gerichtete Gedanke Karls XII. noch gegen Ende desselbigen Jahrhunderts wieder aufgenommen. Zunächst von Bremen. Der befreundete französische Gesandte bei den Hansestädten Karl Friedrich Reinhard hatte am 1. Dezember 1796 in einer ausführlichen Depesche an den Minister des Äußeren in Paris unter den besonderen Wünschen Bremens auch die Erwerbung eines Gebietes an der Unterweser erwähnt, wobei doch sicherlich an die Gegend der Geestemündung gedacht war. Die Wünsche Bremens fanden keine weitere Beachtung. Doch wurde lebhaft der Plan erörtert, den im Sommer 1798 der mit den Küstenverhältnissen seines Landes vertraute Advokat Johann Heinrich W a g n e r in Celle zur Gründung einer Hafenstadt an der Geeste entworfen hätte. In Hannover zunächst abgewiesen, wandte Wagner sich nach Bremen. Ein hannöverscher Bürger sollte den Platz pachten und sich eine Handelsgesellschaft unter der Leitung einiger Senatsmitglieder aus Bremen bilden. Die Schiffahrtskreise erklärten sich entschieden für den Plan. Doch unter den bremischen Kaufleuten regte sich Mißtrauen in die Rentabilität eines Privatunternehmens. Auch hatte man eine gewisse Furcht vor der Konkurrenz des neuen hannöverschen Ortes.

Gleichzeitig mit Wagner hatte der in Lehe als Richter angestellte Dr. G. R i b b e n t r o p auf die außerordentlich günstige Lage des Ortes hingewiesen, durch deren richtige Ausnutzung Lehe möglicherweise zu einem der „ersten Handelsplätze des nördlichen Deutschlands werden" könnte. Nachdem Wagner auch in Bremen nichts erreicht hatte, wandte er sich abermals nach Hannover und fand diesmal ein besseres Entgegenkommen. Das Kommerzkollegium war bereit, in der Gegend von Karlstadt einen Hafen anzulegen und dafür 3.000 Th. G. zu bewilligen. Diese lächerlich niedrige Summe aber bewies, wie wenig das genannte Kollegium solchen Aufgaben gewachsen war. Im Jahre 1800 wurde nun aber wirklich ein Projekt der Hafenanlage aufgenommen. Doch die folgende Kriegszeit vereitelte alles, veranlaßte aber eine nochmalige Verwertung des Karlstadt-Areals zu militärischen Zwecken. Dabei setzten sich nacheinander drei Nationen in seinem Besitz.

Durch die Franzosen unter Bernadotte wurde 1804 an derselben Stelle, wo Hannover später das Fort Wilhelm erbaute, eine neue Schanze errichtet, um dem Treiben der im ganzen Lande verteilten französischen Beamten den gehörigen Nachdruck zu geben und eine Landung der Engländer zu verhindern. Diesen aber gelang es, die Batterie im Jahre 1809 auf kurze Zeit zu besetzen. Dann kam sie wieder in den Besitz der Franzosen und wurde ausgebessert und neu armiert. Nachdem aber die befreiende Kunde von dem Untergang der Großen Armee in unsre Gegend gedrungen war, erhoben sich am 14. März 1813 die tapferen Wurster unter Führung des Anton Biehl aus Imsum, belagerten, unterstützt von englischen Soldaten, die Zwingburg, die sich dann am 15. März ergeben mußte. Aber zehn Tage darauf wurde sie durch eine von Bremen aufgebrochene französische Kolonne wieder eingenommen, wobei die Besatzung bis auf einen, der sich durch eilige Flucht gerettet hatte, sofort erschossen wurde. Nach dem unglücklichen Gefecht an der Geestebrücke bei Lehe wurde der Ort der Plünderung durch die französischen Truppen preisgegeben und die ganze Gegend kam wieder in die Hand der Feinde. Da kamen die RUSSEN als Befreier in unser Land. Am 24. November 1813 ergab sich ihnen die Batterie von Karlstadt und wurde später zerstört. Nachdem auch die Russen das Unterwesergebiet wieder verlassen hatten und nach dem Rhein abgezogen waren, kam die Geeste- und Wesermündung mit den angrenzenden Landesteilen wieder an Hannover und unter britischen Schutz.

Nach dem Friedensschlusse von 1815 gab es in unserer schwer heimgesuchten Gegend viele Mühe und Arbeit in der Wiederherstellung des Zerstörten und Geraubten. Die Ländereien lagen ringsum verödet da. Der Viehstand war fast ausgestorben. Es fehlte überall an dem Notwendigsten. Durch reiche Hilfe des Vizekönigs Georg IV. von England wurde wenigstens die größte Not beseitigt. Nachdem wieder Ruhe und geordnete Verhältnisse eingetreten waren, wurde eine Hafenanlage an der Geeste und Weser wieder ernstlich erwogen.

Als im Mai 1816 Smidt in Frankfurt die Verhandlungen wegen Aufhebung des von Oldenburg zum Schaden Bremens eingeführten Elsflether Zolles begann, kam es ihm in den Sinn, in einer Unterhaltung mit dem oldenburgischen Bevollmächtigten von Berg, „die mit Hilfe Hannovers durchzuführende Anlage eines Hafens am rechten Weserufer als Drohung gegen Oldenburg hinzuwerfen" (von Bippen, die Gründung Bremerhavens in „Johann Smidt", Gedenkbuch). Den einmal aufgestiegenen Gedanken besprach er dann näher mit dem hannoverschen Minister von Martens und fand bei diesem ein ziemlich bereitwilliges Entgegenkommen. Am 15. Mai berichtete er darüber an den Senat und empfahl den Plan zu erwägen, um so mehr, als das gegenwärtige Verhältnis zwischen Bremen und Hannover ein durchaus freundliches sei. Freilich bemerkte er damals, daß er hierbei nicht dächte „an Acquisition von Land und Leuten, die Hannover doch nicht zugestehen würde und die Bremen im Grunde wenig frommte, sondern an Handelsvorteile, die im Grunde auch nicht ohne Vorteil für Hannover seien". Sein Gedanke fand aber nicht die Zustimmung seiner Kollegen im Senat.

Wahrscheinlich war es doch auf diese von Smidt ausgegangene Anregung zurückzuführen, daß Hannover bald für eine Hafenanlage Landstrecken an der Geeste und Weser ankaufte. Freilich wurde der 1817 aufgenommene „Plan der Geeste von der Leher Brücke bis zur Mündung in die Weser, wegen projektierter Hafenanlagen[13] nicht berücksichtigt. Nach diesem Projekte sollte eine Abdämmung der Abschnitte der alten Geeste, eine Eindeichung der alten Karlstadt, und von der Geeste am Welacker aus (s. die Karte 2 im Anhang mit dem zweiten Projekte: a, a...) die Ausgrabung einer neuen Mündung des Flusses nördlich des ehemaligen Geländes der Karlstadt im Flurgebiet des Wintzelweges stattfinden und so eine nahe Verbindung mit Lehe hergestellt werden. – Auch das erste schon im Jahre 1800 von Hannover aufgenommene Projekt wurde für die Hafenanlage nur soweit berücksichtigt, als es die Beibehaltung der jetzigen Mündung der Geeste vorsah (s. im Anhang die Karte 2 zum ersten Projekt, mit b, b... gekennzeichnet). Dagegen wurde Abstand genommen von der auf dem Plane gezeichneten Eindeichung der alten Karlstadt, von dem Durchstich der Geeste an der „Geestehelle", der Durchhammung der alten Geeste, von einem Steinweg vom Leher Zollhaus an die Geeste und der Errichtung eines Krans bei der Leher Brücke, kurz: von allen Vorkehrungen, welche den Flecken Lehe mit in die Hafenanlage einziehen sollten. Der Lauf der Geeste blieb unverändert und die Hafenanlage, die ziemlich fern vom Flecken Lehe lag, beschränkte sich auf das Gebiet der Geestemündung. In

---

[13] Der außerdem auf dem Plan gezeichnete lange Mündungskanal in die Weser, von der Geeste am „Vorhorn" aus, scheint nie ernstlich erwogen zu sein (s. die Karte)

der unteren Geeste wurden einige Duc d'Alben eingeschlagen, an denen die Schiffe festlegen konnten, ein Hafenhaus wurde am rechten Ufer der Geeste erbaut und als Hafenmeister daselbst Johann Deetjen, Sohn des Oberlotsen Ludwig Deetjen in Geestendorf, eingesetzt. Neben der Hafenmeisterwohnung wurde noch ein Materialienhaus errichtet.

Im Jahre 1820 wurde am rechten Ufer der Geeste durch das Schlickwatt der Weser ein Pfahlhöft erbaut und ein kleiner Teil des Weserufers mit Steinböschung versehen, um das Ufergelände vor Abbruch zu schützen. Später wurde noch am linken Ufer der Geeste bei dem sogenannten Ratjens Loch ein Kran aufgerichtet und ein Ausladungsplatz geschaffen. Zur Belebung des neu errichteten Geestehafens durch Gewerbe und Handel erließ die hannoversche Regierung durch den Oberdeichgraf Niemeyer eine Aufforderung zur Ansiedlung am rechten Geesteufer. Bis zum 6. Juni 1820 hatten sich vier Leute gemeldet, die sich am Hafen zwischen dem Schirmdeich und den Puttkuhlen als Gewerbetreibende anzubauen wünschten. Der erste war der Schmied Gideon Heinrich von Glahn aus Dingen im Wursterland. Er will nicht bloß eine Schmiede errichten, sondern auch „herbergieren, Brandweilschenken, logieren und speisen". Der zweite ist Friedrich Jantzen aus Dorum, welcher sich seinen Bauplatz gerade dem Ratjens Loch gegenüber, also im Angesicht des künftigen Krans und Ausladungsplatzes gewählt hat, um daselbst eine Bäckerei, Wirtschaft, etwas Handlung und „Speditionsgeschäft" zu betreiben. Der dritte, welcher sich gemeldet hat, ist der Maurer Johann Wilhelm Vaß, der mauern, auch zugleich backen will. Da der Hafen keiner Maurerarbeit bedarf, so würde dieser „Professioniste" keinen anderen Verdienst haben können, als durch die neuen Anbauer, und wenn diese mit ihren Häusern fertig sind, würde das Gewerbe still liegen, das ohnehin von jedem anderen Orte aus ebenso bequem betrieben werden kann. Und da an Bäckern fürs erste kein Mangel sein dürfte, Kalk- und Mehlarbeit beieinander auch nicht sonderlich zusammenpassen scheint, so wird dieser Mann „nicht weiter aufgemuntert" und sieht schließlich selber von seinem Vorhaben ab. Der vierte ist der Zimmerbaas Jantzen Cornelius zu Hucksiel in Oldenburg, der an der südöstlichsten Ecke der Karlstadt auf dem breiten Vorlande zwischen Schirmdeich und der Geeste eine Schiffszimmerwerft als ausschließliches Privilegium auf fünf bis sechs Jahre anlegen möchte.

Dem Schmied von Glahn wurde ein Bauplatz von 122 Quadratruten gegenüber der Wohnung des Zimmerbaas Cornelius angewiesen, doch konnte er zum Hausbau keinen Rat schaffen und begnügte sich für die ihm beim Hafenbau verdungene Schmiedearbeit mit einer Hütte im Außendeichslande nahe bei dem nördlichen Pfahlhöft, zu dessen Bau viel Eisen verwandt wurde. Schon im Jahre 1821 zeigte von Glahn bei dem Gericht Lehe an, daß er seine Gläubiger nicht zu befriedigen vermöge. Nach seinem Tode 1824 wurde der Konkurs eröffnet und der Abbruch seiner Außendeichswohnung beschlossen. Doch ehe es dazu kam, wurde das leicht aufgebaute Gewese im November 1824 durch die hohe Wasserflut zerstört und weggetrieben.

Im Jahre 1825 ließ die Witwe von Glahn, die bedeutende Unterstützungen gefunden, das von dem Tischlermeister Eiter in Lehe gezimmerte Fachwerkhaus auf einem anderen, ihr vom Oberdeichgrafen Callenius angewiesenen Bauplatz, neben Friedrich Jantzen aufrichten. Im Mai des folgenden Jahres heiratete der Schmiedegeselle von Glahns, Carsten Mehrtens aus Donnern, dessen Witwe. Die beiden Anbauer Jantzen und Cornelius waren in der Lage, nach der Anweisung ihres Platzes baldigst den Bau auszuführen.

Nach den Bestimmungen der Königlich Großbritannischen Hannoverschen Regierung zu Stade, die so ziemlich übereinstimmten mit den Vorschlägen, die Niemeyer in seinem Bericht vom 6. Juni 1820 über die Bedingungen der Aufnahme für die beim Hafen sich Anbauenden gemacht hatte, müssen die Hauptgebäude mit den Fronten an der Binnenseite des Deiches anderthalb Fuß von der Kante entfernt bleiben, damit der Austritt aus der Tür und das Öffnen der Fensterflügel nicht den zwanzig Fuß breiten Fahrweg auf dem Deiche beengen. Jedem Anbauer ist zum Auffahren seiner Hauswurt oder zur Erhöhung des ganzen Platzes die Benutzung der Erde und des Schlammes in den Puttkuhlen einzuräumen, jedoch nur unter der Aufsicht der Hafendirektion, welche den Anbauern das Maß und die Art und Weise der Wegnahme der Erde und des Schlammes zu bestimmen hat. – Den Anbauern wird ferner für drei Jahre Befreiung vom Grundzinse zugestanden und in bezug auf die Zahlung von Steuern in späteren Bestimmungen möglichste Erleichterung zugesichert.

Niemeyer rechnete in seinem Bericht an die hannoversche Regierung damit, daß auch Fischer sich zum Anbau am Hafen melden könnten, und

fragte zugleich an, ob solche auch an den Gerechtsamen partizipieren sollten, welche den Fischern der Dorfschaft Geestendorf und dem Flecken Lehe
zuständen. Aber kein Fischer siedelte sich am Hafen an. Wer konnte ahnen,
daß einst auf diesem Terrain eine stattliche Hochseefischerei mit Damp-
ferbetrieb erstehen würde und daß an der Unterweser jenseits der Geeste
einst ein Hochseefischereibetrieb sich entwickeln sollte, der auf dem Kon-
tinent seinesgleichen sucht?

Zu den drei Ansiedlern am Geestehafen kam keiner mehr hinzu. Der
Schiffahrtsverkehr befriedigte nicht und bot infolge der nicht vertieften
Geeste allerlei Schwierigkeiten. Das ganze Unternehmen, mit nicht ganz
unbedeutenden Mitteln ins Leben gerufen, rentierte sich nicht. Das letzte
Stadium der Vorgeschichte Bremerhavens – ein Bild vergeblicher Bemü-
hungen Hannovers, den Geestehafen lebenskräftig zu gestalten!

Erst hanseatische Sachkenntnis, hanseatischer Weitblick und Unternehmungsgeist sollten durch die Gründung eines Seehafens an dieser Stätte
die glorreiche Wendung für Bremens Schiffahrt und Handel bringen und
zugleich zur Belebung des Handels und der Industrie Hannovers verhelfen.
–

Zweiter Teil

Die Entwicklung Bremerhavens von seiner Gründung bis zu seiner Stadtwerdung den 18. Oktober 1851 oder Alt-Bremerhaven

Die Gründung durch Bürgermeister Johann Smidt
und der Definitivtraktat

Die Gründung Bremerhavens, mit der eine neue Ära nicht allein für Bremen, sondern für den Handel und die Schiffahrt der ganzen Weser begann, ist unzertrennlich verbunden mit dem Namen Johann Smidts. Führen wir uns in Kürze aus den Darstellungen von Otto Gildemeister, Elard Hugo Meyer und Wilhelm von Bippen den Lebensgang und die geistige Entwicklung des größten Sohnes Bremens vor Augen.

Johann Smidt, geboren am 5. November 1773, war der einzige Sohn des Predigers Johannes Smidt an der St. Stephanikirche, eines der letzten von jenen bremischen Geistlichen, welche von holländischen Universitäten die reformierte Lehre in die Vaterstadt zurückbrachten und deren Reinheit und starren Ernst mitten in der Zeit der Aufklärung behüteten. Nachdem der Sohn das Lateinische Pädagogium in Bremen absolviert hatte, bezog er im Oktober 1792 die Universität Jena, um nach der damals in Predigerfamilien herrschenden Sitte dem Studium der Theologie sich zu widmen. Jena war damals die bedeutendste deutsche Universität, in dem der Geist freier Wissenschaft wehte und Kants mächtiger Einfluß sich auf alle Gebiete der Wissenschaft erstreckte.

Griesbach führte ihn in das Neue Testament und die Kirchengeschichte ein. Weit tiefer wirkte Paulus auf ihn ein, der große Vater des Rationalismus, der Professor der natürlichen Wundererklärung, der für diese eine förmliche Methode erfand. Über der Theologie vergaß er die Philosophie nicht. In diese wurde er durch Reinhard eingeführt, der den Wißbegierigen das Verständnis von Kants „Kritik der reinen Vernunft und der praktischen Vernunft" eröffnete, und dem jungen Smidt persönlich nahetrat. Bei ihm hörte er Logik, Metaphysik und Geschichte der Philosophie. Smidts Freude an der Literatur bestätigte sich auch in dem Besuch der Vorlesungen, die Schütz hielt, der Leiter der „Allgemeinen Literaturzeitung", des erfolgreichsten Organs der Kantischen Lehre. So drang Smidt im Laufe eines Jahres in verschiedene Gebiete des Wissens ein und sammelte mit gewohnten Eifer eine Fülle neuer Kenntnisse und Anschauungen. Da reifte in ihm der Entschluß, sein Studium zu unterbrechen und für längere Zeit nach Bremen zurückzukehren. Der Tod seines treuen Freundes und Studiengenossen, des Mediziners Boismann und ein übermäßiger Arbeitseifer hatte seine Nerven hart angegriffen. Die Hinfälligkeit des hochbetagten Vaters, die bevorstehende Hochzeit der geliebten Schwester mit Dr. jur. Gerh. Castendyk und der Umstand, daß sein Bremer Freund, der Theologe Lange, der jetzt seinem Herzen am nächsten stand, nach überstandener Krankheit den Winter in Bremen zubringen wollte – das alles trieb zur Rückkehr in die Heimat.

Am 29. September traf er mit Lange in Bremen ein. Doch war auch diese Zeit in seiner Vaterstadt nicht ohne Arbeit und Frucht, denn schon am 7. April des folgenden Jahres bestand er sein theologisches Examen zur vollsten Befriedigung des Ministeriums. Die Prüfungskommission gab ihm indes zum Schluß den väterlichen Rat, sich ja vor Überarbeitung zu hüten. Dies hielt Smidt jedoch nicht ab, im Mai 1794 in seinem geliebten Jena einen zweiten Aufenthalt zu nehmen, der nun noch in höherem Grade als der erste seine Geisteskräfte anspannen sollte. Smidt setzte zwar seine theologischen Studien unter Paulus fort, aber einer war es, der seine Charakterbildung außerordentlich fördern sollte, der Philosoph J. G. Fichte, der im Frühjahr 1794 vor der erwartungsvollen Studentenschaft auftrat, zu einer Zeit, wo in Frankreich der blutdürstige Konvent alles Bestehende niederwarf. „Die Dinge werden erst durch unser Ich geschaffen; es gibt kein Sein, sondern nur Handeln, der sittliche Wille ist die einzige Realität." Solche Gedanken Fichtes weckten in Smidt zu jener Zeit, wo nach seinem eigenen Bekenntnis Hypochondrie und Kränklichkeit sein Wesen drückten, wieder Mut und Kraft und stärkten die Energie des Willens. Der politische demokratische Geist seiner Lehre, sein aufgeschlossener Sinn für die großen Zeitereignisse, vor allem aber seine Charakterstärke flößten Smidt die tiefste Verehrung ein. Dieser genoß die große Ehre, täglich mit Fichte zu verkehren und jeden Mittag bei ihm zu speisen in Gemeinschaft mit dem Historiker Woltmann und dem Philosophen und Theologen Niethammer. Auch lernte Smidt Goethe[14], der sich öfters in Jena aufhielt, in geselligen Kreisen kennen und hatte Zutritt zu seinem Hause in Weimar.

Mächtig zog unseren Smidt auch der jugendliche Professor Woltmann an, der zugleich mit Fichte nach Jena kam und große Hoffnungen erregte.

---

[14] Auffallend erscheint, daß Smidt in keinerlei Beziehung zu Schiller getreten sein soll, der doch im Winter 1792/93 in Jena ein Kolleg über Ästhetik – es war das letzte des kranken Dichters – hielt.

Er förderte sein Geschichtsstudium, dem er von jeher besonders zugetan war. Neben seinem Verkehr mit Fichte und anderen Professoren war wohl für Smidt das wichtigste Moment seines zweiten Jenenser Aufenthaltes die Teilnahme an der „Literarischen Gesellschaft der freien Männer" aus Fichtes Anhängern, mit der gegen das wüste Ordenswesen mancher Studierenden der Anfang zu einer geistigen Umbildung des deutschen Studentenlebens gemacht wurde. Dieser Verein zählte mehrere bedeutende Mitglieder, den Dänen von Berger, den Lübecker Köppen und den Oldenburger Herbart, die später alle als namhafte Professoren der Philosophie an Universitäten wirkten und mit denen Smidt in engerem Verkehr blieb. Smidt wollte ursprünglich noch bis Ostern 1796 in Jena bleiben, weil er zur Vorbereitung auf seinen geistlichen Beruf nirgends bessere Gelegenheit finde als dort. Er gab indes diesen Plan wieder auf, vornehmlich, um seinen abermals schwer erkrankten Freund Lange in die Heimat zu begleiten. Aber die am 2. April 1795 angetretene gemeinsame Fahrt fand in Naumburg ein jähes Ende, wo Langes Zustand eine Weiterreise ausschloß. In der Nacht vom 4. auf den 5. April sah Smidt den Freund sterben. Er mußte einsam in der fremden Stadt am Grabe Langes stehen, wie dieser selbst vor zwanzig Monaten an der Gruft Boismanns gestanden.

Mit Lange verlor Smidt den dritten seiner bremischen Jugendfreunde, denn auch Coch aus Bremerlehe, der vor drei Jahren mit Smidt und Lange zur Universität gegangen war, war nach einer vergeblichen Kur in Driburg schon im September 1794 in Bremen gestorben.

Tief erschüttert fuhr Smidt allein weiter und mußte in Braunschweig die Hilfe des Arztes in Anspruch nehmen, der erst nach etwa achttägiger Ruhe die Weiterreise gestattete.

Nach Bremen zurückgekehrt, blieb Smidt bis zu seines Vaters Tod 1796 ohne feste Anstellung, gelegentlich als Hilfsprediger und mit Unterrichterteilen beschäftigt. Besonders nahe stand ihm der freier gerichtete Prediger Stolz an St. Martini, ein geborener Züricher. Auf dessen Veranlassung reiste er 1797 nach der Schweiz, um in pfarramtliche Tätigkeit zu treten. Am 1. September wurde er nach kurzem Colloquium und einer Probepredigt über Ev. Joh. 8,36 („So euch nun der Sohn frei macht, so seid ihr recht frei") in Zürich ordiniert. Nur ganz kurze Zeit sollte er den Talar tragen. Die Schweizer Reise vermochte nicht, ihm den Beruf eines Geistlichen als seine Lebensaufgabe zu weihen. Smidt erkannte immer mehr, daß sein Interesse auf anderen Gebieten als auf dem der Theologie und der pfarramtlichen Tätigkeit lag. So nahm er denn mit Freuden die ihm im Oktober desselbigen Jahres angebotene Professur der Philosophie am *Gymnasium illustre* in Bremen mit Freuden an. Die Stelle gewährte ihm Muße genug, um andere Arbeit zu unternehmen, bei welcher er eifrig mit Politik sich beschäftigte und Vorlesungen vor weiteren Kreisen hielt, deren Ertrag ein notwendiger Zuschuß zu dem dürftigen Professorengehalt von 100 Th. G. wurde.

Am 1. Januar 1798 verheiratete er sich mit Wilhelmine (Minchen) Rode, der zweiten Tochter des Apothekers in der Sögestraße. Diese Ehe, welche die goldene Hochzeit überdauerte, brachte einen häuslichen Frieden, aus welchem dem späteren bedeutsamen Staatsmann die ungebrochene Kraft in seiner vielseitigen und mühereichen Arbeit erwuchs. Bald war sein Ansehen im Kreise seiner Mitbürger so gestiegen, daß im Jahre 1800 das einflußreiche Kollegium der Ältermänner beabsichtigte, ihn, einen Geistlichen und Nichtjuristen, zu seinem Syndikus zu erwählen.

Da trat im Dezember desselbigen Jahres eine Vakanz im Bremer Rat ein, die eine bedeutsame Wendung für sein Leben und Wirken brachte. Zur Überraschung mancher *doctores utriusque juris* wurde Herr Johannes Smidt in den Rat der kaiserlichen Reichsstadt Bremen gewählt. Zwei Jahrzehnte später erreichte er die höchste Ehrenstufe des Staates, indem der Rat am 26. April 1821 ihn zum Bürgermeister erwählte. So Großes Smidt auch geleistet hat: in der französischen Zeit und nach dem Sturz Napoleons für die Rettung der politischen Selbständigkeit seiner Vaterstadt, als Bevollmächtigter auf dem Wiener Kongreß, als Gesandter in der Frankfurter Bundesversammlung durch die endgültige Beseitigung des Elsflether Zolls, dieser 200jährigen Plage für Bremens Handel und Schiffahrt, so erfolgreich seine von 1817 an beginnende Mitarbeit an einer Reihe von Handelsverträgen mit fremden Staaten[15] war, so segensreich auch später Jahrzehnte hindurch seine Wirksamkeit war auf allen erheblicheren kommerziellen und industriellen Gebieten, allen größeren Staatsanlagen seiner Vaterstadt – die Gründung Bremerhavens ist seine g r ö ß t e T a t. Durch sie wurde die Weser zu einer des Welthandels würdigen Verkehrsstraße erhoben, der geretteten

---

[15] Den Niederlanden, Norwegen, Vereinigten Staaten von Amerika, Großbritannien, Brasilien und Mexiko.

Selbständigkeit des bremischen Staates erst die volle Lebenskraft gegeben und Bremens Handelsgröße gegründet. –

Gründung Bremerhavens

Der von Hannover im Jahre 1818 gegründete Geestehafen mit seinen Duc d'Alben zur Festlegung der Schiffe, seinem Hafenhaus und später angelegtem Ausladungsplatz war immerhin ein günstig gelegener „Nothafen"[16], in welchem einlaufende Schiffe bei schwerem Sturm oder auf dem Strom ankernde Fahrzeuge vor dem Eisgang Schutz fanden; aber damit war den wachsenden Bedürfnissen der bremischen Schiffahrt in keiner Weise genügt. Die Austiefung der Geeste, eins der ersten Erfordernisse für einen ordentlichen Hafen, hatte Hannover völlig unterlassen. Zur Ebbezeit saßen die Schiffe ganz im Schlick, und zur Flutzeit war die Fahrrinne so eng, daß oberhalb liegende Fahrzeuge nur dann auslaufen konnten, wenn die weiter unten ankernden zuvor hinausgelegt wurden. – Im übrigen hatte die Versandung der Weser so zugenommen, daß Seeschiffe nicht mehr bis Vegesack hinaufkommen konnten. So sah sich Bremen nach wie vor im wesentlichen auf die oldenburgischen Hafenanstalten und Löschplätze, insbesonders auf Brake, angewiesen, das trotz des Mangels eines geschlossenen Hafens den damaligen Erfordernissen der bremischen Schiffahrt einigermaßen genügte.

Aber wie bedenklich mußte Bremens Abhängigkeit von Oldenburg werden, sobald dieses sich nicht mehr damit begnügte, die Dienerin des bremischen Handels zu sein, sondern Ernst machte, selbständig an den Vorteilen des internationalen Verkehrs teilzunehmen und als gefährlicher Konkurrent der Hansestadt aufzutreten. Durch die endgültige Aufhebung der drückenden Fessel des Elsflether Zolls, die Smidt 1820 beim Bundestag erwirkt hatte, zog Bremen sich die offene Feindschaft Oldenburgs, sowohl des Herzogs wie seiner Minister zu und war von jetzt an ganz der Willkür des feindseligen Nachbarn preisgegeben und seine Existenz als See- und Handelsplatz ernstlich gefährdet. Oldenburg konnte die Hafen- und Liegegelder ganz nach seinem Ermessen festsetzen. Redete doch kein fremd-

---

[16] Wie er so auch in den Berichten der hannoverschen Regierung öfters bezeichnet wird.

staatlicher Hafen darein! Seine Lotsen besorgten das Einholen und Ausbringen der Schiffe bei der Lässigkeit der Hannoveraner fast allein. Die
Handhabung der Quarantäne, die allein in seinen Händen lag, bot ihm
günstige Gelegenheit, sich selbst zu bereichern, schädigte aber schwer den
Handel. Die weite Entfernung der Löschplätze von Bremen, auf das die Güter bestimmt waren, und die schlechte Landverbindung mit den oldenburgischen Häfen wirkten lähmend auf den Handel. Dazu kam, daß der Senat
endlich zu der Gewißheit gelangte, die oldenburgische Regierung erstrebe
nichts Geringeres, als Brake zu einem wirklichen Konkurrenzhafen Bremens
zu erheben und allmählich die Weserherrschaft an sich zu reißen. Als nämlich im Mai 1825 Senator Gildemeister nach Berlin reiste, um mit der preußischen Regierung wegen eines Streites zu verhandeln, der über die Erhebung des 1823 festgesetzten Lastgeldes zwischen Bremen und Oldenburg
ausgebrochen war, hatte er das Glück, dort Kenntnis von einer Instruktion
zu erhalten, welche die oldenburgische Regierung an seine Konsuln erlassen hatte. Diese Verfügung bezweckte vor allem, dem Glauben der fremden Schiffer, als sei Bremen noch ein Seehafen, ein Ende zu bereiten, den
Namen Bremen aus den Schiffspapieren zu streichen und statt dessen das
kleine Brake als den eigentlichen Seehafen der Weser in Konnossemente
und Schiffslisten aufzunehmen. Dem Senate waren die Augen geöffnet.
Schon am 1. Juni (1825) beauftragte er die Kommission für die auswärtigen
Angelegenheiten, deren Vorsitzender Smidt war, sich nach Mitteln umzu-
sehn, den oldenburgischen Plänen entgegenzutreten. In der Nacht zu dem
genannten Tage war es, wo, wie von Bippen uns aus einer von Smidts Hand
aufbewahrten Notiz berichtet, zum ersten Male in ihm der Gedanke auf-
tauchte, auf dem hannoverschen Geestegebiete einen eigenen Seehafen für Bremen zu erwerben. Freilich die Erreichung dieses Zieles blieb
ein schwieriges Problem, dessen Lösung aber von der staatsmännischen
Klugheit Smidts, die schon in schweren Zeiten Bremens sich bewährt, er-
hofft werden durfte.

Eine bessere Gegend für die Anlage eines Seehafens konnte für Bremen
nicht in Betracht kommen als das Terrain an der Geestemündung. Hier war
hannoversches, nicht oldenburgisches Gebiet. Hier befand man sich am
östlichen Ufer der Weser, das die größere Tiefe des Fahrwassers aufweist
und im Winter von schwerem Eisgang bewahrt bleibt, wenn durch den Ostwind das Treibeis zumeist nach der linken Seite der Weser getrieben wird.

Hier, in der Nähe der Geestemündung, tritt das Fahrwasser dicht an das Ufer heran und bildet zugleich eine sichere und geräumige Reede, während weiter hinab infolge des weit ausgedehnten Schlickwattes größere Schiffe an die Küste nicht herankommen. Zudem gewährt die ziemlich breite Mündung der Geeste noch andere Vorteile für die Schiffahrt. –

Smidt, ganz erfüllt von dem Gedanken, der ihm aufleuchtete in der Nacht vom 31. Mai auf den 1. Juni 1825, besprach sich nun unverweilt mit den Kollegen der auswärtigen Kommission und mit einigen namhaften Vertretern der Kaufmannschaft aus dem Alterkollegium und legte einen eingehenden Bericht über die gepflogenen Beratungen am 17. Juni dem Senate vor. Dieser beschloß noch am Abend desselbigen Tages Smidts Sendung nach Hannover. Am 20. Juni hatte der Bürgermeister die erste Unterredung mit dem Minister von Bremer. Es kam alles darauf an, die hannoversche Regierung davon zu überzeugen, daß ihr Interesse und das bremische in bezug auf Schiffahrt und Handel Hand in Hand gehen, daß der Aufschwung Bremens für Hannover nur von Vorteil sein, und daß es im eigensten Interesse des Königreichs liege, wenn es die Hansestadt von der drohenden Weserherrschaft Oldenburgs befreie und zu einem selbständigen Seehafen an der Niederweser auf seinem Grund und Boden verhelfe. Die weiteren Verhandlungen wurden meistens mit dem Geheimen Kabinettsrat Rose geführt. Beide Herren zeigten für die Pläne des Bürgermeisters trotz aller Schwierigkeiten, die sich ihnen entgegenstellten, ein wohlwollendes Verständnis. Die verschiedenen Vertragsentwürfe mußten dem leitenden Minister Grafen Münster in London, der zeitweilig sich in Hannover oder auf seinem Schlosse Derneburg im Hildesheim'schen aufhielt, vorgelegt werden. Smidt, der wohl wußte, daß die Abtretung eines Areals mit voller Staatshoheit auf die größten Schwierigkeiten stoßen würde, vermied vorerst in den Verhandlungen die Sache beim Namen zu nennen. Doch wurden seine Absichten bald durchschaut. Bremer aber wie Rose widersetzten sich energisch dem Gedanken der Hoheitsabtretung. Auch für den dritten Vertragsentwurf vom 26. Oktober 1826, zu dem Smidt aufgefordert war, glaubte das Ministerium in Hannover nicht eintreten zu können, da auch die darin vorgeschlagene gemeinsame Hoheit beider Staaten über das Hafenterrain in London sicher zurückgewiesen würde. Die weiteren Verhandlungen führten endlich am 6. Januar 1826 zu Aufstellung eines gemeinsamen Entwurfs, der dem Grafen Münster nachdrücklich empfohlen werden sollte. Dieser Entwurf enthielt für den bremischen Staat bedeutende Konzessionen. Zwar war von einer Abtretung oder auch nur von einer Teilung der Hoheit nicht mehr die Rede, aber mit Ausnahme der Militärhoheit wurde Bremen die freie Ausübung aller der Rechte, welche die Staatssouveränität ausmachen, im einzelnen zugestanden, und zudem erklärte Hannover noch in einem geheimen Separatartikel, von seiner Hoheit über das Hafengebiet niemals Gebrauch zu machen und ferner einen noch näher zu bestimmenden Bruchteil des Hafengebietes[17] zur Anlegung von bremischen Schiffswerften mit voller Hoheit an Bremen abzutreten. Auf Grund dieser Abmachungen wurde auf Derneburg in Gegenwart des Grafen Münster am 11. Juli 1826 die Präliminarkonvention abgeschlossen. Diese stimmte im wesentlichen mit den Abmachungen des 6. Januar überein. Nur wurde der geheime Separatartikel als Artikel 3 in den Vertrag selbst aufgenommen und bestimmt, daß Bremen für die darin ausgesprochene Abtretung eines Bruchteils des Hafendistriktes mit voller Staatshoheit sich verpflichte, gleichfalls mit voller Hoheit eine Landstrecke zwischen Ottersberg und Lilienthal an Hannover zu überlassen. Die Ratifikation der Derneburger Konvention erfolgte zu Anfang September seitens des Senates und einige Zeit darauf auch durch den König Georg IV. – Doch neue Schwierigkeiten machten sich noch einmal vor dem definitiven Abschluß geltend. Die Meinungen gingen auseinander über die Größe und über die Lage des unter bremische Oberhoheit zu stellenden Areals, über das Gebiet, welches an Hannover abgetreten werden sollte und über die Summe, welche Bremen für die hannoverschen Hafenanstalten zu zahlen hatte. Endlich glaubte Hannover auf das Recht nicht verzichten zu dürfen, auch seinerseits über die Benutzung des Hafens Handelsverträge mit fremden Staaten abzuschließen.

Schließlich überwanden Smidts staatsmännische Klugheit und seine zähe Ausdauer, mit der er an dem einmal für notwendig erachteten Ziele festhielt, alle Hindernisse. So gelang es ihm auch, beim Grafen Münster es durchzusetzen, daß nicht nur 50 Morgen, wie dieser wollte, sondern 100 mit voller Hoheit abzutreten seien und auch ein Teil des Hafenbassins in dieses Gebiet eingeschlossen werden solle[18]. Auch machte Hannover das

---

[17] Siehe die Karte 3 (im Anhang) von 1826/27 unter a, a, a.
[18] Siehe die Karte 3 (im Anhang) von 1826/27 unter a, a, a.

Recht nicht mehr geltend, auch seinerseits mit einem fremden Staate einen Handels- und Schiffahrtstraktat abzuschließen. Endlich am 11. Januar 1827, ein halbes Jahr nach der Derneburger Konvention, unterzeichneten Minister von Bremer und Smidt den Definitiv-Vertrag[19]. Eigentümlich, daß gerade die Männer, welche von Anfang an den Plänen Smidts Verständnis und Wohlwollen entgegengebracht, einen Namen tragen sollten, der wie glückliche Verheißung auf den endlichen Erfolg der Bestrebungen Smidts wirkte! Der Minister von „Bremer" machte seinem Namen dadurch Ehre, daß er auch die „bremischen" Interessen lebhaft vertrat, gelegentlich selbst gegen die Anschauungen seiner Kollegen. Und der Geheime Kabinettsrat „Rose", so schwierig auch die Verhandlungen waren, erblickte doch schließlich alles im „rosigen" Lichte. Freilich war es ein kleiner Flecken Erde, über den die freie Hansestadt zu verfügen hatte, vor der Hand um 158 Morgen geringer, als es die Derneburger Konvention vorgesehen. Aber mit ihm gelangte Bremen endlich in den lange entbehrten Besitz eines Seehafens, ohne welchen es seine Existenz als selbständiger Handels- und Seeplatz hätte einbüßen müssen, in den Besitz eines Hafens, der dazu berufen war, nicht nur dem bremischen Staate neue Lebenskraft zu geben, sondern auch dem deutschen Handel einen neuen Weg zu bahnen und dessen Aufschwung wesentlich mit zu fördern. –

Der zur Befriedigung beider Staaten abgeschlossene Vertrag wurde am 28. Februar 1827 von König Georg IV. und am 9. März von Senat und Bürgerschaft der freien Hansestadt Bremen ratifiziert. – Die Übergabe der beiderseits abgetretenen Gebiete geschah der Verabredung gemäß ohne weitere Förmlichkeit. Doch konnte und wollte Smidt persönlich nicht fehlen, wenn zum ersten Male auf dem verheißungsvollen Boden am Zusammenfluß der Geeste und der Weser die Flagge seiner Vaterstadt wehte. Auf dem Wege dorthin begleiteten ihn Senator Heineken und Ältermann Rodewald, die ja zu den treuesten und tatkräftigsten Verfechtern seiner Bestrebungen gehört, sowie der Regierungssekretär Breuls. Welche Genugtuung aber muß es dem großen Bürgermeister bereitet haben, und wie muß sein Herz von dankbarer Freude erfüllt gewesen sein, als am Morgen des 1. Mai auf dem bis dahin hannoverschen Hafenhause die bremische Flagge gehißt

---

[19] Siehe den Definitiv-Vertrag im vierten Teil des Buches, Nr. 1.

und von dem hannoverschen Ufer der Geeste, sowie von dem auf der Weser liegenden bremischen Schiffe „Johann Carl" salutiert wurde! Auch war es ein denkwürdiger Augenblick, als mittags im Hafenhause der Bürgermeister in hundertjährigem Rheinwein auf das Gedeihen des nach langen und schwierigen Verhandlungen glücklich erworbenen Bremerhavens anstieß. –

Der Hafenbau unter Baurat van Ronzelen und das Fort Wilhelm

Schon im Sommer 1826 wurde von Bremen und Hannover eine Untersuchung über die Ausführbarkeit der Hafenanlagen auf dem dazu bestimmten Geesteterrain vorgenommen und der deshalb zugezogene Wasserbaudirektor von Amsterdam van Ronzelen von beiden Seiten als ein kompetenter Sachverständiger anerkannt. Die hannoversche Regierung hatte die bei ihren früheren eigenen Anlagen an der Geeste benutzten Pläne bereitwilligst mitgeteilt. Diese wurden dem Direktor van Ronzelen übersandt und derselbe ersucht, Risse und Berechnungen auszuarbeiten und sich auch zur Ausführung des Baues nach einer tüchtigen Gesellschaft umzusehen, welche durch ihre Arbeit und ihre Vermögensverhältnisse das Gelingen des Unternehmens verbürgte. Weder eine sachverständige Direktion noch erfahrene, den Schwierigkeiten eines solchen Werkes gewachsene Unternehmer waren in Deutschland zu finden und die wenigen auswärtigen, die sich meldeten, wollten sich auf keinen Kontrakt einlassen, wenn nicht zuvor eine tüchtige Leitung sicher gewonnen sei.

Van Ronzelen hatte mit dem aufgenommenen Plan der ganzen Hafenanlage allseitiges Vertrauen erweckt. Nach wiederholten Verhandlungen mit der gemeinschaftlichen Deputation für den Hafenbau erklärte er sich am 18. Mai 1827 gegen ein Jahresgehalt von 2.000 Rt. und 150 Rt. jährlich zur Bestreitung der Kosten für Hin- und Herreisen zwischen Bremen und Bremerhaven bereit, nicht nur die Leitung des Hafenbaus zu übernehmen, sondern auch nach Vollendung desselben beständig in bremischen Diensten zu bleiben und auch jeden anderen Land- oder Wasserbau, der ihm staatsseitig anvertraut würde, zu übernehmen. –

Johannes Jacob van Ronzelen, den 12. Juni 1800 in Amsterdam geboren, war der Sohn eines höheren Beamten im Wasserbaufach. Frühe schon bekundete er große Neigung zum technischen Fach und gab sich mit der

Energie, die ihn bis in sein letztes Lebensalter kennzeichnete, den nötigen Studien hin. Nachdem er die Militärschule zu Delft besucht hatte, trat er nach einem glänzenden Examen 1819 in die Dienste der holländischen Regierung. In dieser Stellung als Ingenieur namentlich bei zwei größeren Kanalbauten beschäftigt, verheiratete er sich erst 21 Jahre alt mit Frl. Hendritje Vliedorp und sammelte unter der Oberleitung des bekannten Generalinspektors der Wasserbauten Blanken die Erfahrungen, welche er in seinem hiesigen Wirkungskreise trefflich zu verwerten wußte. Nach dreijähriger Tätigkeit wurde er nach Amsterdam berufen, um die Stellung seines inzwischen als Wasserbaudirektor verstorbenen Vaters zu übernehmen. – So ansehnlich auch das bremische Jahresgehalt war, es überstieg kaum das Einkommen in Antwerpen, und sicherlich hätte sich van Ronzelen nicht dazu bewegen lassen, die Heimat zu verlassen und von einem Dienst sich zu trennen, der ihm Aussicht auf die vorteilhafteste Beförderung bot, wenn er nicht auf Nebeneinnahmen außerhalb seines bremischen Dienstes hätte rechnen dürfen und wenn ihm nicht damals schon ein größeres Jahreseinkommen für die nächste Zukunft oder eine Gratifikation nach glücklich vollendeten Bau in Aussicht gestellt wäre. Letztere wurde ihm denn im Juli des folgenden Jahres in Höhe von 7.000 Rt. = 23.250 M. zugesichert. –

Am 20. Mai wurde[20] auf dem Stadthause zu Bremen den vier holländischen Unternehmern Wilhelm Pallada, Gerrit Neumann, Jan Cornelius van Limbeck und Teunis Swets aus Harduikweld – Südholland – zum Preise von 833.090 holl. Gulden (= 1.383.525 M.) zugeschlagen[21] und mit dem Werke unverweilt begonnen. Die Arbeiterkolonie, unter der auch ein Teil verheiratet war, wuchs allmählich bis auf wenigstens 600 Mann an. Zunächst wurden Strohhütten, weniger Holzbaracken, für die Arbeiter errichtet, und zwar an der Ostseite des Hafens in der Gegend unseres Marktplatzes und vor allem unserer Geeststraße. Wollte doch der Amtmann Thulesius, als er im Herbst 1834 vom Senate zu Vorschlägen über die Benennung der bis dahin entstandenen Straßen aufgefordert wurde, aus der Geeststraße eine „Reithstraße" machen in Erinnerung an die Reithhütten der Arbeiter, die während des Hafenbaus dort gestanden hätten. Möglich, daß Strohhütten als Wohnung für die Arbeiter noch anderswo errichtet wurden, doch ist deren

---

[20] *wurden; siehe Druckfehlerverzeichnis, S. 395*
[21] *die Hafenarbeiten zugeschlagen; siehe Druckfehlerverzeichnis, S. 395*

Standort schwerlich noch festzustellen. An der Binnenseite des Schirmdeichs wurden nach dem Vorschlage Smidts Lebensmittelbuden errichtet. Holländische Köche sorgten für des Leibes Notdurft und Nahrung. Ein Teil der Arbeiter beköstigte sich selbst. Wir denken hier vor allem an die verheirateten, die es vorzogen, sich in Lehe einzuquartieren und an die wenigen, die in Geestendorf wohnten. – Drei im Hafenort errichtete Kegelbahnen boten Zerstreuung und Erholung von der schweren Erdarbeit. Fast gleichzeitig mit der Errichtung der Strohhütten und Baracken begann der Bau der Wohnung des Hafenbaudirektors am Geestedeich in der Nähe der künftigen Schleuse. An das Direktionsgebäude schlossen sich in östlicher Richtung die leicht aufgeführten Wohnungen der vier Unternehmer (s. die Karte 4 im Anhang).

Wie der Gründer Bremerhavens erst 27 Jahre alt war, als er am 13. Dezember 1800 in den Bremer Rat gewählt wurde, so hatte auch der Erbauer des Hafens seinen 27. Geburtstag gefeiert, als am Sonntag dem 1. Juli, bei der kurzen Gründungsfeier der erste Spatenstich für den Hafen getan wurde und am folgende Tage die Arbeiten der Ausschachtung begannen. Anläßlich der Legung des Grundsteins zum nördlichen Pfeiler der inneren Schleuse sollte eine besondere Feier stattfinden, für diese war der 30. Juni oder der 1. und 2. Juli 1828 vorgesehen mit Rücksicht auf die günstigen Flutverhältnisse, welche in jenen Tagen eine Hinfahrt von Bremen nach hier und eine Rückfahrt an demselben Tage gestatten. Doch wegen Reparatur des einzigen damals zur Verfügung stehenden Dampfers („Weser") zwischen Bremen und Bremerhaven konnte daran nicht gedacht werden. Erst am 12. Juli, nachdem die Arbeiten der Reparatur vollendet waren, konnte die Grundsteinlegung der Schleuse stattfinden. Etwa vierzig Gäste aus Bremen-Vegesack, Bremerhaven, Lehe und Geestendorf, sowie eine stattliche Schar von Zuschauern aus dem Hafenort und der Umgegend nahmen an der Feier teil. Die Mitglieder der Deputation für den Bremerhaven waren mit vierspännigen Wagen eingetroffen. Die übrigen Herren aus Bremen hatten den Dampfer benutzt. Den Höhepunkt der Feier bildete die bedeutungsvolle Weiherede, die Smidt in der Mittagsstunde bei heiterem Himmel hielt. Unter dem Eindruck des Schriftwortes Hebr. 11,1[22] mit seiner

---

[22] „Es ist aber der Glaube eine gewisse Zuversicht des, das man hoffet, und nicht zweifeln an dem, das man nicht siehet."

treffenden Definition des Glaubens, die dem ehemaligen Theologen vorschwebte, waren seine Worte getragen vom Vertrauen auf die göttliche Vorsehung, die die auf das Hafenwerk gesetzte Hoffnung sichtbar verwirklichen werde zum Nutzen und Segen der beiden in Freundschaft verbundenen Staaten. –

Im Spätsommer 1830 war das eigentliche Hafenbassin samt der Schleuse vollendet. – Die Ausschachtung der Erd- und Schlickmassen brachte eine Reihe von Krankheitsfällen unter den Arbeitern mit sich und hatte schon 1827 die Erbauung einer notdürftigen Hospitalbaracke erfordert. Im Mai des folgenden Jahres wurde mit den Unternehmern die Vereinbarung getroffen, jedem Arbeiter täglich 1 Groten von seinem Tagelohn für die Krankenverpflegung abzuziehen. Doch die geleisteten Beiträge reichten nicht aus. Ein Weiteres konnte den Unternehmern aber nicht zugemutet werden, da in den Niederlanden alle Krankenverpflegung dieser Art auf Kosten des Staates beschafft wurde. So trug denn Bremen die weiteren Kosten, und mußte mit Rücksicht auf die immer mehr anwachsende Arbeiterschaft eine größere Hospitalbaracke für die Zeit des Hafenbaus errichtet werden. – Das Hafenwerk wurde ausgeführt mit einem Personal von oft über 900 Menschen – zu den holländischen Arbeitern kamen noch viele aus dem Hannöverschen und Oldenburgischen hinzu – und unter Verwendung von einigen Hundert Pferden. Manche Schwierigkeiten waren bei diesem Bau zu überwinden, da das nasse Erdreich die Baugruben der Fundamente schnell wieder mit Wasser füllte. Allein um die Zimmer- und Maurerarbeiten an dem Fundamente der Schleuse im Trockenen auszuführen, waren 2 Jahre täglich 60 Pferde beschäftigt, die Wasserpumpen stets in Tätigkeit zu halten. Wäre den Unternehmern, bemerkt Theodor von Koppe in seinen „Wanderungen an der Nord- und Ostsee", die Beschaffenheit dieses Terrains von Anfang an genügend bekannt gewesen, würden sie ohne Zweifel statt dieser kostspieligen Vorrichtung mit mehr Vorteil sich einer Dampfpumpen-Maschine bedient haben. –

Die Schleuse des Hafens ist eine Kammerschleuse. Es finden sich im Außenhaupte je ein Fluttor- und ein Ebbetorpaar vor. Im Binnenhaupt ist gleichfalls ein Fluttorpaar und ein Ebbetorpaar vorhanden, welches letztere als Blanken'sches Fächer- oder Spültor, nach außen schlagend, ausgebildet wurde. Die sämtlichen Tore der Schleuse sind aus Eichenholz hergestellt. Die Schleuse besitzt massive aus Ziegelsteinen in Traß-Kalkmörtel aufgeführte, teilweise durch rückwärts gelegene Pfeiler verstärkte Ufereinfassungen, die Umläufe und Spülkanäle enthalten, und auf Pfahlrost mit senkrechten Pfählen, wie solcher auch den Boden der Schleuse trägt, aufruhen. Die lichte Breite der Durchfahrt beträgt 11 Meter, die Drempeltiefe unter G. H. W. in der Mitte 5,86, an den Seiten 1,56 Meter. – Die Kammer hat eine Länge von 42 Metern, eine Breite von 26 Metern. Doch können auch Schiffe, die 50 Meter lang sind, ein- und ausgeschleust werden, da in solchen Fällen die Schleuse zur Zeit des Hochwassers als Flutschleuse benutzt wird. – Das Becken des Hafens wurde ursprünglich 752 Meter lang und 58 Meter breit hergestellt. An das Nordende schloß sich ein schmalerer Holzhafen, 37 Meter breit und 296 Meter lang.

Im Anschluß an das Hafenbassin führte über den Holzhafen eine hölzerne Brücke, anfänglich nur für Fußgänger, später aber auch für Fuhrwerk eingerichtet. – Zu dem Hafenbecken mußte noch im weichen Schlickwatt vom Deich bis zur Weser ein Vorhafen 1829 gegraben werden, der eine Länge von 270 Metern und schließlich noch eine Breite von 30 - 38 Metern erhielt. Wie die Ufereinfassungen des Hafenbeckens unter Wasser eine Erdböschung darstellten und ihrem oberen Teile nach anfänglich aus Faschinen mit davor befindlichem offenem Bohlwerk gebildet wurden, so wurden auch die Ufer des Vorhafens in gleicher Weise mit Buschpackungen und hölzernen Vorsätzen eingefaßt. Der Bau des Vorhafens war im September 1830 vollendet. Zur Sicherung des Hafendistriktes wurde die im Oktober 1827 entstandene Beschädigung am alten hannoverschen Pfahlhöft im Jahre 1828 wieder hergestellt. Gleichem Zwecke dienten vor allem größere Deicharbeiten, die bis 1831 alle vollendet waren. Zunächst die Anlegung des neuen aus dem Klai der Baugruben errichteten Weserdeiches mit Anschluß an den Leher Schlafdeich, der etwaigen Erhöhung und Verstärkung erfuhr, um den Hafendistrikt bei etwaigen Deichbrüchen unterhalb Bremerhavens gegen Überschwemmungen zu sichern. Sodann wurde der 1818 von Hannover erbaute Schirmdeich mit einem Kostenaufwand von 6200 Th. G. erhöht und verstärkt, um den Hafenbezirk von dieser Seite gegen Sturmfluten sicher zu stellen, die ihn schon im Jahre 1825 an den meisten Stellen überströmt hatten. – Da der Strom der Weser dicht an dem Ufer des Hafendistriktes herging, so lag dieses im Abbruch. Um es vor demselben zu schützen, hatte schon Hannover einen kleinen Teil dieses Weserufers mit Steinböschung versehen. Da die Fortsetzung zu bedeutende Kosten verursachte, wurde dafür das Ufer abgeschrägt, die Abschrägung besodet und durch Anlage von Schlickfängern und Faschinen dem weiteren Abbruch begegnet. Dagegen wurde zur Sicherung des Vorhafens im Jahre 1830 eine Steinböschung am westlichen Höft mit einem Kostenaufwand von 4.218 Th. G. errichtet.

Wenn wir schließlich nach den Gesamtkosten der ersten Anlage des „Bremerhavens" fragen, so müssen wir uns vergegenwärtigen, daß es sich hier nicht nur um die Vorbereitungen zum Bau, um das Hafenbassin und seine Schleuse und den Vorhafen handelt, sondern daß in die sämtlichen Kosten für die Hafenanlage mit eingeschlossen sind die Ausgaben für die mit dem Hafenbau zugleich errichteten Anlagen und Bauten, die Ausgaben für die Gehälter der Unter-Aufseher und die Gratifikation an Baurat van Ronzelen, für Verpflegung der erkrankten Arbeiter und vor allem die großen Ausgaben für den Ankauf des von den Einwohnern Lehes und des von der Krone Hannover erworbenen Terrains (41.129,56 Gr. + 31.896 Th. G.). Zu den mit dem Hafenbau verbundenen Anlagen sind hervorzuheben die schon erwähnten Deicharbeiten, die Herstellung der kleinen und der großen Prahmfähre über die Geeste, der Chaussee durch den Hafenbezierk und der Auffahrt von der Chaussee nach dem Deiche, sowie die Steinböschung am westlichen Höft 1830. Zu den mit der Hafenanlage zugleich errichteten Bauten kommen in Betracht der Ausbau des alten Hafenhauses, die Erbauung der Wohnung und des Pferdestalles der Dragoner und eines Gefängnisses am Deich, sowie vor allem der Bau des Amt- und Hafenhauses an der Schlachte. – Für die Schleuse ergab sich ein Kostenaufwand von 195.093 Th. G. Der Bau des Hafenbeckens, die Anlegung des neuen Weserdeiches und der darin einverdungene Bau des Amt- und Hafenhauses erforderten 184.552 Th. G., der Bau des Außenhafens und die Erweiterung desselben zusammen 49.763 Th. G. – Nach der im Konventionsbericht vom 6. Mai 1831 gegebenen Abrechnung, welche 30 Ausgabeposten enthält, betrugen bis zum Schlusse des Jahres 1830 die Kosten für die Hafenanlage

556.119 Th. G. und 71 Gr. Mit Hinzurechnung der Ausgaben, die das folgende Jahr noch erforderte, betrugen Ende 1831 die Gesamtkosten der ersten Hafenanlage rund 602.000 Th. G.[23]

Das Hafenbecken mit seinem rechtzeitig noch erweiterten Vorhafen, welcher sich in „schlanker, wenig gekrümmter Linie an die Längsachse des Hafens anschließt", erwies sich als eine für die Schiffahrt durchaus günstige und zweckentsprechende Anlage. Die nach damaligen Begriffen höchst kunstvolle und durch ihren soliden Bau ausgezeichnete Schleuse wurde mit Ausnahme des Blankenschen Spültores, das in seinem Betriebe sich nicht bewährte, für weitere derartige Bauten vorbildlich. Der ganze Hafenbau, für die damalige Zeit eine sehr bedeutende Anlage, zugleich ein nationales Werk, das erste in seiner Art in Deutschland, erregte weithin berechtigtes Aufsehen. Vor allem brachte auch Goethe diesem neuen „Bremer Hafen" sein größtes Interesse entgegen. In den Eckermannschen Gesprächen findet sich unter dem 10. Februar 1829 (Reclamische Ausgabe 2, S. 41) folgender Vermerk: „Ich fand Goethe umringt von Karten und Plänen in Bezug auf den ‚Bremer Hafenbau', für welches großartige Unternehmen er ein besonderes Interesse zeigte."

In Übereinstimmung mit dieser Notiz schreibt Goethe in seinem Tagebuch vom 9. Februar 1829, daß er sich „Weser-Charten" verschafft habe, um die mitgeteilten Nachrichten über die neuen Bauten bei „Gesendorf" und dem „Löhrhafen" (d. i. Geestendorf und Leherhafen) besser einsehen zu können. Diese Karten waren ihm durch den bremischen Arzt Dr. Nikolaus Meyer-Bremen zugestellt. In dem Antwortschreiben auf diese Sendung, datiert Weimar, den 10. Februar 1829, bittet der Dichter den Dr. Meyer, der Oberleiter des „Bremer Hafenbaues", Senator Dr. Heineken, möge ihn von Zeit zu Zeit „das Nähere" wissen lassen. „Ich habe dabei," so schreibt Goethe, „kein anderes Interesse, als das allgemein deutsch-continentale. Seit der Casseler Zusammenkunft und den dortigen Beschlüssen (Gründung des „Mitteldeutschen Handelsverein" 1828) muß uns höchstwichtig sein, eine Unternehmung, die der Weser erst ihre Würde gibt, vorschreiten zu sehen; und wenn an jenem westlichen Ende etwas Bedeutendes eingeleitet wird, so muß

---

[23] Vgl. Bürger-Konvents-Verhandlungen, Neunter Bericht der Deputation vom 17. Februar 1832, Seite 69

es bis zu uns herauf in die Werra bis Wanfried wirken ... Müssen wir uns doch so viel von den englischen Docks, Schleusen, Canälen und Eisenbahnen vorerzählen und vorbilden lassen, daß es höchst tröstlich ist, an unserer westlichen Küste dergleichen auch unternommen zu sehen." –

Goethe wußte also viel Rühmliches zu sagen von der neuen Hafenanlage am westlichen Ende Deutschlands und zugleich von der Weser, die durch das bedeutsame Werk erst ihre volle Würde empfangen. – Wie eigentümlich nimmt sich dem gegenüber die Xenie Schillers aus dem Muselalmanach von 1797 aus, die den großen Bremer Patrioten Smidt etwas verärgerte, als er in dem genannten Jahre in einem Buchladen Frankfurts ihrer ansichtig wurde, die Xenie, in der Schiller die Weser bekennen läßt: „Leider von mir ist gar nichts zu sagen, auch zu dem kleinsten Epigramm bedenkt! geb' ich der Muse nicht Stoff." Wirklich von der Weser gar nichts zu sagen, in literarischer, kultureller Beziehung nichts? In der Benediktiner-Abtei Korvei (Corvey) an der Weser, der ältesten und berühmtesten im Sachsenland, schrieb Widukind die Geschichte seines Volkes. In der alten Stiftsbibliothek befand sich einst die einzige Handschrift der sechs ersten Bücher der Annalen des Tacitus. Der edle korveier Mönch Ansgarius, später Erzbischof von Bremen, brachte mit Erfolg von der Weser aus dem Norden das Christentum und christliche Kultur. Durch den bedeutendsten Schüler Luthers, den Augustinermönch Heinrich von Zütphen, fand früh die Reformation in Bremen Eingang. – Hat die Weser nichts geschichtlich Nennenswertes aufzuweisen gehabt? Kannte Schiller nicht die langen Kämpfe der alten Hansestadt Bremen im Mittelalter um das *dominum Visurgis,* die Vorherrschaft über die Weser? Wußte Schiller vielleicht nichts von den ersten Kämpfen in der Zeit des Dreißigjährigen Krieges um das bedeutsame Gelände am Zusammenfluß der Weser und der Geeste, von der Gründung der Karlsburg durch die Schweden zur Lahmlegung des Bremer Handels? Im übrigen hätte die Naturschönheit des Wesertales wohl zu einem kleinen Epigramm der Muse Stoff geben können, wenn denn sonst nichts von der Weser zu sagen wäre.

Der große Dichter war längst heimgegangen (1805), als Bremen seinen Seehafen an der Unterweser schuf. Hätte er diese bedeutsame Gründung an dem einzigen von der Quelle bis zur Mündung deutschen Strome erlebt, würde er wohl in das Urteil Goethes eingestimmt und die Weser nicht mehr wegwerfend behandelt haben.

Nach drei Jahren und zwei Monaten mühevoller Arbeit und nach mancherlei verdrießlichen Kämpfen mit kurzsichtigen Voreingenommenheiten war der Hafen zur Eröffnung fertig. Diese kam allerdings früher, als man erwartet hatte. Am 11. September 1830 kam das einem amerikanischen Verwandten Friedrich Rodewalds in Bremen gehörige Schiff „Draper", Kapitän Hillert, von Baltimore auf der hiesigen Reede an mit einer für Rodewald bestimmten Ladung. Wie der Kapitän schon früher einmal bei der Eröffnung eines Liverpooler Hafens es durchgesetzt hatte, als erster mit seinem Schiffe in den Hafen zu fahren, so sollte auch jetzt sein Schiff als erstes durch die Schleuse in den neu erbauten Hafen gelangen. Der Ältermann Rodewald, zugleich Mitglied der Deputation für den Bremerhaven, hatte die zuerst dem Kapitän des Seglers dazu gegebene Erlaubnis wieder zurückgezogen. Doch dieser wollte das darauf bezügliche Schreiben nicht erhalten haben. Am folgenden Tage, dem 12. September, erfolgte die Durchfahrt durch die Schleuse. Man hatte dem dringenden Wunsche des Kapitäns, den Neuen Hafen mit seinem Schiffe zu eröffnen, keine Schwierigkeiten mehr entgegengesetzt, um so weniger, als Senator W. A. Fritze schon am 10. September den Hafen zur Eröffnung, durch wen sie auch geschehe, mündlich freigegeben hatte.

Der Akt geschah ohne jede Feierlichkeit. Man legte auf letztere kein Gewicht im Hinblick auf die Bedenken und Anfeindungen, die noch immer gegen die neue Hafenanlage gerichtet waren. Keiner vom Senat oder von der Deputation war zugegen. Smidt weilte anläßlich der Bundestagung in Frankfurt. Nur die hiesige Behörde zur Verwaltung des Hafens und eine kleine Zahl von Zuschauern, die noch rechtzeitig von der Eröffnung des Hafens erfahren hatte, waren zugegen. –

Daß ein „Amerikaner" der erste Gast des neuen Seehafens werden sollte, war „wie ein gutes Vorzeichen für das künftige Verhältnis zwischen dem großen, lebenskräftigen Staate drüben und der neuen, verheißungsvollen Schöpfung an der Unterweser"[24]. Die Fäden, die der „Draper" angeknüpft hatte, haben sich Jahrzehnte hindurch als sicher und erfolgreich für beide

---

[24] Vgl. Geschichte und Entwicklung Bremerhavens von Aug. Lähn in der Jubiläumsausg., Nordwestd. Zeitung 1. Beilage 1920.

Teile bis – zum verhängnisvollen Weltkrieg erwiesen und sind in der Nachkriegszeit wieder angeknüpft zur beiderseitigen Belebung von Handel und Schiffahrt. – Als erstes bremisches Schiff ging am 3. Oktober die „Marie", Kapitän Claus Ruyter aus Vegesack, mit einer Ladung Zucker von Trinidad de Cuba für die Firma Senator Fritze in den neuen Hafen[25].

Als der Hafen seiner Vollendung entgegenging, wurde zu seiner Verteidigung von Hannover im Auftrage des Königlichen Kriegsministeriums im Sommer 1830 mit dem Bau des Fort Wilhelm oder wie es gewöhnlich genannt wurde, der „hannoverschen Batterie" begonnen. Hannover hatte sich nach Artikel VII und VIII des Vertrages die militärische Besetzung und Verteidigung des Hafenortes vorbehalten, wogegen sich Bremen zu einer jährlichen Entschädigungssumme für diesen militärischen Schutz verpflichtete und von dem angekauften Terrain zu diesem Zweck das Gelände auf der Spitze zwischen der Weser und Einfahrt in den alten Hafen an Hannover zurückgab.

Hier wurde dann, ziemlich an derselben Stelle, wo 1804 die Franzosen eine rasch aufgeworfene Batterie angelegt hatten, nach dem Plane des Ingenieurs und Stabs-Kapitäns E. A. Oppermann das Fort „Wilhelm" erbaut. Diesem Plan lagen frühere Entwürfe der Batterie zugrunde, so der Prott'sche Situationsriß, kopiert vom Bauinspektor Stamm in Bremen, und vor allem der anscheinend von van Ronzelen stammende und im Bremer Staatsarchiv befindliche „Ontwerp eens Kusten Battery te Bremerhaven".

Der Bau des Forts – ein halbrunder, mit Kasematten versehener Backsteinbau – wurde den Maurermeistern und Gebrüdern Hinrich und Jacob Eits übertragen.

Die Armierung bestand aus

8 Stück 24-Pfünder à 150 Schuß
4   „   18-Pfünder à 300   „
4   „   12-Pfünder à 400   „
2   „   6-Pfünder à 100   „

---

[25] Nach Mitteilungen des mittlerweile verstorbenen Enkels von Ruyter, des Präsidenten des Landeskulturamtes – Hannover, Dr. Adolph Wenke. – Kapitän Ruyter ist der Urgroßvater der Frau Dr. Lenthe, Bremer Straße.

In Reserve befanden sich zwei Stück 12 Pfünder. Im ganzen hatte die kasemattierte Küstenbatterie also zwanzig Kanonen. Die gesamten Baukosten beliefen sich auf 87.097 Rth. 13 Grot.

Der Bau des Fort Wilhelm wurde 1836 vollendet. Die Batterie hätte im Notfalle, wenn es einzelnen Schiffen des Feindes gelungen wäre, bis in die Nähe der Mündung der Geeste vorzudringen, wohl mit Erfolg in Aktion treten können. Doch ein längeres Abfeuern seiner eigenen Geschütze hätte das Fort schwer ertragen können, so wenig fest erwies sich der ganze Bau.-

Die verschiedenen Straßenpläne von Bremerhaven

Als der Hafenbau noch in vollem Betriebe war, wurde schon die Anlage des Straßennetzes erwogen. Der erste Bebauungsplan, der im April 1828 von dem Leutnant G. Sattler entworfen ist und schon das ganze damals zur Verfügung stehende Gebiet berücksichtigt, weicht wesentlich von dem heutigen Stadtplan ab. Unser Marktplatz fehlt. In der Richtung der auf der Karte projektierten Geestebrücke führt eine Straße direkt zur Hauptstraße, unserer jetzigen Smidtstraße, die parallel mit dem Hafen läuft und erst so ziemlich am Nordende des Terrains eine nordöstliche Wendung bis zum Leher Schlafdeich nimmt. Zwischen dem Hafen und der Hauptstraße bis zu ihrer Abbiegung nach Nordost folgen nacheinander zwei gleichgroße rechteckige Häuserblöcke. In der Mitte der Hauptstraße an der östlichen Seite befindet sich der einzige freie Platz, der als Kirchen-, Markt- und Brunnenplatz gedacht ist und nach dem Schirmdeich zu parallel mit dem gekrümmten Laufe der Puttkuhle geht. In der Mitte der Westseite des Platzes hart an der Hauptstraße ist die Kirche gedacht, der gegenüber eine zum Hafen führende Straße liegt, die die oben genannten zwei Häuserblöcke voneinander trennt. Die anliegenden Straßen des freien Platzes, welche unserer Kirchen- und Mühlenstraße entsprechen, gehen nur bis zur Hauptstraße und weichen in der Richtung nach dem Deiche zu von der graden Richtung, im stumpfen Winkel sich nähernd, ab (s. im Anhang die Karte 5, 1828). –

Eine breite Straße ist die, welche vom Hafen ziemlich mit dem Deiche parallel bis zu unserer Fährstraße führt und sich dann in der Richtung der Puttkuhle bis zum Kirchen- und Marktplatz fortsetzt. Von den übrigen Straßen, die mit der Hafengegend in Verbindung stehen, führt die eine am

Südende, wo die Hauptstraße beginnt, zum Hafenbassin, während die andere am Nordende, da, wo die Hauptstraße nach Nordost abbiegt, zu dem damals im Bau begriffenen Holzhafen führt. Auf dem Plane ist auch ein kleiner Kirchhof vorgesehen, der zwischen dem Deich und der Puttkuhle in der Gegend unserer Thulesiusstraße gelegen ist.

Der am 18. Dezember 1829 von der Deputation der Bürgerschaft vorgelegte Plan, vom Bauinspektor Stamm in Bremen angefertigt, die Darbietung eines „vorläufigen Anblicks, wie derselbe, in Bauplätzen verteilt, sich ausnehmen möchte", kommt der heutigen Straßenanlage schon näher (s. Karte 6 von 1829). Wir finden unsere Geest- und Hafenstraße, Mittelstraße und Kirchenstraße, und zwar senkrecht zum Hafen und zur Hauptstraße stehend. Doch ist die Mittelstraße nicht bis zum Hafen, sondern nur bis zur Hauptstraße durchgeführt. Wir finden den Marktplatz in seiner jetzigen Lage, doch ist er kleiner und sind die Häuserblöcke, die ihn umgeben, mit Ausnahme des an der östlichen Seite der Hauptstraße gelegen (s. im Anhand Karte 6 von 1829) anders gestaltet. Zwischen der Straße am Hafen (Schlachte) und der bis zur Kirchenstraße führenden Hauptstraße liegt nur eine Parallelstraße, deren Westseite drei Häuserblöcke von verschiedener Größe aufweist, während die Ostseite drei rechteckige Häuserblöcke von gleicher Größe zeigt, die an die Hauptstraße reichen.

Östlich von der Hauptstraße liegen zwei bis zur Kirchenstraße führende Parallelstraßen mit je zwei gleichgroßen rechteckigen Häuserblöcken, die durch unsere Mittelstraße voneinander getrennt werden. Die folgende Parallelstraße mit gleichgestaltetem Häuserblock führt nur, mit Rücksicht auf den vorstehenden Deich, bis zur Mittelstraße.

Im Frühjahr 1830 wurde das ganze innerhalb des Schirmdeiches gelegene Terrain geebnet, um es teils zur Kultur des Bodens durch Gras-, Feld- oder Gartenfrüchte, teils zur Bebauung verfügbar zu machen.

Der nächste Plan von 1831 (s. Karte 7 von 1831), entworfen und lithographiert von Thätjenhorst in Bremen, wurde nachträglich noch dahin geändert, daß der Marktplatz durch Zurücklegung der angrenzenden östlichen Bauplätze bis an die Linie unserer östlichen Marktstraße und durch Zurücklegung des angrenzenden südlichen Bauterrains erweitert wurden und so die jetzige Platzgröße in der von vornherein vorgesehenen Quadratform erhielt. Erst dieser veränderte Plan von 1831 entspricht im wesentlichen dem heutigen Straßennetze. Es fehlt die Thulesiusstraße infolge der Puttkuhle, die, solange sie noch bestand, auch nur die Bebauung der einen Seite der Grabenstraße zuließ. Auch die Poststraße ist auf diesem Plan nicht festgelegt, desgleichen nicht auf dem Plane „nach dem Zustande von 1834 und 1835, aufgemessen und gezeichnet durch E. Klüver", auch noch nicht auf dem von van Ronzelen entworfenen Plane von 1849. Ferner ist auf diesen Karten allen die Straße „Auf der Carlsburg" noch nicht bis zum Deiche durchgeführt. Während die Karten aus den dreißiger Jahren für die Bebauung die Kirchenstraße als nördliche Grenze vorsehen, finden wir auf dem Plane von 1849 Bebauungen schon bis zu unserer Keil-straße vor, und zwar an der östlichen Seite der Grünestraße. An der west-lichen Seite der Langestraße war die Ecke der Keilstraße und die Ecke der Mühlenstraße, an welche sich noch einige Häuser anschlossen, bebaut. –

Die durch Bremen von der Krone Hannover am 1. Mai 1827 übernommenen Anbauer des Geestehafens

Auf dem von Hannover abgetretenen Terrain waren drei Anbauer als Erbzinspächter ansässig, nämlich die bei dem Bericht über die Anlegung des hannoverschen Geestehafens schon genannten Ansiedler, der Bäcker, Gastwirt und Händler Friedrich Jantzen aus Dorum, der Zimmerbaas Cornelius Jantzen Cornelius aus Hucksiel und der Schmiedemeister Carsten Mehrtens aus Donnern, letzterer der Großvater der Kaufleute Alfons und Heinrich Mehrtens, Bürgermeister Smidtstraße 19 und 18. Die drei Anbauer hatten ihr Wohnhaus auf den Artikel IV a des Hauptvertrages angeführten 75 Morgen 13 Quadratruten. Da dieser Teil der abgetretenen Besitzungen ausdrücklich mit denselben Rechten und Verpflichtungen, unter welchen Hannover denselben besessen, übertragen war, so stand jenen Eigentü-mern das Recht des ferneren Wohnsitzes auf ihren Erbzinsgütern zu. Sie machten davon Gebrauch und leisteten zugleich mit dem in bremische Dienste getretenen Hafenmeister Deetjen am 1. Mai vor der Kommission des Senats von Bremerhaven, Bürgermeister Smidt und Senator Dr. Heine-ken, den Huldigungseid[26] der Einwohner des Gebietes der freien Hanse-stadt Bremen.

---

[26] Dieser lautete: „Ich will dem Senat und dieser guten Stadt treu und gehorsam sein; auch, soviel ich vermag, das Beste und den Nutzen dieser Stadt, des Senats und der Bürgerschaft befördern, ihren Schaden und Nachteil aber abwenden und

Von den drei Ansiedlern, starb Friedrich Jantzen schon am 1. April 1830, 51 Jahre alt, nachdem er sich erst am 19. Juni 1829 verheiratet hatte. Das Gewese der Witwe wurde am 3. November 1832 an den Wirt und Kaufmann Johann Hinrich Jürgens übertragen.

Cornelius besaß nur eine kleine Werft, die aber doch rentierte durch die an den Schiffen vorgenommenen Reparaturen, sowie durch den Bau von Booten und kleinen Fahrzeugen. Sein Wohnhaus bot glücklicherweise noch soviel Raum, daß Männer, die mit der Geschichte Bremerhavens eng verknüpft wurden und in späteren Jahren im eigenen schönen Heim ihres Daseins sich freuen konnten, bei ihrer Übersiedelung nach hier angesichts des Wohnungsmangels vorerst bei Cornelius ihr Unterkommen fanden, so 1827 Baurat van Ronzelen und Eibe Siebs, 1832 R. E. Rickmers und Frau. Cornelius war ein origineller Geschäftsmann, der später zu dem Entschluß kam, noch auf andere Weise seinen Verdienst zu finden, indem er, sicher rechnend mit der Theaterluft vieler Bewohner, auf seinem Terrain eine Sommerbühne erbaute mit einem Zuschauerraum, dessen starker Besuch seine Freude war.

Was Carsten Mehrtens betrifft, so wurde ihm im August 1828 die – allerdings widerrufliche – Erlaubnis erteilt, neben seinem Wohnhause einen Holzstall zu errichten von 24 Fuß Länge und 20 Fuß Breite für eine Kuh und Pferde von Fremden, die in der Regel in Bremerhaven kein Unterkommen finden konnten. Ungefähr zwei Jahre später erklärte Mehrtens auf Anregung des Senats, der auf sein Grundstück zu reflektieren schien, sich bereit, sein Haus und seinen Platz zu verlassen, wenn ihm dafür eine für sein Gewerbe gelegenere Anbaustelle mit nicht höheren Abgaben als für den jetzigen Platz angewiesen würde. Sein in einem Schreiben vom 1. Juli 1830 ausgesprochener Wunsch, daß von seiten Bremens ihm eine reine Summe

---

mich in allen Stücken so betragen, wie es getreuen Untergehörigen gebührt; ich will allen Vorschriften und Bestimmungen in betreff öffentlicher Abgaben gewissenhaft nachkommen und meine Pflichten als Wehrmann, wenn ich der Bürgerwehr angehöre, getreulich erfüllen und Wehr und Waffen gut bewahren und erhalten. So war, helfe mir Gott!" Im Jahre 1833 wurde der Eid dahin abgeändert, daß nur des Senats, nicht ausdrücklich der Bürgerschaft gedacht wurde. „Ich will der freien Hansestadt Bremen treu und hold und dem Senate derselben gehorsam sein, auch, soviel ich vermag, das Beste und den Nutzen derselben befördern" usw. wie sonst. – Im Jahre 1841 wurde die Eidesform wieder verändert.

von 2.000 Th. G. ausbezahlt werde, wofür er alsdann nach Fertigstellung der neuen Wohnung sein jetziges Haus an Bremen abgeben wolle – dieser Wunsch scheint – eine Akte darüber liegt nicht vor – durch den Senat die Genehmigung gefunden zu haben. Die neue Anbaustelle wurde ihm in dem Winkel zwischen dem Deiche und der auf denselben stoßenden Karlsburg-straße (westliche Seite) anwiesen. An letzterer, bis zum Deiche hin, wurde die Schmiede errichtet und neben dieser mit der Front nach dem Deiche ein bescheidenes Wohnhaus aufgebaut.

Am 21. November 1835 starb dem Carsten Mehrtens seine Frau Katha-rina verw. von Glahn, geb Wrede. Am 4. Juni 1836 trat er, 38 Jahre alt, in Bremerhaven zum zweiten Male in die Ehe mit der 24jährigen Metta La-busör (wie der Name in den Personalakten häufig lautet, richtig Labou-seur, weniger richtig Labuseur). Diese war die Tochter des aus Frankreich 1813 eingewanderten Adam Christopher Labouseur, Maurermeister zu Lehe, und der Metta Dorothea, geb. Brüns. Am 5. Juni wurde das Paar durch Pastor Vörtmann (Lehe) kopuliert. Aus dieser Ehe wurden vier Söhne, Jo-hann, Carl, Georg und Hermann und eine Tochter Metta geboren.

Im April 1842 erfuhr das Grundstück von Mehrtens mit Rücksicht auf den neben seiner Schmiede noch stattfindenden Betrieb eine wünschens-werte Erweiterung durch die von der Landdrostei zu Stade dem verstorbe-nen Schmiedemeister Gideon Hinrich von Glahn bestimmte Anbaustelle nebst Gartenplatz, nachdem Mehrtens sich dieserhalb zuvor mit dem Sohne und einzigen Erben von Glahns, Heinrich Gideon Glahn[27], seinem Stiefsohn, vereinbart hatte.

Nach dem neuen Grundbrief, der auch die Zahlung eines Weinkaufs von 36 Th. G. fordert, besteht das Grundstück in einem Parallelogramm und mißt in der Länge am Deiche von der westlichen Linie der Karlsburg an 125 Fuß, in der Tiefe an der Karlsburg aber von der inneren Kappe des Deiches an nordwärts 69 Fuß Bremisch. Die Übertragung der Anbaustelle geschieht unwiderruflich, dagegen behält sich die Deputation zur Verwaltung der öf-fentlichen Grundstücke (W. A. Fritze und Anton Gloystein) die Einziehung des an den Hausplatz sich anschließenden Gartenlandes vor.

---

[27] Der seit 1836 Kirchenstraße 68 (jetzt Darmstädter und Nationalbank) eine Schmiede betrieb.

Auf diesem erweiterten Grundstück ließ Mehrtens ein neues geräumiges Wohnhaus von 60 Fuß Breite und 30 Fuß Tiefe mit sechs Fenstern im ersten Stockwerk nach dem Deiche zu errichten. Die Fundamente des alten Gebäudes wurden zum Wiederaufbau des neuen benutzt und die fehlenden von erforderlicher Tiefe und Breite angelegt. Neben seinem Schmiedehandwerk betrieb Mehrtens in dem neuen Hause eine gut renommierte, vorwiegend von Kapitänen, Steuerleuten und Lotsen besuchte Wirtschaft, mit der auch eine Kegelbahn verbunden war. Auch eröffnete er rechts vom Hauseingang ein Kolonialwarengeschäft. Die oberen Räume des Hauses dienten vielfach als Logis für auswärts, sei es in Bremen, Vegesack oder Umgegend wohnende Kapitänsfrauen, die mit ihren Männern die letzten Stunden vor deren Ausfahrt in See verbringen wollten. –

Carsten Mehrtens war seiner äußeren Erscheinung nach eine hohe, stattliche Gestalt, seinem Charakter nach ein fleißiger, Vertrauen erweckender, rechtschaffener Mann, der die Achtung seiner Mitbürger genoß. Er starb nach längerem Kranksein am 15. August 1861. –

Die Anweisung der Bauplätze

Eine rasche und starke Ansiedlung konnte nur erwartet werden, wenn die Bedingungen für die Überlassung der Bauplätze möglichst erleichtert würden. Die Deputation war bei der Lösung dieser Aufgabe von folgendem Gesichtspunkt ausgegangen. Jeder, der bauen will, da er ohnehin für den Bau einer großen Summe bedarf, wird es schwieriger finden müssen, diese sofort durch eine nicht unbedeutende bare Auslage für den Ankauf des Platzes noch zu erhöhen, als die Zinsen derselben jährlich zu entrichten. Im Hinblick auf eine möglichst schnelle Besiedlung war es in der Tat zweckmäßig, die Anbauer nicht auch noch mit dem Kaufpreis für den Platz zu belasten, sondern von ihnen nur eine Verzinsung zu fordern, die als dauernde öffentliche Last auf dem Grundstücke ruht. Die Deputation glaubte ein gewisses Maß für die Breite jedes Hauses an der Straße und, damit zum Hofplatz oder kleinen Garten etwas übrig bleibe, das dreifache für die Tiefe desselben annehmen zu müssen; nicht um dieses Maß unbedingt für jeden Bau zu fixieren, sondern um den Grundzins nach demselben zu normieren. Mit anderen Worten: der Grundzins soll sich nach dem Flächeninhalt des Platzes richten. Dabei bleibt es denn unbenommen, sich mit dem

Anbauer über einen oder mehrere Plätze, sowie über die Teilung eines Platzes zu verständigen und demgemäß den Grundzins näher zu bestimmen. Nach dem Vorschlag der Deputation in seinem sechsten Bericht vom 18. Dezember 1829 (s. B. C. = Bürger-Conventsverhandlungen, S. 191-193) wurden laut Beschluß von Senat und Bürgerschaft am 22. Januar und 23. Februar 1830 folgende Bestimmungen getroffen:

1) Ein ganzer Bauplatz wird in der Regel zu 40 Fuß Breite an der Straße und zu 120 Fuß Länge in dieser Breite angenommen.

2) Die vorzüglichsten Plätze, zu welchen die längs dem Hafenbassin zu rechnen sind, werden nicht unter 20 Th. G.[28] vergeben. Damit diese zur Anlage größerer Packhäuser oder mit Packraum versehenen Wohngebäude, die dem Seehandel dienen, benutzt werden, wird der Deputation empfohlen, wegen Überlassung dieser Plätze in der Regel mit solchen Personen zu verhandeln, welche, seien sie Bremer oder Ausländer, entweder zur Betreibung eines Engroshandels befähigt erscheinen, oder bei dem Ankauf eines solchen Grundstückes sich ausdrücklich zur Erbauung eines Gebäudes jener Art verpflichten (B. C. 1829, S. 193). – Die entfernter liegenden Plätze sind nicht unter 10 Th. G. zu vergeben. Nur um die abgelegensten Plätze anzubringen und um einzelne Anbauer, die gleich anfangs nicht entbehrt werden können, wie z.B. Lotsen, zur Niederlassung zu bewegen, ist es der Deputation gestattet, ausnahmsweise einen niedrigeren Grundzins zu gewähren. –

3) Es sind bei diesen Anweisungen folgende Bestimmungen zu stellen:

a) Der Bauplatz ist im Laufe des ersten Jahres mit einem Staket oder einer lebendigen Hecke zu befriedigen.

b) In gleicher Frist hat der Anbauer den Fußweg vor seinem Grundstück auf die von der Behörde näher anzugebende Weise herzustellen und ihn, sowie den Fahrweg vor seinem Grundstücke, weiterhin in gutem Stande zu erhalten. Sollte demnächst eine Bepflasterung oder sonstige Befestigung dieser Wege staatsseitig vorgenommen werden, so hat jeder Grundbesitzer

---

[28] Später wurden diese Plätze zu 30 Th. G. vergeben.

die Kosten, sowie die der künftigen Unterhaltung vor seinem Grundstücke zu tragen.

c) Spätestens im zweiten Jahre muß der Bau erfolgen, wobei es dem Anbauer überlassen bleibt, das Haus massiv oder in Fachwerk zu errichten. Jedoch muß das Dach mit Ziegeln gedeckt und das Haus mit der Front an der Straße stehen.

4) Jedem Anbauer wird über das erworbene Grundstück – gegen Entrichtung eines Weinkaufs im Betrage des doppelten Grundzinses – ein Grundbrief ausgefertigt. Beim Wechsel des Besitzers hat der neue Eigentümer innerhalb sechs Wochen, bei Vermeidung doppelter Zahlung, die Umschreibung in dem Lagerbuche nachzusuchen und einen neuen Grundbrief zu lösen, wofür er, wenn der Besitz auf einen der Abkömmlinge übergeht, auch nicht mehr als den doppelten, sonst aber den vierfachen Grundzins zu entrichten hat. – Es wird ihm dagegen bei Erfüllung seine Verpflichtungen das volle Grundeigentum zugesichert, so daß er dasselbe jederzeit zu verpfänden und zu verkaufen berechtigt ist, wenn die Zahlung von Grundzins und Weinkauf nur in der Hypothek oder dem Kaufbriefe, als auf dem Grundstück ruhende privilegierte Last angegeben worden. – Die Zahlung des Grundzinses erfolgt um Martini; wer aber bis zum Martinitage 1830 einen Bauplatz angewiesen und den Grundbrief darüber ausgefertigt erhält, dem wird für dieses Mal der Grundzins erlassen. –

5) Der jährliche Betrag der Weinkäufe und Grundrenten fließt, wie alle Staatseinnahmen, in die Generalkasse. Ein jährliches Spezial-Budget über die mutmaßliche Einnahme wie über die notwendigen Ausgaben ist dem Rat und der Bürgerschaft zur Beschlußfassung darüber vorzulegen.

6) Eine Ansiedlung solcher Personen, die ein sie nährendes Gewerbe nicht nachweisen können, ist möglichst zu verhüten, ohne jedoch einen Zunftzwang dabei einzuführen. Über die von den Kolonisten zu zahlenden Steuern und Abgaben wird erst bei zunehmender Bevölkerung beraten werden und bleiben die Ansiedler in dieser Beziehung, sowie in betreff aller gesetzlichen Anordnungen, den successiven Bestimmungen von Rat und Bürgerschaft unterworfen (Bürger-Conventsverhandlungen 1830, S. 5).

Laut Bericht der Deputation vom 2. Dezember 1836 „Ergänzung zu den Bestimmungen über Anweisung und Übertragung der Bauplätze", ist noch folgendes zu bemerken: Der Anbauer ist berechtigt, das Grundstück ungeteilt zu vererben, mit Hypotheken zu beschweren, oder durch Verkauf, Schenkung und Tausch, oder auf welche Weise es sonst sei, auf andere Personen zu übertragen. Wünscht aber der Besitzer eines Anbauplatzes beim Übergang auf einen anderen Besitzer seines Vorteils willen eine Teilung des Platzes, so wird die Erlegung einer besonderen Recognition mittels Zahlung eines den gewöhnlichen Grundzins um die Hälfte übersteigenden außerordentlichen Weinkaufs den Verhältnissen angemessen erachtet. –

Im Juli 1850 wurde beim Verkauf von Bauplätzen der Grundzins ablösbar gemacht. Doch wurde davon wenig Gebrauch gemacht, weil bei den Grundstücksverkäufen sich der Erlös nicht dem Ertrage des Ablösekapitals entsprechend erhöhte[29].

Wir haben ausführlich die Bestimmungen über die Anweisung der Bauplätze im jungen Hafenort dargelegt. Welche waren denn nun die ersten Anbauer in Bremerhaven? Auf dem Plan von 1831 finden wir am Schirmdeich die Dienstwohnung des Hafendirektors, die noch stehen gebliebenen Wohnungen der holländischen Unternehmer, die Addicksche Gastwirtschaft im ehemaligen hannoverschen Hafenhause und die Wohnungen für die Polizeidragoner, an der Schlachte das bremische Amts- und Hafenhaus und Ecke der Hafenstraße nördlicherseits das Packhaus von W. A. & W. Fritze in Bremen, das für Wohnungen nicht bestimmt war. Alle diese Bauten kommen für die oben gestellte Frage nicht in Betracht. Es handelt sich vielmehr um die auf dem genannten Plane verzeichneten fünf bebauten Wohnplätze der ersten Ansiedler, von denen einer an der Leher, drei an der Marktstraße und einer Ecke der Geest- und Langestraße gelegen sind.

---

[29] Mit dem Inkrafttreten des Bürgerlichen Gesetzbuches (1900) ist die Belastung eines Grundstückes mit Grundzins und Weinkauf nicht mehr zulässig. Die seit dieser Zeit vom Staate verkauften Bauplätze sind daher frei von Grundzins und Weinkauf. Mit dem Jahre 1901 trat ein neuer Ablösungsmodus in Kraft. Nach diesem wurde ein Teil des jährlich zu zahlenden Grundzinses als Ablösungskapital verrechnet mit der Wirkung, daß in den sechziger Jahren die ganze Last hinfällig wird. Dabei ist zu bemerken, daß der zu zahlende Grundzins heutzutage auch nur in dem durch das Auswertungsgesetz bestimmten Teilbetrag entrichtet wird. –

Die ersten fünf Anbauer waren Hinrich Garrels, Albrecht Cordes, Caspar Hinrich Kenkel (Kinkel), Friedrich Freudenthal und Martin Eichholz. Den beiden Erstgenannten wurde der Bauplatz mittels Grundbrief vom 21. Juli 1830 angewiesen. Hinrich Garrels aus Leer (Ostfriesland) war vor seiner Übersiedlung nach hier Kuffschiffer und Wirt in Vegesack, wo er auch den Bürgereid leistete. Wie so manche lockte auch ihn der Hafenbau an. Mit seiner Kuff lud er Buschwerk ab, das für die Uferabschüsse des Hafens bestimmt war. Noch vor Eröffnung des letzteren baute er sich hier an der westlichen Seite der Leher Straße 35 und 36 (die alten Grundstücksnummern des Grundbriefes), Ecke der Hafenstraße, an und zeigte sich als ein geschäftstüchtiger Mann von vielseitigen Unternehmungen, errichtete einen Gasthof und ein Schiffsausrüstungsgeschäft, für welches er hinter seinem Hause ein Lagerhaus an der Hafenstraße erbaute, wurde Kornhändler und betrieb eine Reederei, für welche die einzigen in den dreißiger Jahren hier ansässigen Kapitäne Jensen, ein Verwandter von ihm, und Louis Sammy fuhren. Die eingeführten Ladungen der Schiffe waren für die Firma Louis F. Kalkmann & Co. in Bremen bestimmt. In einigen Jahren waren elf bebaute Plätze sein Eigentum. An der nordwestlichen Seite der Osterstraße hatte er eine Reihe kleiner und niedriger Häuser für Leute, die sonst keine Wohnung finden konnten, im Volksmunde „Langenjammer" genannt, bauen lassen und hinter diesen einen großen, bis zur Fährstraße reichenden Garten sich angelegt. Garrels sprach am liebsten platt, wie alle Niedersachsen jener Zeit, und war denen, welche im geschäftlichen Verkehr sich ihm mit der hochdeutschen Sprache nahten, nicht sonderlich gewogen. Wegen seiner geschäftlichen Erfolge und seines Wohlstandes hieß er im Volke „de groote Garrels", während sein Bruder Gerhard, der 1831 in der Geeststraße 109, 1835 am Marktplatze 10, sich anbaute, wegen seiner schlanken, hohen Gestalt, „de lange Garrels" genannt wurde. Bei allem Geschäftseifer zeigte Hinrich Garrels auch lebhaftes kirchliches Interesse, so daß der erste Konvent der neu gegründeten vereinigten evangelischen Gemeinde ihn zum verwaltenden Bauherrn erwählte. –

Zu gleicher Zeit mit Hinrich Garrels siedelte sich hier der bremische Bürger Albrecht Cordes an, und zwar Marktstraße 91 westliche Seite (Eckhaus des Marktplatzes). Er war vor der Hand der einzige Bäcker des Ortes, bis 1832 Vasmer am Marktplatze und Dreyer in der Leher Straße hinzukamen.

Schon am 11. Februar 1833 wurde sein Grundstück an Johann Philipp Müller aus Bremen übertragen, dessen Nachfolger 1844 der Bäckermeister Heinrich Wilhelm Ulrichs wurde.

Der dritte Ansiedler (nach der Zeit der Übertragung des Grundstücks 11. August 1830) war Martin Eichholz aus Dingen, seit 1828 „temporärer Untergehöriger", seit 1832 durch Ablegung des Huldigungseides Einwohner des Ortes, war in der Zeit des Hafenbaus Hospitalwärter in den für die erkrankten holländischen Arbeiter errichteten Baracken und wurde in der folgenden Zeit ein rühriger, vielseitig beschäftigter und in Alt-Bremerhaven allbekannter Mann. Ecke der Lange- (östliche Seite) und der Geeststraße wurde ihm sein Bauplatz zugeschrieben. Vielleicht schon vor Eröffnung des Hafens begann er mit dem Bau des zweistöckigen Wohnhauses. Hier errichtete er eine Wirtschaft mit weiblicher Bedienung und einem „Damen"-zimmer in der ersten Etage, sowie im Erdgeschoß ein Barbiergeschäft. In einem besonderen Zimmer wurden unbemittelte Kranke, die kein ordentliches Unterkommen gefunden hatten und denen es an Pflege fehlte, auf Gemeinde- oder anderer Kosten von dem Barbier Fritzi verpflegt. Auch ein Raum für die Aufnahme fremder Toten, Ertrunkener oder sonstwie Verunglückter, stand zur Verfügung. Wenn ein Unbekannter begraben werden sollte, zimmerte der Tischlermeister mit dem Evangelistennamen Markus den Sarg zurecht. Fritzi und ein paar Gelegenheitsarbeiter erhielten je zwölf Grot als Folger nach dem Leher Friedhof hin. Eichholz betrieb auch ein Fuhrwerkgeschäft. Neben seinem Wohnhaus befand sich an der Geeststraße die Stallung und dahinter die Wagenremise. Endlich errichtete er in der Langestraße im Anschluß an das Wohnhaus einen großen Tanzsaal. Bedauerlich, daß dieses Haus, das auch edle, humane Zwecke verfolgte, vereinsamte arme Kranke in Pflege nahm und fremden Toten die letzten Dienste erwies, zugleich Gelegenheit zu Stunden der Sinnenlust bot. Das hinderte freilich die damals zur „Gesellschaft" sich rechnende Einwohnerschaft nicht, den großen Tanzsaal, weil sonst kein passender Raum zu finden war, zur Abhaltung von Vergnügungsabenden zu benutzen.

Der vierte unter den ersten Ansiedlern war Caspar Hinrich Kinkel, oder wie er sich selbst schrieb Kenkel aus Dinklage, Arbeiter und Schankwirt. Am 30. September 1830 wurde ihm das Grundstück Marktstraße 90 neben Bäckermeister Cordes zugeschrieben. Verheiratet mit Catharina Marga-

rethe, geb. Witschen, leistete er mit vielen anderen 1832 den Huldigungseid, nachdem in den Jahren 1828 bis 1831 keine Eidesleistung hier stattgefunden hatte. Er war Vater mehrerer Kinder, von denen das erstgeborene,
ein Töchterchen, erst elftägig starb.

Der fünfte Anbauer war Friedrich Freudenthal aus Hameln (Weser),
Marktstraße 93, östliche Seite, Eckhaus der Geestestraße. Das am 15. Dezember 1830 ihm zugeschriebene Grundstück ging am 3. Februar 1832 an
Baurat van Ronzelen über, der zeitweilig dort wohnte, am 8. September
1835 zurück an Freudenthal, der es am 25. November 1841 an Claus Winters verkaufte. Friedrich Freudenthal, geb. 26. April 1797, gest. 10. März
1870, war ursprünglich Schiffer und Besitzer eines Frachtewers, betrieb später in der Langestraße eine größere Wirtschaft mit Tanz-saal und Logis für
Seeleute und – Freudenmädchen. –

Wiewohl nach dem Plane von 1831 nur die nunmehr genannten fünf
Ansiedler als die ersten, welche im Hafenort ihr Wohnhaus errichtet haben,
zu nennen sind, möchten wir ihnen noch zwei zuzählen, denen schon im
Oktober bzw. Dezember 1830 die Grundstücke übertragen wurden und die
höchstwahrscheinlich noch im Jahre 1831 den Wohnbau auf ihnen vollendeten. Es sind Heere Harms und Hinrich Eits, welche beide 1832 hier den
Bürgereid abgelegt haben. –

Heere Harms aus Dorum, Ostfriesland (22. Oktober 1830), unverheiratet, baute sich Leher Straße, westliche Seite, Nr. 26, Ecke der Mittelstraße
an und betrieb unter Mithilfe seiner Schwestern ein Schiffsausrüstungs-
und Kolonialwarengeschäft, sowie Wirtschaft.

Der siebente unter den ersten Ansiedlern war Johann Hinrich Eits, Mau-
rer- und Baumeister ein kleiner, untersetzter Mann, mit Unternehmungsgeist ausgerüstet, dem am 15. Dezember 1830 das Grundstück Nr. 76, Leher Straße, östliche Seite, Ecke des Marktplatzes zugeschrieben ward. Hier
errichtete er in einem zweistöckigen Hause einen Gasthof. Durch den Bau
des Fort Wilhelm, den er in Gemeinschaft mit seinem Bruder Jacob ausführte, durch Häuserbauten, sowie durch die von ihm 1838 angelegte erste
Wasserleitung am Orte und Verkauf von Ländereien im Leher Freigebiet,
wo er später auch seinen schönen Wohnsitz hatte, gelangte er zu einem
gewissen Reichtum.

Die staatliche Verwaltung Bremerhavens
und deren Einrichtungen

Die bremische gemeinschaftliche Deputation
für Bremerhaven

Auf Anregung des Senats wurde zur Ausführung des Hafenbaus und zur Verwaltung Bremerhavens eine gemeinschaftlich aus Senat und Bürgerschaft bestehende Deputation am 9. März 1827 erwählt. Aus der Bürgerschaft wurden folgende acht Herren ernannt: die Ältermänner W. A. Fritze und Friedrich Rodewald, ferner Joh. Helfrich Adami, Anton Gloystein, Just. Friedr. W. Iken, Theodor Lürmann, Carl Witte und Joh. Gottfried Meyer. An der Stelle des letzteren, der verstarb, wurde am 21. Dezember Gerhard Christian Garlichs gewählt. Der Senat ernannte als Kommissare aus seiner Mitte Bürgermeister Smidt, Senator Löning und Senator Dr. Heiniken.

Am 3. April 1830 wurde Fritze in den Senat und an seiner Stelle am 4. Juni der Ältermann Everh. Delius in die Deputation gewählt. Dem ausgeschiedenen Deputierten wurde bei dieser Gelegenheit in der Bürgerschaft der besondere Dank für die großen Verdienste erzeigt, die er sich in mannigfachen bürgerlichen Angelegenheiten und Verwaltungen mit dem regsten Eifer und den redlichsten Absichten um den Staat erworben hatte (B-Convents-Verh. 1830, S. 155). Vom Ausgang des Jahres 1831 (S.22) ging von den Deputierten der Bürgerschaft für Bremerhaven jährlich einer ab, und zwar vorübergehend nach dem Lebensalter, dann aber nach dem Dienstalter und wurde von dem Bürgerkonvent ergänzt. –

Aus der Deputation sind drei Männer hervorzuheben, die dem Plane Smidts, an der Geestemündung einen bremischen Seehafen zu erwerben, von Anfang an das lebendigste Interesse und die tatkräftigste Unterstützung entgegenbrachten: Senator Dr. Heiniken, der bewährte Vertreter Bremens bei Regulierung der Weserschiffahrt, der schon im Juni 1825 im Kollegium der auswärtigen Kommission den neuen Plänen Smidts sich aufs wärmste hingab und an den ersten Besprechungen über einen bremischen Seehafen zugleich mit den Kollegen Horn und Pavenstedt sich lebhaft beteiligte. Sodann Fritze und Rodewald. Ersterer machte schon am 12. und 13. Juni 1825 mit Bürgermeister Nonnen eine Inspektionsreise nach Geestendorf und brachte die Überzeugung von der Ausführbarkeit eines dortigen größeren Hafenbaus nach Hause, nahm Ende Juni auf Veranlassung

Smidts mit teil an den Verhandlungen in Hannover über den Vertragsentwurf und verfaßte im August des folgenden Jahres für den Geheimen Kabinettsrat Rose eine eingehende Denkschrift über die Notwendigkeit einer Eisenbahnverbindung zwischen Bremen und Hannover, die, für beide Staaten vorteilhaft, in den Vertragsentwurf hineinzubringen sei. Fritze war es auch, dem es gegen Ende Juli 1826 in Amsterdam nach kurzer Zeit gelang, den niederländischen Ingenieur van Ronzelen für Bremen und seinen Hafenbau zu gewinnen, und der noch einmal – am 13. und 14. August – an der Besichtigung des Terrains an der Geestemündung teilnahm, die außerordentlich günstig für die dortige Anlage eines Seehafens ausfiel. Endlich war es sein besonderes Verdienst, alle Einwände, die aus den Bremer Schiffahrtskreisen schon vor der Übergabe des Hafenterrains erhoben wurden, mit besonderem Geschick mündlich und durch die Presse zu entkräften.

Was Rodewald betrifft, so war dieser an den Besprechungen in Bremen mit ganzer Seele beteiligt und gab zugleich mit den Ältermännern Bolte und Fritze in einem ausführlichen Schreiben an Smidt, Oktober 1825, ein Gutachten über die Gründe und Gegengründe bezüglich des Hafenprojektes ab und vertrat mit Bolte sogar die kühne Ansicht, die Staatsmittel würden ausreichen, um neben dem Hafenbau und der Eisenbahn auch noch eine Kanalisierung der Weser bis zur Lesum, welche Senator Pavenstedt der Hafenanlage vorziehen wollte, herzustellen.

Unter denen, die sonst die unermüdlichen Bestrebungen Smidts von Anfang an mit Hingebung und Eifer gefördert hatten, ist besonders hervorzuheben der vielseitig gebildete Senator Joh. Carl Friedrich Dr. Gildemeister, der seit seinem Eintritt in den Senat (August 1816) zu den vertrauten Freunden Smidts gehörte, und diesen im Entschlusse bestärkte, bei den Verhandlungen in Hannover an Bremens Hoheit über den Hafen unter allen Umständen festzuhalten. Endlich bedarf noch besonderer Erwähnung der Ältermann Hermann Heinrich Bolte, der bereits am 6. Juni 1825 eine Denkschrift an Smidt einreichte, in welcher er die Notwendigkeit des von Smidt geplanten Hafenbaus und der sofortigen Inangriffnahme der Verhandlungen in Hannover klar und scharf darlegte (v. Bippen, Gründung Bremerhavens, S. 206). –

Die Deputation unter dem Vorsitz Smidts hatte keinen leichten Stand. Als bereits die Hafenarbeiten rüstig fortschritten, regte sich noch Mißtrauen, Unzufriedenheit, selbst Feindseligkeit gegen das von Smidt unter so unendlich vielen Mühen und Schwierigkeiten ins Leben gerufene Werk. Abgesehen von denjenigen, welche für den Bau eines Kanals von der Stadt nach der See waren, hielten auch diejenigen, welche wohl den Vorteil eines eigenen bremischen Seehafens einsahen, dennoch den Aufwand dem zu erwartenden Nutzen gegenüber viel zu hoch und befürchteten eine Misere in den Finanzen des Staates. Die aber, welche den Handelskreisen ferne standen, sahen in den außerordentlichen Aufwendungen eine ungerechte Begünstigung eines Teiles der Bevölkerung. Mißtrauen und Mißgunst brachte man den Männern entgegen, welche ihre Bestrebungen so lange geheim gehalten. Und doch war das nötig gewesen, schon mit Rücksicht auf Oldenburg, das sonst leicht das wichtige Unternehmen hätte gefährden oder gar vereiteln können. In den kaufmännischen Kreisen endlich gab es manche, welche die bremischen Bestrebungen für überflüssig hielten, weil Oldenburg seit geraumer Zeit der bremischen Schiffahrt ein immer freundlicheres Entgegenkommen zeigte. Daß dieses aber gerade den energischen Anstrengungen Bremens zuzuschreiben war, und daß man in Oldenburg klar die seinen Pläne drohende Gefahr erkannte, blieb dabei unbeachtet (v. Bippen, Gründung Bremerhavens). Die Deputation ließ sich aber durch alle Einwendungen, durch alle geheime und offene Feindseligkeit nicht beirren, sondern arbeitete freudig weiter, von der Zuversicht beseelt, daß die Gründung des Seehafens an der Geeste und Weser sich als eine neue blühende Epoche für Bremens Handel und Schiffahrt erweisen werde.

Nun war die Zeit gekommen, die ersten nötigen Beamten für die staatliche Verwaltung und Aussicht Bremerhavens zu gewinnen. Ihre Ernennung erfolgte ausschließlich durch den Senat.

Amtmann und Hafenmeister

Der bisherige hannoversche Hafenmeister Johann Deetjen, Sohn des Oberlotsen Ludwig Deetjen in Geestendorf, hatte seinen Wunsch, in bremische Dienste zu treten, zu erkennen gegeben und die hannoversche Behörde dessen Übernahme zu irgendeiner Anstellung besonders befürwortet. Damit die Funktionen eines Hafenmeisters an der Geeste in keine auch nur augenblickliche Stockung geraten möchten, wurde Deetjen mit der Fortsetzung seiner Tätigkeit für die an das Ufer Bremerhavens legende

Schiffe beauftragt, jedoch unter der Bedingung, daß eine anderweitige Disposition für die Wahrnehmung dieses Amtes jederzeit vorbehalten bleibe (Bürger-Conventsverhandlungen). Er hatte nach der bisherigen am 25. Oktober 1821 von Hannover eingeführten Taxe die Hafengelder zu erheben, bis Rat und Bürgerschaft nach Vollendung des Seehafens einen eigenen Abgabentarif vereinbart, bekam zu seinem Anteil von den Gebühren das, was er bisher erhalten, und lieferte das übrige ab[30]. Ihm als dem einzigen damals dort anwesenden Beamten wurde auch bis auf weiteres am 1. Mai die Oberaufsicht über das bremische Eigentum und die polizeiliche Aufsicht über den Hafenbezirk anvertraut. Dabei hatte er im allgemeinen das bisherige hannoversche Polizeireglement zu beachten, im übrigen aber aufs strengste darüber zu wachen, daß keine „Defraudationen oder Contraventionen" dort getrieben würden. „Es sei der ausdrückliche Wille des Senats, daß ein in freundschaftlichstem Vernehmen mit der Krone Hannover begonnenes Etablissement in demselben Sinne solle fortgeführt und alles vermieden werden, was Ursache zu Beschwerden seitens der hannoverschen Behörden, namentlich der benachbarten Beamten führen könnte" (Bürger-Conventsverhandlungen). Diese vorläufige Verwaltung des Hafenbezirks konnte nur als eine Nothilfe angesehen werden. Mit dem 1. Juni traten hier die in der freien Hansestadt geltenden Zivil- und Kriminalrechte, insofern diese sich nicht lediglich auf besondere stadtbremische Verhältnisse bezogen, in Kraft, und zwar dergestalt, daß da, wo die gesetzlichen Vorschriften für die Stadt Bremen von denen für das Landgebiet abwichen, die ersteren anzuwenden waren.

Die Anstellung eines eigenen Beamten für die Rechtspflege und Polizei in Bremerhaven war durch die weite Entfernung des Ortes von den übrigen Teilen des bremischen Gebietes geboten und die Beschleunigung der Anstellung insbesondere deshalb unerläßlich, weil wegen des bevorstehenden Hafenbaus und des Transportes der Baumaterialien ein zahlreiches Personal „temporärer Untergehöriger" zu erwarten war. Am 1. Juni kam Dr. J. H. Castendyk (geb. 1795), Sohn des Senators Gerhard Castendyk und Schwestersohn Smidts, als Amtmann nach Bremerhaven. Ihm wurden,

---

[30] Auch war er von 1828 an der Zollbeamte für den Landtransitzoll von und nach Bremerhaven.

gleich dem Amtmann zu Vegesack, die Justiz- und Verwaltungsfunktionen, die Aufnahme von Verklarungen, Führung der Zivilstandsakten, die Verrechnung sämtlicher Sporteln für die Generalkasse und die Oberaufsicht über die Polizei übertragen. Der Amtmann war unverheiratet. Er bezog ein Jahresfixum von 800 Th. G. bei freier Wohnung, die ihm in dem zuvor reparierten Hafenhause angewiesen wurde. Doch wurden einige Räume für die zur Inspektion eintreffenden Deputation reserviert. Der Hafenmeister, der anfänglich die rechts vom Eingang des Hafenhauses liegenden Zimmer und eine Schlafkammer oben benutzt hatte, zog mit seiner Familie in das zu einer Wohnung ausgebaute benachbarte Packhaus. – Nach Vollendung des Hafenbaus wurde am 1. Oktober 1830 die bremische Taxe für die Hafen- und Schleusengelder festgesetzt und floß deren Gesamtertrag in die Generalkasse. – Erst im folgenden Jahre wurde Deetjen fest angestellt als „ordentlicher Hafenmeister auf Kündigung" mit einem Jahresgehalt von 500 Th. G. bei freier Wohnung. Nachdem 1831 der Bau des bremischen Amt- und Hafenhauses an der Schlachte fertiggestellt war, siedelten Amtmann und Hafenmeister in dasselbe über. Dem Amtmann sollte es nicht lange vergönnt sein, sich der neuen, schönen Wohnung zu erfreuen. Wegen andauernder Kränklichkeit (Lungenleiden) suchte er bereits am 3. April 1832 von Stuttgart aus, wo er zur Erholung weilte, um seine Entlassung aus seiner Stellung als Amtmann nach und zugleich um anderweitige Anstellung im Staatsdienste nach wiedererlangter Gesundheit. Mit Ende April, nach Ablauf der Urlaubsfrist schied er aus dem Amte. Seine Hoffnung auf Wiederherstellung der Gesundheit ging nicht in Erfüllung. Er starb im folgenden Jahre, erst 38 Jahre alt. –

Sein Nachfolger wurde mit dem 2. Mai 1832 Dr. Johann Daniel Thulesius, geb. am 9. August 1800, der für den erkrankten Amtmann bereits mit der Wahrnehmung der Amtsgeschäfte betraut war. Er wurde mit demselben Gehalte, das Castendyk bezog, angestellt. Da aber die dienstliche Arbeit immer mehr anwuchs, die isolierte Lage Bremerhavens die Lebensverhältnisse teuer gestaltete und der Amtmann verheiratet war, zudem aber „sich seines Dienstes mit ausgezeichnetem Eifer und vorzüglicher Geschicklichkeit annahm und dadurch zu einer günstigen Entwicklung der dortigen Einrichtungen beitrug", so wurde ihm auf Antrag des Senats eine jährliche Gratifikation von 200 Th. G. vom 1. Januar 1834 bewilligt. Durch die gesetzlichen Bestimmungen über das Bergungswesen vom Jahre 1834 wurde die

Kompetenz des Amtmanns noch erweitert. – Als Untergericht war das Amt in seinen Befugnissen natürlich beschränkt. Seine Kompetenz in Zivilsachen ging bis 300 Th. G. Doch konnte er Arreste und dergleichen wegen Gefahr beim Verzuge zu jeder Summe anlegen. Als Kriminalrichter war der Amtmann zur Führung aller Untersuchungen berechtigt, konnte aber nur eine Geldstrafe bis zu 50 Th. und bis zu drei Monaten Gefängnis erkennen. Wo es sich um schwerere Strafe handelte, wurden die zum Urteil instruierten Akten dem Obergericht in Bremen zur Entscheidung eingereicht. – Zu den Obliegenheiten des Amtmanns gehörte auch – bis zum 30. Juni 1842 – die Verwaltung der zu kirchlichen Zwecken gesammelten Fonds, unter denen mit der älteste die staatliche Dotation aus den Geistlichen Unterstiftischen Gütern vom 19. April 1833 war. Ferner lag dem Amte vom 30. Juni 1833 bis zum 30. Juni 1842 die Verwaltung der gemeinschaftlichen Schul- und Armenkasse ob. Als Vorsitzender des ersten evangelischen Kirchenvorstandes vom Jahre 1842, den die Senatskommission zur Ausführung der kirchlichen Angelegenheiten des Hafenortes ernannt hatte, beteiligte sich Thulesius lebhaft an den Vorarbeiten für den sehnlichst erwünschten Kirchenbau. Dieser, zu dem im Mai 1846 der Grundstein gelegt wurde, mußte im folgenden Jahre infolge schlechter Fundierung eingestellt werden. Die im Juli 1851 beschlossene Wiederaufnahme des Kirchenbaus sollte Thulesius nicht mehr erleben. Er starb am 12. Juli 1850 an den schwarzen Pocken. Sein tragisches Ende noch in der Vollkraft der Mannesjahre erweckte viel Trauer und großes Mitleid. In dankbarer Erinnerung an sein treues Wirken und seine Persönlichkeit wurde die am weitesten nach Osten gelegene und auf der zugeworfenen Puttkuhle 1850 angelegte Straße nach seinem Namen benannt. –

Thulesius hatte auf der engeren Wahl zum bremischen Senator gestanden, aber zugunsten eines Mitbewerbers, des einen Sohnes von Bürgermeister Smidt, auf die Wahl verzichtet. Smidt war nämlich aufs engste befreundet mit dem Vater des Amtmanns, Conrad Thulesius, Dr. med. und Professor am Gymnasium illustre in Bremen. Beide hatten im gleichen Jahre und am gleichen Tage sich verheiratet und auch gemeinschaftlich ihre silberne Hochzeit (am 1. Januar 1823) gefeiert. – Amtmann Thulesius, dem es bei seinem Jahreseinkommen, das erst seit 1847 1.300 Th. betrug, nicht leicht gemacht wurde, seine große Familie gut zu versorgen, hinterließ Frau und neun Kinder in bescheidenen Verhältnissen. Das Pensionsgesuch der

Witwe wurde in der Bürgerschaftssitzung vom 11. September mit 59 gegen 50 Stimmen abgelehnt, weil gesetzliche Bestimmungen über das Anrecht der Witwe eines verstorbenen Staatsbeamten auf Pension damals noch nicht vorlagen und die Mehrheit der Bürgerschaft für die Feststellung eines Ausnahmefalles nicht zu haben war. Indes am 1. Dezember 1850 wurde an den Senat ein von Melchior Schwoon, Friedrich Bagelmann und H. J. Bicker, sowie vielen Einwohnern Bremerhavens unterzeichnetes Gesuch gerichtet, das auf die verdienstvolle Tätigkeit des verstorbenen Amtmanns und die bedrängten, nicht genügend zur Kunde gekommenen, Verhältnisse der Hinterbliebenen mit warmen Worten hinwies. Das hatte den Erfolg, daß schließlich Senat und Bürgerschaft der Witwe eine Jahrespension von 300 Th. G. bewilligten.

Erst am 11. September hatte die Bürgerschaft das Gehalt des künftigen Amtmanns auf 1.300 Th. G. festgesetzt und zugleich den Zusatzantrag Wischmanns angenommen: „Der Staat behalte sich vor, daß der Garten des Amthauses, soweit er sich zu Bauplätzen eigne, künftig zum Verkauf kommen könne." –

Bis zum Dienstantritt des neuen Amtmanns hatten mehrere Beamte abwechselnd die interimistische Verwaltung des Amtes in Bremerhaven übernommen, zweimal auf kurze Zeit der Obergerichtsanwalt Dr. L. C. A. Heinigen, sodann das Bürgerschaftsmitglied Dr. Lampe[31], ferner der Amtmann Kulenkamp in Vegesack und zuletzt für den Monat Oktober der Amtsassessor Dr. Kottmeier. –

Am 1. November 1850 trat der neu ernannte Amtmann Georg Wilhelm Gröning seine Stellung in Bremerhaven an. Am 27. Februar 1817 in Bremen geboren, studierte er von Herbst 1837 bis dahin 1840 die Rechte in Bonn und Göttingen, promovierte in Bremen 8. August 1840, bestand das Staatsexamen im Lübeck im Dezember desselben Jahres und ließ sich 1841 als Advokat in Bremen nieder. Von 1840 bis 1850, in einer durch die Märzrevolution aufgeregten, nach demokratischer Verfassung und Preßfreiheit

---

[31] Dieser war dem Senatsantrag gemäß für ein höheres Gehalt des künftigen Amtmannes von 1800 Th. G. eingetreten mit dem Bemerken: „Die Beamtenstelle in Bremerhaven ist eine der bedeutendsten in unserem Staate; die wichtigsten Staatsinteressen sind in die Hand dieses Beamten gelegt, und wenn er auch gewissermaßen durch seine Instruktion abhängig ist, so kommt doch auf sein persönliches Handeln viel an, er kann uns da viel vergeben und zuwenden."

stürmisch verlangenden Zeit, redigierte er den „Bremer Beobachter", das Organ der damals daniederliegenden konservativen Partei und führte unerschrocken eine scharfe satirische Feder gegen die Linke. In den ersten Jahren seiner Wirksamkeit in Bremerhaven beschäftigten ihn vor allem die kirchlichen Angelegenheiten. An der Wiederaufnahme des mißglückten Kirchenbaues im Jahre 1851 war er besonders interessiert. –

Die Polizei

Schon Anfang Mai 1827 waren mit Rücksicht auf die bald zu erwartende große Bauarbeiterkolonie drei Polizeidragoner[32] von Bremen abgeordnet worden, die der Aufsicht des Hafenmeisters bis zur Ankunft des Amtmanns unterstellt wurden. An den mit einer Wohnung für die Polizisten verbundenen Dragonerstall auf dem westlichen Schirmdeich schloß sich das Polizeigefängnis an. Bald stellte sich heraus, daß für die weiteren Wege, die nicht allzuhäufig zurückzulegen waren, ein berittener Dragoner genügte. Und diesen Dienst versah unter den drei Dragonern der Gefreite. Da infolge der größeren Ausdehnung des Hafenbaus der Andrang von Arbeitern zunahm, wurde im April 1828 zur Aufrechterhaltung der Ordnung die Anstellung eines vierten Polizisten nötig. –

Die schwere Choleraepidemie, welche 1831 von Russisch-Polen in Deutschland eingedrungen war, brachte auch für unseren Hafenort Gefahren mit sich und erforderte strenge Wachsamkeit seitens der Polizei und eine gewissenhafte Befolgung der von einer besonderen gemeinschaftlichen Deputation in Bremen getroffenen Maßnahmen gegen eine von der

---

[32] Die Polizeidragoner waren aus der Bremischen Dragonerbrigade entstanden, die nach Rückkehr aus den Freiheitskriegen zum Polizeidienst verwendet wurde. Sie waren anfangs reines Militär und hießen „Dragoner zum Polizeidienst kommandiert", gingen aber naturgemäß mehr und mehr ist Polizeiliche über, so daß sie schließlich zu „Polizeidragonern" wurden. Ihre Herkunft verriet nur noch die russisch grüne, mit rotem Besatz versehene Dragoneruniform vom Jahre 1813, die übrigens heute wieder – nach Abschaffung der 1883/84 nach preußischem Muster eingeführten blauen Polizeiuniform – als traditionelle bremische Polizeiuniform von den Beamten des Straßendienstes getragen wird. (Nach Angaben des hiesigen Polizeihauptmanns Gebauer, der sich um die Herstellung eines nach eigenen Zeichnungen entworfenen „Uniformalbums über die Entwicklung der Bremer Polizei" verdient gemacht hat.)

See oder vom Lande stattfindenden Einschleppung der Seuche. Die Cholera hatte Danzig, Königsberg und mehr oder minder ganz Ostpreußen erfaßt. Von der Weichsel aus drang sie an die Oder, von der Oder in die Marken, wo Berlin 240.000 Einwohnern nach etwa sechsmonatiger Dauer der Epidemie gegen 3.000 Choleratote zählte[33]. Von Brandenburg verbreitete sich die Seuche nach der Elbe und erfaßte Hamburg am 7. Oktober. Von hier drang sie in die dänischen Herzogtümer, befiel Mitte 1832 Lübeck, welches außerordentlich litt und berührte auch das Königreich Hannover an mehreren Orten. Um die Landung choleraverdächtiger Personen an der Unterweser zu verhindern, war 1831 eine Wachtpostenkette auf der ganzen Uferstrecke von hier bis zur Elbemündung errichtet. Infolgedessen versahen für Bremerhaven drei Polizisten Monate hindurch Tag und Nacht die Küstenwache, die mit dem Herannahen des Spätherbstes beim Biwouakieren in einer Strandhütte recht beschwerlich wurde. Amtmann Castendyk hatte infolge der gehäuften Arbeit der Polizei in wiederholten Berichten auf eine Verstärkung des Personals angetragen. Es wurde schließlich dadurch Abhilfe geschaffen, daß vom Herbst 1831 an aushilfsweise ein bremischer Polizeidragoner für die Dauer der Quarantäneveranstaltungen zur Abwehr der Cholera abgeordnet wurde. Auch als die Cholera, die glücklicherweise Bremerhaven und Bremen verschonte, gegen Ende 1832 in Deutschland erloschen war, erschien die Zahl von vier Dragonern für die Polizeibedürfnisse doch unzureichend. Bei der zunehmenden Zahl der einlaufenden Schiffe, die eine Menge fremder Seeleute in den engen Raum des Hafenortes zusammenführte und auch einen Zusammenfluß von Bewohnern aus der Umgegend veranlaßte, und angesichts der vielen Arbeiter, die sich infolge der zahlreichen Neubauten der Ansiedler einstellten, hatte die Deputation den Antrag auf Vermehrung der vier Dragoner um zwei wiederholt. Doch begnügte man sich in den folgenden Jahren mit fünf Polizisten. –

Zur dringenden Notwendigkeit für unseren Hafenort wurde der Bau eines allen Anforderungen der Zeit genügenden Gefangenenhauses. Waren doch bei den im Jahre 1834 stattgefundenen mehr als 200 Arretierungen die größten Verlegenheiten und Unzuträglichkeiten in den engen und halb verfallenen Gefängnisräumen auf dem Schirmdeiche entstanden! An der

---

[33] Paris, wo die Cholera den 26. März 1832 auftrat, wurde schwerer betroffen. Von 770.000 Einwohnern erlagen der Seuche in den ersten 4 Wochen über 12.000 Personen

östlichen Seite der Karlsburgstraße gegenüber dem Garten des Amt- und Hafenhauses wurde 1835 nach dem Plane eines bremischen Bauinspektors der Bau, dessen Kosten auf 3.500 Rthr. veranschlagt waren, fertiggestellt. Um eines eigenen Gefangenenwärters dabei überhoben zu sein, wurde drei Polizeidragonern in dem Gebäude die erforderliche Wohnung verschafft. –

Neben den Polizeidragonern wurden im Herbst 1837 laut Beschluß der Bürgerschaft für den nächtlichen Sicherheitsdienst um das Hafengebiet eine Nachtwache (vgl. die späteren Mitteilungen über 1837 und 1842) geschaffen, die dem bremischen Amt und später dem Hafenamt unterstellt war. Diese Nachtwache bestand aus zunächst acht Arbeitsleuten, die nur nachts Dienst für das Amt versahen und am Tage ihrem zivilen Hauptberufe nachgingen. Dieser Doppeldienst war sicherlich ein schwerer Beruf. Die Nachtwächter waren nicht in vollem Sinne des Wortes uniformiert, erhielten nur gegen die Unbill des winterlichen Wetters einen schweren dunkelblauen Mantel mit gelb eingefaßten Umhängekragen. Sie waren ferner mit einem Säbel, als Hiebwaffe, sowie mit einem messingenen Feuerhörnchen und einer Rettungsleine ausgerüstet und trugen auf der linken Brust ein Schild mit der Aufschrift: „Hafenwache". Die Nachtwächter erhielten je 60 Th. G. pro Jahr und wurden von den Polizeidragonern regelmäßig überwacht und kontrolliert. –

Im Jahre 1839 wurden größere Veruntreuungen von Gütern, die auf der Weser zur Beförderung kamen, entdeckt und eine strenge Untersuchung wurde angestellt. „Zur Befestigung der nach erfolgter Bestrafung wiedergewonnenen Sicherheit, sowie zur festeren Handhabung von Ruhe und Ordnung für die stetig wachsenden Zusammenschluß von Seeleuten verschiedenartigster Nationen (Bürger-Conventsverhandlungen), zugleich aber auch für die Beaufsichtigung und genaue Unterweisung des Polizeipersonals, stellte sich die Anstellung eines Polizeikommissars als dringendes Bedürfnis heraus. Die Wahl fiel 1841 auf einen bisherigen Kapitän der Neuyork-Fahrt, der infolge widriger Ereignisse, die sich einstellten, für die Fahrt von Neuyork nach Bremerhaven 108 Tage gebraucht und unter diesen Umständen seine Stellung aufgeben mußte. Auf dem neuen Posten, der ihm trotzdem anvertraut wurde, erwies er sich als eine tüchtige und durchgreifende Persönlichkeit. Auch der am 1. November 1850 neu ernannte Amtmann Gröning zeigte bei der Aufrechterhaltung bzw. Wiederherstellung von Ruhe und Ordnung unter der großen Menge fremdländischer Seeleute eine feste Hand. Dem Polizeikommissar waren 1851, zur Zeit der Stadtwerdung Bremerhavens, neun Polizeidragoner unterstellt: Köhnen, Wilster, Hartmann, Wehmeyr, Gerst, Thiele, Brandt, Fricke und Fließ. Von diesen war Köhnen Gefreiter. – Wilhelm Brandt war für die Bremerhavener Knaben eine große Respektsperson; sie fürchteten und liebten ihn zugleich. Wenn irgendwo eine Schlägerei entstand, liefen sie los, um möglichst Brandt zu holen. Oder auch, wenn er zufällig kam, riefen die Jungen: „Hurra, Brandt de kummt, paßt up, nu gift wat langs de Glieder" und Brandt ließ in dieser Beziehung nicht lange auf sich warten (nach Mitteilungen von Georg Kinner, 5. Beilage zu Nr. 119 der „Nordwestd. Zeitung", 23. Mai 1909). –

Für Bremerhaven und die Schiffahrt nicht minder entbehrlich als Hafenmeister, Amtmann und die polizeilichen Einrichtungen waren der

Oberlotse und die
„Hansestadt-Bremische-Seelotsen-Gesellschaft
zu Bremerhaven".

Wenn man heute bei lichtem Wetter von der Bürgermeister-Smidtstraße durch die Keilstraße bis zum Nordende des Alten Hafens gelangt ist, erblickt man in der Ferne am Südende ein schönes Wahrzeichen, das dem Alten Hafen mit seiner Umgebung ein freundliches Gepräge gibt und uns immer wieder an einen für die Schiffahrt so wichtigen Berufszweig erinnert: das 1904 erbaute Seelotsenhaus mit seinem durch einen Flaggenmast gekrönten Turm. –

Wenn auch unsere Hochseefischerei in der Nordsee und an den Küsten Islands der mühe- und gefahrvollste seemännische Beruf ist, der erfahrungsgemäß manche Opfer an Menschenleben erfordert, - im Lotsenwesen ist ohne Zweifel auch der Seelotsenberuf ein mit Mühen und Gefahren und großer Verantwortlichkeit verbundener Dienst, der in früheren Zeiten bei der kleinen Bauart der Lotsenfahrzeuge und bei dem fühlbaren Mangel der Betonnung und Befeuerung, sowie im Hinblick auf das Rettungswerk bei Schiffbrüchen, das damals ausschließlich den Lotsen oblag, um so schwieriger und gefahrvoller war. Es war daher eine schöne und begreifliche Sitte in der vereinigten evangelischen Gemeinde zu Bremerhaven, daß

Jahrzehnte hindurch von den Predigern auch der Seelotsen fürbittend gedacht wurde in jenem Kirchengebet, das in die Zeit der Eröffnung des selbständigen kirchlichen Lebens in der genannten Gemeinde 1856 von Pastor Wolff geschaffen ist. Dort wird der bezüglichen Fürbitte Ausdruck gegeben in den Worten: „Laß Handel und Schiffahrt aufblühen in unserer Mitte ... halte du deine Hand über unseren Brüdern, wenn sie übers Meer ziehen, und die Heimkehrenden erfreu durch ein fröhliches Wiedersehen und die ihnen helfen, wenn sie gehen und wenn sie kommen, unsere Seelotsen, behalte auch ferner unter deinem väterlichen Schutze." – Seit der Übernahme des von der Krone Hannover abgetretenen Terrains versahen für das Bremerhavener Geestufer und später für den neuerbauten Hafen Geestendorfer und Oldenburger Seelotsen den Dienst. Nicht lange durfte für die bremische Schiffahrt der neu gegründete Seehafen ausschließlich auf den Dienst fremder Lotsen, die zudem nicht in genügender Anzahl vorhanden waren, angewiesen bleiben. Im Bürgerkonvent vom 2. September 1831 trug der Senat, dem dringenden Wunsche kaufmännischer Kreise folgend, auf die Errichtung einer eigenen Lotsenanstalt in Bremerhaven an und bemerkte zugleich, daß für diesen Fall die baldige Anstellung eines tüchtigen Oberlotsen erforderlich werde. An die Frage der Ernennung dieses Beamten knüpfte sie ein recht ernster Kompetenzstreit zwischen Senat und Bürgerschaft. Letztere erklärte sich im nächstfolgenden Konvente mit den Anträgen des Senats zwar einverstanden, setzte jedoch voraus, daß der Oberlotse von der Deputation für Bremerhaven gewählt werde. So unangenehm es auch dem Senate sein mußte, um dieses einen Streitpunktes willen eine wichtige Einrichtung verzögert zu sehen, so konnte er doch nicht umhin zu erwidern, daß die Anstellung der Beamten verfassungsmäßig ihm zustehe, und daß er davon in dem vorliegenden Falle nicht abgehen könne, wenn er auch bei der Wahl des Oberlotsen die durch Sach- und Personenkenntnis geleiteten Wünsche der Deputation gern berücksichtigen werde. Die Bürgerschaft gab sich indes mit dieser Erklärung nicht zufrieden und antwortete in einer Weise, die den Senat überzeugte, daß es sich um nichts Geringeres, als um einen Versuch handele, gewisse bei der Revision der Verfassung hier und da zur Sprache gekommene Ideen schon jetzt vor einer Beschlußschaffung darüber zu verwirklichen und zum ersten Male für die neue Einrichtung des Lotsenwesens auch neue staatsrechtliche Grundlagen zu schaffen. Der Bürgerschaft gegenüber, die sich auf gewisse in den Konventen vom November 1826 und März 1827 ausgesprochene Vorbehalte berief, betonte der Senat, daß letztere nur auf die Verwaltung des Hafens und dessen, was damit in Verbindung stehe, ginge, die Anstellung des Oberlotsen aber so wenig wie die des Amtmanns und Hafenmeisters, nicht zu den Verwaltungshandlungen, sondern zu den Regierungsakten zu rechnen seien. Das Organ für die Regierung sei nun aber der Senat. Wenn dieser auch nicht darüber aburteilen wolle, ob nicht dennoch bei einzelnen Beamten ausnahmsweise Modifikationen eintreten mögen, so müsse es doch, solange bis das Neue nicht wirklich als staatsrechtlicher Grundsatz sanktioniert sei, beim herkömmlichen bleiben. – Da die Bürgerschaft inzwischen von ihren Deputierten für Bremerhaven vernommen, daß in der gemeinschaftlichen Deputation ein Einverständnis über die Person des Anzustellenden erzielt worden sei, so gab sie angesichts der Dringlichkeit der Sache schließlich zu, daß die Anstellung des Oberlotsen durch den Senat erfolgte. –

Der Schiffskapitän Dierck Addicks aus Brake wurde zum Oberlotsen ernannt. Er hatte früher in der englischen Marine gedient und war mit einer Engländerin aus Plymouth verheiratet. Er leistete am 8. Februar 1832 vor dem Senate den Huldigungseid. Direkt vom Senate angestellt und in seiner leitenden Stellung als Oberlotse war er bremischer Staatsbeamter, wiewohl er kein staatliches Gehalt genoß und kein Anrecht auf staatliche Pension[34] hatte. Sein Einkommen bestand in einem Anteil am Verdienst der Lotsengesellschaft und in nebenamtlichen Einkünften, die er als Schiffsluken- und

---

[34] Erst seit dem 1. Januar 1904 bezieht der Leiter des Lotsenwesens ein staatliches Gehalt und hat Anrecht auf staatliche Pension. – Der heutige Leiter des Lotsenwesens, der nicht mehr den Berufstitel „Oberlotse", auch nicht, wie es seit 1904 der Fall war, „Lotsenkommandeur" führt, ist – seit Verschmelzung der drei verschiedenen Seelotsengesellschaften (brem., preuß. und oldenburgerischen) zu einer Weser-Seelotsengesellschaft am 1. Nov. 1922 – zum „Direktor des Weser-Seelotsenwesens" mit dem Sitz in Bremerhaven ernannt worden. Er ist zurzeit noch bremischer Staatsbeamter, der dem Senatskommissar für die Strombau-Verwaltung unterstellt ist, und gilt noch nicht als Reichsbeamter. Allerdings ist mit der Übernahme der Wasserstraßen auf das Reich, den 1. April 1921, auch das Lotsenwesen vorläufig als eine Einrichtung der Wasserstraßen auf das Reich übernommen worden. Indes eine endgültige Regelung der Reichswasserstraßen-Behörden wird demnächst wohl eintreten (Ende Dezember 1926 geschrieben). -

Ladenbesichtiger hatte. Außerdem hatte er Anteil an dem allmählich anwachsenden Vermögen der Lotsengesellschaft, und war ihm vom Staate gegen Miete eine schöne Dienstwohnung mit Garten, das frühere Hafenbaudirektionsgebäude, angewiesen.

Der Oberlotse war damit beauftragt, für die zu errichtende Lotsengesellschaft geeignete Personen vorzuschlagen. Durch eine Kommission des Senates erfolgte dann ihre Ernennung. Damit waren die Lotsen zwar staatliche Angestellte, blieben aber im übrigen eine private Erwerbsgesellschaft, über die sich der Staat in Rücksicht auf ihre besondere Bedeutung für die Schiffahrt allerdings gewisse Kontroll- und Aufsichtsrechte, sowie unter Umständen das Disziplinarverfahren vorbehielt[35]. – Am 8. Februar 1832 wurde dem Oberlotsen die in 25 Paragraphen dargelegte „Instruktion für die Lotsen" zu seiner und der Lotsen Nachachtung und die Taxe für die Hansestadt-Bremische Seelotsen-Gesellschaft zu Bremerhaven eingehändigt. Nach § 2 der Instruktion sind die nächsten Vorgesetzten des Oberlotsen die Deputation und der Amtmann. Der Kommission des Senats hat der Oberlotse regelmäßig alle 14 Tage von seinen Dienstgeschäften, bei außerordentlichen Fällen aber öfteren Bericht zu erstatten. Nach § 4 müssen die zuerst anzustellenden Lotsen wenigstens 4-5 Jahre als Matrose gefahren, überdem als Lotse oder wenigstens 3 Jahre als Lotsenknechte gefahren haben. Nach § 5 haben die Lotsen vor ihrer Anstellung dem Examen vor dem Amte, dem Hafenmeister, dem Oberlotsen und einigen dazu zu beauftragenden Seeschiffern sich zu unterwerfen, auch unter Aufsicht des Oberlotsen, dem unter Umständen ein erfahrener Seeschiffer beigeordnet wird, ein praktisches Examen über ihre Kenntnisse des Weserstroms von Brake bis zur Mündung auf dem Lotsenfahrzeuge abzumachen. Nach § 6 wird dem Oberlotsen die genaueste Aufmerksamkeit auf den Strom und die Richtung desselben, sowie auf die Veränderung der Sande und Platen zur besonderen Pflicht gemacht, damit er selbst sowohl als die Lotsen und die Lotsenknechte oder Matrosen eine vollkommene Kenntnis des Fahrwassers behalten. Nach § 7 wird von der neuen Lotsengesellschaft erwartet, daß, sobald der Bau des für sie bestimmten Kutters vollendet ist, sie sich angelegen sein lasse, Tag und Nacht zum Dienst der ausgehenden

---

[35] S. „die Rechtsstellung des Lotsen" von Dr. jur. Hans Segelken, Naut. Rundschau, Hamburg.

und einkommenden Schiffe bereit zu sein, vor allem aber den einkommenden Schiffen in die Wesermündung und bis in See entgegenzufahren und sie daselbst aufzusuchen. – Bei Strandungsfällen oder sonstigen Verlegenheiten ist (nach § 8) die Pflicht des Oberlotsen, wenn irgend möglich, selbst mit den Lotsen hinauszufahren, damit unter seiner Leitung die zweckmäßigsten Rettungsmittel angewandt werden. – Nach § 11 wird von dem Oberlotsen in den Verhältnissen mit den Königl.-Hannov. u. Großh.-Old. Lotsengesellschaften ein billiges und friedliches Verfahren erwartet. Dabei ist ihm jedoch bei Strafe sofortiger Absetzung untersagt, mit denselben öffentlich oder im stillen ein Übereinkommen zu treffen, wodurch der beabsichtigten freien Konkurrenz unter den drei Lotsengesellschaften entgegengehandelt würde. Namentlich gehört hierher eine Vereinbarung über den Wechsel mit den nach See gehenden Lotsfahrzeugen. – Nach § 12 gebührt das Einbringen der die Weser einlaufenden Schiffe natürlich denjenigen Lotsen, ob oldenburgerische, hannoversche oder bremische, welche zuerst an Bord des Schiffes kamen. Das Ausbringen der in Bremerhaven liegenden Schiffe aber steht ausschließlich Bremer- und Geestendorfer Lotsen zu (so ist's bis 1904 geblieben. D. Verf.). Doch bleibt es den Seeschiffern überlassen, welchen Lotsen und von welcher Gesellschaft sie nehmen wollen. – Die Seelotsen haben nach § 13 nötigenfalls auch die Dienste der Hafenlotsen hinsichtlich des Einbringens der Schiffe in den Hafen und des Ausbringens zu verrichten gegen die dafür ausgelegte Vergütung. – Nach § 17 wird der neu zu erbauende Lotsenkutter Eigentum der Gesellschaft. Diese ist verpflichtet, die von dem Staat für den Bau und die Ausrüstung aufgewandten Kosten, insofern sie nicht gleich durch Einschüsse der Mitglieder gedeckt werden, nebst den Jahreszinsen von 4 Prozent allmählich aus ihrem Verdienst zurückzuzahlen. – Die Lotsengesellschaft konnte der Aushilfe des Staates nicht entbehren. Dieser schoß ihr 5.000 Th. G. vor. – Was endlich den Erwerb der Lotsen betrifft, so bestand er nach § 20 in dem Lotsengeld, das nach der für aufkommende und abgehende Schiffe festgesetzten Taxe zu erheben war, sowie in der Einnahme anläßlich der Dienstleistung bei Strandungsfällen und sonstigen Schiffsnöten und anläßlich der Bergung in See oder im Revier gefundener Waren und anderer Gegenstände. – In der Versammlung des Senats vom 29. August 1832 wurden noch weitere 24 Zusatzartikel zu der Instruktion für die Lotsen beschlossen. –

Am 18. März 1832 wurden die ersten Lotsen angestellt, nämlich Ephraim Kohn aus Danzig, Eilert und Gerhard de Harde (Deharde) aus Klippkanne und Barthold Hey aus Ritzebüttel. Am 7. Mai traten in die Gesellschaft ein Johann Gerhard Meyners (Meiners), Allerich Diedrich Luessen, Hermann Notholt, alle aus Burhave und Johann Rabe aus Fedderwarden. Am 21. Mai folgte Harm Diedrich Nothold aus Burhave und am 3. September Hinrich Ricklefs aus Blexen. Von den Genannten, die wie vorauszusehen war, allermeist von der benachbarten oldenburgischen Küste für den Lotsendienst in Bremerhaven gewonnen wurden, war am 22. Februar 1831 durch den Amtmann in Burhave dem Lotsen Rabe und dem Matrosen Gerhard de Harde wegen Rettung der Mannschaften von dem vor der Weser verunglückten preußischen Schiffe Carolina die Verdienstmedaille mit dem königlichen Namenszuge, sowie dem Lotsen Hinrich Ricklefs eine Geld-Prämie verliehen worden. In die Lotsengesellschaft zu Bremerhaven wurden weiter aufgenommen Diedrich Prigge den 16. Mai 1834, Johann Hinrich Monsees am 1. Juli 1837 und Anton Gerhard Bruns am 1. Juli 1838. Von 1840 bis 1. Juli 1850 wurden ferner als Lotsen angestellt Johann Nicolaus Notholt, Johann Wilhelm Luerssen, Hans von Riegen, Cord Bliesernicht, Eilert Christian Ricklefs, Christoffer Holthusen, Wilhelm Hinze und Hans von Riegen II. – Von den zuerst, schon im März 1832 angestellten Lotsen ist Eilert de Harde der Vater des früheren Kaufmanns in Bremerhaven, jetzt Privatmanns in Lehe, Diedrich de Harde (geb. 1838). –

Das höchste Alter unter den Lotsen erreichte Anton Bruns, der Vater des in Bremen verstorbenen Lloydkapitäns a.D. Bruns. Er starb 1900 im neunundachtzigsten Lebensjahre; während Hans von Riegen, ein tüchtiger und lebensfreudiger Seemann, der Vater des Schiffsmaklers und früheren Stadtrats Heinrich von Riegen, bei schwerem Sturm in der Nacht vom 11. zum 12. Januar 1851 in der Nordsee über Bord geschlagen, im blühenden Mannesalter von dreiunddreißig Jahren sein Leben einbüßte. –

Allerich Luerssen feierte seine goldene Hochzeit und starb im dreiundachtzigsten Jahre. Sein Sohn, der frühere Böttchermeister Hermann Wilhelm Chr. Luerssen, erlebte am 27. Oktober 1920 das gleiche Jubiläum. Auch der jüngere Bruder Allerichs, der Seelotse Johann Wilhelm Luerssen, seit 1860 Hafenlotse, Vater des verstorbenen früheren Klempnermeisters

und Diakonen der v. e. Gem., Hinrich Luerssen, erlebte das Fest der Goldenen Hochzeit. Im ganzen wurden bis zur Stadtwerdung Bremerhavens
einundzwanzig Männer in die Seelotsengesellschaft zu Bremerhaven aufgenommen. Von den zuletzt und zu gleicher Zeit eingetretenen ist der
Lotse Hans von Riegen ein Anverwandter des zuerst genannten Lotsen gleichen Namens und Vater des früheren Lloydbeamten Johann Peter von Riegen. –

Schleusenmeister und Schleusenknechte

Die Seelotsen einerseits und die Hafenlotsen in Gemeinschaft mit den
Schleusenknechten andererseits wechselten im Dienst an den aufkommenden und abgehenden Schiffen miteinander ab. Eine Liste der Hafenlotsen
in der Zeit von der Eröffnung des ersten Hafens bis zur Stadtwerdung Bremerhavens in der Reihenfolge ihrer Anstellung ist nicht zu ermitteln. Doch
wird Ludwig Conrad Volkens einer der ersten gewesen sein. Eilert de Harde
wurde im April 1841 Hafenlotse. Hinzu kam später Kapitän Krack. Nach der
Seelotsen-Verordnung hatten im Notfall die Seelotsen auch die Dienste
des Hafenlotsen zu verrichten. Doch das mag selten geschehen sein. In der
Regel wurde der Dienst an den ankommenden und abgehenden Seglern
in folgender Weise gehandhabt. Hatte der Seelotse das Schiff von See auf
die Reede gebracht, übergab er es dem mit einem Boote herankommenen
Hafenlotsen. Dieser verholte das Schiff durch die von den Schleusenknechten geöffnete Schleuse in den Binnenhafen. Bei der Ausfahrt brachte der
Hafenlotse das Schiff durch die Schleuse, die unter Leitung des Schleusenmeisters stand, und durch den Vorhafen auf die Reede, bis dann der Seelotse, der sich mit einem Boot eingestellt hatte, oder bereits bei Ausbringen
des Schiffes an Bord befand, die weitere Lotsung in See übernahm. –

Von Wichtigkeit war die baldige definitive Anstellung eines Schleusenmeisters. Die provisorische Verwaltung der Schleuse lag in den Händen des
Holländers Andreas van Limbeeck aus Schoonhoven. Anfänglich war
die Bürgerschaft der Meinung, daß das Amt des Schleusenmeisters vielleicht mit dem des Hafenmeisters kombiniert werden könne, da der Dienst
des letzteren wegen der geringen Dimension der ersten Hafenanlage und
wegen des noch schwachen Schiffsverkehrs manche freie Stunde übrig
lasse. Die Deputation wurde indes durch die Erfahrung bald eines Besseren

belehrt. Die Regulierung des Wassers in der Schleuse, zu der die durch die Ebbe und Flut stündlich hervorgebrachte Veränderung aufforderte, machte, um die Schleuse zu schonen, sowie die ankommenden und abgehenden Kähne nicht aufzuhalten, einen Dienst bei Tag und Nacht erforderlich. Der Hafenmeister aber wäre bei irgendeinem bedeutenden Verkehr im Hafen, der immerhin bald erwartet werden konnte, so beschäftigt gewesen, daß ihm der Schleusendienst nicht noch dazu auferlegt werden könnte. Außerdem war für die Behandlung der Schleuse, eines „so kunstreichen Werkes", wie es in den Bürger-Conventionsverhandlungen heißt, erforderlich, daß der in diesem Fache Angestellte nicht nur technische Kenntnisse besitze, sondern auch ein tüchtiger Zimmermann sei, wenn man sich nicht der Gefahr von Beschädigungen aussetzen wolle, deren Herstellung in keinem Verhältnis zu der dem Schleusenmeister gewährten Besoldung stehe. Diese Eigenschaften fanden sich nun in dem Holländer van Limbeeck vereinigt. Dieser hatte an dem Bau der Schleuse als Unterbaas über einen Teil der Zimmerleute und Maurer mit geholfen, war mit der Konstruktion der Schleuse wohl vertraut, selbst ein geschickter Zimmermann und ganz dazu geeignet, mit den Schleusenknechten, die auch des Zimmerhandwerks kundig waren, kleine Reparaturen, wie solche fortwährend am Hafen, sowie an dessen Pfahlwerk und Gebäuden sich ergeben, mit wesentlicher Ersparung, ohne besondere Vergütung in den von dem Schleusendienst freien Stunden vorzunehmen. Auf Antrag der Deputation wurde van Limbeeck dann unter Zustimmung des Senats und der Bürgerschaft mit einem Jahresgehalt von 400 Th. G. am 25. November 1831 definitiv angestellt. –

Die Bürgerschaft hatte sich gegen den Ankauf der früheren Wohnungen der holländischen Unternehmer östlich vom Hafendirektionsgebäude erklärt, um sie durch Unterfangung der Wände und Ummauerung mit Stein zu einer Wohnung für den Schleusenmeister und zu einem Magazin für das Inventar der staatlichen Hafen- und Baugeräte zu verwenden. Ein Magazin aber war unentbehrlich, wenn die Gerätschaften, die während der Hafenanlage angeschafft waren, nicht unter freiem Himmel dem Verderben und der Entwendung anheimfallen sollten. So entschloß man sich zu einem massiven Bau eines Magazingebäudes innerhalb des Deiches neben der Schleuse[36], in dem auch Wohnung für den Schleusenwärter eingebaut

---

[36] Siehe Karte 4, Bauten am Schirmdeich

wurde, während die beiden Schleusenknechte in einem kleinen, noch vom Hafenbau herrührenden Gebäude auf dem Deiche, von Michaelis 1833 an in der vormaligen Wohnung der holländischen Unternehmer wohnten. Als das Magazingebäude 1836 reparaturbedürftig geworden war, wurde es vergrößert, um den erforderlichen Raum auch für die Wohnungen der Schleusenknechte zu beschaffen. An der westlichen Seite des Magazinge-bäudes lag die Wohnung des Schleusenmeisters, an der östlichen Seite die der Schleusenknechte. In der Mitte der beiderseitigen Wohnräume befand sich das Magazingebäude.

Die ersten Schleusenwärter waren Friedrich Christian Müller und Peter Tjarks. Später wird uns Schinkel genannt. – Friedrich Christian Müller, geb. am 15. Februar 1804, kam im Jahre 1827 nach Bremerhaven, war schon bei der Grundsteinlegung der Schleuse des ersten Hafens, sowie bei der Durchschleusung des ersten Schiffes, das am 12. September 1830 in den Hafen fuhr, beschäftigt. Der alte Schleusenwärter erlebte noch die fünfzig-jährige Wiederkehr der Verkehrseröffnung des alten Hafens. Anläßlich die-ses Tages wurden ihm von der Kommission[37] für die Feier des 12. Septem-ber 1880 in einem von allen zwölf Mitgliedern unterzeichneten Schreiben die herzlichsten Glückwünsche ausgesprochen. Der von der Stadt bestellte Wagen brachte Müller zum Marktplatz, wo ihm anläßlich der hier durch eine Festrede geweihten Gedenkfeier ein Ehrenplatz auf der errichteten Tri-büne angewiesen wurde. Nach beendeter Feierlichkeit bewegte sich der Wagenzug durch mehrere Straßen nach der alten Lloydhalle, woselbst der alte Schleusenwärter an dem auf vier Uhr nachmittags angesetzten Festes-sen teilnahm. –

Die Stelle des 1845 verstorbenen ersten Schleusenmeisters Andreas van Limbeeck (Limbeck) war Ende des Jahres durch einen tüchtigen Nachfolger Peter Johann Hofmann ersetzt worden. Dessen Gehalt mußte von 400 auf 500 Th. G. erhöht werden, da nur unter dieser Voraussetzung der in der Leitung des Schleusenwesens geübte Mann zur Übernahme des Postens willig zu machen war. Nach seinem Abgang Ende 1850 blieb die Stelle des Schleusenmeisters für den alten Hafen unbesetzt. –

---

[37] Bestehend aus den Herren: Stadtdirektor Gebhard, Eduard Ulrici, J.D. Kroog, Chr. Lübben, H. Weymann, H. von Riegen, Dr. Wolf, Bertus Bartling, Dr. A. Barth, Louis Bodenstab, J.H. Jürgens jun., Joh. Schwoon.

Wie schon während des Hafenbaus mit Rücksicht auf die vielen Strohhütten und hölzernen Buden der Erdarbeiter, sowie die dem Staate gehörigen Gebäude und Gerätschaften Bremen zur Sicherung Bremerhavens
1828 bis 1829 Maßnahmen gegen die Feuersgefahr traf, so wurden noch
im Jahr 1828 gemeinschaftlich von Hannover und Bremen zum Schutze des
Hafengebietes und der benachbarten hannoverschen Ortschaften Maßnahmen gegen eine von See oder vom Lande stattfindende Einschleppung
von Seuchen beschlossen und demgemäß die

Hannoverschen-bremischen Quarantäneanstalten

ins Leben gerufen. Zu beschleunigten Vorkehrungen gab Anlaß das in Gibraltar grassierende Fieber. – Am 31. Oktober wurde zwischen dem
Regierungsrat G. Holtermann in Stade im Auftrage des hannoverschen Ministeriums und dem Senator F.W. Heineken im Auftrage des Senats eine
dahingehende Vereinbarung getroffen. Danach besteht die Kommission
aus dem Richter zu Lehe und dem Amtmann zu Bremerhaven, sowie aus
dem (provisorischen) Hafenmeister Johann Deetjen als Beigeordneten. Die
Oberleitung in den Quarantäneangelegenheiten wechselt zwischen
Hannover und Bremen. Die Landdrostei zu Stade übernimmt dieselbe
zum ersten Male für das laufende Jahr vom 1. September 1828 bis dahin
1829. Die Schiffsmannschaft der Quarantäne, deren nächster Vorgesetzter
der Hafenmeister ist, besteht aus vier Matrosen, die die beiden Quarantä-
neboote zu bedienen haben. Letztere tragen im Dienst stets die Flaggen
beider Staaten. Sollte die Aufrechterhaltung der Autorität oder ein sonsti-
ger Umstand es erfordern, daß ein größeres, mit einigen Kanonen bewaff-
netes Fahrzeug in den Dienst der Quarantäne gestellt werde, so wird Hannover gern bereit sein, für den Zweck den kleineren Brunshauser Zollkutter
auf einige Zeit nach der Geeste entsenden und in einem kleineren an der
Elbe zu mietenden Fahrzeuge den Zolldienst während der Abwesenheit des
Kutters verrichten zu lassen. Die dadurch solchenfalls entstehenden Ausgaben werden je zur Hälfte von Hannover und Bremen übernommen. Dagegen trägt Hannover allein die Kosten, wenn künftighin das für die Ha-
fenbatterie vor der Geeste bestimmte Militär zum Besten des Quarantäne-
dienstes auf Anordnung des Richters zu Lehe gebraucht werden müßte. –

Die Vergütung für die Aufsicht des Hafenmeisters (monatlich 20 Th.), das Monatsgeld für die Matrosen, die Kosten der Ruderboote und des übrigen zum Quarantänedienst erforderlichen Inventars (Pestflaggen, Drahtzangen zur Empfangnahme der Papiere der untersuchenden Schiffe, Räucherwerk u. a.) werden zu gleichen Teilen von beiden Staaten getragen. –

Schon am 11. Oktober 1828 hatte die oldenburgische Regierung bestimmt, daß alle aus Gibraltar kommenden Schiffe unbedingt von der Weser und den Küsten des hiesigen Landes weg und an eine „förmliche" Quarantäneanstalt verwiesen werden sollten; Hamburg hatte eine gleiche Verordnung für derartige Schiffe getroffen. Eine eigentliche Quarantänebaracke mit allen dazugehörigen Einrichtungen gab es weder an der Elbe noch an der Weser, wohl aber in Friedrichsort bei Kiel für die aus der Ostsee kommenden Schiffe, ferner auf der Insel Christansöe bei Bornholm, sowie in Christianssand für schwedische und norwegische Schiffe. Seucheverdächtige Schiffe wurden nicht abgewiesen, sondern auf dem Strom unter Quarantäne zur Beobachtung auf höchstens vierzehn, im günstigen Falle auf fünf Tage gelegt und desinfiziert. – Auch den hannoverschen Lotsen (die Hansestadt-Bremische Seelotsen-Gesellschaft in Bremerhaven wurde erst 1832 gegründet) war im Oktober 1828 die Instruktion erteilt, alle Schiffe, die von Gibraltar kommen, unbedingt abzuweisen und die Schiffe, die von der südlichen portugiesischen und spanischen Küste einlaufen, auf der Reede vor Bremerhaven zur Inspektion vor Anker zu bringen, falls die Schiffer nicht vorziehen sollten, sich in[38] die oldenburgische Quarantäne zu wenden, in welchem Falle sie dorthin zu bringen sind. Das Amt Bremerhaven und das Gericht Lehe sind von jedem vorkommenden Fall sofort auf vorgeschriebene Weise zu benachrichtigen. Ferner hat ein mit vier Matrosen bemanntes Boot zur beständigen Disposition in Bremerhaven zu liegen. Die Matrosen sind mit Schießgewehren zu bewaffnen, teils um die gehörigen Signale zu geben, teils um im Notfalle das verbotene Annähern kleiner Fahrzeuge an die unter Quarantäne zu nehmenden Seeschiffe zu verhindern. Auch sind g r ü n e Quarantäneflaggen, wie solche an der Elbe gebräuchlich sind anzuschaffen und den Lotsen zum Zweck der erforderlichen Signale zu übergeben. –

---

[38] *sich an; siehe Druckfehlerverzeichnis, S. 395*

Der Mangel einer gemeinschaftlichen Quarantänekommission der drei Weseruferstaaten, wie sie in späteren Jahren glücklicherweise ins Leben gerufen wurde, führte zu verschiedenen Mißhelligkeiten zwischen Oldenburg und Hannover-Bremen, teils aus Irrtum, teils aus Mißtrauen und Eifersucht geboren. Von Wichtigkeit aber war, daß durch die tatkräftigen und umsichtigen Vorkehrungen der Quarantänebehörden die Ausbreitung des gelben Fiebers an der Weser wie an der Elbe verhindert wurde. –

Eine größere Gefahr drohte unserer Gegend im Jahre 1831 durch die schwere Choleraepidemie, die von Russisch-Polen in Deutschland eingedrungen war. Die umfangreichen Maßnahmen, welche die gemeinschaftliche Quarantänekommission gegen die Cholera getroffen hatte, insbesondere die Unterhaltung eines von Bremen gepachteten Wachtschiffes und eines zweiten, das von der Landdrostei zu Stade vor der Elbe herumgesandt worden, hatten die Quarantäneausgaben für Bremen allein, die im Jahre 1829 450 Th., 1830 nur 250 Th. betrugen, 1831 bis 1832 auf 2.777 Th. erhöht. Übrigens hatte die gemeinschaftliche Quarantänekommission schon am 18. Oktober 1831 eine Milderung der Maßnahmen gegen die Cholera, nach welcher u. a. die Dauer der Quarantänezeit auf fünf Tage herabgesetzt wurde, vorgenommen. Das führte zu Zwistigkeiten mit Oldenburg. Auch der Rat zu Hamburg hob mit dem 24. Oktober die strengeren Vorkehrungen gegen die Cholera auf. –

Die größeren für die Quarantäne in Betracht kommenden Schiffe wurden von dem Wachtschiffe zu Anker gebracht und auch bei stürmischem Wetter in der Herbst- und Winterzeit vor Anker gehalten. Das war nicht möglich für die so häufig unter Quarantäne kommenden kleineren Fahrzeuge. Wurde doch am 25. Oktober 1831 ein solches auf dem Strome treibendes Schiff, das zudem mit einem anderen in Kollision geraten war, noch glücklich unter den Schutz der Geeste gebracht, wo es isoliert und unter beständiger Bewachung gehalten wurde. Man sah sich genötigt, einen bequemeren und sicheren Quarantäneplatz für solche kleineren Fahrzeuge auszufinden und fand ihn am östlich an der Lune-Plate gelegenen hannoverschen Weserterrain unterhalb des Ausflusses der Lune in die Weser. Am 27. Oktober 1831 wurde von der Königlichen Landdrostei dieser Liegeplatz genehmigt, auf dem jeder Verkehr mit dem festen Lande und der Lune-Plate durch das Wachtschiff verhindert wurde. -

Zu der Errichtung einer Isolierbaracke für Seuchenkranke oder -verdächtige, sei es auf dem dortigen festen Lande oder auf der Lune-Plate oder sonstwo am rechten Unterweserufer, scheint es damals nicht gekommen zu sein. Die älteren bremisch-hannoverschen Karten weisen nirgendwo eine solche Isolierbaracke auf. –

Nach den vom Senat im August 1832 beschlossenen Zusatzartikeln zu der Instruktion für die Hansestadt-Bremische Seelotsengesellschaft zu Bremerhaven waren auch diese Lotsen für alles, was die Quarantäne auf der Unterweser betraf, der gemeinschaftlichen hannoverisch-bremischen Quarantänekommission untergeordnet und hatten in dieser Beziehung ihren Anordnungen Folge zu leisten. In dieser Eigenschaft als hannoversche-bremische Quarantänelotsen führten sie außer der bremischen Flagge und dem silbernem Wappenschilde die gemeinschaftlichen hannoverschen-bremischen Quarantäneflaggen und Wappenschilder. Im übrigen unterschied sich die Geestendorfer Lotsengesellschaft als Abteilung Nr. 1 von der bremischen als der Nr. 2 in Flaggen und Schildern durch diese Nummern. –

Wie in der Cholerazeit an den aufkommenden Schiffen die Quarantänearbeit ausgeübt wurde, bzw. unterbleiben konnte, mögen einige Fälle, wie sie den Akten des Bremer Staatsarchivs entnommen sind, veranschaulichen. Am 22. November 1831 wurde der Hamburger Kahn „Die Hülse", mit Stückgütern unter giftfangender Verpackung beladen, zu Anker gebracht, vor der Lune unter Quarantäne gelegt und instruktionsmäßig desinfiziert. Am 23. November wurden von den Wachtschiffen zu Anker gebracht 1) der dänische Frachtewer „Die junge Betty" aus Glückstadt, der ohne „Reinigung" freigegeben wurde, da aus dem Gesundheitspasse zu entnehmen war, daß das Schiff Glückstadt verlassen hatte, ehe dort die Cholera auftrat; 2) die holländische Kuff „Gertruida" von St. Petersburg, die als choleraverdächtig unter Quarantäne gehalten und desinfiziert wurde; 3) die hannoversche Kuff „Die neue Unternehmung" von St. Petersburg, die, wiewohl schon dort infiziert nach dem choleraverdächtigen Cuxhaven abgegangen war und demzufolge einer fünftägigen Observations-Quarantäne unterworfen wurde. Gegen Ende 1832 war die Choleraepidemie erloschen. Sie hatte in Deutschland unzählige Opfer gefordert, aber unsere Unterwesergegend und Bremen nicht erfaßt. –

Wie im Jahre 1828, so drohte uns noch einmal 1827/28[39] Gefahr durch Einschleppung des gelben Fiebers, wie es diesmal nicht in Gibraltar, sondern auf den Kanarischen Inseln grassierte. Hamburg hatte Bremen und Stade von der dort ausgebrochenen Epidemie benachrichtigt. Demzufolge wurden auch von der hannoverschen-bremischen Quarantänekommission die nötigen Vorkehrungen getroffen. Doch schon am 28. Februar 1848 wurde von Hamburg die Quarantäne-Untersuchung für die von den Kanarischen Inseln kommenden Schiffe wieder aufgehoben. Alle Gefahr für Elbe und Weser war beseitigt. –

Die Oberaufsicht über die hiesige Quarantäneanstalt wechselte noch lange Zeit jährlich zwischen Hannover und Bremen unter Ausschluß des dritten Uferstaates Oldenburg. Am 1. September 1851 ging sie wieder für ein Jahr auf Bremen über. Die Quarantänekommissare waren derzeit der neu ernannte Amtmann zu Bremerhaven Dr. Gröning und der Amtmann Ostermeyer zu Lehe. –

Das Bergungswesen

In den dreißiger, vierziger und fünfziger Jahren des vorigen Jahrhunderts waren die Strandungsfälle häufiger als in unseren Tagen. In der genannten Zeit handelt es sich fast ausschließlich um Strandungen von Segelschiffen. Diese waren durchaus abhängig von Wind und Wetter und bei auflandigem Sturm nicht mehr in der Lage zu kreuzen. Sodann gab es eine wissenschaftlich begründete Wettervorherbestimmung noch nicht. Auch waren die Befeuerung und das Betonnungswesen damals nicht auf der Höhe. Bei Strandungsfällen an der Unterweser und den benachbarten Küsten betrachtete man nach altem Gewohnheitsrecht, das freilich aller Gerechtigkeit und Humanität ist Gesicht schlug, die von einem gestrandeten Fahrzeug ans Land getriebenen Güter als sein Eigentum. Gab es doch Zeiten, wo man in den Kirchengebeten zu Gott flehte, daß er den Strand segnen, d.h. doch logisch durchgeführt, recht vielen Menschen möge Schiffbruch leiden lassen. Diejenigen Küstenbewohner, die zuerst dem gestrandeten Schiffe mit ihren Fahrzeugen zur Hilfe eilten, um Menschenleben und Güter zu retten, benutzten doch oft, auch wenn letztere rechtzeitig zur Anzeige gebracht wurden, die Gelegenheit, einen Teil der Waren, soweit er für

---

[39] 1847/48; siehe Druckfehlerverzeichnis S. 395

das Haus und den Haushalt zu verwenden war, heimlich an sich zu nehmen. – Offenbar aber entstanden wegen der von den Bergern in den Bremerhavener Bezirk gebrachten und dem Amte angezeigten Gütern über den zu zahlenden Bergelohn Differenzen zwischen den Beteiligten. Die rasche Erledigung solcher Streitigkeiten war für die Kaufleute von höchstem Interesse. Sollte nun aber dabei das gewöhnliche gerichtliche Verfahren eintreten und namentlich bei einem die Summe von 300 Th. G. überschreitenden Gegenstande die Sache in erster Instanz an das Obergericht in Bremen gelangen, so würden an und für sich schon, zudem in Rücksicht auf die Entlegenheit des Ortes, wo sich der Bergungsfall ereignet, häufig eine für die Interessenten nachteilige Verzögerung und sonstige Schwierigkeiten eintreten. Sodann boten die Bergungsfälle Punkte dar, die die Aufstellung besonderer gesetzlicher Bestimmungen notwendig machten. Eine in dieser Sache niedergesetzte gemeinschaftliche Deputation erklärte das Amt als die geeignete Behörde für alle in Bergungssachen nötigen Anordnungen; teils wegen der besonderen Sachkunde des jedesmaligen Amtmanns, die er auf Grund eigener Wahrnehmung zu erlangen Gelegenheit hatte, teils weil sich in der Regel in Bremerhaven, in dessen Nähe der Bergungsfall sich ereignete, am leichtesten die zur Ermittelung des Tatbestandes nötigen Hilfsmittel (Zeugen, Sachverständige usw.) vorfänden. –

Die Deputation brachte dann im Konvente vom 21. März 1834 die von ihr aufgestellten Bestimmungen für das Bergungswesen in Vorschlag. Nach kleineren Abänderungen wurden sie unter Vorbehalt einer späteren Revision von Bürgerschaft und Senat angenommen und am 29. Mai 1834 veröffentlicht. Nur einige Paragraphen mögen hier Beachtung finden. Nach § 2 hat jeder, der geborgene Güter in den Bremerhavener Bezirk bringt, davon in den nächsten 24 Stunden dem Amte Anzeige zu machen. Solche Unterlassung kann den Umständen nach dem Versuch einer Entwendung oder einer Entwendung selbst gleich geachtet und bestraft werden und zieht, wo sie zum Zwecke der Verheimlichung geschehen, den Verlust des Rechtes auf Bergelohn nach sich. – Sind unter den geborgenen Gütern solche, die bei einer längeren Aufbewahrung zu verderben drohen, so kann nach § 3 das Amt den öffentlichen Verkauf anordnen. – Bei allen vor das Amt gelangenden Streitigkeiten, besonders aber, wenn der Streit den geforderten Bergelohn betrifft, hat nach § 5 das Amt zunächst einen Vergleichungsversuch anzustellen. In Ermangelung eines Vergleichs tritt nach § 6 zur Beschleunigung und Vereinfachung der Rechtspflege, und zwar ohne Rücksicht auf den Wert des Streitobjektes, dasjenige Verfahren ein, welches zufolge der Gerichtsordnung bei geringfügigen Sachen stattfindet. – In Falle einer Abhörung von Zeugen kann jede Partei verlangen, nicht nur bei der Beeidigung der Zeugen, sondern auch bei deren Vernehmung über die Sache selbst, persönlich oder durch einen Bevollmächtigten zugegen zu sein. –

Nach § 11 geschieht die Festsetzung des Bergelohnbetrages, sofern nicht die Parteien sich über eine andere Ausmittelung einigen, durch gemeinsame Beratung und Beschlußfassung des Amtmanns und der dazu berufenen Sachverständigen, deren Zahl, wenn der noch streitige Bergelohn 300 Th. G. nicht übersteigt, auf zwei, bei einem höheren Belauf aber auf vier bestimmt ist. Die Sachverständigen werden vom Amtmann ernannt und beeidigt. – Über sämtliche Verhandlungen wird vom Amtmann ein Protokoll geführt. – Der mit der Revision der gesetzlichen Bestimmungen für das Bergungswesen 1839 beauftragten Deputation bot sich kein genügender Anlaß zur Abänderung der bestehenden Vorschriften und wurde die Fortdauer des Vereinbarten von Senat und Bürgerschaft auf drei Jahre und immer wieder verlängert, vom Jahre 1850 an immer nur auf ein Jahr, bis im Jahre 1855 mit der notwendig gewordenen Revision begonnen wurde. – Eine besondere Beachtung verdienen noch

Die zur Sicherung des Hafens gegen Feuersgefahr und zur Erhaltung der nächtlichen Ordnung 1837 und 1842 getroffenen Einrichtungen.

Während des Hafenbaues hatte die Menge der für die Arbeiterkolonie errichteten Strohhütten und hölzernen Buden die Feuersgefahr für die Bewohner derselben und für die dem Staate gehörenden Gebäude und Gerätschaften so vergrößert, daß die Deputation schon im Sommer 1828 zur Anschaffung einer Spritze, eines Anbringers und anderer Hilfsgegenstände schritt und ein Spritzenhaus auf dem Deich errichten ließ. Im ganzen wurden für diese Vorkehrungen 1.262 Th. G. verausgabt. Vom Amte in Bremerhaven wurde das erste Brandreglement vom 8. Oktober 1829 im Auftrage des Senats veröffentlicht. Im Hinblick auf die Möglichkeit eines Brandes in dem geschlossenen Hafenbassin, das nach Mitte der dreißiger Jahre oft mit bremischen und fremden Schiffen völlig angefüllt war und mit Rücksicht auf die vielen Häuser, die im Orte erstanden, wurde die Vermehrung und Verbesserung der Feuerlöschanstalten, zu deren Kosten nun auch die Gemeinde des Fleckens herangezogen werden sollte, ein dringendes Erfordernis. Demzufolge wurden für das Jahr 1837 eine große auf Rädern transportable Schiffsspritze samt dazugehörigen Schläuchen und Geräten, sowie 6 Handspritzen und der Bau eines neuen Spritzenhauses zur Unterbringung der Neuanschaffungen genehmigt. Nach erfolgter Vervollständigung der Löschgerätschaften wurde am 17. August 1837 nunmehr eine neue Brandverordnung für den Amtsbezirk Bremerhaven veröffentlicht. Nach dieser steht die Direktion des Löschungswesens dem Amtmann zu und in dessen Behinderung oder Abwesenheit dem Hafenmeister oder dem sonstigen zur Wahrnehmung der Funktionen des Amtmanns bestimmten Stellvertreter. Damit es nie an Leuten fehle, welche die Löschgerätschaften zu handhaben verstehen, sind vier Spritzenkompanien errichtet worden, die von je zwei Leutnants und zwei Unteroffizieren angeführt werden. Von den weiteren Verordnungen kommen hier nur die auf den Hafen, nicht auf den Ort bezüglichen in Betracht. Beim Ausbruch eines Brandes haben sich der Hafenmeister und der Hafenbaudirektor sofort bei der Direktion einzufinden, um deren etwaige Aufträge entgegenzunehmen. Der Schleusenmeister hat mit den Schleusenknechten bei der Schleuse, der Oberlotse aber mit den Hafenlotsen und den an Land befindlichen Seelotsen am Kran sich aufzustellen. Ferner haben im Fall eines Schiffsbrandes die Schiffszimmermeister in Gemeinschaft mit dem einen oder andern ihrer Meisterknechte mit dem erforderlichen Handwerkszeuge zu assistieren. Endlich liegt es den Kapitänen ob, sich mit so vielen Leuten als füglich zu entbehren sind, auf ihren Schiffen zur Entgegennahme der Anweisungen des Amtmanns bereit zu halten. –

Im Jahre 1837 wurden zur Verhütung des Diebstahls und der Feuersgefahr, sowie zur Erhaltung der nächtlichen Ordnung auch die Nachtwachen, an deren Kosten der Flecken mit beteiligt war, eingeführt. Acht Wächter waren von der Bürgerschaft bewilligt, die unter der Beaufsichtigung der gemeinschaftlichen Hafendeputation standen, insbesondere auf die Anordnungen des Hafenmeisters angewiesen wurden. Die Nachtwächter hatten auf jeder Seite des Hafens in gleicher Anzahl zu patrouillieren und sich im Dienst abzulösen. Für die Ausruhestunden wurden ihnen ein

Platz im neuen Spritzenhause angewiesen. An die Nachtwachen mußte sich, wenn sie wirksam sein sollten, naturgemäß eine bessere Beleuchtung des Hafens knüpfen, der bis dahin nur an seinem Eingang Laternen aufzuweisen hatte. Wie leicht konnten die Wächter in dunklen Nächten auf einem 3.000 Fuß langen unbeleuchteten Raume, bei Verhütung von Unruhen und Unordnungen, Mißhandlungen von schlechtem Gesindel, woran, wie es im Deputationsbericht heißt, in Hafenorten es nie zu fehlen pflegt, ausgesetzt sein! Es wurde daher die Anschaffung von 8 Laternen für jede Seite des Hafens und die Anstellung und Besoldung eines Lampenwärters von der Bürgerschaft bewilligt. Sodann wurde die Anlegung einer Drehbrücke an dem Hinterhafen genehmigt zur Erleichterung des Verkehrs der beiden Hafenseiten. Ein dringendes Bedürfnis zumal für die Nachtwächter, um im Notfall von einer Seite zur andern sich zu Hilfe kommen zu können. - Anläßlich der Beratungen über Einrichtung von Nachtwachen und einer besseren Beleuchtung am Hafen war auch zugleich die schon mehrere Male erörterte Einrichtung von Kochhäusern wieder zur Sprache gekommen und besonders vom Senate befürwortet worden im Hinblick auf die große Gefahr, die durch die Feuerstellen an Bord der dicht gedrängt liegenden Schiffe bei ausbrechendem Brand den ganzen Schiffspark drohte. Der Bau der Kochhäuser, für den schon 1833 ein Kostenanschlag aufgestellt war, unterblieb, weil Kaufleute und Schiffer dagegen Bedenken geäußert hatten wegen der für letztere dadurch entstehenden Unbequemlichkeiten. Im Jahre 1836 hatte die Bürgerschaft vorab von der Deputation einen Bericht gefordert, ob nach Vernehmung Sachkundiger solche staatsseitig zu errichtenden Kochhäuser unumgänglich notwendig seien und nicht vielmehr von privater Seite errichtete Speiseanstalten den Bedürfnissen abhelfen könnten. Die ganze Angelegenheit wurde wieder verschoben. Endlich im Jahre 1842 baute der Staat zwei Kochhäuser. Die dadurch entstandenen Kosten deckte er durch den Schiffen auferlegte Abgaben. Die Kochhäuser waren einstöckige massive Bauten, die rings an den Wänden einen einzigen langen Feuerherd, aus Rotstein gemauert, aufwiesen und wurden meistens von den Kähnen und kleineren Schiffen benutzt, deren Mannschaft das Kochen besorgte. Die Mannschaften der größeren bremischen Schiffe wurden, wenn das Schiff bei seiner Ankunft festgelegt war, gewöhnlich sofort entlassen und kehrten für kurze Zeit zu den Ihrigen, meist in Vegesack und Umgegend oder Bremen wohnhaft, zurück, während die Mannschaften der fremden Seeschiffe in solchen Fällen an Land in Logis gingen, wo sie auch speisten. – Mit dem ersten Januar 1842 traten Jakob Kortlang und Johann Hinrich Möller in den Dienst als Kochaufseher: Möller übernahm das Kochhaus, nordwestlich von der Wohnung des Schmiedemeisters Mehrtens in der Nähe des später erbauten Postgebäudes gelegen, während Kortlang die Aufsicht über das am Weserdeich am Nordende des Hafens errichtete Kochhaus und die damit verbundene Feuerstelle zum Schmelzen von Pech für ausbesserungsbedürftige Schiffe übertragen wurde. Die Auszahlung der Löhne für beide hatte der Schleusenmeister A. van Limbeck zu besorgen. – So wurden in den Jahren 1837 und 1842 die zur Erhaltung der Ordnung und Sicherheit im und am Hafen erforderlichen Einrichtungen und Verbesserungen in zweckmäßiger Weise geschaffen. –

Von größter Bedeutung für den bremischen Staat wurde die Auswanderung, in deren großartige Entwicklung freilich auch ein schwerer Schiffsuntergang fällt. Wir betrachten

Die Auswanderung über Bremen – Bremerhaven von 1832 bis Ende 1851.

Nachweisbar wanderten zu Anfang des 17. Jahrhunderts die ersten Deutschen nach Amerika aus. Auf Grund von Schiffsbüchern und Reiseberichten ist festgestellt, daß etwa 250.000 Deutsche bis zum Jahre 1820 sich allein in Nordamerika angesiedelt haben. Die Masse der Auswanderer kam aus dem Südwesten Deutschlands. Eine wochenlange Rheinfahrt über viele Zollstationen bis zu den holländischen Häfen oder bis nach England, zu den Ausgangspunkten der Seefahrt, ging der Überseereise voran. Gegen Ende des 18. Jahrhunderts, während des amerikanischen Befreiungskrieges, nahm die Auswanderung ab. Auch zu Anfang des 19. Jahrhunderts wurde sie nicht groß. Nach den deutschen Freiheitskriegen nahm sie wieder zu[40]. Vom Jahre 1820 ab läßt sich die überseeische Auswanderung genauer feststellen, da zwar nicht eine genaue und umfassende Statistik nach heutigen Begriffen, wohl aber Auszeichnungen amtlichen Charakters von den meisten deutschen Ländern vorliegen. Von 1820 bis 1824 einschließlich wanderten nach Nordamerika durchschnittlich jährlich 2.400. Von 1825 bis

---

[40] Nach Mitteilungen des Dr. phil. Hans Hecht im Jahrbuch 1925 des Norddeutschen Lloyd.

1831 einschließlich dagegen durchschnittlich 9.650 aus. In dieser Periode 1820 bis 1831 handelt es sich nicht um eine schlechthin, aber fast ausschließlich deutsche Auswanderung über ausländische und deutsche Häfen.

Der geringe Prozentsatz der fremden Auswanderer läßt sich nicht ermitteln. Hauptsächlich gaben für diese Zeit Württemberg, Baden, Hessen und Bayern die Auswanderer ab. In der Zeit von 1820 bis 1831 waren die französischen, holländischen und englischen Häfen – erstere namentlich für die Auswanderung aus Süddeutschland – in der Hauptsache die Einschiffungshäfen gewesen. – Es fällt nicht schwer, die Schilderung der Zustände, unter denen die Auswanderer überhaupt während der Seereise in den ersten Jahrzehnten, ja vielfach noch bis zur Mitte des 19. Jahrhunderts litten, zu belegen aus Reiseberichten, Parlamentsdebatten und den Feststellungen von Behörden oder gemeinnützigen Organisationen.[41]

Unzulängliche Unterbringung unter Deck zwischen Frachtstücken, oft Familien und Einzelpersonen beiderlei Geschlechts durcheinander; Mangel an den notwendigsten sanitären Maßnahmen; schlechte und ungenügende Lebensmittel, wenn diese nicht gar von den Auswanderern mitgebracht oder zu Wucherpreisen vom Kapitän gekauft werden mußten; dürftigste Kochgelegenheit, so daß der Auswanderer, der selber kochen mußte, oft gezwungen war, sein Essen halbgar zu verzehren; rohe Behandlung durch die Schiffsmannschaft; Streit unter den Reisenden; Krankheiten allerart und manche Todesfälle – all dies kennzeichnet in den ersten vier Jahrzehnten des vorigen Jahrhunderts das Leben des Auswanderers an Bord eines Seglers, der auf Seetüchtigkeit nur zu oft keinen Anspruch mehr machen konnte. Man wundert sich denn nicht allzusehr, wenn in der Debatte über das Auswanderungsschutzgesetz von 1848 im englischen Unterhaus zur Sprache kam, daß von 106.000 Auswanderern nach Kanada im Jahre 1847 17.300 auf der Reise oder an ihren Folgen gestorben seien. –

Im Jahre 1832 nahm die Auswanderung über Bremen-Bremerhaven ihren geregelten Anfang. Bremen erließ als erster deutscher Staat und Hafen zwei obrigkeitliche Verordnungen zum Schutze der Auswanderer. Die

---

[41] Vgl. die Entwicklung der Bremer Auswandererfürsorge von Pastor Heyne-Bremen, 1925, Jahrbuch des Norddeutschen Lloyd.

erste vom 16. Juni 1832 gibt lediglich bremischen Schiffsmaklern die Berechtigung, Auswanderer zur Beförderung anzunehmen und bedeutet damit einen Schutz für die Auswanderer, da sie unkontrollierbaren Zwischenhandel unterdrückte und nur der Inspektion der Schiffsmakler unterstehende Firmen zuließ. Der Senat traf im September wegen der Auswanderer auf hiesigen und fremden Schiffen nähere Anordnungen nicht nur aus Teilnahme und Fürsorge für die, welche ihr Vaterland verließen, sondern auch im eigenen Interesse, um sich gegen die Unzuträglichkeiten zu sichern, die durch das Eintreffen mittelloser Personen entstehen könnten.

In der am 1. Oktober 1832 in Kraft getretenen zweiten Verordnung heißt es: „Die hiesigen Reeder oder Schiffskorrespondenten solcher Schiffe, die zunächst für die Auswanderer expediert werden (wohin jedes Schiff zu rechnen ist, für das wenigstens fünfundzwanzig Zwischendeckspassagiere angenommen werden) haben vor der Expedition nachzuweisen, daß von ihnen, falls das Schiff durch einen Unglücksfall auf der Weser oder in deren Nähe unfähig zur Fortsetzung der Reise würde, solche Vorkehrungen getroffen sind, daß die Auswanderer alsdann dem Staate nicht zur Last fallen. Es ist indes für solchen Fall als genügend zu erachten, wenn von dem Reeder oder Korrespondenten die Verpflichtung, die Passagiere mit einem anderen Schiffe zu befördern, oder, sofern die Aufhebung des Kontraktes vorgezogen wird, die Rückzahlung des vollen Passagegeldes durch Assekuranz oder auf sonst genügende Weise gesichert worden ist." Im übrigen hatte der Reeder unter Vorlegung einer genauen Passagierliste bei der Inspektion der Makler nachzuweisen, daß das betreffende Schiff seetüchtig war und guten und ausreichenden Proviant an Bord hatte. Auch musste den Auswanderern an Bord durch den Schiffskoch bereitetes Essen geliefert werden, während auf den englischen und amerikanischen Schiffen, soweit sie nicht unter bremischer Konzession fuhren, damals der Auswanderer selbst zu kochen hatte. Anfänglich wurden die in Bremen angelangten Auswanderer bis zu ihrer Einschiffung in Bremerhaven nur in stadtbremischen guten und unter Kontrolle stehenden Logierhäusern billig untergebracht. Unser kleiner kaum 600 zählender Hafenort, über den im Jahre 1832 nicht weniger als 10.344 Personen auswanderten, konnte damals nicht die nötigen Logierhäuser zu einem zeitweiligen Unterkommen einer auch nur bescheidenen Anzahl von Auswanderern stellen. Das änderte sich nach wenigen Jahren, als mittlerweile viele Neubauten erstanden waren und die

Bevölkerung des Ortes sich mehr als verdoppelt hatte. Dem Anscheine nach wurden später viele in Bremen eingetroffene Auswanderer erst am Einschiffungsplatze durch hiesige Agenten zur Beförderung angenommen mit bremischen oder fremden Schiffen, die wegen der Versandung der Weser nur von Bremerhaven aus in See gehen konnten. Alle aber, die aus dem benachbarten Hannoverlande oder Oldenburg nach drüben auswandern wollten, wurden nicht in Bremen, sondern hier abgefertigt. Die hiesigen Schiffsexpedienten wie Gerh. Garrels, Carsten Greve, D. H. Kuhlmann stellten in dem „Mittheiler an der Unterweser" (P. F. Lamberti) den Auswanderern billige Überfahrt mit guten Bremer oder fremden Schiffen an nach Neuyork, Baltimore, Philadelphia, Neuorleans, Galveston für die gewöhnlich am ersten und fünfzehnten eines jeden Monats stattfindenden Expeditionen. Die genannten Agenten (zu denen noch zwei Leher Schiffsexpedienten: J. H. Büggeln & Co. und Stockhausen & Co. kamen) waren von Bremen konzessioniert worden und konnten nur nach Vereinbarung mit der Inspektion der Bremer Schiffsmakler ihre Expedition betreiben. Bremen betrieb das Auswanderergeschäft durchgehends mit eigenen Schiffen. Nur in Ermangelung solcher bei großem Andrang der Europamüden nahm es auch zu amerikanischen, englischen und anderen Fahrzeugen seine Zuflucht, die sich aber dann hinsichtlich der Verproviantierung, Raumvermessung, Versicherung der Passagegelder usw. streng den bremischen Vorschriften unterwerfen mußten.

Bremen mit seinem Einschiffungsort wurde und blieb für lange Zeit der frequentierteste deutsche Auswandererplatz wegen der guten Verpflegung und Behandlung an Bord seiner Schiffe, wegen der billigen Passagepreise[42] und der fortschreitenden Verbesserungen in der Fürsorge für die Auswanderer. Freilich die Einrichtung auch der größeren Segelschiffe in den dreißiger Jahren des vorherigen Jahrhunderts war höchst einfach und wies enge und, was das Zwischendeck betrifft, zugleich dumpfe Räume auf. Die Passagiere mußten auf jede Bequemlichkeit (von Luxus gar nicht zu reden), wie sie vor dem Ausbruch des Weltkrieges unsere großen Auswandererdampfer boten, verzichten.

---

[42] Nach Amerika für Zwischendecker im Jahre 1841: 102,60 Mk. mit Verköstigung; im Jahre 1849 nur 60 bis 70 Mk. einschließlich Beköstigung, im Frühjahr etwas mehr.

Die Kajüte lag hinten auf dem Hauptdeck und erstreckte sich wohl bis zum Großmast. Die erste Kajüte bot Raum für sechs bis acht Passagiere. Diese speisten mit dem Kapitän und einem der Steuerleute. Die zweite Kajüte konnte zwanzig bis fünfundzwanzig Passagiere aufnehmen. Diese hatten das Essen der Zwischendecker, doch speisten sie für sich, ein jeder in seiner Kabine oder an Deck. Das Zwischendeck im Schiffsinneren dehnte sich über die ganze Länge des Schiffes und war sieben bis acht Fuß hoch und hatte zwei bis drei Schlafkojen übereinander. Unter dem Zwischendeck befanden sich die Ladung und der Proviant. Die größten bremischen Segler „Neptun" sowie „Olbers" und „Copernikus" hatten 17 $\frac{1}{2}$ bzw. 17 Fuß, „Clementine" und „Theodor Körner" 16 $\frac{1}{4}$ Fuß Tiefgang. Die Segelschiffe brauchten für eine Fahrt nach Neuyork durchschnittlich vierzig bis fünfundvierzig und zurück fünfundzwanzig bis dreißig Tage. Indes waren die für Newyork, Baltimore, Philadelphia und Neworleans bestimmten Schiffe für neunzig Tage ausgerüstet und hatten je nach Zahl der Passagiere 120, 150 – 200 Wasserfässer an Bord. Durch Windstille und widrige Winde konnte eine Fahrt nach der neuen Welt gegen 100 Tage dauern. Bei dem dann eintretenden Mangel an Trinkwasser hatte der Kapitän bisweilen schweren Stand mit den Passagieren. Bedenkt man ferner, daß ein Segelschiff damaliger Bauart etwa nur 45 Meter lang und 8 Meter breit war, so begreift man, welche Qualen die auf enge Räume zusammengepferchten Auswanderer zu ertragen hatten, wenn schwere Stürme über das Schiff hereinbrachen. –

Das Gros der Auswanderer wurde von Bremen in offenen Segelkähnen nach Bremerhaven befördert und im Vorhafen gelandet. Die Fahrt, die unter Umständen recht lang war, ging ohne Verköstigung zu Lasten des Reeders. Die vornehmen und besser situierten Auswanderer benutzten für die Weserfahrt seit 1834 das regelmäßige Dampfboot „Bremen", später die Dampfschiffe „Roland", „Telegraph", „Gutenberg", „Paul Friedrich August" und „Oldenburg".

Die meisten Europamüden wurden hier in einfachen Wirtschaften untergebracht. Ihr Nachtquartier war der Tanzsaal, oder der Boden unter dem Dache oder ein Nebenhaus. Ihr Lager bestand aus zwei Strohmatratzen und einer wollenen Decke, die sie in Bremen oder gewöhnlich erst in hiesigen Geschäften kauften und mit an Bord nahmen. Die Eßutensilien erstanden sie sich für einen Th. G., Blechgeschirr, Messer, sowie Gabel und Löffel aus verzinntem Eisen und machten davon schon an Land gebrauch. –

Zu den gesuchtesten Auswandererwirten gehörten Siljacks, seit 1841, J. F. Hohn in der Osterstraße, Stürcken in der Fährstraße, Bucksath und Westermann in der Leher Straße. Die Auswanderer mußten öfters längere Zeit hier liegen, bis der günstige Wind für die Seereise sich einstellte oder ein Schiff zur Verfügung stand. Es kam vor, daß sie vier Wochen und darüber – zum Schaden ihrer Börse, aber zum großen Vorteil für die Wirte – auf die Ausfahrt warten mußten. Sie waren dann froh, wenn sie durch irgendeine Arbeit sich einige Grote verdienen konnten. –

Welch ein bewegtes und buntes Bild von denen, die sich anschickten, jenseits des Ozeans eine neue Heimat zu suchen, bot sich hier schon Ende der dreißiger Jahre dem Blicke dar! Es mögen hier einige Bilder folgen, die uns Theodor von Kobbe nach der Feder eines Bremer Schriftstellers vorführt:

„Männer und Weiber, Kinder und Greise, alte, hinfällige Großmütter und Enkelkinder passieren scharenweise die Straßen oder sie liegen schon zu Haufen auf den Schiffen im Hafen. Sie scheinen den letzten Eindruck des deutschen Vaterlandes in langen Zügen einschlürfen zu wollen, um lange davon zu zehren; denn auf immer wollen sie es verlassen. Durch Zufall zusammengeführt, fremd einander bisher, verbindet das gleiche Los sie alle zu einer großen Familie. Hier eine Gruppe. Vater mit Söhnen und Enkeln. Im Antlitz des Alten der Schmerz eines getäuschten Lebens; ihn trägt und hält nur noch der Lebensmut und die Hoffnung der Söhne. Dort alte Mütterchen, häuslich sorgsam ohne Haus, pflegsam ohne bleibende Stätte. Andere Szenen erscheinen. Der Wind ist günstig geworden und der ‚Copernikus‘ will die Anker lichten. Seine Passagiere, des Harrens ungeduldig, stehen erwartungsvoll auf dem Verdeck. Sie müssen hinunter, weil sie die Zurüstung der Segel hindern. Aber eine Mutter am Ufer ruft noch nach ihrem Sohn, ihn zu umarmen. Das Schiff ist nun aus dem Hafen geholt; der Vorhafen ist passiert; die Segel schwellen sich. Hundert Tücher entflattern an Bord in den Lüften, noch einmal den Abschiedsgruß zu winken. Da stehen am Lande truppweise die Zurückgebliebenen aus Bremerhaven, den Hannöverschen und Oldenburgischen, aus Bremen und Umgegend und die wenigen aus weiterer Entfernung, die das Geleite den Ihrigen bis zum Abschiednehmen gegeben haben. Sie erwidern den Gruß mit ihren Tüchern, manche unter Tränen. Weiter und weiter geht das Schiff. Vom Lande folgen nur noch stumme Blicke, stille Wünsche. Die Umstehenden verlieren sich. Doch einer ist noch geblieben bis zuletzt. Schweigend geht nun auch er davon, seine Wehmut hinaustragend zur Einsamkeit, aufs stille Feld. – Auf jenem Schiffe dort, das noch im Hafen liegt entsteht plötzlich unter den Passagieren große Aufregung. Der verfolgte Verbrecher, ein jugendlicher Mensch ist von der Polizei gefunden. Sie legt ihm Handschellen an und führt ihn von Bord ins Gefängnis. – Von einem anderen Schiffe – es ist die prächtige ‚Elise' – hört man wildes Geschrei. Es lag auf der Reede, des günstigen Windes gewärtig, als ein Boot mit Beamten der Polizei sich ihm nahte. Das Signalelement eines Steckbriefes in der Hand, mustern sie auf dem Deck. Ein Mann, beliebt bei seinen Reisegefährten, wird erkannt, den Armen der Gattin und der Kinder entrissen und als ein politischer Vergehen Beschuldigter einsam im Boote zurückgeführt." –

Unter den Bildern aus dem Leben und den Schicksalen der damaligen Auswanderer hat keins die Gemüter so ergriffen und dem Gedächtnis sich so eingeprägt, wie der Untergang des amerikanischen Schiffes „Shenadoah"[43][44], der auf der Unterweser am 10. April 1834 abends erfolgte. – Man hoffte noch vor Eintreten der Nacht die Nordsee zu erreichen. Bei Nordostwind und in einem starken Ebbestrom (laut Bericht des Lutherischen Kirchenbuchs, Lehe) wollte der Lotse Gerhard de Harde zwischen Tegelers Plate und Mellum unweit der achten schwarzen Tonne das Schiff wenden. Doch das Manöver versagte und das Schiff trieb auf die Mellum-Plate. Alle Bemühungen, es wieder abzubringen, waren vergeblich. Der Haupt- und Fockmast waren bereits durch heftiges Stoßen des Schiffes auf der harten Bank gebrochen und über Bord geschleudert. Das Wasser drang schon ins Zwischendeck, als es dem Untersteuermann Wedemeyer aus

---

[43] So genannt nach dem Fluß (und der Stadt) in Virginia (Vereinigte Staaten von Amerika). Der Untergang der „Shenandoah" 1834 erinnert uns lebhaft an das Unglück, von dem das amerikanische nach dem Zeppelintyp erbaute Luftschiff g l e i c h e n Namens ereilt wurde, als es am 2. September 1925 in der Nähe der Stadt Cumberland im Staate Ohio vom Sturme zu Boden gedrückt und vollkommen zerschmettert wurde. Ein Unglück, das 15 Todesopfer, darunter den amerikanischen Kommandanten Zachary Landsdowne, und 16 Verwundete forderte.
[44]*Shenandoah; siehe Druckfehlerverzeichnis S. 395*

Celle gelang, in einer mit drei Matrosen bemannten Schaluppe eine aufsegelnde englische Brigg zu erreichen. Diese konnte dem gestrandeten Schiffe bei dem stürmischen Wetter nicht zu Hilfe kommen, brachte aber die vier Seeleute nach Bremerhaven und durch sie dem Hafenort die erste Kunde von dem Unglück. Es gelang leider nicht, alle zu retten. Von 192 Auswanderern kamen 31 ums Leben. Die meisten davon erlagen der Kälte und Nässe, dem Hunger und Durst.

Kapitän Rose wurde über Bord gespült und ertrank. Nach Wilhelm Dreyers Mitteilungen aus seinen „Memoiren eines Bremerhavener Jungen" soll er angetrunken gewesen und den Anordnungen des Lotsen nicht gefolgt sein. Die Bremer Presse berichtet davon nichts. Einen Tag und zwei Nächte mußten die Auswanderer aushalten, ehe wegen des anhaltenden Sturmes die Hilfe kommen konnte. An der Rettung beteiligten sich ein Lotsenkutter und die Fahrzeuge des Johann Lührs aus Grünendeich (Altenlande), des Johann Devers und Hinrich Strenge aus Brake, sowie der hiesige Schiffer Friedrich Freudenthal, der außer seinem Knechte die Einwohner Martin Eichholz, Hermann Claussen, R. C. Rickmers, Johann Bequit und Johann Bringmann mit in seinen Frachtewer aufgenommen hatte. Nachdem die Auswanderer glücklich in die Fahrzeuge gerettet waren, nahmen zwei Kähne die Toten auf, meist Kinder, Frauen und alte Leute. Im Eichholzschen Hause, Ecke der Geest- und Langestraße, wurden sie eingesargt. In der Freiviertelstunde eilten die Kinder, die ihre Schule ganz in der Nähe hatten, nach der Trauerstätte. Welch ein herzzerreißender Anblick bot sich ihnen dar! Da lagen sie alle die Toten, und die Angehörigen knieten daneben, weinten und beteten. Mit verweinten Augen kehrten die Kinder in die Klasse zurück. Von den verunglückten einunddreißig Auswanderern wurden am 15. April zwanzig in Lehe beerdigt, darunter einige Kinder, welche erst am Lande vor Erschöpfung verschieden waren. Pastor Müller aus Lehe hielt zunächst am Hafen die Leichenrede. Nachdem die für den Transport der Särge und sonst nötigen Wagen von hier, Lehe und Geestendorf herbei geschafft waren, bewegte sich ein langer Zug nach dem Leher Kirchhof. Dort sprach Pastor Vörtmann, nachdem auch die letzten Leichen in elf Särgen in die Gruft gesenkt waren, das letzte Wort. –

Aus Bremen und Hamburg liefen reiche Geldgaben für die schwer Heimgesuchten ein, die nichts als ihr nacktes Leben gerettet hatten. Auch schickten die Bremer eine ganze Ladung von Kleidungsstücken und einige

Heimatsorte der Gestrandeten leisteten hilfreiche Hand. Die Geretteten wurden von den Einwohnern Bremerhavens aufs beste verpflegt. Auch das Dreyersche Haus in der Leher Straße hatte drei gänzlich Erschöpfte aufgenommen, Vater, Mutter und Sohn. Wiewohl sie sich bald einigermaßen erholt hatten, wich doch die Trauer nicht aus ihrem Herzen. Die Eltern hatten nicht nur Hab und Gut verloren, sondern auch ihr Töchterchen. Später wurden die Geretteten an Bord des bremischen Schiffes „Neptun" (Kapitän H. Hilker) wieder eingeschifft und nach Baltimore befördert. – Den wackeren Männern aber, welche sich an dem Rettungswerk beteiligt hatten, sowie dem Amtmann Thulesius, der bei dieser Schiffskatastrophe Umsicht und Tatkraft bewiesen hatte, wurde die besondere Anerkennung des Senats zugeteilt. –

Leider fehlte es auch an Beschwerden nicht. Diese wurden gegen Blankeneser Schiffer geführt, die das gestrandete Schiff beraubt hatten (Bremer Staatsarchiv). – Wie bald sollte die Verordnung des Senats vom 1. Oktober 1832 in Anwendung kommen, nach welcher der Schiffsreeder nachzuweisen hatte, daß er bei eintretender Havarie in der Wesermündung für die Überführung der Reisenden auf ein anderes Schiff oder für Rückzahlung des Fahrgeldes Vorsorge getroffen!

Bremen blieb eifrig bemüht, durch weitere Verordnungen alle Mißstände in der Auswandererfürsorge möglichst zu beseitigen. Nach einem 1838 in Gebrauch befindlichen Urkundenformular mußte der Reeder oder sein Vertreter die Erklärung abgeben, daß das Schiff nicht zum Sklavenhandel benutzt werde und mit Lukenklappen, Schlafabteilungen, genügendem Proviant, sowie genügenden Wasserbehältern und Küchengeräten versehen sei. – Von Wichtigkeit war in der Folgezeit die „revidierte Verordnung wegen Beförderung von Schiffspassagieren" vom 9. April 1849. Nach dieser wurde die Annahme und Beförderung der Auswanderer in Bremen-Stadt nur denen gestattet, die das bremische Bürgerrecht mit Handlungsfreiheit besaßen und eine Kaution von 5.000 Talern hinterlegten. Der Verdienst der Makler wurde prozentmäßig festgesetzt. Auch die Gastwirte wurden als Vermittler ausgeschlossen. Genaue Bestimmungen über das Verhältnis der

Passagierzahl zur Größe des Schiffsraumes, über die Ausmaße der Aufenthaltsräume, sowie über den mitzunehmenden Proviant wurden hinzugefügt[45]. –

Hier soll nicht unerwähnt bleiben, daß in den vierziger Jahren auch in verschiedenen Städten Deutschlands durch private Tätigkeit die Auswanderungsangelegenheit geregelt und zugleich der Weg zur Auswanderung über Bremen und Hamburg geebnet wurde. Zu nennen sind: der Auswanderungsverein in Düsseldorf 1843, dann 1848 die Vereine zu Dresden und Leipzig, der Nationalverein für deutsche Auswanderung in Frankfurt am Main mit verschiedenen Zweigvereinen, der Verein zur Zentralisation deutscher Auswanderung und Kolonisation zu Berlin 1849. –

Von Wichtigkeit für die Bremer Auswanderung im Binnenverkehr vom Jahre 1844 an wurde auch die Gesellschaft der vereinten Weserdampfschiffahrt in Hameln. Auf den Strecken Münden, Karlshafen bis Hameln oder Minden und Hameln oder Minden bis Bremen wurden im Jahre 1847 zusammen 4.680 über Bremen Auswandernde befördert. Dezember 1847 wurde die Bahn Bremen – Hannover eröffnet, die nach Minden anschloß. Im Jahre 1850 wurden von der genannten Gesellschaft 6.173, im Jahre 1851 12.477 bremische Auswanderer befördert[46]. – In dem Zeitraum vom 1. Januar bis 1. Juli 1851 wurden von Bremerhaven aus nach Newyork in dreiundsiebzig Schiffen, nach Baltimore in fünfzehn, nach Neworleans in acht, nach Philadelphia in sieben, nach Galvestone in drei Schiffen und nach Port Adelaide (Westaustralien) und Greytown in je einem Schiff im ganzen in dem einen Halbjahr 15.218 Passagiere befördert.

Für diese große Anzahl von Auswanderern wurde im Frühjahr 1851 eine Einrichtung geschaffen, die vorbildlich für die anderen Häfen war und noch heute besteht: das Nachweisbüro für Auswanderer. Es entstand auf Anregung der Handelskammer, getragen von einer freien Vereinigung. Der Senat gab sein Einverständnis zu dieser Gründung und wahrte sich durch eine Kommission die obrigkeitliche Aufsicht. Die Leitung dieser gemeinnützigen, keineswegs rein staatlichen oder behördlichen Einrichtung wurde von der Handelskammer bestimmt. Das Nachweisungsbüro unterhielt drei

---

[45] Nach Mitteilungen von Pastor Heyne-Bremen aus seinem Artikel über bremische Auswandererfürsorge im Jahrbuch des Norddeutschen Lloyd 1925.
[46] Dr. Friedr. Rauers: Bremer Handelsgeschichte im 19. Jahrhundert

Kontore am Bahnhof, am Landungsplatze der Oberweser-Dampfer und am Markt. Die beiden ersten sind vorzugsweise für die ankommenden Auswanderer bestimmt, sie von dem zu unterrichten, was zunächst für sie nötig und zweckmäßig erscheint. Wer dann noch weiter sich belehren lassen oder Beschwerde erheben will, wende sich an das Kontor unterm Schütting am Markt. Die beiden letzteren Kontore konnten im Laufe der Zeit eingehen. Das Büro erteilt in allen Fällen durch beeidigte Beamte ganz unentgeltlich Auskunft. Eine Hauptregel für Auswanderer ist, nicht zuviel Gepäck nach der neuen Heimat mitzunehmen. Es wird besser sein, das Überflüssige mit einigen Schaden hier zu verkaufen, als in Amerika für die Weiterbeförderung teures Geld auszugeben. Geld und Pretiosen sind auf dem Schiffe am sichersten beim Kapitän gegen Aushändigung eines Scheines über das in Aufbewahrung Gegebene. Jeder lese die ihm von seinem Schiffsexpedienten eingehändigten „Bedingungen der Überfahrt". Hier wird besonders betont, daß Tabakrauchen und Feueranmachen im Zwischendeck, sowie die Mitnahme von Reibzündhölzern und Pulver verboten ist. Wünscht ein Passagier seine Effekten oder Barschaften gegen Seegefahr zu versichern, so wird ihm auf Verlangen dazu die erforderliche Auskunft erteilt. Wein und Bier werden auf dem Schiff nur verabreicht, wenn dies besonders ausbedungen und bezahlt worden ist. Wer solche Getränke unterwegs genießen will, möge sich daher damit in Bremen und Bremerhaven versorgen. Andere Lebensmittel braucht er dagegen nicht mitzunehmen, auch keinen Kaffee oder Tee. – In der Regel wird vor der Ausfahrt in See das Logierhaus das große „Auswanderungshaus" in Bremerhaven sein, das zur Zeit 2.200 Personen Kost und Logis geben kann. –

Bei Ankunft in Amerika lasse sich der Passagier nicht mit unbekannten Personen ein, die sich ihm zu Dienstleistungen erbieten, da er fast in allen Fällen geprellt wird. Wer sich ins Innere Amerikas begeben will, findet sowohl in Newyork, Philadelphia, Baltimore als auch in Neworleans und Quebeck täglich Gelegenheit, per Dampfer, Kanalboot oder Eisenbahn sich dorthin zu begeben und kann den kostbaren Aufenthalt in den Seestädten ganz vermeiden. In Newyork, Philadelphia, Baltimore und Neworleans erteilt bei Ankunft des Schiffes sofort der Agent der uneigennützigen „Deutschen Gesellschaft" in betreff Unterkunft, Weiterreise und Ankauf von Ländereien (wobei die größte Vorsicht anzuempfehlen ist) seinen guten Rat.

BREMERHAVEN
1837

103

Die Ratschläge der „Deutschen Gesellschaft" in Newyork werden bereits in Bremen vom Nachweisbüro eingehändigt[47].

Zum Schluß noch einige statistische Angaben über die Entwicklung der Auswanderung über Bremen von 1832 bis Ende 1851. Diese ist nicht, wie Rauers in seiner „Bremer Handelsgeschichte im 19. Jahrhundert", Bremen 1913, angibt, als eine rein deutsche, sondern nur als eine vorwiegend deutsche anzusehen. Auch Polen, Ungarn und andere Nichtdeutsche, wenn damals auch noch in geringer Anzahl, beteiligten sich an der Auswanderung. Hier sei vorweg eines Aufsehen erregenden Kuriosum aus dem Auswandererleben gedacht, nach den Mitteilungen von Wilhelm Luerssen, des ältesten hier geborenen und noch lebenden Bürgers. Es war Ende der vierziger Jahre, als eine Auswandererfamilie, bestehend aus Mann, Frau und (zwei) Kindern aus der polnischen Heimat mit einem Handwagen, der unterwegs auf der langen Wanderung zum Schutze der lieben lebenden Ladung und des Gepäcks mit einem Zelttuch überdacht war, glücklich in unserem Einschiffungsort anlangte. Der kräftige, aufopferungswillige Familienvater hatte das Gefährt selbst gezogen. Ob es ihm öfters gelang, Wagen samt Insassen zu seiner Erleichterung für eine Strecke Wegs einem Fuhrwerk auf der Landstraße anzugliedern läßt sich nicht mehr ermitteln. Vor der Abfahrt des Schiffes legte er den Handwagen auseinander und brachte ihn in diesem Zustande an Bord. Drüben angelangt, setzte der Familienvater den Handwagen wieder zusammen, und weiter ging's mit diesem und seinen Liebens ins Innere Amerikas. – Im Jahre 1832 wurden, wie schon früher bemerkt, schon 10.344 Auswanderer über den Einschiffungsort Bremen befördert. Das Jahr 1833 weist 8.891, das Jahr 1834 13.086 Auswanderer auf. Im Jahre 1835 erfolgte in der Bremer Auswandererbeförderung mit 6.185 Personen ein auffälliger, der größte Rückgang bis Ende 1851. Ob dieser irgendwie als Folge des im Vorjahre auf der Unterweser erlittenen schweren Schiffsunglücks oder aus ganz anderen Gründen zu erklären ist, sei dahingestellt. In der Zeit von 1832 bis 1835 einschließlich gibt die Statistik für Hamburg noch keine Auswanderer an. Im Jahre 1836 wanderten über Bremen 14.137, über Hamburg 2.870 Personen aus, 1846 über Bremen 32.372, über Hamburg 5.357, 1850 über hier 25.776, über Hamburg 11.062,

---

[47] Nach Mitteilungen des Dr. Löhmann, Bielefeld, in den „Bremer Nachrichten" 26.9.26 („Auswandererfürsorge in Bremen vor 75 Jahren").

1851 über hier 37.943, über Hamburg direkt 12.279, einschließlich der in-
direkten Beförderung über englische Häfen 18.127 Personen aus. In demselben Jahre betrug die Gesamtauswanderung über Bremen und Hamburg,
sowie über ausländische, kontinentale Häfen (holländische Häfen, insbesondere Rotterdam, ferner Antwerpen und Havre) und indirekt über englische Häfen 112.556 Personen, davon 49,8 Prozent über deutsche, 50,2 Prozent über fremde Häfen. B r e m e n mit seinen fast 38.000 Auswanderern im
Jahre 1851 war d e r z w e i t e A u s w a n d e r u n g s p l a t z a u f d e m K o n t i -
n e n t e. Nur Havre, wo in demselben Jahre die amerikanischen Paketschiffe
44.243 Personen beförderten, war von ihm noch nicht erreicht. –

Die Werften und Docks von 1833 bis 1851

Stieg auch die Auswanderung über Bremerhaven zu einer ungeahnten
Höhe, eine größere Bedeutung hatte der erste Hafen doch als H a n d e l s -
h a f e n mit seinem Import und Export im transatlantischen Verkehr. Als solcher war er zur Vermehrung und Erhaltung seiner Flotte auf geeignete
Werft- und Docksanlagen angewiesen. Wie schon der hannoversche und
später bremische Geestehafen für seine Küstenfahrten, so bedurfte erst
recht der neugegründete Seehafen seiner Nähe Einrichtungen für den Neubau von Schiffen und für Trockenlegungen der ausbesserungsbedürftigen
Schiffe behufs ihrer Instandsetzung. Und nicht lange konnte Bremerhaven
im Hinblick auf längere Reparaturen größerer Schiffe des eigentlichen Trockendocks entbehren. Es ist daher von besonderem Interesse, uns die ersten Werft- und Trockendocksanlagen, wie sie am rechten Ufer der Geeste
entstanden, vor Augen zu führen. – An der Unterweser hat bekanntlich Bremerhaven in späteren Jahren infolge der vom Norddeutschen Lloyd geschaffenen Bauten d i e g r ö ß t e n D o c k a n l a g e n erhalten. Wir erinnern an
das Lloyddock von 1870/71 und vor allem an die imposante Größe der Kai-
serdock-Anlagen 1895 - 1898 mit ihrer großartigen Technik. – W e r f t a n -
l a g e n zum Neubau von Schiffen hat der Norddeutsche Lloyd nie geschaffen. Der S c h i f f s b a u gelangte zur höchsten Blüte nicht in Bremerhaven,
sondern in G e e s t e m ü n d e, wo die günstigeren räumlichen Verhältnisse
die umfangreichsten Werftanlagen ermöglichten für den Bau der größten
Segelschiffe und Dampfer. Welch ein stattliches Werk die Schiffswerft von

G. Seebeck A.-G. am alten Petroleumhafen! Und nun gar die riesigen Anlagen von Joh. C. Tecklenborg A.-G. am linken Ufer der Geeste mit ihren fünf Hellingen und den fast 40 Meter hohen Gerüsten, auf denen beladene elektrische Kranen hin und her fahren, während unten Hunderte von Menschen, fast wie Zwerge erscheinend,, geschäftig sich regen. – Der Schiffsbau am rechten Ufer der Geeste hat sich aus bescheidenen Anfängen entwickelt. Schon vor der Gründung Bremerhavens legte in der Gegend unserer heutigen Stadthalle im Jahre 1820 der Schiffszimmerbaas Cornelius eine kleine Werft an, zu welcher Hannover ihm reichlich fünf Morgen unter Bewilligung eines Darlehens von 3000 Th. G. überwiesen hatte. Der Betrieb beschränkte sich zunächst auf die Reparatur der überwinternden Schiffe und auf den Bau von Booten und Kähnen und ging erst später zur Herstellung von Schiffen mit freilich wenig mehr als 60 Last über. – In den dreißiger Jahren erhielt unser junger Hafenort die ersten größeren Werften, die für lange Zeit den Bedürfnissen der Schiffahrt genügten. Laut Beschluß der bremischen Deputation vom 22. Mai 1833 wurde das unterhalb unserer heutigen Geestebrücke gelegene Außendeichsland in einer Länge von 450 Fuß dem Schiffszimmermeister Friedrich Wencke und dem rühmlich bekannten Schiffszimmermeister J. Lange aus Vegesack das unterhalb des genannten Terrains liegende Außendeichsland von gleicher Größe zur Anlegung eines Hellings und Schiffszimmerplatzes mietweise auf fünfzehn Jahre überlassen. – Am 12. November 1839 wurde dem Zimmerbaas Rickmers Clasen Rickmers aus Helgoland 240 Fuß oberhalb des Fährhauses Außendeichsland von 300 Fuß Länge für eine Werft zum Bau von Schiffen bis 150 Last laut Mietkontrakt mit der Deputation W. A. Fritze und Anton Gloystein zunächst auf fünfzehn Jahre überwiesen. – In den vierziger Jahren und Anfang der fünfziger Jahre kam noch je eine Werft hinzu. – An die Rickmersche Werft schloß sich unmittelbar die Werft von Jan Simon Abegg an, für die ein Areal von gleicher Länge am 30. September 1841 überwiesen war. Am 20. Januar 1845 ging die Abeggsche Werft an Johann Carl Tecklenborg über, den bis dahin in Amerika als Schiffsbauer tätigen Bruder des bekannten Reeders Franz Tecklenborg in Bremen, der die Mittel zur Errichtung der unter Simon Abeggs Namen arbeitenden Werft gegeben hatte. Die Tecklenborgsche Werft lag dem südlichen Teil unserer Thulesiusstraße gegenüber. An diese Werft schloß sich endlich die Werft von Hermann Friedrich Ulrichs, dem ein Außendeichsareal am 10. Februar 1850 zur Anlegung von Hellingen und auch eines Trockendocks, wenn der Mieter sich dazu entschließen sollte, überlassen wurde. Von den genannten Anlagen nahm die Ullrichsche den größten Flächenraum ein, nämlich 193.200 Quadratfuß. Es folgten der Größe nach Lange mit 135.000, Wenke mit 110.400, Tecklenborg mit 99.100 und Rickmers mit 72.450 Quadratfuß. –

Wir lenken jetzt unseren Blick auf die Trockenlegungen der Schiffe zur Ausführung von Instandsetzungsarbeiten an ihnen, und zwar auf die ursprünglichen Anlagen[48], wie solche noch in den ersten dreißiger Jahren an der Weser gebräuchlich waren.

Zur Bewerkstelligung kleinerer Arbeiten von kurzer Dauer setzte man die Schiffe bei Hochwasser an flachen Stellen des Flusses oder an den Ufern desselben auf den Grund und benutzte die Zeit, während welcher der Schiffskörper durch die eintretende Ebbe trocken lag, um die nötigen Arbeiten auszuführen. Länger andauernde Ausbesserungen an den Schiffen wurden auf den Helgen der an den Ufern der Weser befindlichen Werften zur Erbauung hölzerner Schiffe ausgeführt. Man schleppte zu dem Zwecke die reparaturbedürftigen Schiffe mittels Erdwinden unter Verwendung von Gleithölzern aufs Trockne und ließ sie nach geschehener Instandsetzung auf demselben Wege wieder ins Wasser laufen. In gleicher Weise wurden solche Arbeiten auch auf den sonst zum Schiffsbau bestimmten Bremerhavener Werften von Wenke und Lange aus dem Jahre 1833 an ausbesserungsbedürftigen Schiffen vorgenommen, die man nach vollendeter Instandsetzung von den Längs- oder Querhelgen wieder ins Wasser gleiten ließ. – Nach Erbauung geschlossener Hafenbassins mit wenig wechselndem Wasserstande trat mit dem erwähnten Verfahren noch dasjenige der teilweisen Trockenlegung der Unterwasserteile des Schiffes mittels Kielholen im Wettbewerb. Unser erster Hafen erhielt an seinem Nordende wohl noch vor Mitte der dreißiger Jahre solche Vorrichtungen, die bis in die sechziger Jahre ständig benutzt wurden. Immerhin stellte sich nicht lange nach Eröffnung des neugegründeten Seehafens und besonders, als allmählich das zunächst aus Holz, später aus Eisen hergestellte Dampfschiff neben dem hölzernen Segelschiff in die Erscheinung trat, deutlich heraus, daß ein

---

[48] Vgl. hier und zu dem Folgenden: Die Bremerhavener Hafen- und Dockanlagen von Rudloff, Claussen und Günther. Hannover, Gebr. Jänecke, 1908

größerer Hafen ohne Schädigung seines Verkehrs das Trockendock zu größeren Reparaturen an in Havarie befindlichen Schiffen oder zu regelmäßigen Instandhaltungen größerer Segelschiffe oder Dampfer nicht entbehren konnte. Das führt uns zur Betrachtung der

Älteren Trockendocks.

Als Vorläufer der Trockendocks sind die auch am Bremerhavener Geesteufer ausgeführten sogenannten Muddocks, d.h. Schlickdocks anzusehen. Es waren dies im Außendeichslande liegende, umwallte und mit Holzboden versehenen Gräben, die mittels eines Durchstichs mit dem Strome in Verbindung gesetzt wurden. Wenn die Schiffe bei Hochwasser in die Grube gelegt waren, wurde bei fallendem Wasser die Zufahrt abgedämmt und der Rest des Wassers der nicht ablaufen konnte, durch einfache Pumpanlage beseitigt. Allerdings eigneten sich solche Anlagen nur für wenig tiefgehende Schiffe.

Das erste eigentliche Trockendock zu Bremerhaven erbaute im Jahre 1834 der Werftbesitzer Wenke am rechten Geesteufer. Es erhielt eine Einfahrtsbreite von 11 Meter, eine Tiefe des Drempels von 4,46 Meter unter mittlerem Hochwasser (+ 3,56 Meter) und eine Bodenlänge von rund 52 bzw. 34 Meter, indem man das Trockendock zur gleichzeitigen Aufnahme von zwei Schiffen einrichtete. Als Verschlußeinrichtung dienten hölzerne Stemmtore. Der Erfolg, den dies erste Trockendockunternehmen aufzuweisen hatte, veranlaßte den Werftbesitzer J. Lange, auf seinem Werftgelände am rechten Geesteufer in den Jahren 1836 bis 1837 gleichfalls ein zweites Doppel-Trockendock zu erbauen, das eine Breite von 13,7 Meter, eine Drempeltiefe von 4,11 Meter unter mittlerem Hochwasser und eine Bogenlänge von 62 Meter bzw. 58 Meter erhielt. Das Dock wurde durch einen hölzernen Heberponton gegen den wechselnden Wasserstand der Geeste abgeschlossen. Der Lage nach war es das der Mündung des Flusses zunächst befindliche. – Auch Ulrichs Werft erhielt 1851 bis 1852 ein Trockendock. –

Die ersten deutsch-amerikanischen Dampferverbindungen zwischen Bremerhaven und Newyork und der Bau des Neuen Hafens

Ein bedeutsames Ereignis in Bremens Schiffahrt war die Begründung des ersten Dampferverkehrs zwischen der Weser und Amerika, zu welcher der um Bremens Handel und Verkehrsmittel hochverdiente kaufmännische Senator Duckwitz in Bremen die Anregung gab. Im Jahre 1844 hatte er erfahren, daß man in Newyork eine amerikanische Dampferlinie zwischen Newyork und einem europäischen Hafen mit Unterstützung der Regierung in Washington plane. Man dachte dabei an Rotterdam, Antwerpen, Havre und Bordeaux. Von Hamburg und Bremen war gar nicht die Rede, und in diesen Plätzen selbst dachte man kaum an eine Mitbewerbung, weil man selbst die Lage als zu weit zurückliegend und die langen Winter für hinderlich hielt. Da war es Duckwitz, der den amerikanischen Konsul in Bremen Dudley A. Man darauf hinwies, daß Bremerhaven ein geeigneter Ausgangspunkt für einen Dampferverkehr mit Newyork sei, weil es im Winter fast immer für die Schiffahrt zugänglich bleibe, indem das Fahrwasser am östlichen Ufer der Weser bis in die See sich befinde und der Frost vorherrschende Ostwind das Treibeis nach der westlichen Seite der Weser dränge. Duckwitz' Hinweis auf unseren Hafenort fiel bei dem Konsul auf fruchtbaren Boden und fand beim Bremer Senat, insbesondere bei dem Bürgermeister Smidt lebhafte Unterstützung. Infolge der weiteren Bemühungen des Bremer Senators und seines Freundes Gevekoht, der als Spezialgesandter des Senates an die amerikanische Regierung vom Dezember 1845 an längere Zeit drüben sich aufgehalten hatte, entstand so die mit deutschem und amerikanischem Gelde gegründete

Ozean-Steam-Navigation-Company.

Als erster regelmäßiger Dampfer traf der „Washington" (Kapitän Hewitt) nach siebzehntägiger Fahrt am 19. Juni 1847 auf der Weser ein, mit dem Bremerhavener Seelotsen Allerich Luerssen an Bord. Dieser hatte in vier Tagen mit dem schwarzen Sack auf dem Rücken den Weg von Blexen bis Antwerpen, meistens zu Fuß, bisweilen, wenn sich die Gelegenheit dazu bot, per Wagen zurückgelegt, war sodann von Antwerpen in einem Fischerkahn nach Southampton gefahren, wo er wochenlang warten mußte, bis der Dampfer „Washigton"[49] ankam und ihn an Bord nahm. Großes Erstaunen erfaßte die vor der Wesermündung dem Fischfang obliegenden Kahnschiffer beim Anblick der für die damalige Zeit gewaltigen Größe des ersten transozeanischen Dampfers, der zudem durch den geräuschvollen Betrieb der mächtigen Schaufelräder besonderen Respekt einflößte.

In sicherer Erwartung der nahe bevorstehenden Ankunft des Schiffes hatte sich am 18. Juni der Zufluß der Fremden nach Bremerhaven so gemehrt, daß alle Gasthäuser angefüllt waren. Am kommenden Tage um 6^{30} morgens begrüßten Kanonendonner von beiden Weserufern und Jubel aus tausend Kehlen den auf der Reede ankommenden stolzen Dampfer, der im Vortopp den Namenswimpel, im Großtopp die amerikanische Postflagge und im Kreuztopp die bremischen Farben führte. Von den hohen, an der Schleuse aufgepflanzten Stangen, vom Fort Wilhelm und von allem auf der Reede und im Hafen liegenden Schiffen wehten zur Ehre des bedeutungsvollen Tages die mannigfaltigen bunten Flaggen, unter denen man am häufigsten die sternenbesäten und bremischen erblickte. Von den beiden bremischen Dampfern „Gutenberg" und „Marschall Vorwärts", die sich an die Seite des großen Raddampfers gelegt hatten, nahm ersterer die 120 Passagiere, darunter 45 für Bremen, auf, um sie dorthin hinauf zu befördern, während letzterer die Briefpost nach Bremerhaven brachte, von wo sie sofort mit Kurierpferden nach Bremen befördert wurde. Der „Washington" aber legte schließlich mehr nach der Seite von Blexen vor Anker. –

Der Bremerhavener Marinemaler F e d e l e r , von dem noch einige treffliche Seebilder im Privatbesitze unserer Stadt sich befinden, hat den geschichtlich denkwürdigen Augenblick der Ankunft des ersten regelmäßigen transozeanischen Dampfers in einem stimmungsvollen Gemälde veranschaulicht, das im Vordergrunde den mächtigen Raddampfer, umgeben von vielen Segel- und Ruderbooten und einigen Dampfern, in vollem Flaggenschmuck darstellt und uns zeigt, wie aus dem Vorhafen des Hafens gerade unter vollen Segeln der große Dreimaster „Johann Smidt" läuft und wie neben dem Fort Wilhelm der Mastenwald der Schiffe im Hafen hervortritt. –

---

[49] *Druckfehler aus dem Original übernommen*

Die glückliche Fahrt des „Washington" gab dem Senat noch Anlaß zu einer besonderen Festlichkeit in Bremen. Diese fand am 21. Juni in den Sälen der „Erholung" statt. In der Rede, mit der Bürgermeister Smidt die Reihe der Trinksprüche eröffnete, wies er auf das bedeutungsvolle Ereignis hin, das Hoffen in Schauen, die Ansicht in Tat verwandelt und die anwesenden Männer deutscher und amerikanischer Nation zusammengeführt habe. In der Erkenntnis, daß der beste Schlüssel zu Deutschland der Bremer Schlüssel sei, hätten die Vereinigten Staaten Bremen ihr erstes Dampfschiff, den „Washington", gesandt, dem er als den Anfang[50] eines für den gegenseitigen Verkehr zweier großer Nationen bestimmten Unternehmens im Namen seiner Mitbürger ein herzlich Willkommen bringe. Am Schluß der Feier brachte der an Bord des „Washington" herübergekommene, um die neue Dampfschiffverbindung vielfach verdiente bremische Konsul in Newyork Hermann Oelrichs der Gesellschaft die mit lautem Jubel aufgenommene Kunde, daß der zweite im Bau begriffene reguläre Steamer nach einstimmigem Beschlusse der Direktion den deutschen Namen „Hermann" tragen solle. –

Der prachtvoll ausgestattete und mit Dimensionen von „außerordentlicher" Größe[51] versehene „Washington" trat am 25. Juni mit 45 Kajütenpassagieren seine Rückreise über Southampton an, wo er die von England und Frankreich angemeldeten Passagiere und Güter aufnahm, und kam glücklich in Newyork an.

Im nächsten Jahre (1848) erschien zum ersten Male auf der Reede in Bremerhaven das Schwesterschiff „Hermann". Die beiden in regelmäßiger Fahrt beschäftigten Dampfer konnten ihrer enormen Breite wegen die alte Hafenschleuse in Bremerhaven nicht passieren, sondern mußten auf Reede löschen und laden, was außer dem Zeitverlust auch einen größeren Aufwand von Kosten mit sich brachte. Nach Mitte der vierziger Jahre hatte sich die Erkenntnis Bahn gebrochen, daß der erste Hafen dem steigenden Schiffsverkehr bald nicht mehr genügen würde. Zudem hatte Bremen bei der Eröffnung der deutsch-amerikanischen Dampferlinie die Verpflichtung übernommen, eine neue Hafenanlage zu erbauen, durch deren Schleuse

---

[50] *dem Anfang; siehe Druckfehlerverzeichnis, S. 395*
[51] Nach der Weserzeitung maß die Kiellänge des Schiffes 220 Fuß, das obere Deck 245 Fuß, das mittlere 235, das untere Deck 224 Fuß; die Breite des Decks ohne die Räderkasten 39 Fuß, die Tiefe des Raumes 31 Fuß. Alles nach englischen Maßen.

die von der Gesellschaft eingestellten breiten Raddampfer gelangen könnten. So entschloß man sich, ein „Neues Dock" unterhalb des älteren Hafens zu erbauen. Dies geschah aber nicht ohne lebhaften Widerspruch Hannovers. Dieses bestritt Bremen das Recht, auf seinem Terrain Hafenanstalten ohne Zustimmung Hannovers anzulegen, hielt die militärischen Interessen dadurch gefährdet, weil die Einfahrt zum Neuen Hafen außerhalb der Schußweite der Kanonen des Forts liegen würde, und befürchtete, daß bei einer etwa hergestellten Verbindung zwischen dem Alten und Neuen Hafen, wie sie in Bremen schon zur Sprache gekommen war, das Fort vom festen Lande abgeschnitten sein würde. Genug, Hannover drohte sogar mit einer Besatzung, falls der Neue Hafen zu Ausführung käme. Während der Verhandlungen, die darauf folgten, wurden die Arbeiten an der Zurückverlegung einer Strecke des alten Weserdeichs behufs Raumgewinnung für den Bau des „Neuen Docks", sowie die Ausgrabungen und der Errichtung der Schleuse dennoch fortgesetzt. Nur blieb der Neue Hafen durch einen breiten Damm von der Weser getrennt. Nachdem die schwierigen Verhandlungen durch das Übereinkommen vom 21. Januar 1851 ihren Abschluß gefunden hatten, wurde der Damm beseitigt und das Neue Dock für den Verkehr freigegeben. Bremen verpflichtete sich, eine zweite auf seinem Gelände nördlich des Vorhafens zum Neuen Dock im Jahre 1848 während des Dänischen Krieges von der deutschen Reichsregierung errichtete Batterie an Hannover abzutreten, einen erhöhten Jahresbeitrag zu den militärischen Verteidigungsmaßregeln des bremischen Gebietes zu zahlen und in Gemeinschaft mit Hannover eine Brücke über die Geeste zu bauen, um das am linken Ufer derselben 1846 von Hannover gegründete Geestemünde mit den bremischen Häfen und dem Orte Bremerhaven besser zu verbinden. Als Gegenleistung gestattete Hannover die Errichtung von Uferbollwerken am rechten Geesteufer, stellte Bremen die schon im Vertrage vom 11. Januar 1827 versprochene Erweiterung des Bremerhavener Gebietes in Aussicht, falls es beweisen könne, daß es die stipulierte Fläche noch nicht vollständig erhalten habe (die Erweiterung fand erst im Jahre 1861 statt. Der Verf.). Hannover willigte ferner in die etwaige Verlängerung des Neuen Docks bis auf 1.600 Fuß ein, sowie in die Vorrückung des längs des Alten Hafens verlaufenden Weserdeichs und die Zurückverlegung der Strecke des alten hannoverschen Weserdeichs, welche durch die bremischen Deichanlagen zum „Schlafdeich" geworden war. Eine Beseitigung dieser Deichstrecke wurde damals von Hannover nicht gestattet, um bei einem Bruch der Schleuse die hannoverschen Marschen vor Überschwemmung zu sichern. Endlich wurde für später von Hannover die Anlegung einer Schanze an der äußersten am Strom gelegenen Ecke des abgetretenen Terrains auf bremische Kosten verlangt. –

Für den neuen Hafen waren rund 2.300.000 Mark bewilligt. Er erhielt durch den Erbauer Baurat van Ronzelen vorerst eine Länge von nur 230 und eine Breite von 87 Meter. Die Schleuse ist eine Dockschleuse, nur mit einem Paar Fluttore, welche für die Sturmfluthöhen bemessen sind, und nur mit einem Paar Ebbetore versehen. Die in dieser Schleuse angebrachten Tore waren die ersten Stemmtore, die aus Walzeisen und als Schwimmtore gebaut worden sind. Die lichte Breite der Durchfahrt beträgt 22 Meter (gegen 11 Meter bei der Schleuse des Alten Hafens), die Drempeltiefe unter gewöhnlichem Hochwasser in der Mitte 7,61 Meter, an den Seiten 4,11 (gegen 5,86 und 1,56 beim Alten Hafen). Die Länge des Vorhafens ist an der Nordermole 174, an der Südermole 130 Meter, die Breite nimmt von 45 Meter nach Außen hin auf 50 Meter zu. –

Dem Erbauer des Neuen Hafens wurden noch schwere Stunden bereitet. Der rein und hoch dastehende, um Bremerhavens erste Entwicklung sehr verdiente Mann sollte vor schweren Verdächtigungen nicht bewahrt werden. Die Linke der Bürgerschaft griff ihn im Konvente und vor allem in der Presse an. Zwei bremische Baukondukteure beschuldigten ihn der beim Bau des Neuen Hafens begangenen Bestechlichkeit und Unterschlagung. Er solle durch zu teure Materialankäufe bei holländischen Firmen den Staat geschädigt haben zu seinem eigenen Vorteil usw. Unter diesen Umständen hatte van Ronzelen selbst das gerichtliche Verfahren gegen sich beantragt[52]. Aus den langen Verhandlungen des Obergerichts im Jahre 1851 ergab sich die Grundlosigkeit der schweren Beschuldigungen und damit van Ronzelens völlige Unschuld. –

Auf die Gründung der ersten deutsch-amerikanischen Dampferverbindung folgte bald ein für das deutsche Vaterland bedeutsames Ereignis,

---

[52] Nach Angabe Bessells aus vorliegenden Akten.

Die Gründung der ersten deutschen Kriegsmarine mit der Hauptstation Bremerhaven.

„Einheit und Kraft für das große deutsche Vaterland!", das war das hohe Ziel, das alle aufrichtigen Kämpfer des Jahres 1848 in Begeisterung verfolgten, so scharf auch sonst ihre Meinungen und Anschauungen auseinandergingen. Als der lebendige Ausdruck dieser Bestrebungen wurde die Gründung einer deutschen Flotte mit seltener Einmütigkeit und großer Hingebung auf den Schild erhoben. Sie wurde das Banner, um das das buntscheckige deutsche Volk sich scharte. Dazu kam, daß das große Deutschland beim Ausbruch des Dänischen Krieges im Frühjahr 1848 dem kleinen Dänemark gegenüber nur zu sehr den Mangel seiner Wehrhaftigkeit zur See empfand. Das tiefe Verlangen nach Abhilfe dieses Übelstandes schlug zur begeisterten opferfreudigen Lohe auf. Nicht nur in den norddeutschen Küstenlanden unter dem Eindruck der ihren Handel schwer schädigenden dänischen Blockade, sondern auch in Mittel- und Süddeutschland waren die lebhaftesten Sympathien der jungen Flottenschöpfung zugewendet[53]. Schon im Vorparlament in Frankfurt hatte sich der Fünfziger-Ausschuß ernstlich mit der Flottenfrage beschäftigt und einen ständigen Marineausschuß gegründet. Das Parlament bewilligte dann 6 Millionen für die deutsche Marine, von denen 3 Millionen sofort beschafft werden sollten[54].

Nachdem im Juni der Erzherzog Johann von Österreich als Reichsverweser eingesetzt war und im Juli unter Aufhebung des Bundestages zur Einführung der sogenannten Zentralgewalt sich ein Reichsministerium gebildet hatte, in das mit dem 5. August der Bremer Senator Arnold Duckwitz (geb. 27. Januar 1802) als Handelsminister eintrat, wurde im Herbst eine oberste Marinebehörde geschaffen und die Leitung dem Minister Duckwitz übertragen, der als einer der überzeugtesten und tatkräftigsten Vertreter der Flottenbestrebungen galt und seinen Anschauungen auch stets den lebhaftesten Ausdruck geliehen hatte. Der Marineverwaltung war zunächst die schwierige Aufgabe gestellt, einen für die Flotte geeigneten Schiffspark zu erwerben. Im Oktober übernahm sie von der Flottille, die

---

[53] Vgl. Bilder aus dem deutschen Flottenleben 1849 von P. J. Wilcken. Hannover 1861, Carl Rumpler.
[54] Vgl. Die deutsche Flotte von 1848 bis 1852, dargestellt von Dr. Max Bär. Leipzig 1898, Verlag von S. Hirzel.

Hamburg gleich beim Beginn des Dänischen Krieges auf eigene Hand geschaffen, die „Deutschland" und drei kleine Dampfer, „Hamburg", „Lübeck" und „Bremen". Letztere mußten aber einer Reihe Ausbesserungen unterworfen werden und die „Deutschland", wiewohl ein Schiff von 32 Kanonen, war für den eigentlichen Seekriegsdienst zu schwach gebaut.

Um Weihnachten 1848 wurden der Ankauf der „Acadia" und „Britannia", welche bisher der Passagierfahrt zwischen England und Amerika dienten, und die Verträge zum Neubau einer Dampfkorvette und zweier kleinen Korvetten abgeschlossen. „Britannia" erhielt den Namen „Barbarossa", die „Acadia" den des derzeitigen Reichsverwesers „Erzherzog Johann". Später wurden noch andere Schiffe angekauft und für den Kriegsdienst hergestellt, so das hannoversche Schiff „Ernst August" und die „Hansa" aus Amerika. Zudem erhielt die Marine eine ganze Reihe von Kanonenbooten. Dem Minister Duckwitz, einem Bremer, lag es am nächsten, die Kriegsschiffe nach der Weser zu beordern. Auf seine Anregung wurde Bremerhaven die Hauptstation der deutschen Kriegsflotte.

Die treffliche Reede, der Schutz, den die Geeste den überwinternden Kriegsschiffen bieten konnte, der geschlossene Hafen, der, wiewohl mit Handelsschiffen allerart gefüllt, doch noch Raum schaffte zum Liegeplatz von Kanonenbooten, der in Bau begriffene Neue Hafen, der die Aufnahme auch von großen Kriegsschiffen in Aussicht stellte, die leichte Gelegenheit zu Unternehmungen auf See, wie sie durch die Wesermündung gegeben war – das alles ließ unseren Hafenort für einen Kriegshafen durchaus geeignet erscheinen. Zunächst wurden die drei genannten Hamburger Dampfer in Bremerhaven stationiert, ebenso später „Ernst August" und „Hansa", während die Segelfregatte „Deutschland" vorläufig auf der Elbe blieb und später als Lehrschiff für die Seekadetten diente. War Bremerhaven der eigentliche Kriegshafen, in dem fast alle für den Seedienst fertiggestellten Kriegsschiffe lagen, wurde Brake, der kleine, aber um seines Schiffbaus und seiner Werften willen angesehene Hafenort an der Weser, der Reparatur- und Ausrüstungshafen für die deutsche Marine, in dem auch die neu gewonnenen Matrosen zunächst ihre Aufnahme fanden. „Erzherzog Johann", sowie die „Barbarossa" wurden dorthin dirigiert. Ersterer hatte auf der Überfahrt von England schwere Havarie auf den Sandbänken der Terschelling erlitten und blieb trotz der in Brake vorgenommenen Reparaturen zum Seekriegsdienst unfähig. Doch diente er als Depotschiff dazu, die neu angeworbenen Matrosen bis zu ihrer Verteilung auf die übrigen Schiffe aufzunehmen und gab zu Übungen an den Masten und Booten Gelegenheit. Auch waren auf dem „Erzherzog" diejenigen regulären Truppen untergebracht, die auf Veranlassung des Ministers Duckwitz von der Hansestadt Bremen gestellt waren, um den Dienst der Marinesoldaten so lange zu verrichten, bis ein eigenes Korps dieser Gattung errichtet war. Die „Barbarossa" aber wurde zur Aufnahme von schwerem Geschütz und überhaupt zum Kriegsdienst ausgerüstet. –

Zum Höchstkommandierenden der deutschen Flotte wurde Rudolph Bromme, genannt Brommy, am 5. April 1849 unter Ernennung zum Kapitän zur See und Seezeugmeister erwählt. Brommy war am 10. September 1804 zu Anger bei Leipzig geboren, hatte anfangs auf Kauffahrteischiffen, vorwiegend preußischen, gefahren, trat später zur englischen Kriegsmarine über und stand zuletzt in königlich griechischen Diensten als Fregattenkapitän. Durch Vermittlung des bayrischen Gesandten in Athen wurde dann der tüchtige Mann, der auch im fremden Kriegsdienst seine echt deutsche Gesinnung sich bewahrte, für den Reichsdienst gewonnen. „Keine bessere Wahl für den Oberbefehl über die deutsche Marine," bemerkt Bär in seiner trefflichen Schrift über die deutsche Flotte von 1848 bis 1852, „hätte die Marineverwaltung treffen können, selbst wenn ihr die größte Auswahl der tüchtigsten Seeleute zur Verfügung gestanden hätte. Keiner hätte mit mehr Hingebung und Treue, mit größerer Sachkenntnis der deutschen Marine dienen können, als Brommy es vom Anfang bis zum Ende der jungen Schöpfung getan hat. Was an ihr an kriegsmäßiger Brauchbarkeit mit geringen Mitteln, was an seemännischer Zucht der Mannschaft geleistet werden konnte, das ist in erster Linie das Werk Brommys gewesen." Im August 1849 wurde Brommy zum Kommodore, am 23. November zum Konteradmiral ernannt.

Keine leichte Aufgabe der Marineverwaltung war es, die Bemannung der Schiffe herbeizuschaffen. Bei dem bisherigen Mangel einer deutschen Marine gab es in keinem Staat einen gesetzlichen Zwang für die Seeleute, ihrer Militärpflicht statt in der Landarmee auf der Flotte zu genügen. Die in den Armeen eingereihten Matrosen konnten wohl aufgefordert, aber nicht gezwungen werden, zur Marine überzutreten. Die wenigen hier und aus England freiwillig eingetretenen, im Verein mit den von dort verschriebenen, genügten in keiner Weise. Man erließ deshalb wiederholte

Aufrufe im gesamten Vaterlande und schickte außerdem Offiziere nach den Küstenstaaten Holstein und Mecklenburg auf Werbung. Dabei war das Augenmerk darauf gerichtet, gesunde, kräftige Leute zusammenzubringen und somit auch solche anzumustern, die noch völlig unbefahren waren. Schließlich gelang es, die für die junge Flotte nötige Zahl der Bemannung anzumustern. –

Fast noch größere Schwierigkeiten begegnete die Herbeiziehung von geschulten Seeoffizieren. Duckwitz hatte von Anfang an sein Augenmerk auf die Vereinigten Staaten von Nord-Amerika gerichtet und im Oktober die Entsendung eines amerikanischen Offiziers nach Frankfurt erbeten, um sich seines Rates bei der Gründung der Flotte zu bedienen und durch ihn amerikanische Offiziere heranzuziehen.

Im Januar traf der Kommodore Parker in Frankfurt zum obigen Zwecke ein. Die Verhandlungen führten zu einem Mißerfolg. Parker, nach genauerer Kenntnisnahme der unfertigen, durch keine Gesetze geregelten deutschen Verhältnisse, riet seiner Regierung von einer Beteiligung amerikanischer Offiziere an der deutschen Marine ab. Dem entsprach dann auch die Erklärung der amerikanischen Regierung gegenüber dem deutschen Gesandten in Washington. Es gelang nun aber aus England und Belgien Seeoffiziere für die deutsche Flotte zu gewinnen. Aus der Liste der vom Reichsverweser im April 1849 vollzogenen Ernennungen der höheren Offiziere ersehen wir, daß unter zehn derselben drei Deutsche, fünf Engländer und zwei Franko-Belgier waren. Die Majorität bestand also aus Fremden, und dagegen war im Grunde nichts einzuwenden, denn in Deutschland konnte man sich ja nicht genügend mit geeigneten Männern versorgen. Man mußte aus der Not eine Tugend machen, aber eine Not blieb es darum doch.

Die Marine setzte sich schließlich aus folgenden Kräften zusammen. Was die Offiziere betrifft, so hatte das Oberkommando über die Marine der Konteradmiral, ihm folgten dem Range nach der Kapitän zur See, der Korvettenkapitän, die Leutnants erster und zweiter Klasse. – Sodann die Hilfsoffiziere; diese ohne Ausnahme deutsche ehemalige Kapitäne und Steuerleute von Handelsschiffen, die meistens verheiratet waren und ihre Frauen nach Bremerhaven oder Brake nachkommen ließen. – Ferner die Fähnrichs, fast alle Deutsche aus unserer Handelsmarine und meistens aus den höheren Ständen. – Die Junker zur See waren Offiziersaspiranten.

Sie bildeten das Kadettenkorps. – Zum Stabe des Admirals gehörten auch der Marine-Stabsarzt, die Marinesekretäre und die Zahlmeister erster Klasse. – Das weitere Schiffspersonal bildeten die Quartiermeister, die Stewards, von denen besondere Beachtung der Purser-Steward verdient, der Gehilfe des Zahl- und Quartiermeisters, zugleich auch Kleinhändler auf eigene Rechnung, die Boots- und Zimmerleute, die Matrosen, Seesoldaten und Schiffsjungen. –

Auf Brommy lag eine gewaltige Arbeitslast. Er war in Bremerhaven mit der Errichtung seiner Büros am Hafen, mit großer Korrespondenz, mit der Organisation des Rechnungswesens, Plänen, Anschlägen, Platzierungen und Ausfertigungen allerart beschäftigt, so daß es ihm nur möglich wurde, alle paar Tage auf einige Stunden nach Brake heraufzufahren, wo seiner dann eine Menge von Anfragen und Beschwerden harrte. Es wimmelte von Arbeitern und Handwerkern, die mit Hand anlegten bei Dingen, die sie nicht verstanden. Die deutschen Matrosen verstanden nicht die ungeduldigen Befehle der englischen Offiziere. Die von England herübergekommenen Matrosen wurden oft gegen die deutschen und auch gegen die Seesoldaten auf ungerechte Weise in Schutz genommen. Es kam sogar einmal zu einer Meuterei, die Brommy mit der ihm eigenen Besonnenheit und Festigkeit rasch niederzudrücken verstand. So lagen die Dinge Anfang Mai 1849. Erst nach und nach, als mehr tüchtige Kräfte für die verschiedenen Branchen gewonnen waren, und alle sich in die neue Berufstätigkeit eingelebt hatten, begann alles leichter und glatter von statten zu gehen. –

Mittlerweile war die freudige Nachricht von dem siegreichen Erfolg des Bundesheeres an der Eckernförder Bucht eingetroffen. Das Linienschiff „Christian VIII." und die Segelfregatte „Gesion" hatten die in der Nähe befindlichen Strandbatterien angegriffen. Infolge ungünstiger Umstände wurden die Schiffe gezwungen, die Flagge zu streichen, „Christian VIII." flog auf, „Gesion" wurde genommen. Das geschah am 5. April 1849. – Nun wagte die junge Flotte zum ersten Male mit der dänischen ins Gefecht zu treten. Am 25. Mai verließ Brommy mit der „Bremen", „Barbarossa" und „Hamburg" die Wesermündung und griff am 4. Juni die bei Helgoland in Windstille treibende dänische Segelkorvette „Valkyrien" an. Diese begab sich in beschädigten Zustande noch rechtzeitig unter den Schutz der englischen Kanonen auf Helgoland. Das Gefecht mußte abgebrochen werden,

weil ein Signalschuß von Helgoland anzeigte, daß die englische Hoheits-
grenze überschritten sei. Die Tat wurde als erster Übergang zur Wirksamkeit der deutschen Flotte freudig begrüßt. Indes der bald folgende Waffen-
stillstand zwischen Preußen und Dänemark zwang die Flotte zur Untätig-
keit. Bald fing auch damals schon die Einheitsbewegung immer mehr zu
erlöschen an und damit auch die Flottenbegeisterung. –

Die von Brommy in Bremerhaven getroffenen Einrichtungen der Flotte
erweckten einen durchaus befriedigenden Eindruck. Das Detachement der
Seesoldaten war in einem Hintergebäude der Leher Straße (Smidtstraße
37), sowie später auch in der Grünen Straße kaserniert. Das Spital befand
sich in einem kleinen Privathause und genügte durchaus für den augen-
blicklichen Bedarf. Die Marine-Hauptapotheke war mit allem Erforderlichen
versehen und die Schiffsapotheke der ausgerüsteten Dampfer war mit vieler Sorgfalt eingerichtet. Ein Platz für die Aufstellung von Kanonen wurde
am Hafen auf dem jetzigen Theatergelände gewonnen. Die noch unzuläng-
lichen Vorräte an Material für die Schiffe waren in zwei Gebäuden von Melchior Schwoon aufbewahrt. Von Wichtigkeit wurde die Errichtung eines Arsenals am Deich in Geestemünde. Das Monturdepot hatte einen hinrei-
chenden Vorrat an Kleidungsstücken und Wäsche für die Equipagen. Im
Depot des Pulverturms befanden sich bei 1.000 Faß Pulver. Endlich die
Steinkohlenlager in Bremerhaven und Glückstadt genügten durchaus für
die Bedürfnisse der Schiffe.

Interessant ist, wie Duckwitz in den „Denkwürdigkeiten" aus seinem Leben über die Beschaffenheit der damaligen deutschen Flotte sich äußert:
Dänemark hatte damals keine einzige Dampffregatte, so daß die deutsche
Flotte, die nur aus Dampfern, die mit schweren 68-Pfündern armiert waren,
der dänischen völlig gewachsen erschien, als im Sommer 1849 alle Schiffe
vollständig armiert und bemannt auf der Weser lagen. Brommy hatte eine
musterhafte Ordnung und Disziplin eingeführt. Fremde, englische und
amerikanische Marineoffiziere, die die Schiffe besichtigten und gekommen
waren, um sich darüber lustig zu machen, sprachen unverholen ihre Anerkennung aus. Mehrfach habe ich den Ausspruch gehört: „Das macht euch
keine Nation in so kurzer Zeit nach." Jeder, der die Schiffe damals besuchte,
hatte den Eindruck: „Das kann nicht untergehen, das ist unmöglich." –

Und doch sollte schließlich die deutsche Flotte zugrunde gehen an der Eifersüchtelei der deutschen Regierungen und an dem Mangel an freudiger Opferwilligkeit und an der Tadelsucht des Volkes. –

Duckwitz hatte schon am 9. Mai 1849 zugleich mit den übrigen Reichsministern seine Entlassung erbeten und erhalten. Das Marineministerium wurde Mitte Mai dem Generalleutnant Jochmus aus Hamburg übertragen. Während das Flottenoberkommando Brommy verblieb, wurde die Verwaltung der Seezeugmeisterei am 19. April 1850 dem Hauptmann Weber übergeben. Es gab jetzt drei gleichgestellte Behörden, das Oberkommando, die Seezeugmeisterei und die von einem preußischen Beamten geleitete Intendantur, jedoch unter dem Vorsitz und der Aufsicht Brommys, dem auch die Stellung eines Disziplarvorgesetzten des Flottenpersonals im April 1850 übertragen wurde. Trotz dieser neuen Ausgestaltung der Marine, durch welche die große Arbeit mit ihrer Verantwortung nicht mehr allein auf den Schultern Brommys lag, wich die Sorge um die Zukunft der Flotte nicht aus seinem Herzen. Durch Bundesbeschluß vom 28. April 1851 waren allerdings die Bedürfnisse der Flotte für das erste Halbjahr durch eine Matrikularumlage gedeckt. Auch die anwesenden Staaten in der Bundesversammlung vom 8. Juli bewilligten noch die beantragte Vorschußumlage von 532.000 Gulden für das zweite Halbjahr. Selbst die, welche die Auflösung der Flotte als unumgänglich betrachteten, wünschten ihr wenigstens ein „anständiges Leichenbegängnis" (Bär) zu sichern. Im übrigen aber waren die finanziellen Verhältnisse so, daß sämtliche Rückstände auf die 1848 bereits ausgeschriebene Matrikularumlage noch nicht eingezahlt waren. – Trotz der genannten Bewilligungen war bei dem abnehmenden Interesse an der Zukunft der deutschen Marine, sowohl bei der Mehrheit der Regierungen als auch im Volke, der Gedanke der Flottenauflösung nicht mehr zu bannen. So lagen die Dinge, als Bremerhaven, die Hauptstation der ersten deutschen Marine, zur Stadt erhoben war. Erst im nächsten Zeitabschnitt dieses Buches werden wir vor das tragische Ende der ersten deutschen Flotte gestellt. –

Lenken wir nun, durch die dazwischen getretene Gründung der ersten deutschen Kriegsflotte für eine Zeitlang abgelenkt, unseren Blick wieder auf unseren Seehafen und seine Bedeutung für

Die Entwicklung von Bremens Handel und Schiffahrt
von 1831 bis Ende 1851.

Nach Eröffnung des Hafens (12. September 1830) konnten nur wenige bremische Reeder aus eingewurzelten Vorurteilen gegen Smidts Schöpfung sich entschließen, ihren Kapitänen Anweisung zum Einlaufen in den Neuen Hafen zu geben. Bis zum Ende des Jahres 1830 liefen von allen für Bremen bestimmten Schiffen, welche in die Weser einliefen, nur 18 in Bremerhaven ein. Im folgenden Jahre besuchten von 1.097 in die Weser eingelaufenen und für Bremen bestimmten Schiffen nur 95, darunter 39 bremische Seeschiffe, im Jahre 1832 von 1.116 Schiffen 170, darunter 81 bremische, den Neuen Hafen. Allmählich wichen alle Bedenklichkeiten einer besseren Einsicht. Bis 1835 gestaltete sich das Verhältnis schon so günstig, daß von 1.085 für Bremen bestimmten Schiffen schon 284, darunter 132 bremische Seeschiffe in dem Neuen Hafen löschten. Im Jahre 1840 aber liefen in Bremerhaven ein von 1.405 Seeschiffe schon 624, im Jahre 1848 von 1.729 641 und im Jahre 1849 von 1.729 schon 731 Schiffe. –

Die Gründung des Seehafens gab immer mehr Anlaß zur Vergrößerung der bremischen Handelsflotte. Die Zahl der bremischen Seeschiffe, welche im Jahre 1831 116 betrug mit durchschnittlich 173 Register-Tonnen[55], war 1842 auf 226 mit einer Durchschnittsgröße von 215 Register-Tonnen gestiegen. Mitte der vierziger Jahre übertraf Bremen das sonst bedeutendere Hamburg wenn nicht an Zahl, so doch an Tragfähigkeit der Schiffe. Das kleine Bremen hatte schon mehr große Seeschiffe als das ganze Frankreich. „Diese Entdeckung," so schreibt Duckwitz, „erregte damals großes Aufsehen in Deutschland und machte allen Nörgeleien gegen deutsche Schiffahrt mit einem Schlage ein Ende." Im Jahre 1851 stieg die Zahl der bremischen Schiffe nach den „Tabellarischen Übersichten des Bremer Handels" auf 237 (mit 75.350 Tragfähigkeit und durchschnittlich 318 Register-Tonnen), zu denen noch drei Seedampfer ohne Lastenangabe kamen. Nach dem Jahresbericht der Handelskammer in Bremen für 1878 erhöhte sich die Zahl der Schiffe sogar auf 243. –

Mit dem steigendem Verkehr der Segelschiffe ging Hand in Hand die Vermehrung der für das Anbringen und Abholen der Schiffsfracht bestimmten Unterweserkähne und Flußleichter. Im Jahre 1831 besaß Bremen-

---

[55] *viermal „Register Tons", siehe Druckfehlerverzeichnis, S. 395*

Stadt 67, 1841 88 Kähne. Zu den stadtbremischen Kähnen kamen noch einige Vegesacker und Bremerhavener, seit 1842 auch die Lesumbroker Weserkähne, so daß das Jahr 1842 89 stadtbremische, zusammen mit den drei genannten, 96 Unterweserkähne aufweist. Im Jahre 1851 erhöhte sich die Zahl der Kähne und Flußleichter auf 112 mit 5.295 Register-Tonnen. –

Das Anwachsen des Warenverkehrs zwischen Bremen und seinem Seehafen hin und zurück, wie er sich auf der Weser, in der Winterzeit auf der großen hannoverschen Chaussee entwickelte, verdeutlichen folgende Zahlen: Im Jahre 1839 wurden an Waren 620.027 Doppelzentner, im Jahre 1844 1.070.181, im Jahre 1847 1.704.867 befördert (nach Dr. Friedrich Rauers aus dem Bremer Staatsarchiv, R. 20. b. 1). – Der Warenverkehr auf der Oberweser talwärts und bergwärts nach Mengen in Doppelzentner, der in den Jahren 1831/32 bis 1837/38 durchschnittlich 455.180 Doppelzentner betrug, erhöhte sich im Jahre 1851 auf 1.269.354 (Friedrich Rauers) –

Nun noch einige Mitteilungen über den Wert der bremischen seewärtigen Einfuhr und den der seewärtigen Gesamtausfuhr und Durchfuhr in den Jahren 1831 bis 1851, aus denen sich die bedeutende Zunahme des Bremer Handels ergibt. Im Jahre 1831 wurden Waren im Werte von 32.489.995 Mark, darunter Eigen- und Konsignationsgüter 30.547.815 Mark, Speditionsgüter 1.942.180 Mark eingeführt. – Im Jahre 1841 betrug der Wert der Einfuhr über 40 Millionen Mark, darunter Spedition über 2 Millionen, im Jahre 1846 über 45 $^1/_2$ Millionen, darunter Spedition über 7 $^1/_2$ Millionen. Im Jahre 1851 erhöhte sich der Wert der Einfuhr auf 59.077.139 Mark, ohne statistische Angabe des auf diese Summe fallenden Wertes der Speditionsgüter. – Was den Wert der Gesamtausfuhr und -durchfuhr betrifft, so betrug er 1831 57.411.017 Mark, darunter Spedition 11.149.759 Mark, im Jahre 1841 70.386.812 Mark, darunter Spedition 16.268.717 Mark. – Im Jahre 1851 erhöhte sich der Wert der Ausfuhr und Durchfuhr auf 103.329.791 Mark. Es fehlt in der Statistik der auf diese Summe fallende Wert der Speditionswaren. Doch entspricht es wohl dem Tatbestande, daß die Spedition, welche in den dreißiger Jahren, zumal was die Einfuhr seewärts betrifft, von geringer Bedeutung war, nach und nach in Ausfuhr und Einfuhr solchen Umfang gewann, daß sie Anfang der fünfziger Jahre wenigstens ein Drittel des Gesamthandels ausmachte. Bemerkenswert ist noch, daß durch die stetig zunehmende Auswanderungsbeförderung die Reeder sehr lohnende Ausfrachten erhielten, so daß sie die

Stückfrachten nach Bremen wesentlich wohlfeiler beschaffen konnten als nach anderen Plätzen.

Welch ein imposantes Bild bot der Hafen und das Leben und Treiben in ihm in den vierziger Jahren! Ein Mastenwald, den man sicher durchschreiten konnte vom Osten nach Westen und umgekehrt. Denn so gedrängt nebeneinander lagen oft die Schiffe, daß man von dem einem Fahrzeug zum andern übersteigen und so trocknen Fußes das Ufer erreichen konnte.

Wie verschiedenartig die Fahrzeuge, die der Hafen beherbergte! Zweimastige Briggs, dreimastige Barke, zwei- oder dreimastige Schuner, stattliche Vollschiffe, kleine Logger ohne Rahen, schnellsegelnde Klipper, plumpe Tjalks und Kuffs, an der Westseite des Hafens ein „Walfischfänger" oder „Robbenfänger" der Grönlandsfahrer[56], in der Geeste und im Vorhafen häufiger kleine Raddampfer mit ihren hohen Schornsteinen und im Hafen selber in der Zeit der deutschen Marine mitten zwischen den hochmastigen Seglern ein paar Ruder-Kanonenboote am östlichen Kai.

Der Hafen konnte erzählen von Flaggen fast aller wichtigen Schiffahrt treibenden Ländern, von Menschen verschiedener Farben, Zungen und Eigentümlichkeiten. Amerikaner, Spanier, Engländer, Franzosen, Holländer und Belgier, Neapolitaner, Dänen, Schweden, Norweger und Russen; aus dem gemeinsamen deutschen Vaterland außer den Bremern: Oldenburger, Hannoveraner, Hamburger, Lübecker, Preußen, Mecklenburger und Österreicher – alle, trotz der Gleichheit ihres Berufes, von verschiedenen Wesen und Auftreten, vollendeten ein Bild, das gleichartig damals vielleicht nir-

---

[56] Diese, niederdeutsch „Gronlanners" genannt, Kommandeure wie Steuerleute, waren meistens beheimatet am Lesumdeich in Dunge und Lesumbrok oder am Weserdeich in Mittels- und Niederbüren. Heute ist der Walfischfang, mit dem späterhin der Robbenschlag verbunden wurde, als Zweig der Seefischerei für das europäische Festland verdorrt; nur England und besonders Amerika sehen ihn noch grünen. Einstmals bildete er eine sehr geschätzte Nahrungsquelle für Tausende auch in Deutschland. Noch erinnern am Lesum- und Weserdeich hochragende Walfischunterkiefer als Torbögen an den Garteneingängen vor den Häusern ehemaliger „Grolanners", als Pfosten in Einfriedigungen, als Grenzmarken, als einsamer Scheuerpfahl für das Vieh auf der Weide an die Blütezeit der Grönlandsfahrt, dieses kampfreichen und gefahrvollen Lebensberufes, aus dem später mancher ein Weltfahrer geworden ist, dessen Name in den Listen der Schiffsreedereien eine Ehrenstelle einnahm. – (Vgl. Heinr. Hoops: „Der Walfischfang" in der Monatsschrift „Niedersachsen", Okt. 1924.)

gends zu finden war. Wurden doch alle diese bunten Erscheinungen in einem engen Hafenraum eines kleinen, eng begrenzten Ortes zusammengefaßt und gehalten und wirkten in ihrer Geschlossenheit um so imposanter.

Ferner welche Mengen wertvoller Einfuhrgüter an Rohstoffen und Fabrikaten, an Verzehrungsgegenständen und Genußmittel häuften sich zusammen in diesem kleinen Wasserbassin! Beschränken wir uns auf die wichtigsten Ernährungs- und Genußmittel! Reis aus Ostindien durch bremische und englische Schiffe, aus Brasilien Kaffee durch bremische Schiffe, aus Ostindien Tee. Die Spanier führten Rohrzucker und Honig in Fässern beziehungsweise Kisten ein, die Amerikaner größtenteils Tabak in Fässern, die Spanier aus Kuba Tabak in viereckigen Fellballen, die Dänen von St. Thomas Kaffee und Tabak, die französischen Logger Rotwein in Oxhoften, die russischen Schiffe Getreide.

Was die Ausfuhr betrifft, so lagen bremische, skandinavische und holländische Schiffe im Hafen bereit, seewärts eingeführte Güter, wie Kaffee, Zucker, Reis und Tabak, nach den Häfen der Ostsee auszuführen. Andererseits wurden deutsche Manufakturwaren, die den größten Teil der bremischen Ausfuhr nach transatlantischen Häfen ausmachten, direkt von Bremerhaven oder mit fast ausschließlich bremischen Schiffen über Holland, Havre und Hamburg ausgeführt.

Das Hafenbild in den vierziger Jahren wurde besonders belebt durch den eifrigen Lösch- und Ladebetrieb, bei dem muntere Lieder gesungen wurden, obgleich damals das Entlöschen und Beladen der Schiffe nicht leicht und zugleich langsam von statten ging. „Wo später große Dampfwinden und elektrische Kräne mit großer Beweglichkeit und Hebekraft arbeiteten, standen damals nur Handwinden und kleine Dampfwinden mit langsamem Hebegang zur Verfügung[57]." Anstatt der später gebräuchlichen Ladebäume mußten die Rahen ihren Hilfsdienst bei dem Beladen der Schiffe verrichten. Gebräuchlich war damals auch Jahre hindurch der Hilfsbetrieb mit Pferden, die Tag für Tag an Taljen Proviant und Eis auf angelegten Gossen an Bord zogen.

Im geschäftigen Leben des Hafens spielten die Bremer Kahnschiffer und die Bremerhavener Karrenschieber eine gewisse Rolle. Jene schafften von

---

[57] Vgl. Wilh. Ehlers-Bremen: „Bremerhavens Entwicklung als Seehafen." Nordwestdeutsche Zeitung, Jubiläumsausgabe 1920.

Bord der angekommenen Schiffe in ihre Weserkähne die für Bremen bestimmte Ladung und brachten die von Bremen geholten und zur seewärtigen Ausfuhr bestimmten Waren an die zur Ausfahrt bereiten Schiffe. Und das geschah immer mit einer den Bremer Kahnschiffern eigenen Wichtigkeit und Geschäftigkeit. Was nun die Karrenschieber betrifft, so waren sie die oft und gern gesehenen Dienstleute des Alten Hafens, die sich immer zur rechten Zeit mit ihrem Handwagen an der Kaje einstellten, um bei der Ankunft und Abfahrt der Schiffe die Effekten der Schiffsmannschaft zu besorgen. Diese, in ihrer fröhlichen Laune und seemännischen Freigebigkeit, lohnte dann reichlich das redliche Schiebergeschäft. – Endlich – das Verholen der ankommenden Schiffe in den sicheren Hafen und das Herausbringen der abgehenden aus dem Binnenhafen und Vorhafen; das Kielholen der kleinen Segler am Nordende des mit der Arbeit des Kalfaterens und Bekupferns; das Leben und Treiben der vielen Auswanderer an der Kaje und an Bord – das alles gab dem ersten Hafen schon in den vierziger Jahren ein buntes, interessantes und lebensvolles Gepräge.

Nachdem wir bisher uns vorwiegend mit der Ausgestaltung des Seehafens, mit der Schiffahrt und dem Handel, den er dem bremischen Staate brachte, beschäftigt haben, verdient noch unsere besondere Beachtung

Die Entwicklung der Ortsgemeinde.

Die Bewohner. Der Ausbau der Straßen. Die Art der Häuser. Die Teilung der Bauplätze. Die Bevölkerungszunahme.

Die ältesten Ansiedler des Hafenortes waren vorwiegend Wirte, Ladeninhaber, Handwerker, darunter mehrere bald mit größerem Betriebe, Lotsen, Leichterschiffer, Matrosen und Arbeitsleute. Später wurden auch einige Kapitäne hier ansässig. Spediteure und Werftbesitzer siedelten sich am Hafen an.

Für die Einwanderung nach Bremerhaven und die dortige Ansiedlung in den dreißiger Jahren und später kommen vor allem das Großherzogtum Oldenburg und das den Hafenort umschließende Königreich Hannover in Betracht. Aus letzterem siedelten vorwiegend Leher, Wurster, Geestendorfer und Ostfriesen sich hier an. Zu den ersten Bewohnern, die bis zu ihrem

Tode hier ansässig waren, gehörten auch zwei Holländer, der Baurat van Ronzelen und der Schleusenmeister Jacob van Limbeck. Im übrigen erhielt der junge Hafenort Zuwachs aus Helgoland, Cuxhaven, Schleswig-Holstein, Lübeck, Braunschweig, Hessen-Darmstadt, Anhalt-Dessau, Lippe Detmold und einigen preußischen Provinzen, wie Westfalen, Rheinland und Pommern. Diese Stammesmischung, welche in den folgenden Jahrzehnten noch mehr ins Gewicht fällt, verbunden mit den Einwirkungen der vielen fremden Seeleute, insbesondere der amerikanischen und englischen, ergab eine eigenartige Bevölkerung, die bei allem Vorherrschen des niedersächsischen Grundtons doch in Sprache, Sitte und Wesen von der benachbarten eingesessenen ländlichen Bevölkerung sich merklich unterschied.

Der allergrößte Teil der Anbauer bestand aus wenig bemittelten Leuten, die, um ihr Glück zu versuchen, sich hier niederließen. Manche hatten bald bei der selten günstigen Gelegenheit zum Verdienen, wie sie der rasch aufblühende Ort bot, mehr als ihr Auskommen. Einige verloren, teils durch eigene Schuld, teils durch widrige Geschicke, das rasch erworbene Vermögen. Andere, wie Joh. Kuhlmann, P. H. Ulrichs, Carsten Mehrtens, brachten es mit den Jahren zu ansehnlichem Wohlstand und selbst zum Reichtum, wie R. C. Rickmers, Melchior Schwoon, Hinrich Garrels und Hinrich Eits.

Der Schiffszimmermann R. C. Rickmers aus Helgoland kam 1834 in einer selbstgebauten Schaluppe mit seiner Frau, der Helgoländerin Etha, geb. Reimers, bei stürmischem Wetter in Bremerhaven an, um sich hier anzusiedeln. Beide fanden zunächst ihr Unterkommen bei dem Zimmerbaas Cornelius am Deich, auf dessen Werft der Mann eine Zeitlang beschäftigt war. Bald baute sich Rickmers in der Geeststraße an, wo er einen Zimmerplatz zum Bau von Booten hatte. Rickmers und seine Frau waren äußerst fleißige und strebsame Leute. Letztere verdiente eine Zeitlang mit durch Waschen für Seeleute. Im November 1839 wurde Rickmers ein Gelände oberhalb des Fährhauses auf dem heutigen Torfplatz überwiesen zur Errichtung einer Schiffswerft. Diese wurde 1857 nach „Geesthelle", unmittelbar bei Bremerhaven verlegt. Hier wurde der Werftbesitzer ein bedeutende Reeder und Kaufmann. Seine selbsterbauten Schiffe gingen in die weite Welt, führten Kohlen und Stückgüter allerart, Maschinenteile, Waffen usw. zumeist nach Ostasien aus und führten als Hauptfrachten Reis, Tee, Zucker und Holz ein.

In Geesthelle neben der Werft katte „Kommerzienrat" Rickmers sein vornehmes Heim in einer von schönen Gartenanlagen umgebenen Villa bis zu seinem Tode im November 1886.

Auch dem Werdegang Melchior Schwoons wollen wir eine kurze Betrachtung widmen. Er war in der oldenburgischen Gemeinde Bockhorn geboren, wo seine Eltern zuletzt wenig bemittelte Landleute waren. Mit sehr bescheidenen Mitteln verließ er sein Vaterhaus, um sich in Brake dem kaufmännischen Berufe zu widmen. Im Herbst 1831 kam er nach Bremerhaven als Vertreter der Braker Speditionsfirma M'c Namara. Bald wurde er selbständiger Spediteur. Nur kurze Zeit mit dem Kaufmann Köppen assoziiert, führte er allein das Speditionsgeschäft, das von Jahr zu Jahr an Umfang gewann und zu den angesehensten Firmen des Ortes gehörte. Seit 1836 verheiratet, wohnte er in seinem Hause, Hafen 47. Wegen seiner Rührigkeit und Tüchtigkeit wurde er im Laufe der Jahre zu verschiedenen Ehrenämter gewählt. So war er langjähriges Mitglied der bremischen Bürgerschaft, desgleichen eine Reihe von Jahren im Gemeinderat tätig, auch seit 1854 für zehn Jahre Bauherr der vereinigten evangelischen Gemeinde. Konsul Melchior Schwoon starb am 11. November 1874.

Mit dem Jahre 1832 hatte eine starke Bautätigkeit eingesetzt. Es wurden fast nur massive Häuser errichtet, gewöhnlich mit einem Vordergiebel versehen und stets mit Ziegeln gedeckt. Ihre Größe richtete sich nach den Bedürfnissen und Mitteln der Bewohner. Wenn auch hier und dort damals schon zweistöckige Häuser erstanden und die mit Packraum versehenen Wohngebäude am Hafen gar drei Stockwerke aufwiesen, - die meisten Wohnhäuser waren einstöckig, d.h. sie bestanden aus einem Erdgeschoß und Dach- bzw. Giebelgeschoß.

Manche Anbauplätze wurden zwischen zwei, selten zwischen drei Ansiedler (wie bei den Grundstücken 25 a, b und c Ecke der Straße am Hafen und der südlichen Seite der Mittelstraße) geteilt. Im Laufe des Jahres 1834 waren bis zum 21. November allein 54 Anweisungen von Bauplätzen erfolgt (B.-Conv.-Verh.). Gegen Ende 1835 waren von 232 Plätzen, die den Ansiedlern zur Verfügung standen und meistens zu 4.800 Quadratfuß Oberfläche (40 Fuß breit, 120 Fuß tief) ausgemessen waren, nur noch 56 (Buchenau, S. 259) vakant, die übrigen aber schon größtenteils bebaut, so daß 134 Wohnhäuser fertiggestellt waren (s. im Anhang die Karte 8 von 1834/35).

Die Leher Straße, erst seit dem 26. April 1864 nach dem Gründer Bremerhavens „Bürgermeister Smidt-Straße" genannt, war 1836 bis zur Kirchenstraße fast ausgebaut. Führen wir uns die ältesten Einwohner dieser Straße unter Angabe ihres Hausplatzes und ihres Berufes vor Augen. Wir beginnen beim Marktplatze mit der westlichen Seite der Hauptstraße. Ecke der Hafen- und Leher Straße, an letzterer die Hausplätze Nr. 35 und 36. Eigentümer Hinrich Garrels[58], Gasthof und Schiffsausrüstungsgeschäft (21. Juli 1830)[59]. Jetzt Heymann & Neumann und Juwelier Feiß.

Nr. 34, Johann Christoph Hermann aus Bederkesa, Schlachtermeister. Jetzt Bürgermeister Smidt-Straße 6. Hermann Bösch, Schlachtermeister.

Nr. 33 und 32, Eigentümer Heinrich Rudoph Reinken, Kaufmann in Bremen (23. Januar 1835). Jetzt Bürgermeister Smidt-Straße 8 und 10, Läden von Conrad Tack & Co. und Erich Ruyter.

Nr. 31, Diedrich Barber aus Bremen, Wirt, früher Kapitän (22. Februar 1833). Jetzt Richard Timm Erben, Bürgermeister Smidt-Straße 12.

Nr. 30, Meinhard Ahrens, Tischlermeister und Rundholzarbeiter (29. September 1834). Jetzt W. G. Ehrlich, Kommanditges. – Gustav Ehrlich, Uhrmacher, Gold- und Silberhandel, Bürgermeister Smidt-Straße 14.

Nr. 29, Eigentümer Hinrich Ikels aus Brake (5. Juli 1834). Jetzt Konditor Winkler.

Nr. 28, Eigentümer Schiffsbaumeister Friedrich Wilhelm Wencke (29. September 1834). Jetzt Hinrich Mehrtens, Kolonialwarenhandlung.

Nr. 27, Hans Eduard Magnus Hellenberg aus Brake, Küpermeister, 1862/63 Vors. des Gemeinderats (5. Mai 1834). Jetzt Bürgermeister Smidt-Straße 20, Kaufhaus Lindemann & Co.

Nr. 26 (Eckhaus), Heere Harms[60] aus Dornum (Ostfriesland), Viktualien- und Schiffsausrüstungsgeschäft, sowie Wirtschaft. Später an Friedrich Roters, der bei Harms als junger Mann angestellt war. Jetzt Bürgermeister Smidt-Straße 22, Kaufhaus Lindemann & Co.

Nr. 58 (Eckhaus), Georg Wilhelm Gloystein in Bremen (10. März 1832), übertragen auf Claus Meyn aus Lehe (Wirtschaft mit Tanzsaal) 10. August 1833. Jetzt Städtische Sparkasse, Bürgermeister Smidt-Straße 26.

---

[58] Schon genannt unter der Zahl der ersten Ansiedler
[59] Die Klammer gibt die Zeit der Übertragung des Grundstückes mittels Grundbrief an
[60] Schon genannt unter der Zahl der ersten Anbauer.

Nr. 57 b, Claus Meyn (7. Februar 1834). Jetzt Städtische Sparkasse.

Nr. 57 a und 56 b, Lueder Conrad Volkens aus Utlede, Hafenlotse (18. September 1834). Jetzt Alb. Wilde, Juwelier, Bürgermeister Smidt-Straße 28.

Nr. 56 a und 55, Johann Brüggemann, Schlachtermeister (29. September 1834). Jetzt Otto Schmale Nachf. (Henry Schuhmacher), Porzellan und Kristallwaren, Bürgermeister Smidt-Straße 30.

Nr. 54, Christoph Friedrich Anton Glauert, Tischlermeister (23. Oktober 1834). Jetzt Bürgermeister Smidt-Straße 32.

Nr. 53, des Hafenmeisters Johann Deetjen Witwe, Manufakturen (8. September 1835). Jetzt Bürgermeister Smidt-Straße 34, Dipl.-Optiker Crauel.

Nr. 52, Johann Conrad Runken aus Bremen, Bäckermeister (23. Januar 1835). Jetzt Bürgermeister Smidt-Straße 36, Amandus Stein, Fischhandlung.

Nr. 51, Dietrich Tiele und G. W. Claussen, Spediteure (23. Januar 1835), übertragen am 3. Juli 1836 an Peter Heinrich Ulrichs, später an F. Zürn. Jetzt Eigentümer Ehefrau Paul Nauke, Lehe. – Laden von Peckmann & Blumenthal, Bürgermeister Smidt-Straße 38.

Nr. 50 und 49 b, Johann Honholt, Lotse aus Lehe (21. Januar 1836), übertragen an Kaufmann Johann Wacker am 12. Oktober 1844. Jetzt J. D. Kroog (Inhaber Claus Friedrich von Bargen), Manufaktur- und Konfektionswaren.

Nr. 49 a und 48, Johann Meyer - - - (10. August 1833), übertragen 1838 an Joh. Hinrich Eits, dann an Westermann, Krämer und Gastwirt, 1862 an Peter Heinrich Mohr, am 3. August 1867 an Diedrich de Harde. Seit 19. Januar 1921 Eigentümer Friedrich Probst, Bankgeschäft. – Erste Etage Wilhelm Lübkemann, Diedrich de Harde Nachfolger, Damenkonfektion und Kleiderstoffe.

Wir gehen jetzt zur östlichen Seite der Hauptstraße über und beginnen am Marktplatze.

Nr. 76, Johann Hinrich Eits[61] aus Lehe, Maurermeister. Zweistöckiges Haus (Parterre und erste Etage), Hotel, dessen Leitung vorwiegend in den Händen der Frau lag (15. Dezember 1830). Jetzt „Beermanns Hotel".

---

[61] Schon genannt unter der Zahl der ersten Ansiedler.

Nr. 77, Johann Töns aus Lehe, Schneider. Einstöckiges Haus (11. Februar 1832), übertragen auf Hinrich Garrels am 26. März 1838. Jetzt Rust, Tapetenhandlung, Bürgermeister Smidt-Straße 5.

Nr. 78, Eigentümer Hinrich Garrels, dreistöckiges Hinterhaus, unten Stall, oben Packhaus (21. August 1833). Jetzt Hermann Rahusen, Eisenkontor, Bürgermeister Smidt-Straße 7.

Nr. 79, Arend Jürgen Dreyer aus Dingen, Wirtschaft und Bäckerei, einstöckiges Haus (5. Mai 1832). Daran schloß sich Nr. 80 a, Häuschen mit Kegelbahn (14. April 1834). Jetzt Goßlers Hotel, Bürgermeister Smidt-Straße 9/11.

Nr. 80 b und 81 a, Eduard Friedrich Fouckhardt aus Bremen, Uhrmacher. Auch Wirtschaft mit weiblicher Bedienung (18. September 1834). Jetzt C. M. Stipp Nachf., Bürgermeister Smidt-Straße 15.

Nr. 81 b und 82 a Hinrich Nonne aus Bremen, Klempnermeister (September 1834). Jetzt Kürschner Ruge, Bürgermeister Smidt-Straße 15.

Nr. 82 b und 83, Johann Leonhard Knieling (früher herrschaftlicher Kutscher in Bremen), Wirtschaft „Zur goldenen Traube" und Fuhrwerk (23. Oktober 1834). Jetzt J. Allers Wwe., Bürgermeister Smidt-Straße 17.

Nr. 84, Johann Köster, Köster „Eenbeen" genannt, Wirtschaft mit weiblicher Bedienung, einstöckiges Haus (10. März 1832). Jetzt Alfons Mehrtens, Drogerie, Bürgermeister Smidt-Straße 19 und Siegmund Oß, Herrenkonfektion, Bürgermeister Smidt-Straße 21, Eckhaus.

Nr. 59, Harm Jachens aus Lehe, Wirt und Krämerei (17. Februar 1832). Jetzt Fedor und Sander, Eckhaus, Schuhwaren und W. Franz, Bandagist, Bürgermeister Smidt-Straße 25.

Nr. 60, Goldschmied Jacob Böning (23. Oktober 1834), verkauft an die Detaillisten Lüdemann und von Oven. Jetzt Bürgermeister Smidt-Straße 27, Ludwig Hahn, Erben, Laden von Rosenthal, Porzellan-Niederlage.

Nr. 61, Friedrich Heyermann, Buchbinder, auch Buchhändler, von 1854 – 1856 Schützenhauptmann (23. Oktober 1834). Jetzt Bremerhavener Bank, Bürgermeister Smidt-Straße 29.

Nr. 62, Johann Mathias Wilhelm Pröhl aus Lüdingworth, Uhrmacher (23. Januar 1835). Jetzt Ad. Rode, Wwe., Bürgermeister Smidt-Straße 31.

Nr. 63, Christoph Weber, Schlachtermeister (25. September 1836). Jetzt Gundel, Kürschner, Bürgermeister Smidt-Straße 33

Nr. 64, Johann Allers, Wirtschaft? (11. Dezember 1834), auf Kaufmann Hinrich Wilkens (Laden „Hamburger Bolten" genannt), übertragen am 5. Dezember 1839. Jetzt J. Stiegmann, Schuhwarengeschäft, Bürgermeister Smidt-Straße 35.

Nr. 65, Peter Heinrich Bucksath aus Bremen, anfänglich hiesiger Polizeidragoner, dann Wirtschaft „Zu den drei Kronen" mit Tanzsaal, auch Logis (23. Januar 1835). Jetzt Hausbesitzer Rudolf Bartels, Hamburg. Laden: Buchhandlung von A. & J. Mocker, Bürgermeister Smidt-Straße 37.

Nr. 66, Hinrich Ricklefs aus Blexen, Seelotse (2. Juli 1835) Jetzt Adlerapotheke.

Nr. 67, Allerich Wöhlken, Maurermeister aus Lehe (23. Oktober 1834). Das Grundstück wurde im Jahre 1843 in 67 a und 67 b geteilt. Jetzt Bürgermeister Smidt-Straße 41 und 43, Darmstädter- und Deutsche Nationalbank, sowie Ecke Kirchenstraße Café Bismarck.

Die Marktstraße hatte früh die meisten Anbauer aufzuweisen. Die westliche Seite war im ersten Halbjahr 1834 fast ganz bebaut. Von den Grundstücken dieser Straßenseite wurden drei schon 1830, zwei 1832, soeben 1833, meistens im ersten Drittel des Jahres, und eins im Juni 1834 übertragen. Auch die östliche Seite war 1835 schon stark bebaut (s. den Plan von 1834/35). Ende 1835 waren alle Plätze der ganzen Straße mit Häusern besetzt.

Die Häuserreihe um den Marktplatz zeigte 1835 nur noch zwei Lücken 227 und 13 (s. die Karte). Die Plätze an der östlichen Seite des Marktes waren alle schon 1832 den Ansiedlern überwiesen.

Nr. 207 (jetzt Hermanns Hotel), Eigentümer Schmiedemeister Ferdinand Hons aus Lehe, der in der Mitte des Platzes an der Geeststraße (südliche Seite) sich anbaute. Seit 5. Juni 1837 Besitzer Baurat van Ronzelen, der sich hier an der Ecke vom Markt und der Geeststraße ein Wohnhaus mit Eingang von der Geeststraße erbaute.

Nr. 206, Diedrich Vasmer, Bäckermeister. Jetzt Markt 17, Bäckerei von H. Schöttker.

Nr. 205, Herrmann Hinrich Ikels aus Brake, Schlachtermeister. Jetzt Markt 15, Eigentümer Hinrich Ikels, Lehe.

Nr. 204, Heinrich August Blankenburg aus Ritzebüttel, Schneiderei und Manufakturwaren. Jetzt Markt 13.

Nr. 203, Albert Saghorn, seit 1833 Carl Philipp Aschoff aus Wagenfeld (Hannover), Gastwirt (und Brauerei), bei dem später Sitzungen des Gemeinderats stattfanden. Jetzt Markt 9/11.

Die sechs Grundstücke auf der westlichen Seite des Marktes und der Platz an der Grenze von Markt und Karlsburgstraße wurden meist 1832 und 1833 angewiesen.

Nr. 8, Eckplatz an der Hafenstraße, Diedrich Heinr. Wätjen, Reeder in Bremen (11. Februar 1832). Seit 21. November 1832 Besitzer Wilhelm Lueder, Eisenwarengeschäft. Lueder wurde später Ortsvorsteher.

Nr. 9, Wilhelm Lueder (21. November 1832).

Nr. 8 und 9, jetzt W. & F. Ziegfeld.

Nr. 10, Gerhard Garrels, Bruder von Hinrich Garrels, Kaufmann und Gastwirt (20. März 1835). Jetzt Witwe Heinrich Rodenburg Erben, Markt 10.

Nr. 11, Johann Carl Stange (17. Januar 1833), übertragen an Gerh. Rincke am 25. November 1841, an Gerh. Garrels am 15. Juni 1845. Vor Übernahme seitens der Stadt Heinrich Garrels Wwe.

Nr. 12, Nicolaus Lührs, Lotse (11. Februar 1833). Vor Übernahme der Stadt: Heinrich Garrels Wwe.

Nr. 13, Joh. Carl Stange (18. September 1834). Seit 16. Dezember 1835 Besitzer Georg Wilhelm Büttner, seit August 1837 Diedrich Tegeler.

Nr. 14, Karlsburgstraße, Wilhelm Heinrich Büttner, Apotheker (21. Mai 1833). Das Haus im Anschluß an die westliche Seite des Marktes.

Die Häuser Nr. 11 – 14 (Markt 2, 4, 6 und 8) wurden von der Stadt angekauft und sind 1910 niedergerissen, um Raum für das Stadttheater und seinen Anbau zu schaffen.

An der südlichen Seite des Marktplatzes finden wir auf dem Plane von 1834 und 1835 zwei Häuser.

Nr. 226 (Ecke der Karlsburg), Baurat van Ronzelen (23. Januar 1835), übertragen auf Clemens Albert Payeken am 10. Dezember 1835. Jetzt Bankverein für Nordwestdeutschland.

Nr. 228, Claus Hinrich Michelsen aus Grohn, Kolonialwarengeschäft (12. April 1832). Jetzt Kröncke, Glasermeister.

An der Nordseite des Marktplatzes ist noch zu merken Nr. 92, zwischen Leher Straße 76 (jetzt Beermanns Hotel) und Ecke Marktstraße 91, gelgen[62], Johann Hinrich Eits (21. November 1831). Das Grundstück war 1835 in 92 a und 92 b geteilt. Nr. 92 a übertragen am 3. Februar 1835 an Peter Gottfried Reck, am 23. April 1839 an Kaufmann Hinrich Suhr, am 22. Juli 1874 an Hotelier Homfeld. Nr. 92 b, im Besitze von Hinrich Eits, am 11. Dezember 1868 an Beermann & Meyer übertragen.

Nach E. Klüvers Plan von 1834 und 1835 weisen die Mittel- und die Geeststraße vom Graben bis zur Langen Straße erst wenige Häuser[63] auf, während die andere Hälfte der Mittelstraße bis zum Hafen ganz bebaut ist, desgleichen die Geeststraße von der Langenstraße bis zum Marktplatz. In der Langenstraße stehen zwölf, in der Kurzenstraße sieben und in der Fährstraße sechs Häuser unter Dach. Während am Graben (Nr. 221 Jacob Kortlang aus Hammelwarden) und an der nordwestlichen Seite der Osterstraße (Nr. 209 Johann Christoph Blanck aus Sievern, Lehrer) war die südöstliche Seite der Osterstraße fast ganz bebaut (Plätze 176 – 182).

Lenken wir nun noch unseren Blick auf die Straße längs dem Hafenbassin, wo Bremer Kaufleute und Reeder ihre Packhäuser, die dem Seehandel und der Schiffahrt dienten, errichteten und hiesige Spediteure und Werftbesitzer sich ansiedelten. Da werden wir im Süden der Straße am Hafen zunächst auf die Inhaber zweier Bremer Firmen gewiesen, die dem Bürgermeister Smidt in seinen Bestrebungen um die Gründung Bremerhavens die eifrigsten Dienste erwiesen haben. Die Bauplätze Nr. 6 b und Nr. 7, Eckhaus an der Südseite der Hafenstraße angewiesen an die Firma Fried. Rodewald in Bremen am 27. Januar 1832.

Nr. 15 und 16, jetzt Hafen 31/33, W. A. Fritze in Bremen (21. Juli 1830) Packhäuser. 1834 alleiniger Besitzer Senator Carl Wilhelm Aug. Fritze. Das große Packhaus an der Ecke der Hafenstraße unverändert geblieben.

Nr. 17, F. Bagelmann, Komp. H. J. Bicker aus Neustadt-Glöckens, hiesige Spediteure, Packhaus und Wohnhaus Nr. 18 und 19 an Heinrich Rudolf Reinken, Kaufmann in Bremen, am 23. November 1833. Beide Grundstücke am 6. Juli 1850 an Christian Winckler und Rickmer Clasen.

Nr. 20 und 21 a (jetzt Hafen 43 und 45), an den Zimmermeister Johann Georg Willig in Bremen übertragen, später an Melchior Schwoon. Nr. 20

---

[62] *Druckfehler aus dem Original übernommen*
[63] Darunter Nr. 184 Geeststraße, gegenüber der Kurzenstraße, R. C. Rickmers aus Helgoland.

Wohnhaus und Packhalle (doch Schwoon wohnte hier nicht), Nr. 21 a ausschließlich Packhaus. Diese beiden Gebäude waren die ersten am Orte, die am 11. August 1851 vom Grundzins abgelöst wurden.

Nr. 21 b und 22 a (Hafen 47) an Senator und Reeder D. H. Wätje & Co. in Bremen, später an Schwoon übertragen, der gleich nach seiner Verheiratung 1836 hier wohnte.

Nr. 22 b und 23 (Hafen 49), Schiffsbaumeister Friedrich Wilhelm Wenke (23. September 1833), der hier sein Wohnhaus hatte.

Nr. 24 und 25 (Hafen 51 u. 53) an Friedrich & Eberhard Delius in Bremen am 11. Februar 1832. Es erfolgte 1836 eine Teilung der Grundstücke in 24 a und b und 25 a, b und c. – 24 a im Besitz von Friedrich und Everhard Delius, übertragen an Daniel Christian Georg Claussen am 11. Januar 1854. 24 b an Johann Georg Claussen. 25 a an Diedrich Hermann Kuhlmann, durch öffentlichen Verkauf an der Kerze an Ernst Friedrich Büsing aus Delmenhorst. Eckhaus am Hafen und an der südlichen Seite der Mittelstraße, Wohn- und Packhaus zugleich. Nr. 25 b an Friedrich Everhard Delius (Mittelstraße), übertragen an Daniel Christian Georg Claussen am 11. Januar 1854. Nr. 25 c an Johann Georg Claussen, am 10. November 1886 an Fritz August Moritz Drews (Mittelstraße 3 b).

Nr. 37 (jetzt Hafen 55) an Georg Wilhelm Gloystein, Kaufmann in Bremen, am 10. März 1832, an Franz Tecklenborg in Bremen zum Zweck einer Agentur für Segelmacherei am 31. Mai 1833.

Nr. 38 und 39 a (jetzt Hafen 57 und 57 a) an Peter Heinrich Ulrichs am 14. April 1834, an die hiesigen Kaufleute Tiele und G. W. Claussen am 28. Oktober 1835, an Franz Eberhard Claussen am 19. Mai 1943, an Carl Magnus Stelljes und Chr. Peter Deetjen am 19. Januar 1865.

Nr. 39 b und 40 a an Hinrich Wehmann, Segelmacher, am 14. April 1834. – Nr. 40 b an denselben am 5. Mai 1834.

Nr. 41 und 42 a (jetzt Hafen 61, Endmann) an den Bremer Kaufmann Wilhelm Heinrich Caesar am 5. Juni 1834, an Peter Heinrich Ulrichs am 5. Dezember 1842.

Nr. 42 b und 43 a (jetzt Hafen 63) am 14. Mai 1838 an Georg Wilhelm Claussen, der hier seine Wohnung hatte.

Nr. 43 b und 44 a kamen am 3. Juni 1836 in den Besitz von P. H. Ulrichs (jetzt Hafen 65). Hier hatte Ulrichs seine Kontore und wohnte hier längere Zeit, bis er sein Wohnhaus an der Hafenstraße im Leher Freigebiet hatte. –

Ulrichs und Georg Wilhelm Claussen waren anfänglich unter der Firma Ulrich & Claussen assoziiert, bis dann jeder sein eigenes Speditionsgeschäft betrieb.

Nr. 44 b und 45 a am 6. November 1839 an J. J. Siljacks, am 8. Dezember 1855 an Johann Gerhard Müller.

Nr. 46 b und 47 wurden am 17. Januar 1833 dem bekannten Schiffsbaumeister aus Vegesack Johann Lange, am 15. Dezember 1849 seinem Sohn Carl Lange übertragen. Das Grundstück liegt am Hafen, Ecke der Kirchenstraße, südliche Seite. Das darauf gelegene Haus ist längst einem Neubau gewichen. Carl Lange, verheiratet mit Johanna Specht aus Bremen, erbaute sich später an der nördlichen Ecke am Hafen und der Kirchenstraße ein großes und prächtiges Wohnhaus, jetzt von Konsul Kryno Reepen und Dr. Busse bewohnt.

Bremerhaven machte schon 1837 einen recht freundlichen Eindruck infolge der vielen neuen Häuser, die überall, insbesondere in der Leher Straße, Marktstraße und am Marktplatze erstanden waren, sowie durch die stattlichen, mit Packraum versehenen Wohnhäuser und durch die ansehnlichen Packhäuser am Hafen. – Der Maurermeister Jobst Albers[64] aus Brake, der Erbauer der Schleuse des Alten Hafens, war es vor allem, der eine Reihe der ersten Gebäude und Wohnhäuser erbaute[65], so die Packhäuser von Fritze und Delius und das Großsche Hotel am Hafen an der Leher Straße das Gewese von Hinrich Garrels, die Häuser für Heere Harms (jetzt Warenhaus von Linckemann[66] und Claus Meyn (jetzt Städtische Sparkasse), mehrere Häuser in der Mittelstraße, wie Haus Nr. 26 und das Nebenhaus Nr. 28 für Johann Wilhelm Meyer, und in der Grabenstraße solche, die besonders von Brakern bezogen wurden, endlich eine Reihe kleiner niedriger Häuser in der Osterstraße für Hinrich Garrels. – Albers hatte sein Baukontor zuerst in der Osterstraße, seit 1834 in der kurzen Straße (15).

Als Baumeister kommen ferner in Betracht die Gebrüder Eits, insbesondere Jakob Eits, der Maurermeister Allerich Wöhlken aus Lehe, der sich 1834/35 in der Leher Straße Nr. 67 anbaute, Johann Allers in Lehe, später Jakob van Limbeck. – Die Bausteine wurden teils aus der Lunegegend per

---

[64] Großvater der Frau Lloydzahlmeister Marie Schaefer, Kronprinzenallee 11, Lehe.
[65] Nach schriftlichen Mitteilungen der Witwe Weimeister in Elmshorn, geb. in Bremerhaven 1835.
[66] *Lindemann; siehe Druckfehlerverzeichnis S. 395*

Wagen über die Geestefähre, teil aus den oldenburgischen Ziegeleien mit Segelkähnen, teils aus Ziegeleien der Elbegegend (letztere nicht sonderlich geschätzt) per Schiff nach Bremerhaven transportiert.

Unter den Spediteuren, die in den dreißiger Jahren sich hier ansiedelten, waren in drei Familien die Claussens vertreten. Diese seit Ende des 16. Jahrhunderts durch drei Generationen noch „Claasens" genannt, stammten aus Rendsburg wo sie ansehnliche Stellungen zumal als „Ratsverwandte" bekleideten und einer von ihnen, Marcus Claasen, 1742 Bürgermeister wurde. Johann Georg Claussen, geboren am 15. Oktober 1705, siedelte nach dem Oldenburgischen über, wo er am 21. Januar 1737 Pastor zu Zetel wurde. Einige seiner männlichen Nachkommen zogen anläßlich der Gründung Bremerhavens in den dreißiger Jahren nach unserem Hafenort. –

Die Familien Addicks (Oberlotse), Philippi (Advokat), Probst (Hafenmeister), J. P. Ulrichs (Kaufmann), Claussen (Spediteure) wurden durch Heiraten untereinander verwandt.

Johann (Jonny) Georg Claussen, geboren am 11. Mai 1808 und Advokat Dr. Philippi, 1805 geboren, waren Schwäger. Beide waren mit einer Tochter des Kapitäns und Hafenmeisters Probst verheiratet. Ersterer war in zweiter Ehe mit der Advokatentochter Annette Adeline Joppert, in dritter Ehe mit Johanne Elisabeth Joppert verheiratet. Johann Georg Claussen, Spediteur und Gütermesser, seit 1849 Geschäftsführer und nominell Eigentümer des großen Auswandererhauses, Vorsitzender des Gemeinderats 1854 bis 1860, später preußischer Vizekonsul, im Volksmunde der „flinke Vetter" genannt, war eine bewegliche, viel geschäftige, freundliche, frohsinnige und allgemein beliebte Persönlichkeit. – Johann Georg Claussen und Franz Eberhand[67] Claussen, geboren am 5. März 1810, Spediteur, anfangs der dreißiger Jahre auch für seinen Vater (der Kaufmann in Brake war) und Inhaber eines Ausrüstungsgeschäftes waren Vettern. – Der Spediteur Georg Wilhelm Claussen, geboren am 2. Juni 1808, gestorben am 29. November 1869, Bruder des Franz Eberhard Claussen, Vater des im Juli 1919 verstorbenen Baurats Dr. ing. Georg Claussen in Geestemünde, und der Spediteur P. H. Ulrichs waren verschwägert. Beide hatten eine Tochter des Oberlotsen Addicks zur Frau.

---

[67] *eigentl. Eberhard Claussen: Druckfehler aus dem Original übernommen*

Nun noch ein Wort über die Bevölkerungszunahme in Alt-Bremerhaven. Folgende Zahlen mögen das rasche Anwachsen veranschaulichen.

Bremerhaven hatte:

1830:	170 Einwohner		1835:	1.340 Einwohner
1831:	414	„	1840:	2.084 „
1832:	500	„	1845:	2.989 „
1833:	844	„	1850:	4.033 „
1834:	1.063	„		

Im Jahre 1840 wiesen Bremerhaven und Lehe ungefähr dieselbe Einwohnerzahl auf. Lehe blieb von nun an weit hinter Bremerhaven zurück, bis in späteren Zeiten das Gegenteil eintreten sollte. Als im Jahre 1845 Bremerhaven eine Bevölkerung von fast 3.000 Seelen hatte, zählte Geestendorf kaum 1.800 Einwohner. – Geestemünde hatte 1849 erst 184 Einwohner.

Der durch Fähre, Chaussee, Weserschiffahrt, Post und Telegraphie hergestellte Verkehr mit dem Hafenort

Der neu gegründete Hafenort bedurfte in seiner isolierten Lage zweckmäßiger Verbindungen in seinem Binnenverkehr. Diese wurden durch die Geestefähre, durch die große Chaussee nach Bremen und Vegesack, durch die Weserkähne, bald auch durch die Weserdampfer und schließlich durch die Post und die Telegraphie elektrische wie optische hergestellt.

Lenken wir unseren Blick zunächst auf die Fährverbindung. Es war am 1. April 1824, als die hannoversche Regierung dem Gastwirt Friedrich Jantzen vom Geestehafen die Konzession für den Fährbetrieb mittels einer Jolle übertrug. Die Konzession wurde hinfällig, als Bremen selbst auf dem mittlerweile neu erworbenen Terrain für eine Fähre sorgte, für die vor der Hand noch keine staatliche Pacht gefordert wurde. Zur Herstellung eines mit dem Hafenbau notwendig gewordenen regelmäßigen Verkehrs zwischen dem rechten und linken Geesteufer hatte die Deputation in Bremen für den ersten Notbedarf zum Übersetzen Anfang 1828 einen kleinen Prahm für den Personenverkehr angeschafft. Der Fährdienst wurde dem Hafenhospitalwärter Martin Eichholz aus Dingen übertragen, der indes nur die Wintermonate den Dienst versah, während er in der Sommerzeit, die ihn ganz für das genannte Hospital in Anspruch nahm, die Beschäftigung an der Fähre dem 1827 zum Bau des Alten Hafens hierhergekommenen Unternehmer Eide Siebs[68] aus dem Wursterlande überließ. In der Wohnungsnot des eben erst gegründeten Hafenorts fand dieser Unterkommen bei dem Schiffszimmermeister Cornelius am Schirmdeich. Eine Pacht an den Staat für die Fähre wurde damals nicht bezahlt. Als Fährhaus diente eine Hütte neben Friedrich Jantzens Wohnhaus am Deich. In der sicheren Erwartung, daß nach Vollendung des Hafenbaues und bei der wachsenden Zahl der Anbauer der Verkehr zwischen den beiden Ufern der Geeste sich immer mehr steigern werde, und gemäß den im Artikel III des Staatsvertrages vom 11. Januar 1827 übernommenen Verpflichtungen in bezug auf Anlage einer auch für den Transport von Fuhrwagen geeigneten Fähre oder auch einer zu erbauenden Brücke, entschied man sich in Bremen für die Errichtung einer ordentlichen großen Prahmfähre mit dem dazugehörigen Apparat. Von dem Bau einer Brücke wurde in Anbetracht der erst beginnenden Entwicklung des Ortes und wegen der hohen Kosten, die auf 18.000 Th. G. veranschlagt waren, fürs erste Abstand genommen. Nachdem ein gepflasterter Zuweg zum Geesteufer schon 1828 hergestellt war, wurde die große Prahmfähre im Herbst 1831 eröffnet. Die Gesamtkosten beliefen sich auf etwa 3.000 Th. G. Die neue Fähre, zu der Cornelius wieder, wie zu der ersten bremischen, den Prahm gebaut hatte, war auf dem Terrain des heutigen Torfplatzes in der Nähe unserer Geestebrücke, an der Stelle, wo die Kaje eine Biegung macht, gegenüber dem Hause 44/46 am Deich, angelegt. Noch heute ragt bei Ebbe als letzter Überrest des damaligen Verkehrswerkes eine Anzahl von Rammpfählen des Anlegers, durch die Jahrzehnte hart mitgenommen, deutlich aus dem Schlick hervor. – Diese Fähre war ein großer, für die Aufnahme von drei bis vier Fuhrwerken gewöhnlicher Größe gebauter Prahm, der an beiden Seiten der Geeste an einer Rampe anlegte, die auf Pfählen ruhte und mit starken Bohlen belegt war. Der Prahm wurde an einer starken, stramm über die Geeste gespannten Trosse, die durch zwei an beiden Enden befindliche Blöcke lief, von zwei Fährknechten hinüber- und herübergezogen. Zugleich

---

[68] Vergl. die Artikel des Verfassers in der Nordwestd. Zeitung Nr. 147, 3. Beilage und Nr. 148, 1. Beilage 1926: „Die alte Geestefähre und ihr langjähriger Pächter Eide Siebs."

mit der Errichtung der großen Prahmfähre war aus dem Material der früheren zweiten Hospitalbaracke, die für die erkrankten holländischen Arbeiter errichtet war, ein ziemlich geräumiges Fährhaus aufgebaut, etwa vier bis fünf Fuß unterhalb des Deichs, auf dem Wege zwischen Jantzenschen Wohnhause und der Geeste. Hierin betrieben Eide Siebs, der zuletzt bei Jantzen wohnte, und ein gewisser Wiechmann, von dem wir sonst nichts weiter wissen, die neue Fähre bis ultimo 1831. Die Erhebung des Fährgeldes, die der Aufsicht des Amtmanns unterlag, brachte in den letzten drei Monaten nur 59 Th. G. 30 Gr. auf. Das Fährgeld war auf einen halben Groten für den Fußgänger festgesetzt. Mit dem Jahre 1832 wurde zum ersten Male die Fähre öffentlich verpachtet, und zwar an den Wirt Hinrich Schnibbe aus Wulsdorf auf zwei Jahre zu 200 Th. G. jährlich bei einem Groten für den Fußgänger. Vom 1. April 1834 übernahm Eide Siebs, der mittlerweile zwei Jahre bei der Vorhafenbaggerung tätig war, unter Bürgschaft des Schiffszimmermeisters Cornelius die Pacht, die für Ausübung der Fähre und eine damit verbundene Pflastergelderhebung 520 Th. G. betrug. Im Februar 1835 zogen die Eltern des Pächters zum Sohne ins Fährhaus. Am 15. April verheiratete sich Siebs mit Fräulein Johanne Rehm aus Geestendorf und führte die junge Frau in sein Heim. Im Laufe der Jahre wurde das Haus voll besetzt. Sechs Kinder wurden hier geboren. Im Erd- und Dachgeschoß mußten sie alle und das Dienstmädchen untergebracht werden. Im Fährhaus befand sich auch eine Gastwirtschaft, die besonders von den Torfschiffern und Führern kleinerer Fahrzeuge, die Kolonialwaren aus Bremen brachten, besucht wurde.

Dem Fährhaus gegenüber am jenseitigen Ufer, an der Stelle, wo sich heute die Dienstwohnung für den Vorstand des Wasserbauamtes befindet, stand das hannöversche Zollhaus, in dem man für alle Waren, die man in Bremerhaven gekauft hatte, soweit sie zollpflichtig waren, eine Abgabe zu entrichten hatte. Doch vielen gelang das Schmuggeln. Es war ja auch zu verlockend, im Hafenort die billigen Waren zu kaufen und dann unter dem Rock oder der Jacke oder sonstwie ins Zollinland glücklich zu retten. So vortreffliche Dienste die Fähre – trotz aller mit ihr verbundenen Umständlichkeit der Arbeit – dem Verkehr leistete, blieb sie doch nicht ganz vor Unfällen bewahrt. Wenn ein Wagen befördert werden sollte, wurde er an einem Seile mittels einer Erdwinde bis auf den Prahm heruntergelassen. Hierbei passierte es dem Fährknecht Edo Müller, daß er im Oktober 1834 durch Unvorsichtigkeit einen Wagen in die Geeste fahren ließ, wofür der Fährpächter in Bremen 56 Th. G. 6 Gr. Entschädigung und nahe 25 Th. Strafe zahlen mußte. Ferner fiel am 9. Oktober 1838 ein mit Ochsen bespannter Wagen vom Prahm in die Geeste. Auch eine zeitweilige Einstellung des Betriebes mußte die Fähre erfahren, wenn im Winter die Geeste zufror, und das Eis noch zu schwach war, Menschen oder gar bespannte Wagen zu tragen. Bei starkem, anhaltendem Frost aber, den die frühere Zeit öfters erlebte als die jetzige, wurden alle Vorsichtsmaßregeln getroffen, um eine glückliche Überfahrt auch schwerbeladener Wagen zu ermöglichen Die ganze Eisstraße der Fähre wurde durch wiederholte Wasserübergüsse wesentlich gestärkt, sodann wurden von einem Ufer zum anderen quer Bohlen gelegt, durch die der Druck, den Wagen und Pferde auf das Eis ausübten, verteilt wurde, die Bohlen aber mit Stroh und Sand belegt, um so ein Ausgleiten der Wagen und Pferde zu verhindern.

Im Frühjahr und in der Sommerzeit wurden viele Bausteine aus den Ziegeleien der Lunegegend per Wagen über die Fähre befördert, um bei den Neubauten des Hafenortes verwendet zu werden. In den dreißiger und vierziger Jahren, besonders in den Monaten Juni und Juli, wurden aus derselben Gegend manche Heufuhren über die Fähre gebracht, zur Fütterung nicht bloß der Pferde, sondern auch der Kühe, die damals von vielen Einwohnern Bremerhavens gehalten wurden. – Die Pacht der Fähre stieg mit den Jahren immer etwas höher, von 615 Th. G. im Jahre 1838 auf 675, dann auf 750 und zuletzt 850 Th. G. Für Eide Siebs durchaus erträgliche Zustände, denn der Fährbetrieb und insbesondere die damit verbundene Wirtschaft brachten guten Verdienst. Dazu kam der 1840 eröffnete und sich rasch lohnende Fuhrwerksbetrieb, für den Siebs zunächst einen Schuppen neben dem Fährhause als Stallung für die Pferde errichtete. Zwar wurde 1846 das Pflastergeld für die Wagen, das dem Fährpächter zufiel, aufgehoben, dafür aber die zur gleichen Zeit entstandene sogenannte kleine Fähre oberhalb der Geestemündung, wo sie noch heute sich befindet, nach harten Kämpfen um ihren Besitz, der Prahmfähre einverleibt, bei einem Fährgelde von einem halben Groten. – Manchmal in den vierziger Jahren und schon früher, erhielt die Fähre hohen Besuch, wenn die Bremer Herren der Deputation für den Hafen, Bürgermeister Smidt und Senatoren, mit der Staats- oder Mietkutsche am jenseitigen Ufer anlangten, sich übersetzen ließen und mit freundlichen Worten den gern gesehenen Pächter am Fährhause begrüßen. Das war dann für die gerade anwesende Bevölkerung ein besonderes Ereignis.

Noch interessanter aber gestaltete sich das Leben an der Geeste zu Ende der vierziger Jahre, als die deutsche Kriegsflotte in der Herbst- und Winterzeit meistens am linken Ufer der Geeste stationiert war. Da benutzten die Offiziere und Mannschaften, fleißig die Fähre, und das ganze Verkehrsbild wurde verschönt durch die schmucken blauen, mit goldenen Knöpfen besetzten Uniformen der Offiziere und durch die verschiedenen Trachten der Matrosen und Soldaten. Admiral Brommy, der damals im Hause des Advokaten Dr. Philippi in der Fährstraße wohnte, ließ sich oft übersetzen zur Inspektion der Kriegsschiffe, sowie des am Geestemünder Deich errichteten Arsenals. Ganz abgesehen von dem durch die deutsche Kriegsflotte vermehrten Fährbetrieb, hatte sich damals infolge der immer mehr wachsenden Bevölkerung des Hafenortes und infolge der ersten Besiedelung des neugegründeten Geestemünde der Geesteverkehr wesentlich gesteigert. Zu den ersten Gebäuden, die drüben gebaut wurden, gehörte auch die große Dampfmühle und Dampfbäckerei von Hartlaub, später Lenz (jetzt Weinbrennerei und Likörfabrik von Dunker & Schramm). Große Fässer mit Hartbrot und Kakes wurden von dort oft über die Fähre nach dem Hafen befördert zur Verproviantierung der Seeschiffe.

Mit dem 1. April 1851 trat laut Vertrag zwischen Hannover und Bremen eine wesentliche Erleichterung für die Benutzung der Fähre ein: eine Tarifermäßigung um die Hälfte und Erlaß des Fährgeldes für die königlichen Wasserbau- und Hafenbeamten zu Geestemünde, sowie für die höheren Beamten zu Lehe.

Mittlerweile hatte Siebs am Deich in Geestemünde (jetzt 20) ein stattliches Haus zu neuen Unternehmungen sich bauen lassen und gab mit dem 1. Juli 1851 seinen Fährdienst auf, zum lebhaften Bedauern vieler, die ihn in seiner ununterbrochenen siebzehnjährigen Tätigkeit an der Fähre schätzen gelernt hatten. Hatte er sich doch stets als ein tatkräftiger, arbeitsamer, dabei rechtlich denkender und handelnder Mann erwiesen, zuverlässig, solide im Wandel und freundlich im Verkehr. – Sein Nachfolger im Fährbetrieb wurde der Wirt Diedrich Welhelm Pleuß, der für ein Jahr den hohen Pachtpreis von 1.430 Th. G. zahlte.

Wenden wir unseren Blick von dem Geesteverkehr auf die Landverbindung des jungen Hafenortes mit Bremen und Vegesack. Gemäß den Bestimmungen im Artikel XII des Staatsvertrages wurde im Jahre 1832 von seiten Hannovers und Bremens die große Chaussee von Burg bei Bremen nach Lehe vollendet, und damit waren die besten Mittel zu einer schnellen Kommunikation zwischen Bremen und Bremerhaven geschaffen. Die große Chaussee wurde hauptsächlich aus den erratischen Blöcken der Geest erbaut; vermutlich sind, wie Plettke, Geestemünde, meint, damals viele Hünengräber diesem Zwecke zum Opfer gefallen.

Nachdem zu weiterer Ausführung der erwähnten Vertragsbestimmungen durch eine Chaussee, welche Hannover von der Wassermühle zu Lesum bis an die Auebrücke zu Vegesack angelegt, sowie durch Errichtung eines gradlinigen Fahrweges zwischen Vegesack und Heilshorn die beabsichtigte Verbindung des Fleckens Vegesack mit der großen Chaussee erreicht war, wurde damit zugleich eine vorzügliche Verkehrsstraße zwischen dem dortigen und hiesigen Hafenort hergestellt. Die „hannoversche" Chaussee war damals nicht nur für die Personenbeförderung durch Wagen und für den Fußverkehr, sondern vor allem für den Handelsverkehr wichtig. Im Winter, wenn der Eisgang auf der Weser sich einstellte oder diese gar zugefroren war, so daß aller Leichterverkehr zwischen hier und Bremen aufhörte, mußten sämtliche Schiffsfrachtgüter auf dem Landwege weiter befördert werden. Dann sah man oft eine Reihe von hochbeladenen, mit weißen Segeltuchlaken bedeckte Wagen von vier bis sechs schweren Pferden in hohem schellengeziertem Kumpfgeschirr gezogen, ihre Fahrt von hier antreten. Bei der Anhöhe über den Deich, an der Stelle wo sich heute der „Siegesplatz" befindet, wurde sich alsdann gegenseitig Vorspann geleistet. Diese Wagen mußten, da die Fähre von den schweren Frachtfuhrwerken nicht benutzt werden konnte, alle nach Lehe bis zur Dionysiuskirche, um alsdann, in der Poststraße einbiegend, über die alte Franzosenbrücke ihren Weg auf der großen Chaussee nach Bremen zu verfolgen. Dieser Umweg wurde in den dreißiger und vierziger Jahren und noch bis Januar 1857 eingeschlagen, als endlich die Geestebrücke den kürzeren Weg für die Frachtfuhrwerke nach Bremen bot.

Was die Personenbeförderung durch Wagen betrifft, so benutzten die Herren der Bremer Deputation oft die Chaussee, um mit einer Miets- oder Staatskutsche über Lehe nach Bremerhaven zur Inspektion zu fahren. Hier stiegen sie vor dem Hafenhause ab, wo sie gegen staatliche Vergütung bewirtet wurden und auch übernachteten, während in dem gleich beim Entwurf des Bauplanes vorgesehenen Anbau des Hafenhauses Wagen und Pferde untergebracht wurden.

Von hier gingen oft auch Kutschen nach Bremen und Vegesack ab mit Bremer Kapitänen, die von der Seefahrt in den Hafen zurückgekehrt waren und nun ihren Reedern und Kaufleuten Bericht erstatten und die Ihrigen in Bremen oder Umgegend für kurze Zeit besuchen wollten. Knieling, der Wirt „Zur goldenen Traube" in der Leher Straße, der auch eine Mietskutscherei besaß, übernahm gewöhnlich ihre Beförderung.

Noch einer anderen kleinen Chaussee gedenken wir, die einen bequemen Verkehr mit dem Hafenorte herstellte, der 1831 zum Teil mit Klinkern gepflasterten und mit Pappeln bepflanzten Chaussee, die nach dem dreiviertel Stunden entfernt liegenden Lehe führte.

Auf dieser Chaussee, zu einer Zeit, da der Hafenort für lange in Lehe eingepfarrt war, kamen öfters die Leher Geistlichen angefahren, wenn sie, was immer mit Weitläufigkeiten und unverhältnismäßig hohen Kosten für die Bremerhavener verknüpft war, mit einem Wagen abgeholt wurden, um hier, wie es damals Sitte war, in den Wohnungen der Gemeindeglieder Kindtaufen und Kopulationen zu vollziehen. Auf dieser Chaussee wandelte die Bremerhavener Jugend, Knaben und Mädchen, um an dem Konfirmationsunterricht bei dem lutherischen oder reformierten Prediger teilzunehmen. Auch vom Lande, aus der näheren und weiteren Umgegend, kamen von der Mitte der dreißiger bis vierziger Jahre am Sonntage viele Familien auf der Leher Chaussee angefahren, um die prächtigen Handelsschiffe, die bremischen und die fremden, sowie dieses oder jenes Auswandererschiff das noch im Hafen lag und der Ausfahrt durch die Schleuse harrte, zu besichtigen. Für alle eine völlige Neuigkeit und große Sehenswürdigkeit! Sie stiegen gewöhnlich bei Arend Jürgen Dreyer ab, der in der Leher Straße 79 (jetzt Goßlers Hotel) seit 1832 Wirtschaft mit Bäckerei betrieb, eine große Stallung für Pferde besaß, dazu bei den Bauern in Hadeln und Wursten, wo er früher als Müller tätig war, noch in guter Erinnerung stand.

Die große Chaussee diente in den dreißiger Jahren auch dazu, im Privatwege durch zuverlässige Fußboten den Brief- und auch wohl Kleinpaket- und Geldverkehr zwischen Bremerhaven und Bremen zu vermitteln.

Wir denken hier an Johann Kuhlmann aus Ohlenbrock, Amt Elsfleth, geboren 1810, der schon als Jüngling bei dem letzten Bau des Alten Hafens als Arbeiter beschäftigt gewesen war und später durch Verheiratung mit der Witwe des Detaillisten Oters, Friederike Christine, geborene Wellhausen, fest ansässig geworden, zunächst in der Marktstraße 17 ein Kolonialwarengeschäft betrieb. In der Zeit, da er „auf Karte" wohnte als „temporärer Untergehöriger", hat er oft als Fußbote im Auftrage der hiesigen Spediteure am Hafen die Beförderung der Briefe usw. an die Bremer Kaufleute und Reeder übernommen und von dort wieder Briefe überbracht. Sein Nachfolger war der Kornmesser Louis Sprenger, der 1835 in der Kurzen Straße sich anbaute. Die beiden Fußboten hatten bei der weiten Entfernung zwischen hier und der alten Hansestadt, zumal bei schlechtem Wetter, kein leichtes Amt und würden die Landbriefträger unserer Tage beneidet haben, die mittels ihres Fahrrades ihre Dienstobliegenheiten leichter und rascher erledigen.

Eine Postanstalt in Bremerhaven existierte nicht. In dem Staatsvertrage vom 11. Januar 1827 war der Abschluß einer Postkonvention für den Postverkehr zwischen Bremen und dem Neuen Hafen vorbehalten. Allein ungeachtet vieler Versuche, darüber mit Hannover sich zu verständigen, blieb die Sache neunzehn Jahre lang unerledigt und wurde der Brief- und Paketverkehr fortwährend auf privatem Wege vermittelt. In eiligen und wichtigen Fällen bediente man sich auch zur raschen und sicheren Beförderung der Briefpost der Kurierpferde. So wurde noch im Jahre 1847 bei der Ankunft des ersten amerikanischen Dampfers „Washington" die große, wichtige Briefpost aus Amerika nicht mit dem Dampfer „Gutenberg", der die hundertundzwanzig Passagiere auf ziemlich langer Fahrt nach Bremen beförderte, sondern durch Kurierpferde auf der hannoverschen Chaussee eiligst nach Bremen gebracht.

Richten wir jetzt vom Chausseeverkehr unser Augenmerk auf die durch die Weserkähne und bald auch durch die Weserdampfschiffe vermittelte Verbindung mit dem Hafenort. Für den Frachtverkehr und für die Auswanderer wurden die Weserkähne von großer Bedeutung. In Segelkähnen wurden die für die Seeausfuhr bestimmten Frachten nach hier an die Schiffe gebracht und die von See eingeführten Güter nach Bremen befördert. In offenen Segelkähnen wurden von Bremen aus auch die vielen Zwischendecks-Auswanderer im Vorhafen des Alten Hafens gelandet. Von 1834 an fuhr nach hier regelmäßig das erste Dampfschiff „Bremen", das die Kajütspassagiere unter den Auswanderern benutzten. Im Laufe der Zeit kam eine Reihe von Dampfern hinzu, die fleißig von Reisenden allerart benutzt wurden. „Roland" (Kapitän Meyer), Ende der vierziger Jahre Abfahrt von Bremerhaven 6 Uhr morgens und 1 Uhr nachmittags, von Bremen 5^{45} morgens und 2 Uhr nachmittags; die Dampfschiffe „Telegraph" und „Gutenberg" täglich von Bremen 11 Uhr vormittags, von Bremerhaven 8^{30} Uhr morgens. Ferner die Dampfschiffe „Oldenburg", „Paul Friedrich August" und „Hanseat", die nicht nur den Verkehr zwischen Bremen und Bremerhaven, sondern auch zwischen beiden Weserufern vermittelten. Der Anleger für die Dampfer befand sich am rechten Geesteufer gegenüber dem alten hannoverschen Hafenhause, in welchem eine ansehnliche Wirtschaft mit Einlogierung von Meiners betrieben wurde. Abgesehen von den Reisenden, die die Fahrt nach Bremen antraten, und abgesehen von den besser situierten Auswanderern, die hier mit dem Schiffe ankamen, denken wir an manche Reisende, die besuchsweise hier oder in der Umgegend bei ihren Angehörigen einkehren wollten, an die Kapitänsfrauen, die vor der Abfahrt des Segelschiffes die letzten Stunden noch mit ihren Männern verbringen wollten und zu diesem Zwecke sich im althannoverschen Hafenhause oder bei dem in der Nähe gelegenen Wirtschaftsgebäude von Carsten Mehrtens Logis nahmen. Endlich gedenken wir auch noch derer, die bei ihrer Ankunft in Bremerhaven weitere Ziele ins Land hinein aus geschäftlichen oder anderen Gründen hatten. –

Bei der Ankunft der Dampfer entwickelte sich immer ein lebhaftes und buntes Bild. In langer Reihe stehen etwa 25 – 30 Männer in blaugestreifter Bluse (Buseruntje), um den einen Arm ein Schild mit einer Nummer versehen; hinter ihnen stehen ebenfalls in langer Reihe ihre Schubkarren. Sobald die Reisenden, die ohne Gepäck sind, das Schiff verlassen haben, ruft der Steuermann: „Herupp, herupp!" und wie toll stürzt die ganze Kolonne aufs Schiff, um irgendein Gepäckstück zur Beförderung zu erwischen und es alsdann auf den bereitstehenden Karren fortzuschaffen. Es sind diese Männer gewöhnlich die Hafen- und Nachtwächter, die das Vorrecht haben, in ihrer dienstfreien Zeit als sogenannte „Karrenschieber" von sämtlichen Schiffen Passagiergepäck zu befördern.

In den dreißiger und vierziger Jahren waren die Weserkähne und die Dampfschiffe auch für die Beförderung der Briefe und Pakete von Bedeutung, für welche die Kahnschiffer bzw. Dampferkapitäne ihre Vergütung bekamen. Mit dieser Beförderung sah es aber oft höchst dürftig aus. Bei östlichen Winden sank der Wasserstand öfters in solchem Maße, daß, wie Duckwitz in seinen „Erinnerungen" ausdrücklich bemerkt, während fünf bis sechs Wochen kein beladenes Leichterfahrzeug auf der Unterweser nach und von Bremen fahren konnte. Dampfschiffe leichter Bauart blieben oft tagelang auf dem Sande sitzen. Für die Korrespondenz mußte nun die Chaussee aushelfen, auf der Fußboten die Nachrichten von einem Orte zum anderen brachten. Für den Winter, wo die Weser ihren Eisgang hatte und gar zufror, kam die Aushilfe der Chaussee erst recht in Betracht.

Von größter Wichtigkeit für die Personen-, Brief- und Paketbeförderung wurde die Errichtung der P o s t. Erst die mit dem Jahre 1846 geregelte Postdampfschiffahrt zwischen Bremen und Neuyork eröffnete nicht nur die Aussicht auf einen neuen Aufschwung des bremischen Postwesens und seine hervorragende Stellung dem übrigen Deutschland gegenüber (s. Duckwitz, „Erinnerungen", S. 321 – 24), sondern wurde auch Anlaß zur Errichtung eines e i g e n e n P o s t a m t e s in B r e m e r h a v e n. Laut Postkonvention vom 28. Februar 1846 zwischen Bremen und Hannover wurde die Errichtung eines b r e m i s c h - h a n n o v e r s c h e n Postamtes in Bremerhaven beschlossen.

Die Wirksamkeit zwischen den beiden Postspeditiones-Kontoren wurde in genauer Weise geregelt.

1. Das hannoversche Kontor versendet für hannoversche Rechnung die Briefe nach dem Königreich, sowie d e n fremden Staaten, mit deren Postanstalten das Stadtpostamt zu Bremen nicht in direktem Verkehr für die Korrespondenz dieser und hinterliegender Staaten sich befindet. Außerdem besorgt dieses Kontor auch für hannoversche Rechnung a u f d e m L a n d w e g e die Expedition der Güter- und Personenposten.

2. Das bremische Kontor verwendet für bremische Rechnung die Briefe nach und von Bremen, sowie den fremden Staaten, mit deren Postanstalten das Stadtpostamt zu Bremen in direktem Korrespondenzverkehr dieser und hinterliegender Staaten (Oldenburg, Niederlande und Hamburg) sich befindet. Das Bremer Kontor vermittelt

außerdem den auf und von Bremerhaven geleiteten Briefverkehr mit überseeischen Ländern.

Da das Porto für die Briefsendungen nach Amerika nur ungefähr dasjenige über England betrug, traten nach wenigen Wochen sämtliche deutsche Postverwaltungen dem Vertrage zwischen Bremen und Amerika bei. Anläßlich des Anschlusses Bremens an den deutsch-österreichischen Postverein wurde mit Hannover am 23. April 1851 folgendes vereinbart: Bremen verzichtet auf die Kommunionfahrpost zwischen Hamburg und Bremen, an welcher es einen Anteil $^1/_{12}$ der Bruttoeinnahme hatte. Hannover dagegen verzichtet auf das am 28. Februar 1846 festgesetzte von Bremen an Hannover zu zahlende Transitporto für die Briefpakete zwischen Bremerhaven und Bremen und genehmigt die Einrichtung einer direkten Postverbindung zwischen Bremerhaven und Vegesack auf dem Landwege, und zwar frei von Transitportovergütung. So wurde Bremen in den Stand gesetzt, sein internes Porto zwischen Bremen und den Häfen zu stellen, wie es wollte, was aber nicht geschehen konnte, solange es einen Gutengroschen pro Lot Transitporto an Hannover zu zahlen hatte. Bremen kam dadurch in den Besitz eines wirklich selbständigen internen Postwesens zwischen der Stadt und ihren Hafenstädten.

Auf Grund des Deputationsberichtes vom 26. März 1847 wurde das Gehalt der Postbeamten des bremischen Kontors und eines ihm beizugebenden Sekretärs geregelt und zum Bau des Posthauses am Hafen geschritten. Dieses wurde 1847 vollendet und von dem bremischen und hannoverschen Postbeamten bezogen, von letzterem gegen die vereinbarte Miete von 400 Th. G. Der erste bremische Postverwalter war Wilhelm Ernst Hilmar Jahn und sein erster Sekretär Carsten Greve, der sich 1849 mit einer Tochter van Ronzelens verheiratete und bald als gewandter Redner, deutscher Patriot und vielseitig interessierter Mann eine in der Bevölkerung gefeierte Persönlichkeit wurde. Jahn versah bis in die achtziger Jahre als „Postdirektor" treu seinen Dienst, während der Sekretär nur kurze Zeit seines Amtes waltete und durch Simon Abegg ersetzt wurde.

Es wurden nun folgende regelmäßige Postverbindungen festgesetzt zwischen Bremen und Bremerhaven, sowie zwischen hier und Vegesack auf dem Landwege; zwischen Bremerhaven einerseits und Brake, Elsfleth und Dedesdorf andererseits auf dem Wasserwege. Die Postverbindung zwischen hier und Bremen, sowie Vegesack ist indes nicht so zu verstehen, als ob vom Postamt in Bremerhaven aus die Wagen auf ihren Routen den Weg über die große Prahmfähre angetreten hätten. Die Personen-, Brief- und Paketbeförderung fand am jenseitigen Ufer der Geeste von dem in einem alten Geestendorfer Bauernhause sich befindlichen Postamt aus statt, an der Ecke der jetzigen Ludwigstraße, wie auch die von Bremen und Vegesack kommenden Postwagen ihre Fahrgäste, Briefe und Pakete vor dem genannten Postamt absetzten. Eine Personen-, Brief- sowie Paketbeförderung direkt vom hiesigen Postamt aus durch Wagen fand erst im Januar 1857 nach Eröffnung der Geestebrücke statt. So haben wir die durch Fähre, Chaussee, Weserschiffahrt und Post hergestellte Verbindung mit unserem Hafenort vor Augen geführt.

Von größerer Bedeutung noch für den Nachrichtenverkehr wurde die Telegraphie.

Als im Jahre 1844 die deutsche Naturforscherversammlung in Bremen stattfand, bildeten eine Fahrt auf drei Dampfschiffen nach Bremerhaven und ein Festessen daselbst in einem Zelt auf dem Platze neben dem Hafenhause einen Hauptteil des Vergnügungsprogrammes für die Teilnehmer. Statt mit Laubkränzen und Blumengirlanden war dieses Zelt mit Girlanden und Gewinden von Schiffstauen und Ankerketten, mit Walfischbooten, mit Bojen, Ankern und Flaggen sehr originell und geschmackvoll von dem Kapitän Wendt in Bremen dekoriert, der seit 1838 die Agentur der Assekuranz-Kompagnien leitete und in demselben Jahre seine zweite Ehe mit Anna Lange schloß, der Tochter des weithin bekannten Schiffsbaumeisters J. Lange in Vegesack. Anläßlich dieser Versammlung brachte Bürgermeister Smidt als Dank für die originelle Aufmachung seitens des Kapitäns einen Toast aus, dem der die Worte hinzufügte: „Es wird allen interessant sein zu erfahren, daß unser junger Freund Kapitän Wendt schon viermal die Welt umsegelt hat (allgemeine große Sensation!) und daß derselbe vor sechs Wochen doch zum ersten Male in England gewesen ist!" – Diese in einer Havarieangelegenheit angetretene Reise sollte für ihn und Bremen bedeutungsvoll werden. Hier fand er nämlich bereits zwischen London und Slough eine telegraphische Linie in Betrieb, die mit Nadelapparaten arbeitete. Wendt war davon entzückt und voll Bewunderung für die neue Erfindung. Er versuchte daher die Konstruktion der Apparate und die Behandlung derselben näher kennenzulernen. Alles umsonst! – Die Apparate waren versiegelt, die Beamten eidlich zum Stillschweigen verpflichtet. Er ließ sich dadurch nicht abschrecken. Im Gegenteil, die Hindernisse reizten ihn; er begann jetzt selbst mit Versuchen, die Apparate herzustellen, von denen er doch wahrscheinlich nur eine unvollkommene Idee bekommen hatte. Es begann die Periode des Probierens und Experimentierens, bis er endlich seinen Zweck erreicht und sich einen zum Telegraphieren geeigneten Apparat ausgedacht hatte. Sein treuer Gehilfe bei seinen Arbeiten war Reimer Hans Reimers, der später Telegraphen-Inspektor zu Bremerhaven wurde. Die Sache machte natürlich Aufsehen und fand Anklang, zunächst im engen Kreise. Doch bald wurde die Sache in denkbar günstigster Weise gefördert. Am 30. November 1845 gab Hannover, das zuerst in Betracht kam, da die ganze telegraphische Leitung durch sein Gebiet geführt werden mußte, die Konzession zur Anlage des elektro-magnetischen Telegraphen von Bremen nach Bremerhaven. Vier Wochen später gab der bremische Senat am 26. Dezember 1845 die gleiche Genehmigung. Eigentümlicherweise wurde fast zu derselben Zeit auch die Konzession zur Errichtung eines optischen Telegraphen an den darum nachsuchenden Kaufmann J. L. Schmidt aus Altona bewilligt. Gewiß ein Zeichen für das geringe Vertrauen, das man im allgemeinen noch den Plänen Wendts entgegenbrachte. Denn was sollte schließlich ein optischer Telegraph neben einem elektrischen? Hier mag die Darstellung der weniger bekannten optischen Telegraphie angebracht sein: Wir besuchen zu diesem Zweck den Telegraphenbeamten in seinem Dienstzimmer. Es liegt im obersten Teile des Gebäudes, damit er über Dächer und Bäume ungehindert zur Nachbarstelle blicken kann. Um zu sehen, was bei dem Nachbar vorgeht, oder – wo es sich um Schiffsmeldungen in Bremerhaven handelt – welches Schiff von der Wesermündung aufkommt, bedient er sich eines langen und scharfen Fernrohrs. In der Mitte des Dienstzimmers steht ein runder Tisch; auf seinem Rande ist das Alphabet angebracht. Um ein Buchstabenzeichen zu geben, wird ein Zeiger auf den gewünschten Buchstaben gedreht. Eine sinnreiche Einrichtung überträgt die Zeigerbewegung auf hölzerne, reichlich einen Meter lange und fast halb so breite Arme, die an den Ecken eines starken Kreuzes angebracht sind.

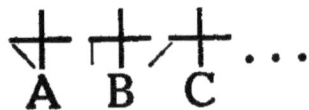

Durch diese Arme werden die Buchstabenzeigen[69], von Station zu Station durch das Fernrohr gesehen, nachgebildet und auf diese Weise weiterbefördert (nach D. Steilen, Bremen, in der Beilage zu Nr. 135 der Nordwestdeutschen Zeitung, 12. Juli 1922).

Im Bremer „Bürgerfreund", Jahrgang 1846, befanden sich zahlreiche Zuschriften, in denen der elektro-magnetische Telegraph entweder als unmöglich oder als höchst gefährlich, wegen Attraktion der Gewitter und der atmosphärischen Elektrizität dargestellt und vor ihm gewarnt wurde. Vielen schien die Zukunft des optischen Telegraphen gesichert, für den man leicht Anschlüsse auf weiten Strecken schaffen könne. Bei dem elektrischen Telegraphen hielt man das merkwürdigerweise für ausgeschlossen. Als der erste elektrische Telegraph am 19. November 1846 die erste Depeche – noch nicht offiziell – beförderte, schrieb die Weser-Zeitung: „Unser Telegraph zwischen hiesiger Stadt und Bremerhaven hat heute um zwölf Uhr mittags seine wundersame Arbeit begonnen!" Dabei war die nach Bremerhaven führende Leitung mittels eines Kabels bei der großen Prahmfähre oberhalb der späteren Geestebrücke im Geestebett angelegt. Bald stellten sich Beschädigungen, wahrscheinlich durch die Anker der kleinen Fahrzeuge bewirkt, ein. Infolgedessen wurde die Leitung 110 Fuß über das Niveau der Geeste gelegt, bis im Jahr 1858 die Leitung wieder mittels eines Kabels durch die Geeste gelegt wurde. Nach verschiedenen zur allgemeinen Zufriedenheit ausgefallenen Proben wurde die Telegraphenlinie Bremen – Bremerhaven von dem Erbauer an den „Bremer Telegraphen-Verein" übergeben und am 1. Januar 1847 für den allgemeinen Betrieb wirklich eröffnet. Es war die erste öffentliche, für weitere Entfernungen berechnete Telegraphenlinie in Deutschland! Im Jahre 1849 erhielt Bremen von Hannover die Konzession zur Weiterführung der Linie von Bremerhaven nach Cuxhaven. Im Jahre 1850 bedienten sich die Beamten in Bremen und hier schon nicht mehr der Nadel- sondern der Morseapparate. Im August wurde die Strecke nach Cuxhaven eröffnet, und da

---

[69] *Druckfehler aus dem Original übernommen*

Hamburg eben vorher eine elektrische Linie zwischen Hamburg und Cuxhaven errichtet hatte, so war jetzt auch eine direkte Verbindung zwischen Hamburg und Bremerhaven hergestellt.

Der optische Telegraph wurde ungefähr zugleich mit dem elektrischen im Jahre 1847 zwischen hier und Bremen eröffnet und war für die Schiffsnachrichten, besonders für die aufkommenden Schiffe, die von hoher Warte aus durch das große Fernrohr schon am „Hohenweg" gesichtet werden konnten, hier noch längere Zeit in Betrieb. Über sechs Stationen, die fast alle einen turmähnlichen Aufbau zeigten und rund zehn Kilometer auseinander lagen, wurden die Signalzeichen weiter gegeben. Von hier aus war die nächste Zeichenstelle Dedesdorf-Eidewarden. Es folgten Brake, Vorbrock-Bockhorn im Hannoverschen, Vegesack, Oslebshausen und Bremen, wo die Geschäftsstelle am Domshof sich befand. Der optischen Telegraphie hafteten doch große Mängel an. Außer zur Nachtzeit war die Verbindung bei trübem Wetter und bei Regen vollständig unterbrochen. Daß wichtige Nachrichten nicht liegen blieben, dafür sorgte nicht mehr die sonst übliche Reitpost, sondern nunmehr der elektrische Telegraph. –

Die Station in Bremerhaven lag in der Nähe der Geeste auf dem heutigen Tonnenhof. Sie machte sich aus der Ferne, vom Wasser aus gesehen, wie der Turm einer Hafenkirche. Hier fungierte als erster und letzter Telegraphenbeamter unser allverehrter C. C. H. Bösch[70], während seine Frau, solange der optische Telegraph in Betrieb war, den Dienst auf der Dedesdorfer Station versah. Der Kampf zwischen den beiden wetteifernden Telegraphien dauerte noch einige Jahre. Der den optischen Telegraph eingeführt hatte, Kaufmann Schmidt, mußte im Revolutionsjahre flüchten. Im Jahre 1849 wurde der zeitweilig unterbrochene Betrieb wieder aufgenommen, bis er im Jahre 1855 der Geschichte angehörte. – So war denn durch verschiedene Einrichtungen und Verbesserungen eine vielseitige Verbindung mit Alt-Bremerhaven hergestellt.

Wie der optische Telegraph ein weithin sichtbares, freundliches Wahrzeichen Alt-Bremerhavens war, so auch die erste

---

[70] Später Schiffsmakler an der Poststraße, 1907 im hohen Alter von 87 Jahren verstorben.

Windmühle in Bremerhaven.

Am 25. Oktober 1835 wurde dem bremischen Bürger Heinrich Dohrmann das Grundstück unterhalb des Kalkofenplatzes von J. G. Eits und oberhalb der Erbzinsstelle von Cornelius[71] zum Bau einer Mühle und eines dazu gehörigen Wohnhauses überwiesen. Am 19. Januar 1846 ging die mit Strohdach gedeckte Mühle nebst Wohnhaus in den Besitz des Kolonialwarenhändlers Carl Johann Friedrich Hashagen von hier über.

In den dreißiger und vierziger Jahren wurde der Brotteig vielfach daheim hergestellt und dann zum Bäcker gebracht. Das dazu erforderliche Mehl holte man sich direkt von der Mühle oder man brachte das auf dem Lande erstandene Brotkorn zum Mahlen nach der Mühle. Die Alleinstehenden und die Arbeiterfamilien kauften sich gewöhnlich ihr Brot beim Bäcker. In den Detailgeschäften war es damals seltener erhältlich. Bremerhaven hatte damals vier ansehnliche Bäckereien, die von Diedrich Vasmer am Markt, von Runken und Dreyer in der Leher Straße, von Büssenschütt in der Langenstraße, von Cordes später Ulrichs, Ecke des Marktes und der Marktstraße. In letzterer auch hatte 1838 Georg Anton Arthkamp eine Konditorei eröffnet. Auch Ecke der Geest- und Osterstraße (jetzt Geeststraße 7) hatte Hermann Adami eine Wirtschaft mit Konditorei. Von der Frau des Besitzers, einer ziemlich korpulenten und großen Gestalt, hieß es damals, wenn sie in vollem Staat durch die Straßen schritt: „De grote ‚Clementine' is ünner Seil." Man verglich sie eben in ihrer stattlichen Aufmachung mit dem damaligen ansehnlichsten Bremer Vollschiff in unserem Hafen. Adamis Konditorei mit ihrer starken weiblichen Bedienung wurde von den Einwohnern und den Landleuten viel besucht. An Gelegenheit, feines und feinstes Gebäck in guter Auswahl zu genießen, fehlte es an unserem Orte nicht und an trefflichem Brot war kein Mangel. Doch schlecht war es bestellt mit der

Wasserversorgung.

Jahre sollten darüber hingehen, ehe der Hafenort eine allgemeine Versorgung mit reinem Quellwasser erfuhr. Die wiederholten Bemühungen, im Hafenbezirk eine Brunnenanlage zu schaffen, blieben ohne Erfolg. Dazu

---

[71] Die ganze Strecke zwischen Deich und Geeste vom Eitschen Kalkofenplatz bis zur Werft von Cornelius war damals noch unbebaut.

war noch im Mai 1829 zu Bremerhaven nur eine einzige Zisterne vorhanden, so daß die holländischen Unternehmer noch immer den größten Teil des Wasserbedarfs von Bremerlehe kommen lassen mußten. Unter solchen Umständen sah sich die Deputation, in schuldiger Sorge um die Gesundheit aller in Bremerhaven Arbeitenden und Verkehrenden, veranlaßt, auf eine vermehrte Zisternenanlage anzutragen. Die dazu gewünschten 1.000 Th. G. wurden denn auch staatsseitig bewilligt.

Im Jahre 1834 wurde auf dem Marktplatz ein energischer Versuch zum Bohren eines artesischen Brunnens gemacht. Man war mit englischen Röhren bis auf eine Tiefe von 165 Fuß vorgedrungen. Da mußte wegen eines Risses in dem unteren Ende der Brunnenröhre die ganze Anlage eingestellt werden. Der Aufwand, den dieselbe erforderte, überschritt die zur Deputation gestellten Fonds so bedeutend, daß die Bremer Deputation sich genötigt sah, eine Nachbewilligung von 6.000 Talern zu beantragen. Der Versuch zum Bohren blieb ein gänzlich verunglückter.

Leher Fuhrleute brachten nun den Ortsbewohnern Wasser in Fässern an, den Inhalt eines Fasses zu acht Groten gerechnet. In Verlegenheit kamen öfters die Schiffe mit den vielen Auswanderern unter der Wassersnot. Doch auch hier wurde Abhilfe geschaffen. Der Einwohner Georg Wienbarg aus Brake hatte ein Kuffschiff zu einem Wasserbassin zurechtzimmern lassen. Mit diesem fuhr er die Weser hinauf bis Rönnebeck. Hier ließ er es voll laufen und lieferte dann den Schiffen im Hafen das Wasser. Es war zwar Brunnenwasser, aber wenig genießbar, da es aus einem großen, nicht völlig rein zu haltenden Holzbauch kam. Dennoch wurde Wienbarg freudig begrüßt, wenn er noch zur rechten Zeit mit seiner Ladung einlief. –

Um die Mitte der dreißiger Jahre bauten sich viele im Orte in den bereits bewohnten Häusern oder anläßlich ihres Anbaus Zisternen, sei es im Hofraum oder Keller, um das Regenwasser in möglichst guter Beschaffenheit zu gewinnen. Manche freilich begnügten sich noch mit der Tonne, in der das durch die Dachrinne aus der Gosse fließende Regenwasser aufgefangen und bewahrt wurde. Da es damals streng verboten war, Tauben zu halten, die frei umherfliegen, also auch auf die Dächer sich setzen konnten, so blieb das Regenwasser, das in die Tonne oder Zisterne floß, wenigstens vor Verunreinigung durch diese Vögel bewahrt. –

Endlich kam die Zeit, wo jeder am Ort selbst zu jeder Tageszeit reines, vorzügliches Wasser, wenn auch nicht direkt aus dem Brunnen, so doch

Brunnenwasser aus einer Zisterne gegen geringes Entgeld reichlich schöpfen konnte – eine rechte Erquickung für alle, denen das Regenwasser der Tonne und auch der Zisterne nicht genügte. Der Maurermeister Johann Hinrich Eits ließ eine Wasserleitung von Bremerlehe nach dem Hafen bauen und begann am 8. August 1838 mit der Anlage. Auf dem Terrain in Lehe, wo die Eitsche Graupenmühle stand, befand sich auch ein Brunnen mit gutem Trinkwasser. In einer Scheune neben der Mühle wurde ein Göpelwerk[72] befestigt, welches mit Pferden betrieben wurde. Mittels dieses Werkes wurde das Wasser in einem hölzernen Kasten gehoben, der auf einem 15 Meter hohen Gerüste stand. Auf diese Weise wurde das Wasser durch Röhren nach Bremerhaven gedrückt und floß in eine Zisterne, welche im Keller des Hauses 48, Kirchenstraße, neben dem jetzigen Bankhause Probst & Co., aufgemauert war. Neben dem Hause befanden sich zwei Pumpen, aus welchen das Wasser vom Publikum gehoben und abgeholt wurde. Für zwei Eimer wurde ein Groten gezahlt. – Auch existierte ein Ortsfaktotum, Jakob Christ mit Namen, der für zwei Grote jedem zwei große Eimer Wasser ins Haus brachte. Die Jungens nannten ihn „Waterchrist". Er verdiente sein Geld nicht leicht. Glücklicherweise durfte er damals mit seiner Tracht noch auf dem Trottoir gehen, sonst wäre er wohl auf dem damaligen Straßenpflaster, das mit Ausnahme der Leher Straße, die mit Rotstein gepflastert war, aus sogenannten Findlingen bestand, öfters zu Fall gekommen, da er schlecht auf den Füßen war. Wenn er im günstigsten Falle täglich vierzig große Eimer Wasser abgesetzt hatte – die in der Nähe Wohnenden holten's sich ja selber – so hatte er vierzig Grot = 1,85 Mark, verdient. Ein bescheidener Tagelohn für die mühselige Arbeit. –

Erfreulich war es, daß noch der Flecken Bremerhaven die ersten Arbeiten der

Kanalisation

erlebte. Hannover hatte anläßlich der Gründung des Geestehafens im Jahre 1818 den Schirmdeich errichtet, der sich von der später erbauten Schleuse

---

[72] Göpelwerk eine Maschine, deren Achse durch die Zugkraft von Tieren in Umdrehung vesetzt und zum Heben von Lasten und zum Betrieb von Arbeitsmaschinen verwandt wird. Die Göpel sind meistens auf dem Boden befestigt, werden aber auch fahrbar gemacht.

des Alten Hafens an bis zu der Leher Grenze von 1827 erstreckte, und mit Rücksicht auf den gekrümmten Lauf der Geeste, und zwar anfänglich geradezu parallel zu dem Flusse erbaut wurde. Die innerhalb des zu errichtenden Schirmdeichs ausgegrabene Erde brachte Vertiefungen mit sich, die einen langen Graben darstellten, der im Volksmunde die Puttkuhle genannt wurde. Diese überschwemmte bei Hochwasser oft die Ländereien, weil sie damals noch keinen Abfluß nach der Geeste hatte.

In dem Bremer „Politischen Wochenblatt" vom Sonntag den 2. September 1832 lesen wir, daß die Puttkuhle durch einen im Schirmdeich anzubringenden kleinen Siel Abfluß nach der Geeste erhalten soll, um damit die Abwässerung des im Entstehen begriffenen Ortes zu beschaffen. Danach nehmen wir an, daß noch im Herbste 1832 oder im Frühjahr 1833 dieses Siel errichtet worden ist. Es war im Laufe der Zeit nicht mehr recht gebrauchsfähig. Deshalb legte Bremen im Jahre 1846 in dem Geestedeich ein Siel an derselben Stelle an, d. h. in der östlichen Verlängerung der heutigen Sielstraße, in der innerhalb des Deichs gelegenen Gegend unserer Jakobstraße. Diese Anlage von 1846 ist wohl nicht als eine völlige Neuanlage anzusehen, sondern als eine Ausbesserung und Vervollständigung des alten Siels.

Die Puttkuhle, durch Stinkstoffe, die das Wasser mit sich führte, stark verunreinigt, verbreitete oft unangenehme Ausdünstungen, und bei starkem Regenwetter, wenn das Hochwasser zeitweilig die Öffnung des Siels nicht zuließ, trat das Wasser aus dem Graben aus und überflutete die nahe gelegenen Straßen und Plätze. So empfindlich sich solche Übelstände für die Bewohner Bremerhavens auch fühlbar machten, so waren sie es doch nicht, die an erster Stelle den Anlaß zum Beginn der Kanalisation gaben. Diesen bot vielmehr der Plan der Staatsbehörde, eine Reihe von Bauplätzen gerade auf dem Terrain der Puttkuhle und dem in der Nähe gelegenen und der Überflutung durch die Sammelwasser der Puttkuhle ausgesetzten, dem Staate gehörigen Boden zu veräußern. Ein Bericht der Deputation vom 4. Juni 1849, vom Senate an die bremische Bürgerschaft übermittelt äußerte sich dahin, das Emporblühen des Hafenortes führe notwendig die Ansiedlung mancher dem unterem Gewerbe Angehöriger mit sich und es sei Pflicht des Staates, auch diesem Teile der Bevölkerung den Erwerb einer ihren Bedürfnissen und Vermögensverhältnissen entsprechenden Wohnung zu ermöglichen, zu einer Zeit, wo der teure Mietspreis, sowie die Konkurrenz der Bauspekulanten beim Verkauf kleiner Bauplätze hemmend in den Weg träten. Am 8. April 1850 empfahl die Deputation das im Vorjahr vorgelegte Projekt, zweiundsiebzig (!) kleine Bauplätze dadurch zu gewinnen, daß die Puttkuhle von der Fährstraße bis zum Ostende der Mittelstraße zugeschüttet und vom Hafenbassin bis zu letzterem ein Kanal hergestellt werde. Die Ausführung dieser ersten Kanalanlage erlitt durch nichtbefriedigende Arbeiten des Unternehmers und infolge der Meinungsverschiedenheiten über die Art der weiteren Anlage zwischen van Ronzelen einerseits und dem Baudirektor Schröder und Baukondukteur Loschen, Bremen, andererseits eine ziemliche Verzögerung. Schließlich wurde der Kanal doch Anfang September 1851 auf der Strecke vom Ostende der Mittelstraße bis zur Fährstraße von Schröder, bzw. Loschen, hergestellt und dem Gebrauch übergeben. Noch im Herbste desselbigen Jahres wurde von Loschen der Kanal nach dem Alten Hafen verlängert. –

Was die

Beleuchtung des Ortes

betrifft, so wirkte sie zu gewissen Zeiten, wenn der Mond am Abend und in der Nacht sein Licht über Dächer und Deiche, Straßen und Plätze ausgoß, prächtig. Sonst war es, abgesehen von Öllampenlaternen, deren spärliches Licht den Hafen und Umgebung beleuchtete, im Orte selbst finster und bedeckte dunkel den Flecken, bis in den sechziger Jahren die Stadt eine Gasanstalt baute. Indes bei den abendlichen Gängen und Besuchen half die Handlaterne mit ihrem Brennöl oder selbst verfertigte[73] Talglicht aus. In den Familienstuben, in den Wirtshäusern und Werkstätten brannten die Öllampen. In letzteren Begnügte der kleine Handwerker sich öfters mit dem billigen Tranküsel. –

Arzt, Apotheke und Krankenpflege

Anfänglich hatte vor allen Dr. Georg Ludwig Müller aus Lehe die Behandlung der Kranken, und zwar aus der holländischen Arbeiterschaft. Mit

---

[73] *verfertigten; siehe Druckfehlerverzeichnis, S. 395*

Rücksicht auf die große Arbeiterkolonie, die noch bis zum Herbst 1829 hier anwesend war, und in der sicheren Erwartung, daß die rasch zunehmende Bevölkerung Gelegenheit genug zur auskömmlichen Praxis darbot, ließ sich schon 1829 an unserem Orte ein Arzt nieder. Am 1. April 1829 erhielt Dr. med. Georg Erich Becher, Sohn eines Wundarztes in Bremen, verheiratet mit Meta Helena Johanna, geborene Tegeler, die Erlaubnis zur ärztlichen Praxis und Geburtshilfe in Bremerhaven. Becher war ein ziemlich beleibter, im Verkehr gemütlicher Arzt, der auch gerne bei Familienfeiern gesehen wurde, wie er denn auch mehrere Male als Zeuge bei der Taufe fungiert hat. Nach reichlich fünfzehnjähriger Tätigkeit ereilte ihn am 19. Oktober 1844, erst vierzig Jahre alt, der Tod. –

Eine weit längere Praxis war dem zweiten Arzt Dr. Albert Diedrich Buschmann, verheiratet mit Maria Dorothea geborene Frantz, beschieden. Er studierte seit dem Herbst 1835 auf den Universitäten Berlin und Würzburg Chirurgie und Geburtskunde, promovierte in Würzburg am 28. Juli 1838 und war eine Zeitlang am Bremer Krankenhause tätig. Mit dem 11. Januar 1839 wurde ihm nach angestellter „durchaus befriedigender Prüfung" die Praxis in Bremerhaven übertragen. Buschmann erwarb sich bald den Ruf eines tüchtigen, pflichttreuen und aufopferungsvollen Arztes. Nie versagte seine Hilfsbereitschaft. Als er auf der Höhe seines Wirkens stand, gab es nicht viele Nächte, die er ohne Störung durchschlafen konnte. Öfters wurde er mehrere Male gerufen. Manchmal brummte er dann in der divinatorischen Erkenntnis, daß der Fall nicht so schlimm sei. Doch fröhlich, oft singend, kehrte er heim und wurde von seiner getreuen und besorgten Frau mit einer Tasse warmer Milch empfangen. Sie hatte angstvolle Stunden zu ertragen, wenn er bei Sturm und Unwetter in einem Boot zu einem Kranken, der an Bord auf der Reede lag, gerufen, dann verschlagen wurde und erst am anderen Tage wieder erschien oder wenn bei Nacht und Nebel sein Beruf ihn aufs Land, auf unwirtliche, durch Regen aufgeweichte oder verschneite Wege führte. Niemals gönnte er sich eine Erholungsreise, selbst wenn er es sich noch so fest vornahm. Kam die Zeit heran, dann fand sich stets irgendein Patient, der ihn durchaus nicht entbehren wollte, und er opferte sich wieder. Buschmann war als Wohltäter der ärmeren Bevölkerung bekannt. Wenn es anging suchte er ihr mit billigen Haus- oder Naturmitteln zu helfen. Wenn er nicht umhin konnte, ein teureres Rezept zu verschreiben, bezahlte er es öfter selber. Eines Tages wurde er nach Schiffdorf von einem armen Bauer geholt, dessen Frau bei der Geburt eines Kindes in größter Lebensgefahr schwebte. Nachdem endlich seine helfende Hand mit Erfolg gekrönt war und der Bauer nach seiner Schuldigkeit fragte, antwortete er: „Bezahlen Sie nur die Kutsche, dann bin ich bezahlt." Die Freude, einem armen Manne Frau und Kind gerettet zu haben, war ihm die schönste Bezahlung. Bei allen gemeinnützigen Bestrebungen, bei Sammlungen für dieselben, stand er stets hilfsbereit mit an der Spitze. Er war ein Menschenfreund und insbesondere war er den Kindern zugetan. Die, welche unter seiner Hilfe das Licht der Welt erblickten, nannte er seine Kinder. Daß er die kleinen Patienten nicht bloß durch Freundlichkeit, sondern auch durch hübsche Geschenke seinen Anordnungen und Untersuchungen willfährig machte, davon zeugten die langen Rechnungen, die aus dem Spielwarengeschäft einliefen; zum Kummer seiner Frau, die darin doch eine zu große, über die Verhältnisse hinausgehende Freigebigkeit sah. Buschmann hatte auch seine Schwächen. Er war nicht immer mäßig im Genuße geistiger Getränke. Wir erwähnen auch seine leichte Erregbarkeit daheim, aus der aber immer wieder die Herzensgüte siegreich hervorbrach, und seinen Mangel an Menschenkenntnis. Wie oft überschätzte er seine Mitmenschen und wurde in ihnen getäuscht! Aber herrlich waren die vorhin genannten Vorzüge, durch deren Schilderung wir ihm hier ein Denkmal setzen möchten. – Zwei Jahre hatte Buschmann allein die ärztliche Praxis am Orte gehabt, bis Dr. med. Ernst Ferdinand Plate, dreißig Jahre alt, nach seiner Verheiratung mit Auguste Mathilde, geborene Menking, gegen Ende 1846, sich in Bremerhaven als Arzt niederließ.

In den Jahren 1830 - 1832 gingen verschiedene Gesuche an den Senat in Bremen, zwecks Erteilung einer Konzession zur Betreibung einer Apotheke. Von den Bewerbern gelangten Kindervater aus Lehe und H. W. Büttner aus Bremerhaven in die engere Wahl. Da ersterer aber schon eine Apotheke in Lehe hatte, wurde Büttner vorgezogen, zumal er Bremer Bürgerkind war. Das Gesuch Büttners, ihm das ausschließliche Privilegium für sich und seine Erben zur Anlegung einer Apotheke in Bremerhaven zugleich mit der Konzession für Ausschank von Getränken zu verleihen, wurde dahin geändert angenommen, daß dem Gesuche, so wie es angebracht worden, nicht stattgegeben werden könne, dem Supplikanten aber die Betreibung einer Apotheke einstweilen auf zehn Jahre gegen eine jährliche

Rekognition von dreißig Talern bewilligt werde, wenn die vorgeschriebenen Bedingungen erfüllt würden. So geschehen am 12. September 1832.

Die Apotheke wurde damals im Hause Nr. 14, das zu diesem Zwecke erst neu erbaut wurde, eingerichtet. Anfang des Jahres 1835 wurde sie eröffnet. Büttner war der Sohn des bremischen Bürgers und Kaufmanns Jacob Melchior Büttner. Er war in der ersten Ehe mit Sibylle Dorothee Henriette, geborene Kobbe, verheiratet und wohnte an der Grenze des Marktplatzes auf dem heutigen Theatergelände.

Ein massives öffentliches Krankenhaus mußte der Ort noch lange entbehren. Doch wurde in andrer Weise Aushilfe geschaffen. Alleinstehende arme Kranke wurden auf Gemeindekosten oder durch die Güte einiger Bürger in Martin Eichholz' Krankenstube zur Pflege untergebracht. An der Ecke des 1847 im Bau begriffenen Neuen Hafens wurde ein schwarzgeteerter, mit grün gestrichenen Fenstern versehener, einstöckiger Holzbau errichtet, um die bei der Ausschachtung erkrankten Arbeiter aufzunehmen. Dieser stand noch längere Zeit für die Krankenfälle offen, die sich bei späteren Erweiterungen des Hafens einstellten. – Sodann wurde dem Erbauer des Auswandererhauses 1849 zur Pflicht gemacht, in das in dem dortigen linken Flügel des Gebäudes sich befindliche Hospital nicht bloß erkrankte Auswanderer, sondern auch kranke Seeleute aufzunehmen und ihnen eine gründliche Pflege und ärztliche Behandlung zu gewähren.

Die Rechtspflege

Auch für eine staatliche geordnete Rechtspflege wurde frühzeitig in Bremerhaven gesorgt. Als erster Advokat fungierte Dr. jur. Karl Jakob Philippi, 1805 in Burg bei Bremen geboren. Er besuchte die Domschule zu Verden, studierte in Göttingen und Freiburg und wurde am 13. Dezember 1830 in die Zahl der hannoverschen Advokaten aufgenommen. Ungefähr vier Monate hatte er bei dem vormaligen Amte Stotel praktiziert, bei dessen Vereinigung mit dem Amte Lehe er seinen Wohnsitz dorthin verlegen mußte. Da durch diese Vereinigung die Zahl der Leher Advokaten unverhältnismäßig groß geworden war, daß er nicht erwarten durfte, in seiner neuen gerichtlichen Praxis hinreichende Beschäftigung zu finden, wurde ihm auf sein Ansuchen die Advokatur und bald darauf nach vorheriger Stellung der vorgeschriebenen Kaution von 1.000 Th. G. das Notariat hierselbst gestattet.

Dr. Philippi war eine tatkräftige, durchgreifende und dabei humane, wohl-
wollende und freigebige Persönlichkeit. Er hatte sein Wohnhaus Ecke der
Fähr- und Grabenstraße. Es lag ursprünglich zehn Fuß nach der Grabenstraße hin zurück und erfuhr später einen Aufbau und eine Erweiterung bis
zum Bürgersteig der Grabenstraße. Er hatte ein gastfreies Haus, in dem viel
Musik und Gesang betrieben wurde. Für lange Zeit trotz der wesentlichen
Zunahme der Bevölkerung der einzige Rechtsanwalt am Orte, wurde er viel
von der Bevölkerung in Anspruch genommen. In allen Klage- und Prozeß-
sachen, bei allen Kontraktabschlüssen wandte man sich vertrauensvoll an
ihn. In allen schwierigen Fällen suchte man gerne seine juristische Beratung.
Sein Hauptverdienst hatte er als Notar, zumal anläßlich der häufig wiederkehrenden öffentlichen Versteigerungen. Er war mit Begeisterung der ersten deutschen Marine zugetan. Admiral Brommy wohnte eine Zeitlang in
seinem Hause, und acht Offiziere der Flotte speisten längere Zeit täglich
bei ihm. Als großer Freund der Natur hatte er sich einen schönen Garten
gegenüber der noch unbebauten Fährstraße, neben den van Ronzelens angelegt. Ende der vierziger Jahre kaufte er an der Wulsdorfer Chaussee ein
größeres Wiesengelände mit einem Teich in der Mitte und verwandelte allmählich durch Baumbepflanzungen und gepflegte Wege das Terrain in einen prächtigen Park, an den sich auch ein Nutzgarten mit einem Trauben-
haus anschloß. Die neue Schöpfung erhielt den Namen „Philippisluft". Von
den drei noch lebenden Töchtern, die alle im hohen Alter stehen, ist in Bremerhaven nur die zweitälteste ansässig, die Witwe Lina Woltemas, geboren
am 6. März 1842, die bei ihrem Sohne, unserem Hafenkapitän Woltemas,
wohnt. Philippi war verheiratet mit Elise Probst, der Tochter des Kapitäns
und Hafenmeisters daselbst.

Die erste (provisorische) Gemeindeverfassung

„Die beständige Zunahme der Bevölkerung Bremerhavens und das damit immer dringender hervortretende Bedürfnis der dortigen Einwohner,
ihre gemeinsamen Zwecke ordnungsmäßig verfolgen zu können, und dazu
Vertreter aus ihrer Mitte zu erhalten, durch deren Organ sie sich an ihre
Obrigkeit wenden können," veranlaßte den Senat auf Anordnung einer
ähnlichen Gemeindeverbindung für Bremerhaven Bedacht zu nehmen, wie
solche sich seit einer Reihe von Jahren für Vegesack bewährt hatte. Um

damit für jetzt wenigstens soweit vorzuschreiten, wie es den derzeitigen Verhältnissen der Bewohner von Bremerhaven angemessen erschien, und dadurch den Grund zur weiteren Ausbildung der kommunalen Einrichtungen zu legen, beschloß der Senat in seiner Sitzung vom 8. November 1837 eine

„Vorläufige Gemeindeordnung für den Flecken Bremerhaven".

Die Senatskommission für Bremerhaven wurde mit der Publikation und Einführung dieser Verfassung, sowie mit der Leitung der Wahlversammlung zur Ausmittlung der ersten kommunalen Körperschaften beauftragt. Die Wählerliste wurde unter Zuziehung des Amtmanns (soweit es damals schon angängig war) nach Artikel 11 der Gemeindeordnung angefertigt. In der ersten Wahlversammlung wurden achtzehn Personen gewählt. Aus diesen erfolgte sodann von seiten des Senats die Auswahl der sechs ersten „Ortsvorstände", sowie der sechs ersten „Rivisoren".

Jene waren: Johann Brüggemann, Schlachtermeister, dem Lebensalter nach der älteste; Wilhelm Lüder, Kaufmann; Johann Hinrich Eits, Maurermeister; Johann Hinrich Huntemann, Malermeister; Peter Heinrich Ulrichs und Hermann Jacob Bicker, Kaufleute und Spediteur.

Die Revisoren waren: Schleusenmeister Andreas van Limbeck, Kaufmann und Gasthofbesitzer Heinrich Garrels, Bierbrauer und Gastwirt Carl Philipp Aschhoff, Bäckermeister Diedrich Vasmer, Maurermeister Ulrich Wöhlken und Schiffbaumeister Friedrich Wilhelm Wencke. – Die Erwählten hatten alle bis zu der im März 1839 vorzunehmenden Ergänzungswahl ihre Funktionen fortzusetzen.

Bei der Inhaltsangabe der Gemeindeordnung beschränken wir uns auf die wichtigsten Bestimmungen.

Kapitel[74] (Artikel 1 – 8) handelt von dem Gemeindeausschuß. Dieser hat die Verwaltung aller bürgerlichen Gemeindeangelegenheiten und besteht aus dem Amtmann und sechs Ortsvorständen. Der Amtmann hat den Vorsitz und das Direktorium in allen Versammlungen. Der Ausschuß versammelt sich regelmäßig einmal im Monat in der ersten Woche. Diese ordentlichen Sitzungen können nur durch Beschluß des Ausschusses

---

[74] *Kapitel I*

ausgesetzt werden. Eine außerordentliche Zusammenberufung kann nur von dem Vorsitzer geschehen. Zu einem gültigen Beschlusse (bei Gleichheit der Stimmen entscheidet die des Amtmanns) müssen außer dem Vorsitzer drei Ortsvorstände zugegen sein. – Ein fortlaufendes Protokoll wird bis auf weiteres von dem Amtmann geführt.

Nach Kapitel II (Artikel 9) werden neben den Ortsvorständen noch sechs Revisoren bestellt. Ihnen liegt ob: a) die Nachsehung und Berichtigung der Wahllisten, b) die Teilnahme an der Ausstellung des jährlichen Budgets und an den Nachbewilligungen, c) die Prüfung und Normierung der jährlichen Gemeinderechnung. –

Die folgenden Kapitel III bis IX über die Wahl der Ortsvorstände und Revisoren, über den Wirkungskreis der Ortsvorstände, über Ausgaben und Einnahmen der Gemeinde, über die Gemeindekasse, über das Budget, über die Rechnungsablage und über die Aufnahme neuer Einwohner kommen im Anhang zur Besprechung.

Die erste der Gemeinde gegebene Verfassung zeigt uns deutlich, daß die Vertretung des Fleckens noch keineswegs ein völlig selbständig fungierender Verwaltungskörper der Gemeinde war. Es war ja auch natürlich, daß der Gemeindeausschuß, der aus Männern bestand, die in kommunalen Angelegenheiten noch nicht die nötige Kenntnis und Erfahrung besaßen, zumal zu einer Zeit, wo das Gemeindeleben noch in der ersten Entwicklung stand, der Beratung und Leitung des Amtmannes als eines erfahrenen Verwaltungsbeamten unterstellt war. So hat nach der Verfassung der Amtmann, nicht der dem Jahre[75], bzw. dem Dienstalter nach älteste der sechs Ortsvorstände, den Vorsitz und die Leitung in allen Versammlungen des Gemeindeausschusses. Eine außerordentliche Zusammenberufung kann nur von dem Vorsitzer geschehen. Ein fortlaufendes Protokoll wird bis auf weiteres von dem Amtmann geführt. Es bleibt zwar unbenommen, die Einteilung der einzelnen Verwaltungszweige auf andere Weise, als in der Gemeindeordnung vorgesehen ist, zu machen. Jedoch geschieht sie auf den Vorschlag des Amtmanns und mit dessen Zustimmung. Eine Befugnis wird allerdings den Ortsvorständen dem dominierenden Einfluß des staatlichen Vertreters im Gemeindeausschuß gegenüber zuerkannt. Sie dürfen Beschwerden des Ortes über Verfügungen und Handlungen des Amtmannes

---

[75] *den Jahren; siehe Druckfehlerverzeichnis, S. 395*

an den Senat bringen und können sich in solchen Fällen nach vorher erwirkter Erlaubnis des Senats allein versammeln (Artikel 32). –

Nach Kapitel III der Gemeindeverfassung[76] ist als Maßstab für die Wahl
der Ortsvorstände und Revisoren u. a. die im letzten Jahre erfolgte richtige
Bezahlung aller bestehenden Staats- und Gemeindeabgaben
festgestellt. Hier ist es angebracht, uns mit dem Manne zu beschäftigen,
dem der wichtige und immer arbeitsreicher gewordene Posten der Erhebung beider genannter Abgaben anvertraut wurde, mit Heinrich Friedrich
Riemenschneider. In Bremen am 25. Oktober 1809 geboren, war er nach
seiner Konfirmation als Lehrling und dann als Schreiber bei einem dortigen
Rechtsanwalt beschäftigt. Auf Veranlassung des ersten Amtmannes, Dr.
Castendyk, wurde er beim hiesigen Amte 1829 als Schreiber angestellt und
blieb auch unter Thulesius in der gleichen Stellung, bis er 1837 als Akziseerheber und als Zollbeamter für den Landtransitzoll für die Durchfuhr der
Güter von hier nach Bremen per Wagenachse von der betreffenden Senatskommission angestellt wurde. Als Zollbeamter für den genannten Zweck
fungierten vor Riemenschneider die Hafenmeister Deetjen und Probst, jener von 1831 an, dieser als interimistischer Beamter in den Jahren 1835 und
1836. Riemenschneiders Tätigkeit als Zollbeamter für die genannte Durchfuhr kam nur für die Winterzeit in Betracht. Wenn die Weser stand und aller
Leichterverkehr aufhörte, fand der Transport der Schiffsgüter nur auf der
großen Chaussee zwischen Bremerhaven und Burg statt. Dann fuhren zuvor
die großen Frachtwagen vor das Haus Riemenschneiders am Markte, um
eine genaue Deklaration über die hoch aufgestapelten Waren abzugeben
und den entsprechenden Zoll für die Durchfuhr durch das hannoversche
Gebiet nach Bremen zu entrichten. Riemenschneider wohnte anfänglich an
der Südseite des Marktplatzes (jetzt Markt 5), wo er auch sein Büro hatte.
Später hatte er sein eigenes Haus nebst Büro neben der Apotheke Büttners
auf dem jetzigen Theaterplatz. Er war verheiratet mit Marie Herrmann aus
Bederkesa. Aus der glücklichen Ehe gingen acht Kinder hervor, von denen
sein Sohn Fritz, Dr. jur., der am 27. März 1877 sich am Orte als Rechtsanwalt
und Notar niederließ, am 19. Dezember 1925 verstorben ist.

Mit der vermehrten Einführung von staatlichen Lasten und Abgaben
wuchs auch die Arbeit Riemenschneiders. Zu dem Grundzins, Weinkauf,

---

[76] S. den Anhang

und der Pachtfähre kam 1841 die Grund- und Erbsteuer hinzu, ferner die Abgaben von öffentlich verkauften Mobilien und Waren bei der Zwangsversteigerung, die Stempelabgaben, die Erbschaftssteuer, die Gebühren für Prozeßkosten, amtliche Urkunden und andere Abgaben. Endlich wurde im Flecken auch der Schoß eingeführt, der nicht auf Grund einer angeforderten und eingereichten Deklaration erfolgte, sondern dessen Höhe der Ehrlichkeit des Zahlers überlassen blieb. Nur wer ein gewisses Vermögen besaß, mußte zunächst öffentlich 5 Th. G. zahlen. Was er nach seinem Einkommen darüber zahlen zu müssen glaubte – öfters handelte es sich um eine beträchtliche Summe – warf er in die mit Eisen geschlossene Holzkiste.

Der Schoß wurde im Amtshause vor einer Kommission aus Bremen entrichtet. Die Gesamterträge wurden dann dem bei der Schoßentrichtung anwesenden Akziseerheber überwiesen, der aus ihnen, so weit hier das Geld reichte, auf Anweisung des Staates die Zahlungen für die Gehälter der Beamten und Angestellten, sowie für vorgenommene Neuanschaffungen und Reparaturen am Hafen beglich. Auch die der Gemeinde zufallenden Rezeptionsgebühren[77] hatte er zu erheben. – Die Hebung der Hafen-, Schleusen- und Krankgelder geschah auf Anweisung des Hafenmeisters durch den Bruder Riemenschneiders, Gerhard, einen Junggesellen von Gemüt und Humor. –

Um auf die Gemeindeordnung von 1837, von der wir ausgegangen sind, wieder zurückzukommen, so war ihre „erste Frucht" der bis zum November 1853 laufende Kontrakt der Straßenreinigung, den die Gemeinde mit dem Fuhrwerksbesitzer Martin Eichholz im Jahre 1838 abgeschlossen und den der Senat bestätigt hatte. Von weiteren nennenswerten Früchten, die die Gemeindeordnung zeitigte, ist nichts zu berichten. Zwar fanden satzungsgemäß die Ersatzwahlen von Ortsvorständen und Revisoren statt. Auch rief bisweilen der Amtmann die Revisoren zusammen, um ihr Gutachten über die Rezeptionen von neuen Einwohnern abzugeben. Aber mit dem Rechnungswesen der Gemeindeordnung war es schlecht bestellt. Kein Budget war im Lauf der Jahre aufgestellt und demzufolge auch dem Senat nicht unterbreitet worden. Endlich, nachdem die Verfassung zehn Jahre kümmer-

---

[77] Diese wurden 1871 aufgehoben.

lich vegetiert hatte, beschwerten sich im Herbst 1847 unter näherer Begründung die Ortsvorstände beim Senat, daß die Gemeindeordnung nie völlig in Kraft getreten sei. Gegen wen war die Beschwerde gerichtet? Gegen die früheren Ortsvorstände und Revisoren, die in den ihnen zustehenden Rechten und Obliegenheiten säumig gewesen waren, oder gegen den Amtmann, der den Gemeindeausschuß nicht genug zur kommunalen Mitarbeit anhielt, oder gegen den Senat, der die andauernde Unterlassung der Einreichung des Budgets unbeachtet ließ oder gegen alle drei? Da von seiten des Senats keine Antwort auf die Eingabe der Ortsvorstände erfolgte gingen diese im Februar 1848 mit einer „Erinnerung" an die Behörde vor[78]. Es folgte noch im Revolutionsmonat 1848 eine neue Zuschrift in scharfem Tone. Nun referierte Senator Heinecken vor dem Senate über das Vorgefallene, wobei er zugab, daß „so gut wie gar nicht" die Verfassung der Gemeinde ins Leben getreten sei. Das hatte zur Folge, daß eine revidierte Gemeindeordnung geschaffen und am 15. März publiziert wurde[79]. Doch fand diese bei den Ortsvorständen keine Anerkennung. – Noch einmal brachte Melchior Schwoon von hier, Mitglied der bremischen Bürgerschaft, am 14. August 1848 die ganze Angelegenheit im Bürgerkonvent zur Sprache. „Als Beweis," erklärte er vor der Versammlung, „kann ich anführen, daß von dem provisorischen Vorstande unter dem Vorsitz des Amtmannes niemals eine Rechnung aufgemacht oder abgelegt worden ist." Auf die nächste Tagesordnung des Konvents wurde dann folgender Antrag Schwoons gestellt: „Die Bürgerschaft wolle eine Kommission erwählen, die eine (neue, der Verf.) Gemeindeverfassung für Bremerhaven zu beraten und festzustellen hat, wobei sie auf die Vertreter für Bremerhaven besonders Rücksicht nehmen wolle. Wie notwendig solches ist, ergibt sich daraus, daß die bisherige provisorische Verfassung niemals zur vollen Ausführung gekommen ist." – Eine wesentliche Wendung zum Besseren sollte erst erfolgen, als an die Stelle der vorläufigen Gemeindeordnung 1851 die s t ä d t i s c h e Verfassung trat.

---

[78] Nach Mitteilungen des Studienrats Bessel-Bremerhaven aus den Akten des Bremer Staatsarchivs.
[79] Siehe Bürger-Konvents-Verhandlungen 1848

Theater, Vereine, Musik und Gesang, Gesellikeitsleben, Feste und Vergnügungen der Erwachsenen

Die Smidtfeier 1846

Bremerhaven sollte erst spät, als es schon über 5.000 Einwohner hatte, seine eigene Kirche erhalten. Erst 1855 wurde sie eingeweiht. Aber ein Theater besaß der Ort schon 1840 unter der Direktion von Basté. In einem Hintergebäude der Fährstraße, das etwa 150 bis 200 Zuhörer faßte, wurde es errichtet. Der Eingang lag zwischen den Häusern Nr. 14, Lebensmittel-Kaufhaus von Gebrüder von See und Nr. 16, Manufakturwarengeschäft von Ludolph Hahn. Hohe Kunst ward auf der Bühne nicht betrieben. Kleine Lustspiele und Schwänke, auch wohl bisweilen vaterländische Stücke kamen zur Aufführung. Ein Schauspieler prophezeite einmal in einem Couplet die Vereinigung Lehes und Bremerhavens zu e i n e r Stadt – eine Weissagung, die infolge der eingetretenen Vereinigung Geestemündes und Lehes zu e i n e r Stadt „Wesermünde" nicht in Erfüllung gegangen ist. In dem lutherischen Kirchenbuch Lehes fanden sich noch zwei Namen (anläßlich der Eintragung von Amtshandlungen), die zu dem damaligen Personal gehörten, der Schauspieler Jens Otto Munk und Fräulein Habermann aus Drochtersen. Ende der vierziger Jahre wurde das Theater nach dem Wirtschaftsgebäude von Claus Meyn, Ecke der Mittel- und Leher Straße (jetzt Neubau der Städtischen Sparkasse) verlegt. Der Weg zum Theater führte von der letzteren Straße durch den Korridor des Eckhauses zu dem hinteren Gebäude, dem damals größten Saal des Ortes, der mit einer Galerie und einer stattlichen Bühne versehen war und wohl über 300 Personen fassen konnte. Das Rauchen war während der Aufführungen verboten. Das neue Theater wurde fleißig von der deutschen Marine besucht und entwickelte sich immer mehr zu anerkennungswerten Leistungen. –

Unter den wenigen Vereinen Alt-Bremerhavens war der Gesangverein der älteste, der Anfang der vierziger Jahre ins Leben gerufen wurden. Friedrich Wilhelm Rahe, der schon Ende der dreißiger Jahre als ganz junger Unterlehrer in Vegesack mit Erfolg einen Männergesangsverein und einen gemischten Chor geleitet hatte, trat bald nach Eröffnung der ersten öffentlichen Schule in Bremerhaven am 15. Januar 1843 als Mitglied dem hiesigen

Gesangverein bei und wurde, da man seine musikalische Befähigung sofort erkannte, Dirigent des Vereins. Letzterem schlossen sich auch einige Männer aus der Nachbarschaft als Mitglieder an, ein Gerichtsvollzieher aus Lehe, ein Lehrer aus Geestendorf und später aus Geestemünde der Kaufmann Winkler und der Schmiedemeister Jäckel. – In dem Aschoffschen Gasthof am Marktplatze wurden in den vierziger Jahren auch Konzerte von fremden Künstlern und auswärtigen Kapellen gegeben. Das Gelingen solcher Veranstaltungen sicherte man sich durch vorherige Subskription. Alle Stände beteiligten sich an diesen Konzerten.

Im Jahre 1850 kam der Musik- und Gesangskundige Ernst Woltemas zu uns. Er war der Sohn eines Predigers, absolvierte das Gymnasium in Herford und bezog die Universität, um sich dem Studium der Theologie zu widmen. Doch bald entschied er sich für den Bühnensängerberuf. Nachdem er in Kassel von dem gefeierten Komponisten Louis Spohr ausgebildet worden war, trat er als Opernsänger mit seinem herrlichen Baß in Dresden, Dessau und Braunschweig auf. Bald fühlte er, daß Theaterblut nicht in ihm steckte, verließ die Bühne und entschloß sich, als Musik- und Gesangslehrer zu wirken. Mit warmen Empfehlungen von Spohr reiste er nach Bremen, wo er nur kurze Zeit sich aufhielt, und kam dann zu uns. In dem musikalischen Hause Dr. Philippis fand er freundliche Aufnahme. Manchen Kindern hat er damals teils Klavier-, teils Gesangsunterricht erteilt. Doch sollte Woltemas später dazu berufen sein, durch die Pflege des Gesanges und Förderung der Instrumentalmusik das musikalische Leben der Stadt zu einer ansehnlichen Höhe zu bringen. Zur Gründung eines Musik-, bzw. Gesangsvereins, schritt er in den ersten Jahren noch nicht.

Bremerhaven hatte in den vierziger Jahren auch seinen Bürgerverein, der anläßlich der Smidt-Jubiläumsfeier 1846 ausdrücklich unter den Mitfeiernden genannt wird. Er hatte seine Sitzungen in der Mittelstraße, in Carsten Nanckens Gasthof, der später von Reents, der die Witwe Nancken heiratete, übernommen wurde. Über seinen Vorstand, sein Wirken und die Art seines geselligen Lebens konnte nichts in Erfahrung gebracht werden.

Von größerer Bedeutung, zumal für die ersten Jahrzehnte, wurde der im Revolutionsjahre 1848 gegründete Schützenverein. Dieser ist nicht bloß aus dem Verlangen nach vergnüglichem Gemeinschaftsleben, oder aus der Freude an der Jagd, die doch einen trefflichen Schützen erfordert, geboren, sondern als ein Träger des Deutschtums, ein Verfechter der deutschen Einheit und als Mithelfer bei Schutz und Wehr gegen Ausschreitungen und Tumulte erstanden. Der Verein war gewissermaßen militärisch organisiert, hatte einen Hauptmann, Leutnant und Feldwebel, vier Oberschützen, zwei Fahnenträger, einen Hornisten und einen Trommler. Der „Bürger-Schützenverein" – das war sein offizieller Name – führte das schwarz-rot-goldene Banner, sowie das Bremer Wappen mit der Bremer Flagge. Sein Stiftungstag kann nicht mehr genau angegeben werden, da die ältesten Akten darüber verlorengegangen sind. Dem Vereine traten als aktive Mitglieder bekannte und angesehene Bürger bei, Kaufleute, Gasthofsbesitzer, Handwerker und auch Akademiker. Der erste Schützenhauptmann war Dr. med. Buschmann. Gleich im Gründungsjahre sollte sich der Verein als eine treffliche Schutzwehr gegen aufrührerische Elemente und rohe Gewalten erproben. Es war im Dezember 1848, als eine größere Menschenmenge von fremden, angetrunkenen Schiffsmannschaften auf dem Marktplatze einen heftigen Aufstand in Szene setzte, dem die damaligen vier Polizeidragonern, die zur Ruhe mahnten, nicht gewachsen waren. Erst dem energischen Einschreiten einer herbeigerufenen Kolonne von Schützenbrüdern, sowie einigen handfesten Bürgern gelang es, die Ruhe und Ordnung wieder herzustellen. Der eigentliche Rädelsführer, ein amerikanischer Steuermann, der mittlerweile geflüchtet war und sich in dem Eitsschen Hotel versteckt hatte, wurde entdeckt und ins Gefängnis abgeführt. Buschmann fühlte sich getrieben, öffentlich durch den „Mitteiler an der Unterweser" seinen Dank für die bei dem Aufruhr geleistete Hilfe auszusprechen. –

Der Schützenverein hatte anfänglich seinen Schießstand am Deich von Cornelius' Garten bis zu Tecklenborgs erster Werft, siedelte aber schon im ersten Jahre nach der Nordgrenze des Hafenortes, die am Schlafdeiche sich erstreckte, über, nach einem Gelände, das nicht weit von dem Zusammenschluß des Schlafdeiches und des Weserdeiches lag. Van Ronzelen hat schon auf der Karte von 1849 die dortige „Schießhütte" verzeichnet, das heißt doch wohl, die Schießstände mit den Kugelfängen. Der ganze Schützenplatz wurde erst 1851 in folgender Weise hergestellt: Mitten in einem schönen Rasenplatz das hölzerne, schwarz geteerte, mit weißen Fenstern versehene Schützenhaus; in der Nähe Kegelbahnen, umgeben von einer kleinen, hübschen Gartenanlage. Am 8. August waren die Baulichkeiten und neuen Anlagen auf dem Schützenplatz vollendet. Anläßlich dieses Ereignisses wurde am Sonntag darauf eine besondere Feier veranstaltet, zu der auch die Damen des Bürger-Schützenvereins teilnahmen. Durch die Reichsmarine-Musik, die auf Kosten des Vereins engagiert war und durch ein am Abend veranstaltetes frugales Mahl wurde der festliche Tag verschönt.

Geselligkeitsleben, Feste und Vergnügungen

Die Smidtfeier 1846

Aus den Lotsenkreisen fanden sich in der Spätherbst- und Winterzeit zur gemütlichen Geselligkeit zusammen die Familien Allerich und Wilhelm Luerssen, Eilert de Harde und Anton Bruns, sowie Kapitän Krack, der spätere Hafenlotse, aus den Kreisen der Gewerbetreibenden die Familien Küpermeister Hellenberg, Küpermeister und Kolonialwarenhändler Kratz, Uhrmacher Ehrlich, Klempnermeister Nonne, sowie Malermeister Meyer aus der Mittelstraße. Die Frauen stellten sich schon des Nachmittags ein zu einer Kaffeesitzung, in der alle Arten von Kuchen verzehrt wurden, in der auch gestrickt wurde und die jüngsten Neuigkeiten der Gegenstand des Gespräches waren. Die Männer fanden sich erst zum Abendessen oder nach demselben ein. Nachher vertrieb man sich mit Rauchen, natürlich nur männlicherseits, sowie mit Lotto, Damenbrett und Mühlespiel die Zeit. Spirituosen wurden nun einmal nicht an diesen geselligen Abenden verabreicht, womit nicht gesagt sein soll, daß die Männer alle Abstinenzler waren. Wenn sie unter sich waren, verschmähten sie einen steifen Grog nicht, bei Groß, Dreyer oder Heere Harms.

Auch alle unter sich verwandten Familien, Daniel Probst (Hafenmeister), Dr. Philippi, Dierk Addicks (Oberlotse) P. H. Ullrichs, sowie die Claussens hatten ihre geselligen Abende, die mit Darbietungen von Gesang und Musik, zu denen das Haus Philippi besonders anregte, sowie mit L'hombre-Spiel und gelegentlich auch mit Tanz in einem auswärtigen Lokal ausgefüllt wurden. –

Zu einer besonderen Feier gab immer der Stapellauf eines Schiffes Anlaß, der in den fünfziger und sechziger Jahren sich oft wiederholte, aber auch schon in den vierziger Jahren Alt-Bremerhavens häufiger vorkam. Die sämtlichen Schiffszimmerleute, Tischler und Schmiede und alles, was auf der Werft beschäftigt war, mit dem Meister an der Spitze, machten alsdann mit Fahne und Musik voran einen Umzug durch den Ort. Vor dem Hause des Baas (Werftbesitzers) wurde haltgemacht. Der Meistersknecht hielt eine kernige Ansprache, der ein dreimaliges Hoch auf den Baas und seine Familie folgte. Der Baas erschien alsdann vor seiner Tür, dankte für die ihm gebrachte Ehrung, sowie für die Tüchtigkeit, den Fleiß und die Ausdauer aller am Schiffsbau Beteiligten. Mit einem allseitigen Hoch auf den ganzen Schiffsbau entließ er seine Leute, die dann mit klingendem Spiel zu einem Tanzlokal marschierten, wo freier, fröhlicher Ball stattfand.

Zu den beliebten Wintervergnügungen gehörten die Schlittenfahrten, besonders auch die, welche von den Schlafbaasen mit ihren Einlogierern, meistens fremden Seeleuten, unternommen wurden. Große Boote wurden auf ebenso große Schlitten gesetzt, mit vier buntaufgeschirrten Pferden bespannt. Die betreffenden Nationalflaggen hinten am Heck, die Boote bunt mit Fahnen geschmückt, ging es oft mit zehn oder gar zwölf Schlitten hintereinander unter Schellengeläute und fröhlichem Seemannsgesang hinaus über die glitzernde Schneefläche nach Lehe und weiter[80].

An Tanzbelustigungen fehlte es nicht in Alt-Bremerhaven. Die Tanzvergnügungen für Matrosen, Schiffszimmerer und Schmiedegesellen endeten leider häufig in Schlägereien, zu denen die Eifersucht entfachende holde Weiblichkeit Anlaß gab. Dagegen friedlich und harmonisch verliefen die Bälle, die der Schützenverein und wohl auch der früher entstandene Bürgerverein veranstalteten, und hinterließen ungetrübte Erinnerungen, was auch von den sonstigen Festlichkeiten galt, die in der Sommerzeit anläßlich der Jahresfeier des Schützenvereins stattfanden.

Zwei großartige, in ihrer Bedeutung unvergeßliche Festlichkeiten, an denen die ganze Bevölkerung sich beteiligte, brachte das Jahr 1846, im April die Feier des fünfundzwanzigjährigen Bürgermeisterjubiläums Smidts und im Mai die erste Grundsteinlegung der Ortskirche. Wir beschränken uns hier auf die erstere Feier, während die andere bei der Darstellung des kirchlichen Lebens uns beschäftigen wird. Die Freude, die an dem Ehrentage Smidts jeden Bremer beseelte, fand auch in Bremerhaven einen lebendigen

---

[80] Nach der Darstellung von G. K. (Georg Kimme) in der fünften Beilage zu Nr. 119 der „Nordwestdeutschen Zeitung".

Widerhall. Unter den Geschenken des Jubilars befand sich aus Bremerhaven ein silberner Tabaksbehälter, der außer seiner unmittelbaren Bestimmung auch auf Bremens wichtigsten Geschäftszweig gedeutet werden konnte. Am 26. April eröffnete eine Kanonensalve bei Sonnenaufgang die Feier und um sieben Uhr wurden die sämtlichen Bewohner des Ortes durch zwei Salven aufgefordert, sich auf dem Marktplatze zu versammeln, wo nach feierlicher Absingung des Chorals „Nun danket alle Gott" zu Ehren des vielgeliebten Jubilars ein Festgedicht angestimmt wurde, dessen erste Strophen lauten:

> Denkt ihr daran, an diesen Tag der Wonne,
> weß' Name heut' den frohen Staat durchtönt,
> wenn Bürgerlieb' als heil'ge Ruhmessonne
> den „Jubeltag im würd'gen Amt" verschön?
> Die Flaggen wehn, Kanonenschall verkündet
> Der Brust Empfinden für den teuren Mann.
> Heil unserm Smidt, der unsere Stadt gegründet!
> Wir Bremerhav'ner denken froh daran. –
>
> Wer nennt die Taten all', die er geschaffen,
> der mit der Kraft den hellen Geist vereint,
> der in der Rede siegerprobten Waffen,
> zu Bremen Heil, Odysseus gleich, erscheint!
> Hier, wo der Strom im sichern Porte mündet,
> er dem Kommerz die Basis kühn gewann,
> hier ruft ihm Heil, der unsere Stadt gegründet!
> Wir Bremerhav'ner denken alle dran!

Nach Absingen dieses Festliedes sprach Herr Kandidat Pralle in einer gediegenen Rede über des Festes Anlaß und Bedeutung. Alle Bewohner hatten sich eingefunden und ließen den verehrten Jubilar hochleben. Schiffe und Häuser waren mit Flaggen geschmückt. Auf dem Marktplatze wehte an einer großen Stange die deutsche Fahne. Um zwölf Uhr veranstaltete eine Musikkapelle, die der Herzog von Oldenburg herübergeschickt hatte, auf dem Marktplatze ein Konzert. Die allgemeine Herzensfreude kam auch am Abend zum Ausdruck bei der Illumination. Außer der

Schleuse, die prächtig geschmückt und erleuchtet war, prangten auch viele Fenster in der Stadt im Lichtglanze. Alle Straßen waren voller Menschen; bei der Illumination wollte es der eine noch brillanter machen als der andere. Das Haus von Hinrich Garrels hatte vor allen Fenstern Pyramiden mit Grün und Blumen geschmückt, und ungefähr fünfhundert Lichtern brannten. Von den bei dieser Feier angebrachten Transparenten seien einige im Wortlaut wiedergegeben:

> Ein treues Herz fürs Vaterland
> Ist besser als viel Licht verbrannt
> (F. W. Peckhaus) – D. Verf. – seinem Berufe nach Sattlermeister.
> Zu Ehren des Bürgermeister Smidt
> Illuminiert der Bürgerverein gerne mit (C. Nancken).
> Es schmiedet in Bremen ein Schmied,
> Andere schmieden mit.
> Der Smidt weiß den Hammer zu schwingen,
> Drum muß ihm die Arbeit gelingen.
> Er schmiedet seit vielen Jahren,
> Still, sicher, Ihr merkt es kaum,
> Doch habt Ihr's längst schon erfahren,
> Denn Goldfrucht seht Ihr am Daum.
> O möchte er lange noch schmieden
> Als Bürgermeister im Staat;
> Scheidet er einst dann in Frieden,
> So erben noch Enkel die Saat (H. Weymann).

Die bis dahin geschilderte Feier war nur eine Vorfeier. Als am 28. April der Jubilar selbst den von ihm gegründeten Hafenort besuchte, da erreichte die Freude ihren Höhepunkt. Um den Fremden die zum Jubiläum nach Bremen gekommen waren, die an der Wesermündung geschaffenen Anlagen zu zeigen, fuhr Smidt in ihrer Begleitung mit dem Dampfboot „Bremen" nach Bremerhaven, morgens um fünf Uhr. Als es sich Vegesack näherte, wurden Freudenschüsse abgefeuert. Dasselbe geschah bei Elsfleth und Brake. Bremerhaven kam aus der Festesstimmung nicht heraus und feierte auch noch am Montag abend. Am Dienstag erwartete man mit Spannung die Ankunft des Schiffes aus Bremen. Als man seiner ansichtig wurde, ertönte Kanonendonner, der vom Schiffe aus erwidert wurde. Auf dieses Zeichen hin strömten alle Einwohner herbei und bildeten von der Landungsbrücke bis zum Hafenhause Spalier. Zwanzig weißgekleidete junge Mädchen schritten vor dem Jubilar her und streuten Blumen. Vor dem Hafenhause dankte Smidt, sichtlich bewegt, für den großen und herzlichen Beweis der Liebe. – Nach dem Frühstück trat er mit seiner Begleitung den Rundgang an, um den Hafen und seine Umgebung zu besichtigen. Diesem Umzuge folgten außer den Blumenmädchen auch viele Bürger. Nachdem noch durch zwei Lieder eines Sängerchors der Jubilar gefeiert worden war, mußte bereits um ein Uhr mittags die Rückreise nach Bremen angetreten werden. Die freudig erregte Volksmenge geleitete den Jubilar zum Schiffe. Junge Mädchen boten ihm ihre Kränze, von denen er etliche mitnehmen mußte. Bei der Abfahrt des Schiffes stimmten die Bremerhavener ein kräftiges Hurra an, und dazwischen donnerten die Kanonen zum Abschiedsgruß. Nachdem noch in Brake die höheren Oldenburger Beamten an Bord des Schiffes dem gefeierten Jubilar persönlich ihre Glückwünsche überbracht hatten, setzte der Dampfer seinen Weg fort und erreichte gegen Abend glücklich wieder Bremen. Mit dieser Fahrt nach Bremerhaven erhielt die Smidtfeier einen würdigen, lieblichen und unvergeßlichen Abschluß[81].

Aus dem Leben und Treiben der Bremerhavener Jungen und Mädchen in den dreißiger und vierziger Jahren des vorigen Jahrhunderts. –

Der erste Bremerhavener Junge.
Das erste Bremerhavener Mädchen

Wir haben vorhin das damalige Geselligkeitsleben, die Feste und Vergnügungen der Erwachsenen uns vor Augen geführt. Es dürfte noch von besonderem Interesse sein, auch etwas zunächst aus dem Leben und Treiben der damaligen Bremerhavener Jungen zu erfahren, zumal uns davon Wilhelm Dreyer, der Sohn von Jürgen Arend Dreyer in der Leher Straße, in

---

81 Nach Mitteilungen des Bremer „Unterhaltungsblattes" und des Lehrers D. Steilen.

seinen „Memoiren eines Bremerhavener Jungen", die er als Greis nieder-
geschrieben, ein anschauliches Bild gibt, in dem er selbst eine besonders
aktive Tätigkeit entwickelt.

Der Hauptschauplatz der Knabentaten, bzw. -streiche, war der Alte Hafen. Beim Löschen und Laden halfen die Jungen, soweit es sich um den
diese Arbeit begleitenden Gesang der Mannschaften und Arbeiter handelte, gern freudig mit. Sie kannten alle die schönen Lieder, als da waren:
„Als ich an einem Sommertag valladerideralla", „Sah ich von fern ein Mädchen stehn", „Es wohnt ein Müller an jenem Teich".

Die Knaben hatten an Alfredo Masanto einen lieben schwarzen Kameraden gewonnen. Dieser war mit einem spanischen Schiffe von der Insel St.
Thomas gekommen und kehrte nicht nach Westindien zurück. Sein Anzug
bestand in einem grauen Hemd[82]. Schwimmen konnte er wie ein Fisch, darin war er allen Jungen überlegen. Diese richteten ihr besonderes Augenmerk auf die bremischen und amerikanischen Schiffe. Mit den Schiffsjungen der bremischen Schiffe verständigten sie sich rasch dahin ohne Vermittlung, daß sie ihnen Kakes, Sandzucker, Pflaumen usw. zuführten.
Schwieriger lag die Sache bei den amerikanischen Schiffen, deren Koch und
Steward Neger waren. Hier wurde Alfred Masanto, der gut englisch und
spanisch sprach, vorgeschoben, um durch ihn zum Genuß der genannten
und ähnlichen Delikatessen zu kommen. –

An der östlichen Seite des Holzhafens, am Zimmerplatz von Baas Lange,
lag eine abgetakelte Brigg, von mehreren Zimmerleuten bewohnt. In den
dunstigen und feuchten Löchern dieses Wracks fühlten die Knaben sich
wohl, sobald der Koch Erbsen- und Bohnensuppe mit gesalzenem Speck
und Fleisch auftischte. Hinter diesem Schiff lag noch ein alter Kasten, Kiel-
lichter genannt, mit Kajüte und Feuerstelle. Hier wohnte Jan, Jankiellichter
genannt, ein Bursche von siebzehn Jahren, der Freund aller Jungen. Hatten
sie etwas ausgegessen oder die Schule geschwänzt, dann saßen sie bei Jan
oder sie fischten. Jan mußte die Fische braten. Sie trugen ihm dafür gelegentlich auch allerlei zu, Brot, Butter u. dgl. Nachtungssorgen hatte er nicht.

Am Nordende des Hafens lagen die Flöße, auf denen die Zimmerleute
arbeiteten, wenn die Schiffe kielgeholt wurden und der Schiffsboden neue

---

[82] Das er später ablegte, als er, europäisch gekleidet, bei dem Kupferschmiedemeister Weymann in die Lehre trat.

Bekupferung erhielt. Das alte abgerissene Kupfer hatte noch einen ziemlich hohen Wert. Ein Händler in der Langenstraße kaufte den Jungen die von ihnen gesammelten Nägel und Platten ab. Zwei Taschen voll erbrachten zwölf Grote. Dann ging's zum Konditor Arthkamp in der Marktstraße. Für drei Grote erhielt man einen Apfelkuchen, zu dem dann noch ein Likör genommen wurde.

Bremerhaven hatte damals einen Polizeikommissar, namens Lankenau, dieser hatte früher als Schiffskapitän die Fahrt von hier nach Newyork. Für seine letzte Rückfahrt, durch sehr widrige Umstände verlängert, brauchte er nicht weniger als 108 Tage. Er mußte deshalb seine Stellung aufgeben, wurde aber vom bremischen Staat als Polizeikommissar in Bremerhaven angestellt. Die 108 Tage wurden ihm von den mutwilligen Jungen öfters vorgehalten. „Kommissar, 108 Dage is'n beten veel," – „Herr Kaptein, 108 Dage, nee sowat!" riefen sie ihm zu. Dreyer bemerkt in seinen „Memoiren": „Wären wir seinem dicken Rohrstock zu nahe gekommen, dann wären wir wohl nicht mit heilen Knochen davongekommen, aber die Nürnberger hängen keinen, bevor sie ihn haben. Wir waren ihm viel zu flink." – Das Schicksal wollte, daß Lankenau von der Brücke des Holzhafens aus sah, wie die Jungen kupferne Nägel und Platten auf einem Flosse in ihre Taschen steckten. Er machte den Kaufmann ausfindig, bei dem sie ihre Waren absetzten. Der Kaufmann kam ins Gefängnis, und damit hörte das unsaubere Geschäft der Jungen auf. Doch rächten sich die Jungen an dem Polizeikommissar dadurch, daß ein großer Anker mit Kreide an sein Haus gemalt und mit einer dicken 108 versehen wurde.

Spanische Schiffe brachten viel Rohzucker in primitiven Kisten an, aus denen viel Zucker durchsickerte. Einmal war eine Kiste auseinander gegangen, so daß aller Zucker umgefüllt werden mußte. Die Jungen fielen über die leere Kiste her und holten aus den Ecken und Kanten heraus, was noch zu holen war. Dafür bekam Wilhelm Dreyer die Plempe des Polizeisäbels, dessen Träger Helgeloh war, zu fühlen.

Gegenüber Dreyers, in der Leher Straße, wohnte der Wirt Barber, ein früherer Seemann. Hinter seinem Hause befand sich ein Flaggenstock. Die Knaben wußten nicht immer, unter welcher Flagge sie segeln sollten. Bald hing ein alter Besen oder Korb oder was sonst ihnen zu Händen kam, hoch am Topp, bis die Alte mit dem Besenstiel – zur Freude der Knaben kam und sie davonjagte. – Ecke der Langenstraße lag die Wirtschaft von Eichholz, das Haus zum Abä genannt, weil es einen gezähmten Storch besaß, der hier ganz gemütlich durch die Straßen schritt, bis er durch den Anblick der Jungen, die er schon zur Genüge kannte, gereizt wurde. Er sprang ihnen dann auf den Kopf, trampelte mit seinen langen Beinen ihnen ins Gesicht und schlug mit seinen Fängen um sich, so daß sie, wenn sie nicht mit einem guten Stock bewaffnet waren, ihm gern aus dem Wege gingen. Aber ergötzlich blieb die Begegnung mit dem Storche immerhin. –

Besonderes Vergnügen bereitete ihnen der Winter, wenn sie auf der Puttkuhle mitten im Orte Schlittschuh laufen konnten. Wenn diese nicht mehr oder noch nicht hielt, dann kam es wohl vor, daß einer der Jungen in den Schmutzgraben hineinplumpste und, wie Dreyer drastisch bemerkt, „parfümiert" zur Freude der anderen wieder herauskam. – Auch bot sich ihnen öfters Gelegenheit zur Schlittenfahrt. Wenn die Holz- und Torfbauern aus Neuenwalde und Krempel stets, auch im Winter, mit einem Zylinder, und in der kalten Jahreszeit mit großem Kragemantel und Holzschuhen ausgerüstet, ihre Ladungen auf Schlitten anbrachten, machten sich die Jungens, wenn der Bauer seine Rückfahrt antreten wollte. Gerne an diesen heran, um eine Strecke Weges eine Schlittenpartie mitzumachen. Wolllte so ein Bauer dies nicht erlauben, so wurde sein Zylinder oft die Zielscheibe ihrer Schneebälle und es geschah dann wohl einmal, daß ein guter Treffer den Zylinder über Bord warf. Die Jungen waren aber alsdann nobel genug, ihm den Hut selber wieder in seinen Schlitten hineinzureichen, wodurch sie dann erreichten, daß sie mitfahren durften. Es kam aber auch vor, daß unser Bauer sich rächte und seine Pferde zu einer so schnellen Gangart antrieb, daß sie den Schlitten nicht verlassen konnten, ohne Kopfüber in den Schnee zu fallen. –

Auch der Kirchenplatz bot ihnen Gelegenheit zu Streichen, kühnen Unternehmungen und harmlosem Spiel. Die angefangenen Bauten der Kirche, infolge falscher Fundamentierung eingestellt, waren Ende der vierziger Jahre zur Ruine geworden. Spatzen und Stare nisteten dort in Menge, bisweilen ließen auch Bienenschwärme sich nieder, und überall aus dem Gemäuer wucherte das Unkraut empor. Hin und wieder machte sich ein ungebundener Schüler aus der benachbarten Volksschule in der Pause davon, zum Verdruß seines Unterlehrers – bei dem Leiter der Schule, Herrn Rahe, wagte man das nicht – und lief „durch die Kirche", um in der romantischen

Wildnis über den Beginn der nächsten Unterrichtsstunde hinaus sich zu erholen. Die Trümmerstätte bildete auch eine Versuchung zu allerlei waghalsigem Klettern, bei dem einmal der Sohn des Kaufmanns Suhr vom Marktplatz durch einen Sturz von der Turmmauer einen Arm- und Beinbruch, sowie schwere Verletzungen des Kinnes erlitt. Die Jungen der angrenzenden Straßen des Kirchplatzes hatten sich in der Wildnis auch Hütten errichtet. Das Baumaterial bildeten kräftige Bohnenstangen und Garnierungsmatten aus den Reisschiffen. Die Hüttenbewohner verkehrten friedlich miteinander, bis gelegentlich einmal die Kriegslust erwachte und die Kräfte in einer markierten Fehde sich maßen.

Hier ist die Frage wohl angebracht: Wer war der erste Bremerhavener Junge? Drei Kinder holländischer Arbeiter waren zwar vorher in Bremerhaven geboren, sind aber nicht als Bremerhavener Kinder anzusehen, weil deren Eltern hier nur vorübergehend sich aufhielten und nach Vollendung des Hafenbaues in die Heimat zurückkehrten. Der erste Bremerhavener Junge war Jacobus Johannes Bucksath, geboren am 19. Juli 1829 in Bremerhaven, als Sohn des Gastwirts und vormaligen Polizeidragoners Peter Henrich Bucksath und dessen Ehefrau Friederike Christine, geborene Bensemann. Der Knabe wuchs in Bremerhaven auf und besuchte dort die Schule. Da sich bei ihm schon frühe sichtlich Talent für Zeichnen und Malen offenbarte, wurde es erreicht, daß er im Jahre 1848 die Akademie der Bildenden Künste in München bis zum Jahre 1852 besuchte. Aus einem Schreiben der genannten Hochschule an „Einen Hohen Senat der Freien Hansestadt Bremen" vom 29. März 1851, unterzeichnet W. Kaulbach und Dr. B. Marggraff, geht hervor, daß der junge Bremerhavener zu den ausgezeichnetsten Schülern der Akademie gehörte. „Mit seinem Abgang würde die Klasse, welcher er angehört, ein rühmliches und nacheiferungswertes Vorbild verlieren, das bisher vom wohltätigsten Einfluß auf den sittlichen Geist dieser Klasse war."

Das Abgangszeugnis vom 20. Mai 1852 besagt, daß derselbe seit seinem Eintritt in die Akademie sich jederzeit durch Fleiß, Fortschritt und gesittetes Betragen auf eine Weise auszeichnete, die ihn würdig erscheinen läßt, in den genannten Beziehungen zu den vorzüglichsten und geachtetsten Schülern dieser Akademie gerechnet zu werden. Im Jahre 1852 weilte Bucksath in Ausübung seiner Kunst in Aschaffenburg, woselbst er in dem vom König Ludwig I. erbauten Pompejanum mit Erfolg tätig war und insbesondere die pompejanischen Originale kopierte. In Berchtesgaden wirkte er mit an den Fresken in der herrlichen „königlichen Villa". Im Jahre 1854 verheiratete sich Bucksath mit Anna Winkler aus Aschaffenburg und zog nach Bremen, woselbst er ein Geschäft für Kunst- und Dekorationsmalerei begründete. Seine Person und sein Geschäft erfreuten sich großen Ansehens. Seine Arbeiten sind heute noch an der Neuen Börse und im Rathaus usw. sichtbar. – 1869/70 erbaute er mit dem Bremer J. M. Kropp, Bruder des Bildhauers Diedr. Kropp, in der Bürgermeister Smidt-Straße (77 u. 79) zwei Häuser. Im Obergeschoß des letzteren Hauses ließ er aus Verehrung für den Gründer Bremerhavens in einer Nische die von dem Bildhauer Kropp gemeißelte Sandsteinstatue Smidts anbringen. Infolge Vornahme einer baulichen Veränderung wurde das Standbild heruntergeschafft und fand seine Aufnahme in den Räumen der „Nordwestdeutschen Zeitung". Nach Vollendung der Renovierungsarbeiten im Innern der „Großen Kirche" wurde das Standbild Smidts im nördlichen Seitenschiff der Kirche, zu deren Einweihung Smidt im Jahre 1855 gekommen war, aufgestellt.

Aus der Ehe Bucksaths gingen sieben Knaben hervor, von denen zwei bereits im frühen Kindesalter starben. Die übrigen sind: Jakobus, der älteste Sohn, zweiundsiebzig Jahre alt, Kaufmann, Kommerzienrat und langjähriger früherer Handelsrichter in München; 2. Gustav, gestorben 1904 zu Bremen; 3. Ernst, Pflanzer auf Sumatra, gestorben auf der Reise von dort nach Bremen 1892; 4. Albert, Kaufmann in Pallanza (Italien), gestorben 1904; 5. Max, war erster Bariton in Magdeburg, Schwerin und Mannheim, gastierte an den Hofopern Wien und München, sowie bei den Festspielen in Bayreuth, wohnhaft in Wiesbaden. – Jacobus Bucksath ist gestorben am 19. Mai 1890 in Bremen. Seine Gattin verstarb daselbst am 20. Dezember 1900.

Memoiren eines Bremerhavener Mädchens, aus denen wir ein umfassendes Bild aus dem Leben und Treiben der damaligen Mädchen gewinnen könnten, besitzen wir nicht. Natürlich übte auch auf die Mädchen der Hafen mit seinem bunten und bewegten Verkehr eine große Anziehungskraft aus. Doch an dem Gesang der beim Löschen und Laden Beschäftigten beteiligten sie sich nicht, erst recht nicht an den Streichen der Jungen im Hafen. Besonderes Interesse aber brachten sie den Auswanderern entgegen, wie sie kurz vor der Abfahrt vollgedrängt hinten auf dem hohen Deck stehen oder noch einmal die Stege auf und ab klettern; wie sie teils fröhlich singen und scherzen, teils betrübt und traurig vor sich hinblicken beim Abschied von der Heimat und im Hinblick auf die ungewisse Zukunft. Über alles aber fesselte sie der Anblick der noch der Ausfahrt, harrenden Frauen und Mädchen in ihrer bunten Nationaltracht, wie sie, um die Zeit zu vertreiben, auf Holz, Kisten und Fässern umhersitzen oder an der Kaje auf und ab wandern.

In der Volksschule, sowie in der Mittel- und höheren Schule für Mädchen wurde frühe die Liebe zum Gesang und zur Musik geweckt. Vor allem war es der Lehrer Rahe, der das Verständnis für diese Kunst förderte. Später, bald nach seiner Ankunft in Bremerhaven (1850), trat Woltemas hinzu, bei dem die Töchter aus den besser situierten Kreisen Klavier- und Gesangsunterricht erhielten. An den zwei großen Festlichkeiten vom Jahre 1846 mit ihren musikalischen und gesanglichen Darbietungen, Ansprachen und Reden (Smidtfeier und Grundsteinlegung der Kirche) nahmen auch die Mädchen lebendigen Anteil, vor allem dadurch, daß sie begeistert mit einstimmten in den mannigfachem Gesang der Feiernden. Unter den zwanzig weißgekleideten Mädchen, die bei der Smidtfeier vor dem Jubilar herschritten und Blumen streuten, werden wohl auch ältere Schulmädchen sich befunden haben.

Unsere Bremerhavener Mädels waren auch in der Tanzkunst geübt. Das waren interessante und erfreuliche Stunden, wenn ein gewisser Widpret aus Bremen herüberkam, um den Kindern Tanz- und Anstandslehre zu geben. Den Höhepunkt der Freude bildete aber der Abtanz mit den Knaben. An den mancherlei Jugendbelustigungen, die sich den Knaben darboten, anläßlich der Feier des Schützenfestes, beteiligten sich die Mädchen nur als Zuschauer. Ausgenommen war der bei dieser Gelegenheit veranstaltete Kinderball, bei dem die Mädchen dann die Hauptrolle spielten. – Wenn auch das Leben der Mädchen Alt-Bremerhavens schlichter, anspruchsloser und einseitiger verlief als das der heutigen, so hatte es also doch auch seine fröhlichen Abwechslungen. – Wer war denn nun das erste Bremerhavener Mädchen? Es war Louise Juliane Engel Gesine Margerete Deetjen, Tochter des ersten Hafenmeisters in Bremerhaven, Johann Deetjen und der Dorothee Caroline, geborene von Bremen. Sie wurde am 8. Januar 1828, also etwa acht Monate nach der Gründung Bremerhavens geboren. Sie soll schon als Kind ein hervorragendes Nachahmungstalent gehabt haben und sehr drollig gewesen sein, dazu mit einem außerordentlichen Gedächtnis

begabt. Später heiratete sie den Kapitän Hasse, den nachherigen Lotsen-
kommandeur in Geestemünde und hatte einen Sohn, der leider erblindete,
sich aber in sein Geschick willig fügte, später heiratete und kinderlos starb.
Frau Hasse jedenfalls eine kluge Frau und eine ausgeprägte Persönlichkeit.
Schon Mitte der siebziger Jahre ereilte sie der Tod, kurz nach ihrer silbernen
Hochzeit. –

Die Wirtschaften in Alt-Bremerhaven

Es ist begreiflich, daß Bremerhaven von jeher zu den Städten gehört hat,
die im Verhältnis zu ihrer Einwohnerzahl die meisten Wirtshäuser aufwei-
sen. Die Hafenstadt mit ihrem großen Schiffsverkehr, mit dem vorrüberge-
henden und immer wiederkehrenden Aufenthalt vieler fremder Seeleute
machte diesen Umstand erklärlich.

In Bremerhaven waren im Dezember 1913 über 400 Wirtschaften vorhanden, bei einer Bevölkerung von etwa 25.000 Einwohnern. Auf eine Wirtschaft kamen also durchschnittlich nur 62 Einwohner, wobei die große Anzahl Kinder und Frauen einbegriffen ist, die jedoch durch die in Bremerhaven verkehrende nicht ansässige Schiffsbesatzung ausgeglichen wurde.
Manche Wirte griffen damals nicht nur aus Gewinnsucht, sondern oft aus
Not, um bei der großen Konkurrenz das Geschäft noch halten zu können,
zur Anstellung weiblicher Bedienung. Während es im Jahre 1903 nur dreizehn derartige Wirtschaften gab, waren im Jahre 1912 – 82 Kellnerinnen
gleichzeitig tätig. Im Jahre 1913 stieg die Zahl bereits auf 138. Tatsächlich
muß eine noch höhere Zahl angenommen werden, da manche sogenannte
„Stütze" in der Wirtschaft verwandt wurde, die in Wirklichkeit als Kellnerin
im Sinne der Verordnung anzusprechen war. Da die Kellnerinnen durchweg
keinen Lohn, sondern außer der Kost nur Prozente von dem Umsatz und
Trinkgelder erhielten, waren sie darauf angewiesen, die Gäste zum Verzehren von Getränken zu animieren, um möglichst viele Trinkgelder heraus-
zuschlagen. Damals wandten sich verschiedene Vereine, auch das hiesige
ordentliche Gastwirtschaftsgewerbe, gegen das Kellnerinnenunwesen. Gesuche, die auf möglichste Beseitigung oder Einschränkung der Animierkneipen abzielten, gingen direkt an den Reichstag. Das bremische Amt
setzte infolgedessen vom 1. Januar 1914 ab behufs Einschränkung des Ani-
mierkneipenunwesens im Interesse des ordentlichen Wirtsgewerbes und

der Gesundheit und Sittlichkeit der Einwohner die Polizeistunde für die Animierkneipen auf zehn Uhr abends fest[83], mit der Bestimmung, daß die Behörden aus besonderer Veranlassung für einzelne Wirtschaften dieser Gruppe einen noch früheren Schluß anordnen könne. Der Weltkrieg bereitete diesen Wirtschaften ein Ende. Heute ist die Anstellung einer Kellnerin durch die Bedingungen des Wirtschaftsbetriebes sehr erschwert. – In Alt-Bremerhaven, dem kleinen Hafenort, gab es schon eine Reihe Wirtschaften mit sogenannter „Damenbedienung", auch einige bordellartige Stätten.

Zu den Wirtschaften mit Kellnerinnen gehörten die Wirtschaften von Ulbrich (früher Bremer Schlosser), in der es oft wüst herging sowie der „Grüne Jäger" in der Mittelstraße (jetzt Blanks Zentralhalle), der Sammelpunkt der Bremer Kahnschiffer, der Old-Stadt-Bremer Börgerkinder, wie sie sich gern nannten, sowie der Werftarbeiter. Der Wirt Foukhardt war ein geborener Bremer, der dem Alkohol zugetan war. Ecke der Leher und Mittelstraße (jetzt Siegmund Oß) die Wirtschaft von Köster Eenbeen aus Loxstedt. Unter dem Dach der Tanzsaal. Ein hölzernes Kreuz, an allen vier Enden mit einem Talglicht versehen, stellte den „Kronleuchter" dar. Köster eröffnete gern, trotz seines hölzernen Beines, mit seiner Tochter Meta den Tanz; am liebsten tanzte er Schottisch, nach der Melodie „Bruder, du mußt nicht verzagen". Das Haus hatte keinen guten Ruf. – Wir gehen an die Ecke der Mittel- und Marktstraße: Wirtschaft von Addicks Wwe. mit „Damenbedienung". Getanzt wurde bis zum Morgen gegen acht Uhr. An den Tanz schloß sich öfters eine Schlägerei an, bei der die Dragoner nicht immer leichten Stand hatten. – In der Leher Straße (jetzt Smidtstraße 12) hatte ein früherer Seemann namens Barber eine Wirtschaft mit Damenbedienung. Die Devise des Hauses, in Form eines Wandspruchs, lautete: Seemann mutt wat wagen. Unter der Decke der Gaststube hing ein Dreimastschiff, mit kleinen Kanonen ausgerüstet. Dann und wann wurde eine derselben von einem der Gäste abgefeuert, als Mahnung zu vorsichtigem Verkehr mit dem Wirte, der gerade selber geladen hatte.

An der Puttkuhle, in der heutigen Grabenstraße, ganz nahe der Mittelstraße, lag das Wirtshaus des früheren Seemannes Eenarm oder Ruge-

---

[83] Vgl. Dr. Wrede, „Die Regelung der Polizeistunde" in der 3. Beilage zu Nr. 282 der „Nordwestdeutschen Zeitung" Jahrgang 1915.

hansch, der die verwitwete Wirtin geheiratet hatte und dem Trunke ergeben war. In der Gaststube stand ein Käfig mit einem Papagei. Dieser war so abgerichtet, daß er, wenn der Wirt einen Schluck aus der Schnapsflasche nahm laut schrie: „Vadder, is bim Buddel." Wilhelm Dreyer, damals Malerlehrling, hatte einmal frühmorgens die Fenster der Gaststube zu streichen. Die Frau mit den Kellnerinnen war in der Küche oder im Garten. Da fragte der Wirt den Lehrling: „Willem, wullt du'n lütjen Snaps drinken?" – „Dank uck, drink keenen Snaps," war die Antwort. Trotzdem schenkte der Wirt ihm ein. Er selber nahm sich einen tüchtigen Schluck aus der Flasche. Auf den plötzlichen Schrei des Papageis stürzte die Frau herein, beschimpfte ihren Mann in derben Worten und gab ihm dazu eine Ohrfeige. Der Mann sagte weiter nichts. Sie aber ging innerlich befriedigt und siegesbewußt von dannen.

Um sich kein falsches, übertrieben ungünstiges Bild von der Beschaffenheit der damaligen Wirtschaftslokale zu machen, sei ausdrücklich bemerkt., daß neben den Animierkneipen mit ihrer laxen Moral eine Reihe achtbarer Wirtschaften, die allermeist auf Kellnerinnenbedienung verzichteten, in unserm jungen Hafenort sich aufgetan hatten. Wir nennen am Hafen Groß' Hotel, in dem viel die Kapitäne, Steuerleute, Lotsen und Spediteure verkehrten; an der Leher Straße die beiden einander gegenüberliegenden Hotels von Hinrich Garrels (später Twietmeyer) und Eits (später Steinhoff); die Wirtschaften von Klaus Meyn und Heere Harms (Ecke der Leher und Mittelstraße). Letzterer, ein Junggeselle und ein begeisterter Verehrer Smidts, hatte sehr achtbare weibliche Kräfte für seinen Haushalt, seinen Schiffsausrüstungsladen und seine Gaststube. Es waren seine drei Schwestern, die durch ostfriesische Körperlänge sich auszeichneten. Deshalb wurde die Gaststube im Volksmunde „Dat Restaurant to den dre groten Hönern" genannt. Es war eine gut renommierte Wirtschaft. Ferner in der Leher Straße (jetzt Um- und Aufbau von Goßlers Hotel) der Gasthof von Jürgen Arend Dreyer. Hier verkehrten die Bürgersleute, vor allem Handwerksmeister, sodann viele Landleute. Seeleute kamen selten. Wurde in der Gaststube einmal skandaliert, was jedoch selten vorkam, dann sah sich Dreyer nicht nach polizeilicher Hilfe um. Er war ein kräftiger, starker Mann, der eigenhändig die Ruhestörer beim Kragen nahm und sie auf die Straße spedierte. In der Nähe die Wirtschaft „Zur goldenen Traube" von Joh. Leonhard Knieling (Smidtstraße 17), der früher herrschaftlicher Kutscher in

Bremen war, ein Mann von anständigem Benehmen, das er auch von seinen Gästen erwartete. Zu den besseren Lokalen gehörte auch die Wirtschaft von Peter Heinrich Bucksath (früher hier Polizeidragoner) „Zu den drei Kronen" mit Tanzsaal und Logis (jetzt Bürgermeister Smidt-Straße 37), sowie die Wirtschaft von Aschoff an der östlichen Seite des Marktplatzes, in der die Ortsvorstände ihre Sitzungen abhielten.

Einen guten Ruf hatten die mit einem Kolonialwarengeschäft verbundenen Gastwirtschaften des Schmiedemeisters Carsten Mehrtens und des früheren Lotsen Meiners (Ende der vierziger Jahre) im alten hannoverschen Hafenhaus. In beiden verkehrten viel die Kapitäne, Lotsen und Handwerksmeister. – Zu den besseren Lokalen ist auch die von Gartenanlagen umgebene, mit einem Ladengeschäft verbundene Wirtschaft von Hinrich Jürgens[84] Ecke des Deiches und der Fährstraße, zu rechnen. Noch einige andere Wirtschaften möchten hier in Betracht kommen.

Die erste Entwicklung des Bremerhavener Schulwesens

Der Anfang der Entwicklung fällt in das Jahr 1831. Der Schullehrer in Mulsum (?) im Wurster Lande, Johann Christoph Blanck, gebürtig aus Sievern, Amt Bederkesa, neunundzwanzig Jahre alt, seit Ostern 1831 kurze Zeit Hauslehrer bei Hinrich Garrels, erhielt eine vorläufige Konzession zur Betreibung einer Privatschule. Im Jahre 1832 wurde ihm nach vorangegangenem Examen bei dem Pastor G. L. Bekenn in Bremen von der Oberinspektion der Kirchen und Schulen im bremischen Gebiete die definitive Anstellung mündlich zugesichert. In demselben Jahre erbaute er, mit Hilfe anderer, ein zu diesem Zwecke passendes Gebäude an der westlichen Seite der Osterstraße, das später den Aufbau einer zweiten Etage erfuhr, und leistete am 8. September den Huldigungseid. Er war der Sohn einer um ihren Lebensunterhalt schwer kämpfenden, anscheinend holländischen Witwe in Sievern. Beim Anfang des Hafenbaus hatte sie in einer Hütte für holländische Arbeiter gekocht. Während eines heftigen Sturmes ging die Hütte samt der kleinen Habe, auch dem Bette, in Flammen auf. Durch den holländischen Baas Smets erhielt sie wieder eine Behausung, in der sie auch

---

[84] Der Kaufmann Hinrich Jürgens war der Großvater der Frau Dr. Lenthe, Bremer Straße

während des dritten Sommers Essen für die Hafenarbeiter kochte. Die Arbeiter bezahlten wenig, und mancher lief davon. Nach Beendigung der Hafenarbeiten wurde ihr die Erlaubnis, künftig in Bremerhaven zu wohnen, erteilt. Nachdem sie sich durch ihre Hände Arbeit soviel verdient hatte, daß sie sich wieder ein Bett anschaffen konnte, wurde sie von dem Juden J. Goldmann in Geestendorf wegen einer Forderung für Fleisch und Speck gerichtlich belangt. Ihr Anerbieten, dem Gläubiger das Bett, ihre einzige Habe, zu überlassen, wurde nicht angenommen. Sie zog nun zu ihrem Sohne, ihm den Haushalt zu führen, und hatte so ihr tägliches Brot. Fast acht Jahre sorgte sie für ihn und seine Familie. Da wurde dem Sohne von Smidt die Beendigung seiner Schule angekündigt, auch wurden ihm die Auszahlung eines Teiles des Gehaltes für den Unterlehrer (25 Th. G.), sowie sein Fixum und das Schulgeld für den Dezember 1842 vom hiesigen Amte verweigert. Aus welchen Gründen? Er war von dem Arbeitsmann Wilkati wegen körperlicher Mißhandlung seines Sohnes angeklagt und, wiewohl er in einem Bittschreiben an den Senat sich auf die Zeugnisse der Leher Prediger aus früherer Zeit, sowie auf die jüngst von Eltern seiner Schulkinder ihm ausgestellten, berufen konnte, lagen doch wohl noch andere Beschuldigungen vor. Jedenfalls hielt die Behörde schon seit längerer Zeit ihn trotz gewisser Verdienste, die er sich als Schullehrer erworben, nicht für die geeignete Persönlichkeit, die Leitung einer geplanten öffentlichen Volksschule zu übernehmen. Die erbetenen Auszahlungen wurden ihm schließlich bewilligt nach Abzug eines Schmerzensgeldes an Wilkati und der für dessen Sohn entstandenen Arzt- und Apothekerkosten. Im übrigen wird man ihm den Rat gegeben haben, den er dann befolgt haben wird, auf der an den Senat gerichteten Bitte, den Grund seiner Absetzung untersuchen zu wollen, nicht zu bestehen. Mit Frau und Kindern verließ er Bremerhaven.

Die noch zurückgebliebene mittellose Mutter wandte sich im August 1843 an die Verwaltung des Armenfonds mit der Bitte um eine monatliche kleine Gabe. Ihr Gesuch wurde von den Armenpflegern Andreas van Limbeck und Carstens Kogsmann warm unterstützt mit dem Bemerken, daß sie zur Zeit des Hafenbaues sich kümmerlich, jedoch treu und redlich durchgeholfen, jetzt alt und schwächlich und der Unterstützung sehr bedürftig sei. Doch wurde ihr infolge des Wegzuges ihres Sohnes ein längerer Aufenthalt in Bremerhaven laut Mitteilung vom 26. September 1843 nicht gestattet und ihr die Rückkehr nach der Heimat (Sievern) angeraten und für den Umzug eine Frist von acht Tagen gewährt.

Schon Ende Dezember war für die Leitung der ersten öffentlichen Volksschule der Lehrer Friedrich Wilhelm Rahe gewonnen. Er wurde am 17. Februar 1816 in Bremen geboren, wo sein Vater in den Packhäusern des weithin bekannten, im November 1898 in hohem Alter verstorbenen Konsul H. H. Meier tätig war. Von seinem fünften Jahre erlernte der Knabe in einer sogenannten Klippschule, welche eine Vorbereitungsstätte war für die Kirchspielschule, die Anfangsgründe des Lesens und Schreibens. Mit dem siebenten Jahre besuchte er die Ansgarii- und vom dreizehnten Jahre die Schule „Unser lieben Frauen". An letzterer wirkte der Hauptlehrer Grabau, der auf die Fähigkeiten des Knaben bald aufmerksam wurde und die Eltern dazu bewog, ihn Lehrer werden zu lassen. Nach wohlbestandener Prüfung wirkte er nun an der Schule „Unser lieben Frauen". Im Jahre 1838 wurde er als Unterlehrer nach Vegesack berufen, von da 1841 als Hauptlehrer an die zweiklassige Schule in Seehausen. Hier gründete er den eignen Herd mit der Bremerin Ida Meierdirks, die ihm auf der langen gemeinsamen Lebenswanderung in inniger Liebe zugetan war. Ein Jahr darauf wurde Rahe Hauptlehrer an der dreiklassigen Schule in Hastedt. Auf die Veranlassung des Bürgermeisters Smidt trat eine wichtige Wendung in seinem Leben ein. Zum 1. Januar 1843 wurde er nach Bremerhaven versetzt, wo er später die goldene Hochzeit und das goldene Amtsjubiläum erleben sollte. Hier eröffnete er dann am 15. Januar an Stelle der bis dahin seit elf Jahren bestandenen Privatschule an der Osterstraße die erste öffentliche Volksschule mit etwa 120 Kindern. Dieselbe war Anstalt der kirchlichen evangelischen Gemeinde und wurde unter der „Oberinspektion für Kirchen und Schulen" (später „Senatskommission") von dem Kirchenausschuß verwaltet. Nach der Einweihung des ersten vom Architekten Poppe in Bremen erbauten Schulhauses, des ältesten Teiles unseres jetzigen Stadthauses (8. Januar 1844) wirkten Rahe und die Unterlehrer dort unter Knaben und Mädchen, die teilweise noch gemeinschaftlich unterrichtet wurden, bis zum Jahre 1857.

Lenken wir nun unseren Blick auf die Entwicklung des höheren Schulwesens für die männliche Jugend. Ende der dreißiger Jahre wurde in bürgerlichen Kreisen das Bedürfnis fühlbar, den Söhnen eine über den

Volksschulunterricht hinausgehende Schulbildung geben zu lassen. Am 31. Juni 1839 erhielt der cand. phil. et theol. Sägelken von der Oberinspektion die Erlaubnis, in der deutschen, lateinischen, englischen und französischen Sprache, in Geschichte, Naturlehre und Naturgeschichte Knaben Privatunterricht zu erteilen. Für Sägelken, der 1841 einem Rufe nach Varel gefolgt war, übernahm cand. et theol. phil. Pralle die Fortsetzung der Unterrichtsanstalt bis 1858.

Was das höhere Schulwesen für die weibliche Jugend betrifft, so gab es bis 1905 in Bremerhaven zwei private höhere Mädchenschulen. Die ältere wurde von Fräulein Doris Bertholdi aus Wülfel bei Hannover, einer geborenen Bremerin, in der Osterstraße eröffnet, nachdem im Juli 1839 die staatliche Erlaubnis dazu erteilt war. Diese Schule erlebte zugleich den größeren Wechsel in der Leitung. Die andere private höhere Töchterschule erlebte nur einen einmaligen Wechsel in der Leitung und blieb im übrigen mit den Jahren in ihrer Frequenz hinter der erstgenannten zurück. Sie war 1849 von Frau Plump eröffnet worden, die die Kinder erst mit dem neunten Jahre aufnahm.

Was die Entwicklung des mittleren Schulwesens für die Töchter unserer Stadt betrifft, so fällt ihr Anfang in das Jahr 1838. Die damals sogenannte „mittlere Schule" blieb bis zu ihrem Eingehen Ostern 1920 eine Privatanstalt. Sie hatte lange Zeit den Charakter einer gehobenen Volksschule, bis sie 1904 zu einer Mittelschule nach preußischen Bestimmungen ausgebaut und erhoben wurde. „Fräulein Betty Eelbo (eine geborene Bremerin, welche schon 1837 hier eine Handarbeitsschule errichtet hatte) hat sich zuerst der Bildung der weiblichen Jugend aus dem Mittelstande durch Errichtung der sogenannten mittleren Schule für Töchter in Bremerhaven angenommen" (1838, Bremer Staatsarchiv). Nach ihrer Verheiratung mit dem hiesigen Kaufmann Lueder übergab sie ihrer Schwester die Schule, um sie mit der Hilfslehrerin Fräulein Hotow fortzusetzen. Doch wurde der Schwester die Konzession verweigert, weil sie dieselbe nicht rechtzeitig eingeholt, auch bei der Verhandlung darüber den rechten Ton nicht gefunden hatte. Fräulein Hotow leitete nun die Schule zunächst allein, vom Jahre 1841 ab mit Fräulein Adeline Bartling. Beide Damen errichteten in der Smidtstraße, später (1844) am Hafen, eine zweiklassige Schule, die sie sechs Jahre gemeinschaftlich leiteten. Als dann Fräulein Hotow aus der Schule austrat, um zu heiraten, veranlaßte Fräulein Bartling ihre Schwester Johanne, als Lehrerin an ihrer Schule mit ihr zusammenzuwirken-

Zum Schulwesen ist auch die

Schul- und Armenpflege

zu rechnen. Diese wurde von der Oberinspektion der Kirchen und Schulen am 5. April 1833 verordnet und besteht aus dem Amtmann, welcher den Vorsitz bei derselben führt und aus fünf Einwohnern, von denen jährlich, und zwar zuerst nach dem Jahresalter und demnächst nach dem Amtsalter einer abgeht. Die ersten fünf dem Amtmann für die Schul- und Armenpflege zugeordneten Einwohner von Bremerhaven waren: der Hafenmeister Johann Deetjen, der Schiffszimmermann Cornelius Jantzen Cornelius, der Schmiedemeister Carsten Mehrtens, der Gastwirt Hinrich Garrels, der Maurermeister Johann Hinrich Eits.

Zunächst wurde durch den Amtmann eine Liste der dort vorhandenen schulpflichtigen Kinder aufgenommen und nachher ergänzt und berichtigt. Der Besuch der Kirchspielschulen zu Lehe und der Privatschule von Johann Christian Blanck zu Bremerhaven wurde bis auf weiteres als ein zweckmäßiges Entsprechen der Schulpflichtigkeit angesehen.

Um über unausgesetztes Nachkommen dieser Verpflichtung, sowie über das Betragen der schulpflichtigen Kinder in der Schule und auf dem Schulwege eine Kontrolle zu veranstalten, und nicht minder um sich eines fortwährenden pflichtmäßigen Benehmens der Lehrer gewiß zu sein, wird der Amtmann mit den Predigern und Schullehrern zu Lehe, wie auch mit dem Privatlehrer zu Bremerhaven zweckdienliche Verabredungen treffen, auch zur näheren Aufsicht über eine bestimmte Anzahl von Häusern mit Familien jeden der Schulpfleger auffordern und eine zweckmäßige Einschreibung derselben mit ihnen verabreden.

Dispensationen können unter Umständen von der Schulpflege erteilt und bei eintretenden ansteckenden Krankheiten von dem Amtmann angeordnet werden. – Bei mutwilliger Versäumnis des Schulbesuches und bei wiederholten vergeblichen, darauf bezüglichen Ermahnungen an die Eltern und Vormünder wird das im bremischen Gebiet übliche Strafgeld von drei Groten für jeden ohne genügende Entschuldigung versäumten Schultag durch den Amtmann zum Besten der Schul- und Armenkasse erhoben werden. – Nach § 9 der Verordnung hat die Schul- und Armenkasse ihre Einnahmen a) aus dem Ertrage der Armenbüchse in dem Hafenhause, wie in den Gast- und Schenkhäusern, b) aus den freiwilligen Spenden durch Zusendung solcher Büchsen für Hochzeiten, Kindtaufen und andere festliche Gelegenheiten, c) aus den Abgaben für die Armen des Hafenortes, die anläßlich der Gestattung von Sonntagsarbeiten durch den Amtmann erhoben werden, d) aus den Schulversäumnis-Strafgeldern, e) aus den freiwilligen Beiträgen zur Bildung einer Armenkasse, wozu die Schul- und Armenpfleger nötigenfalls auffordern werden. – Über die auf diesen verschiedenen Wegen eingehenden Gelder wird von der Schul- und Armenpflege Rechnung geführt und der Oberinspektion vorgelegt. – Der Überschuß der Einnahme wird monatlich bei der Sparkasse oder Diskontokasse in Bremen belegt. Der Amtmann wird die Schul- und Armenpflege monatlich einmal und sonst, so oft er es nötig findet, zur Lichtung der Armenbüchsen, zur Ablieferung der sonst erhobenen Beiträge, zur Festsetzung des Kassenbestandes, sowie überhaupt zur Beratung und Beschlußfassung über die noch vorstehenden Gegenstände, versammeln, über die Versammlung ein Protokoll führen und dieses von Zeit zu Zeit der Oberinspektion mit seinem Berichte einsenden.

Am 26. März 1842 wurden für die Verwaltung des Kirchen-, Schul- und Armenwesens von der Oberinspektion die vier Mitglieder des ersten Kirchenvorstandes der evangelischen Gemeinde bestellt, und zwar: Peter Heinrich Ulrichs, Johann Georg Claussen, Friedrich Bagelmann und Johann Simon Abegg. Die Mitglieder des Kirchenvorstandes waren also zugleich Mitglieder der Schul- und Armenpflege. Zur Unterstützung bei diesen Funktionen wurden ihnen noch sechs Mitglieder der Gemeinde zugeordnet. Zu diesen wurden bestellt: Carsten Mehrtens, Hinrich Garrels, Johann Hinrich Eits, Arend Jürgen Dreyer, Johann Heinrich Huntemann und Heinrich Wilhelm Büttner.

Herrn Ulrichs, als „verwaltendem Kirchenvorsteher", wurde am 30. Juni 1842 die Verwaltung der Schul- und Armenkasse, sowie der zu kirchlichen Zwecken gesammelten Fonds (unter denen mit der älteste die staatliche Dotation aus den Geistlichen Unterstiftigen Gütern vom 19. April 1833 ist) überwiesen. Alle Kassen hatte bis dahin der Amtmann Dr. Thulesius geführt.

Laut Beschluß der Oberinspektion[85] vom 26. März 1842 wurde eine veränderte Einteilung der Kassen erforderlich, indem die Kirchen- und Schulklasse[86] verschmolzen wurden dagegen die Armenkasse von diesen getrennt wurde. Am 30. April 1843 entwarf der Amtmann eine (im Pfarrarchiv noch vorhandene) Instruktion über die Armenpflege in Bremerhaven. Am 28. September 1846 übernahm die drei Kassen Herr Friedrich Bagelmann, und wurden mit dem genannten Tage auf besonderen Wunsch der Oberinspektion auch die Kirchen- und Schulkasse, jede für sich, geführt. Bagelmann führte die letztgenannten Kassen bis zum 15. Oktober 1855, während die Verwaltung der Armenkasse am 15. Oktober 1852 an den Gemeinderat (Rechnungsführer Melchior Schwonn) überging.

Wie wir gesehen haben, lag in Alt-Bremerhaven die Verwaltung des Schulwesens in den Händen des Kirchenausschusses (d. i. Kirchenvorstandes) der evangelischen Gemeinde. – Die evangelische Gemeinde aber, der die Kirchenvorsteher angehörten, führte kein kirchlich selbständiges Leben, hatte weder einen von ihr gewählten Ortsgeistlichen, noch eine eigene Kirche. Bremerhaven blieb lange in Lehe eingepfarrt. Es erübrigt uns daher noch

Die kirchliche Zugehörigkeit zu Lehe und das kirchliche Leben in Bremerhaven

ins Auge zu fassen.

Bremerhaven war gleich nach seiner Gründung jahrelang in Lehe eingepfarrt. Als nach langen und schwierigen Verhandlungen endlich mit dem 1. Mai 1827 der denkwürdige Tag gekommen war, an dem das zur Anlage Bremerhavens bestimmte Terrain förmlich von der Krone Hannover an Bremen abgetreten wurde, einigten sich die beiden Staaten dahin, daß, bis für den zu gründenden Hafenort eigene kirchliche Einrichtungen getroffen sein würden, die Einwohner in bezug auf Anmeldung von Geburten und Sterbefällen, sowie auf die bürgerliche Eheschließung sofort dem Zivilamt Bremerhaven unterstellt seien, indes, was die Seelsorge und namentlich die

---

[85] Die Oberinspektion lag nur in den Händen von Bürgermeistern. Bis Ende 1848 hatte Bremen deren noch vier, die alle Halbjahr im Präsidium wechselten.
[86] *eigentl. Kirchen- und Schulkasse, Druckfehler aus dem Original übernommen*

Vollziehung von geistlichen Amtshandlungen betrifft, je nach ihrer Konfession der lutherischen oder reformierten Gemeinde in Lehe zugewiesen sein sollten. Als lutherischer Prediger in Lehe fungierte vom 17. Februar 1822 bis 1837 Christian Friedrich Vörtmann aus Verden, Sohn eines Sattlers. Er war anfangs zur Kaufmannschaft bestimmt, studierte aber auf Anregung seines Lehrers Theologie. Er hatte die Leher Gemeinde lieb gewonnen und spricht in seiner eigenhändig geschriebenen Biographie mit herzlicher Zuneigung von dem damaligen reformierten Prediger Ludwig Müller.

Vörtmanns Nachfolger wurde Johann Carl Rodatz, geboren zu Stade, wo sein Vater Prediger und Senior des geistlichen Ministeriums war. Er lebte mit dem reformierten Pastor Müller gleichfalls in großer Freundschaft. Letzterer, Nachfolger des Pastor Begemann, der einem bösartigen Fieber erlag, das in wenigen Monaten den siebzehnten Teil der Einwohner Lehes dahinraffte, wurde am 22. März 1827 fast einstimmig gewählt. Er war aus Bremen gebürtig und Prediger zu Ruhrort am Rhein. Am 6. Februar 1839 wurde er von der St. Stephani-Gemeinde in Bremen, an der sein Pflegebruder Friedrich Mallet, der viel gefeierte Kanzelredner, erster Prediger war, zum Pastor gewählt. Am 14. April 1839 nahm er von seiner Leher Gemeinde Abschied. Der Fortgang dieses „tief gehenden Seelsorgers" wurde auch von den kirchlich Gesinnten Bremerhavens schmerzlich empfunden. Bis Johanni 1843 war die reformierte Pfarre unbesetzt, und besorgte während dieser Zeit Rodatz die Pastoralien der reformierten Gemeinde. Müllers Nachfolger wurde Pastor Hafenkamp. Rodatz starb 1847. Sein Nachfolger wurde Pastor von Horn.

Wie sich die für die Bremerhavener Gemeinde vollzogenen Amtshandlungen auf das lutherische und reformierte Pfarramt in Lehe derzeit verteilten, mag eine von 1828 bis Ende 1841 aufgestellte Statistik veranschaulichen. In diesem Zeitraum wurden durch das lutherische Pfarramt in Lehe 474 Kinder aus Bremerhaven und 8 Auswandererkinder, durch das reformierte Pfarramt 105 Kinder aus Bremerhaven und 3 Auswandererkinder getauft. In derselben Zeit wurden von dem lutherischen Pfarramt 56 Kinder aus Bremerhaven, von dem reformierten 9 Kinder konfirmiert. Was die Kopulationen betrifft, so wurden von dem lutherischen Pastor 94 Paare kirchlich getraut, darunter als erstes Paar aus Bremerhaven am 19. Juni 1829 durch Pastor Vörtmann der Einwohner und Gastwirt Friedrich Jantzen (gestorben schon am 1. April 1830) und Adelheid Menke aus Scharmbeck.

– Durch den reformierten Prediger wurden in der Zeit von 1828 bis Ende 1841 14 Paare aus Bremerhaven kirchlich getraut.

Hinsichtlich des gottesdienstlichen Besuches waren die Einwohner Bremerhavens auf die schlichte und wenig geräumige Dionysiuskirche in Lehe, das gemeinschaftliche Gotteshaus für die dortigen Lutheraner und Reformierten angewiesen. Doch wurde bei der ziemlich weiten Entfernung von der Kirche und den Pfarrhäusern Lehes und bei der stetig zunehmenden Bevölkerung des jungen Ortes der Wunsch nach einem eigenen Gotteshause und einer selbständigen kirchlichen Gemeinschaft immer lebendiger. Auch die sich aufdrängende Pflicht, den vielen Auswanderern, die hier oft längere Zeit auf die Ausfahrt warten mußten, sowie den bremischen und fremden Schiffern Gelegenheit zur sittlich-religiösen Erhebung zu geben, machte in den christlich gesinnten Kreisen das Bedürfnis nach einer größeren Kirche am Orte fühlbar. Am 18. Februar 1840 wurde dem hiesigen Amte eine an den hohen Senat gerichtete und mit 137 Unterschriften versehene Petition um „Erlangung einer eigenen Kirche und der damit verbundenen Einrichtungen" überreicht. Eine zweite dahingehende Bittschrift, unterschrieben von Diedrich Sammann und zwanzig anderen bremischen Kapitänen, wurde am 27. Januar 1842 ausdrücklich im Interesse der hier nicht wohnhaften bremischen und fremden Schiffer dem Senate eingereicht. Dieser ordnete nun das zur Förderung des Kirchenbaus zunächst Erforderliche an. Durch seinen Beschluß vom 16. März 1842 wurde der bürgerlichen Gemeinde das zur Errichtung von Kirchen- und Schulgebäuden aussersehene, zwischen der Leher (jetzigen Bürgermeister Smidt-Straße) und Marktstraße (diese in ihrer Verlängerung nach der jetzigen Grünenstraße gedacht), sowie zwischen der Kirchen- und jetzigen Mühlenstraße gelegene Areal überwiesen. Letzteres erfuhr später eine Erweiterung nach Osten in der Weise, daß die Verlängerung der Marktstraße nach der Grünenstraße aufgegeben wurde, mit Rücksicht auf die Kirche, die in angemessener Entfernung von der Hauptstraße und dabei in der üblichen Richtung von Westen nach Osten erbaut werden sollte.

Bürgermeister S m i d t, von dem Grundsatze beseelt, daß die kirchliche Vereinigung und Verschwisterung der Lutheraner und Reformierten das hohe Ideal sei, dem die Kirche der Reformation nachzustreben habe, zudem von der Ansicht geleitet, daß der noch kleine Ort finanziell nicht imstande sei, getrennte kirchliche Einrichtungen in genügendem Umfange für beide Konfessionen zu schaffen, berief bald nach Ostern 1842 die angesehensten Bürger Bremerhavens zu einer Versammlung und legte ihnen die Frage vor, ob sie willens seien eine unierte, d. h. vereinigte evangelische Gemeinde (wie solche schon Vegesack und Horn bei Bremen besaßen. D. Verf.) zu gründen. Die Befragten erklärten, stets sei solches ihr Wunsch gewesen, und aus der Bevölkerung erhob sich keine Stimme dagegen (s. Wolf: „Über den angeblichen Kirchenjammer in Bremerhaven", 1862). Die Senatskommission ernannte nun einen Kirchenvorstand, um mit ihm alles Nötige für den Bau einer Kirche zu beraten. Von den fünf Mitgliedern gehörten Amtmann Dr. Thulesius (Vorsitzer), Friedrich Bagelmann und Simon Abegg der reformierten, J. G. Claussen und P. H. Ulrichs der lutherischen Konfession an. Es galt jetzt, für den Kirchenbau die nötigen Gelder zu gewinnen. Auf Ansuchen des Kirchenausschusses genehmigte der Senat am 11. April 1842 eine allgemeine Sammlung in Bremen. Der 10. Mai war für den Beginn der Kollekte festgesetzt. Da traf gleichzeitig die Nachricht von dem schweren Brandunglück in Hamburg ein. Die Sammlung wurde ausgesetzt. „Die geringere Not muß der größeren weichen, darum alles zu seiner Zeit!", heißt es da in der Bekanntmachung vom 8. Mai. Große Summen wurden für die Notleidenden Hamburgs aufgebracht. Auch in Bremerhaven zeigte sich reger Opfersinn. Am 26. Februar 1843 erfolgte eine neue Aufforderung zur Sammlung in Bremen, Vegesack und den Landherrschaften, die die ansehnliche Summe von 15.616 Th. G. erbrachte. Mittlerweile hatte der Kirchenausschuß in Bremerhaven eine wöchentliche Grotensammlung ins Leben gerufen, die in der dritten Woche schon 1.587 Geber aufwies. Auf Anregung des Amtmanns Thulesius wurde nun auch noch in Bremen eine solche Sammlung unter Leitung des ältesten Diakonen zu Unser lieben Frauen, Dr. G. F. Castendyk, ins Werk gesetzt. Zur Vornahme derselben waren 426 bremische Bürger durch die hiesigen Kirchenvorsteher gewonnen worden.

Auch durch Kapitäne bremischer Schiffe, die im Ausland gesammelt hatten, liefen ansehnliche Summen in Bremerhaven ein. Johann Rahtjen, Kapitän des bremischen Schiffes „Herzog von Cambridge", hatte in Puerto Cabello, La Guayra und durch Freunde auch in Caraccas eine Sammlung veranstaltet. Ein in Puerto Cabello wohnhafter Bremer gab allein 500 Th. G. Die Summe des sonst Gesammelten betrug 216 Th. G. 27 Gr. (Kapitän Rahtjen war der Vater des hier verstorbenen Kaufmanns Heinrich Rahtjen). Kapitän Hermann Beurmann (Bark „Ernst und Gustav") überlieferte im Juli 1843 den Kirchenvorstehern 140 Dollar, die er unter den in Baltimore wohnhaften Bremern gesammelt hatte. Kapitän J. H. Jaburg zu Vegesack (Schiff „Johann Carl") hatte in Trinidad de Cuba 28 Th. G. 45 Gr. zusammengebracht. Auch Gerhard Ihlder, seit 1837 Kapitän, Sohn des Schiffskapitäns zu Vegesack Gerd Dirck Ihlder und Schwiegersohn von Hinrich Garrels, hatte in Odessa eine Sammlung für die hiesige Kirche veranstaltet. – Ferner überwies der hiesige Ortsvorstand W. Lueder am 15. Juni 1844 aus den für Rezeptionen (Aufnahme in die bürgerliche Gemeinschaft) erhobenen Gebühren 2.000 Th. G. zum Bau der Kirche. – Letzterer war dem Architekten Carl Poppe in Bremen übertragen worden. Die Fundamente des Kirchenschiffs und Chors wurden auf einen zwölf Fuß breiten, mit Querstangen verbundenen Schwellrost gelegt. Dieser lagerte auf einer zwei Fuß hohen, fünfzehn Fuß breiten, festgestampften, groben Wesersandschicht, während der Turm auf acht, zweiundfünfzig Fuß tiefen und neun Fuß im Durchmesser haltenden Brunnen, d. h. mit Bauschutt ausgefüllten Steinzylindern, gegründet wurde. Im Herbst 1844 waren Kirchenschiff und Altarchor fundiert, während die Aufmauerung für sämtliche acht Pfeiler und die ganze Turmfundierung erst im folgenden Jahre beendet waren.

Am 29. Mai 1846 fand

Die Grundsteinlegung der Kirche

unter großer Feierlichkeit statt. Aus Bremen begaben sich die Vertreter des Senats und andere angesehene Bürger der Stadt und des Gebietes, unter ihnen die Diakonen und welche sonst sich um den Kirchenbau und die Grotensammlung verdient gemacht hatten, auf dem zu dieser Fahrt vom Besitzer freundlichst dargebotenen Dampfschiff „Bremen" nach Bremerhaven (Smidt war vorher mit dem Dampfboot „Telegraph" angekommen). Daselbst schlossen sie sich den zur Feier schon versammelten Behörden und Gemeindegliedern des jungen Hafenortes an. Der festliche Zug, Militärmusik und Schuljugend voran, bewegte sich, unter Absingung des wahrscheinlich von Smidt selbst verfaßten Liedes: „So kommt zu ernsten Gange, zu weihn den heil'gen Ort...", vom Markte nach der Stätte, wo für die künftige Kirche die Fundamente gelegt waren. Die Versammlung verteilte sich um die mit Flaggen, Kränzen und Blumen festlich geschmückte Baustelle und eine von nah und fern herbeigeströmte Menschenmenge reihte sich Kopf an Kopf in weitem Umkreise an. Bürgermeister Smidt besteigt zuerst die aus Bausteinen aufgerichtete Rednertribüne und hält folgende im Bremer Staatsarchiv uns noch aufbewahrte Ansprache:

„Die Augenblicke sind selten und köstlich, wo es dem Menschen vergönnt ist, sein Tun und Treiben über das eigene Bedürfnis und über die nächste Zukunft hinaus berechnen zu dürfen, wo er es wagen darf, sich in die Mitte von Jahrhunderten zu stellen und ein Werk zu bleibender Dauer für Enkel und Urenkel zu gründen. – Nur der Gedanke an den, der erhaben über alle Räume und über alle Zeiten ewig derselbe bleibt, kann in solchen Augenblicken vor Vermessenheit schützen; nur der feste Glaube, daß das, was wir dergestalt beginnen, mit ihm begonnen werde, daß unser Wille auch sein Wille sei, kann uns den Mut und die Kraft geben, die Schranken der Zeit zu vergessen und die Sorge für eine ungewisse Zukunft als unsere Sorge zu betrachten. In diesem glaubensvollen Vertrauen ist vor zwanzig Jahren der Entschluß gereift, die Stätte, auf der wir jetzt sicheren Fußes zu wandeln vermögen, der Übermacht der Fluten zu entwinden, sie bewohnbar zu gestalten für das Zusammenleben einer menschlichen Genossenschaft, von der noch keiner wußte, von wannen sie kommen dürfte. – Und in der Anziehungskraft dieses Glaubens und Vertrauen hat sie sich gesammelt und gemehrt. Sie haben sich eingefunden von Osten und von Westen, von Süden und von Norden, welche diese Häuser gebaut, welche die ehelichen Verbindungen gewagt, deren blühende Sprößlinge das vollkommenste Zeugnis geben, daß das tägliche Brot hier nicht vergebens erfleht ward. – Der Mensch lebt aber nicht vom Brot allein, sondern von einem jeglichen Worte, das aus dem Munde Gottes geht. Und daß es an solchem geistig belebenden Worte an diesen Ufern nimmer gebreche, daß die Bleibenden sich dadurch gehoben und aufgerichtet finden in jeglicher Lage des Lebens, daß es den wandernden Brüdern tröstend und ermutigend hineintöne in ihren Scheidegruß von deutscher Erde, daß es dem Fremdlinge, der diese hier zum erstenmal beschreitet, eine Heimatlichkeit christlicher Gesinnung verkünde, daß es jeden, den das Gefühl bestandener Gefahren hier ergreift, aufrege, lebendig zu erkennen und dankbar zu verehren des Höchsten schützende Hand, - das ist es, was wir heute erstreben, das ist's, was wir bildlich bezeugen wollen durch die Befestigungen des ersten Steines, auf dessen Stätte sich der Bau erheben soll. – Zum Werke denn im Glauben und Vertrauen!"

Nach Vollendung dieser Ansprache legte der reformierte Pastor prim. Dr. Mallet an St. Stephani-Bremen die Bestimmung des Gotteshauses und die Bedeutung der hier zwischen Lutheranern und Reformierten vollzogenen Union ans Herz. Alsdann erfolgte die Grundsteinlegung selbst. Einer der acht Brunnen war für die Aufnahme des Grundsteins bestimmt. In diesen wurden eingeschlossen der Plan des Hafens und der Kirche, sowie ein auf Pergament gedrucktes Dokument, das die näheren Angaben über die Kirche und die Gemeinde Bremerhavens, ferner die Namen der damaligen bremischen Bürgermeister, der Oberinspektion der Kirchen und Schulen im Gebiet, des Amtmanns und der Mitglieder des Kirchenvorstandes zu Bremerhaven enthielt. Hinzugefügt wurden Exemplare der Bremer Münzen der letzten Prägung, sowie andere aus den Jahren 1546, 1646 und 1746. Nach Verschluß des Bleikastens und Einfügung des Grundsteins durch den Baumeister der Kirche, Carl Poppe, führte Bürgermeister Smidt, mit dem Schurzfell umgürtet, die ersten drei Schläge darauf. Es folgten die Herren Senator Witte, Amtmann Thulesius und die Kirchenvorsteher mit demselben Akte. Die Versammlung sang während der ganzen Handlung das weihevolle Lied, das bestimmt den Bürgermeister Smidt zum Verfasser hat und mit den Worten beginnt:

O Herr, der du die Welt gegründet
Durch deines Willens Schöpferkraft,
Wir stehen hier vor dir verbündet
Demüt'ge Zeugen deiner Macht....

Nach dem Gesang hielt der lutherische Domprediger Dr. Merkel, Bremen, die Festpredigt und rief zum Schluß im Gebete den Segen Gottes herab für die Gemeinde und die Kirche, zu der nun der Grund gelegt war. Unter Anstimmung des „Nun danket alle Gott" kehrte nach vollendetem Werke der Zug in der früheren Ordnung auf den Marktplatz zurück, wo er sich auflöste. Nach einer kurzen Zwischenzeit, in der die im Flaggenschmuckprangenden Schiffe den Besuch vieler der Anwesenden erhielten, vereinte ein festliches Mahl im Hafenhause alle zur Feier Geladenen. Von diesen hatten einundsechzig Herren aus Bremen und Umgegend zugesagt, neun aus Vegesack, dreiunddreißig aus Bremerhaven, aus Lehe fünf, Rektor Dreier, Pastor Hasenkamp, Pastor Rodatz, Amtsassessor Wedekind und Amtsassessor Wuthmann, aus Geestendorf Oberlotse Eitmann. Smidt toastete auf die Kirchengemeinde, der Amtmann auf den Senat, Merkel auf das kirchliche Leben und die bevorstehende Predigerwahl; dann wurde der freundliche Geber und Helfer beim Kirchenbau, zuletzt Bremerhaven gedacht. – Die Kosten der Feier im Betrage von 551 Th. G. bestritt der Senat aus dem ihm zur Disposition gestellten Fonds. – Eine Nachfeier für die Knaben und Mädchen, die so fleißig bei der Feier gesungen hatten, fand am 30. Mai in einem Garten an der Leher Chaussee statt, 400 bis 500 Kinder wurden mit Butterkuchen und Kaffee traktiert. Die Kirchenvorsteher, namentlich Herr Abegg, sowie die Lehrer, gaben ihnen zu allerlei Spielen Veranlassung, so daß der Jubel bis zum Abend währte. –

Allem Anscheine nach lag nun die ersehnte Zeit nicht mehr fern, wo die Gemeinde eine eigene und stattliche Kirche haben würde. Da trat ein Ereignis ein, das alle Hoffnungen zertrümmerte. Der Kirchbau hatte einen unglücklichen Fortgang genommen. Das auf dem Turmfundament aufgeführte Gemäuer neigte schon in der geringen Höhe von etwa fünfundzwanzig Fuß und vier Zoll nach Süden über. Das Kirchenschiff aber ließ in noch geringerer Höhe bedeutende Senkungen und Risse zutage treten. Der ganze Weiterbau mußte aufgegeben werden. Nicht nur die Konstruktion des Schwellrostwerkes, die Fundamentierung überhaupt auf Sandschüttung und Langschwellen erwies sich als ein verhängnisvoller Fehlgriff. Es zeigte sich deutlich, daß die Bodenbeschaffenheit gebieterisch eine starke Pilotage (d. h. Einrammung von Rostpfählen) für die ganze Kirche forderte. Hatte doch auch schon Baurat van Ronzelen in einem leider unterdrückten Gutachten vom 20. Dezember 1843 „gegen eine Fundierung der Kirche mit Schwellrost" zu erinnern gefunden, „daß sich das Gebäude setzen würde, und einen Pfahlrost proponiert" und „statt der Senkbrunnen unter dem Fundament des Turmes eine Pilotierung mit fünfziger Balken, die den Sand erreichen", vorschlagen. – So tief bedauerlich es auch war, daß der brennende Wunsch nach einer vollständig eigenen kirchlichen Gemeinschaft einen so langen Aufschub erleiden sollte, so wurde doch auf

anderem Wege eine gewisse Aushilfe geschaffen. Bremer Herren, unterstützt von dem um die Gründung Bremerhavens hochverdienten Senator
Fritze, hatten in der Grünen Straße einen Betsaal herrichten lassen, und
der Rektor an der reformierten Knabenschule, Kandidat Dreier, hatte sich
bereit erklärt, dort sonntäglich Gottesdienst abzuhalten. Die erste Predigt
fand am 25. März 1849 statt. Freilich war die gottesdienstliche Einrichtung
sehr primitiv. Im ersten Stockwerke eines Packhauses, zu dem seitwärts eine
hölzerne Treppe hinaufführte und unter dem der Fuhrwerksbesitzer und
Inhaber der Geestefähre Eide Siebs seinen Pferdestall hatte, befand sich
der Betsaal. In einem auf dem Kirchenplatz gegenüber der Grünen Straße
angebrachten Gestell hing eine Glocke, die zum Gottesdienst rief. Bald bot
sich den Bremerhavenern aber eine würdigere Stätte für die gottesdienstliche Erbauung. Im demselben Jahre wurde das Auswandererhaus auf
der Karlsburg erbaut. Eine darin eingebaute Kapelle galt nach dem zwischen dem Staat und dem Eigentümer des Hauses, J. G. Claussen, geschlossenen Vertrage dem Gottesdienst für die Auswanderer, „bis in anderer Weise diesem Bedürfnis abgeholfen werde". Claussen berief nun den
Rektor Kandidat Dreier zum evangelischen Kapellenprediger. Sein freundliches Anerbieten, den Mitbürgern die Kapelle auch für Gemeindegottes-
dienste zur Verfügung zu stellen, wurde vom Senate angenommen und die
zwiefache amtliche Tätigkeit in der Kapelle Herrn Dreier genehmigt, sowie
auf sein Ansuchen die Erlaubnis zur Ordination erteilt. Letztere erfolgte am
10. April 1850 in Bremen. Im folgenden Jahre wurde noch erreicht, daß Pastor Dreier ermächtigt sein sollte, „bis eine völlig ausreichende kirchliche
Einrichtung in Bremerhaven getroffen sein werde", daselbst Parochialhandlungen vorzunehmen. Nach einer vom Ministerium in Hannover unterm 8.
März 1851 vorgelegten und vom Senate genehmigten Verordnung sollte
es den Bremerhavenern freistehen, statt von Leher Geistlichen Taufen und
Trauungen von Herrn Pastor Dreier vornehmen zu lassen. Auch konnte
dieser den Konfirmandenunterricht erteilen und die Kinder einsegnen. Indes mußten alle Amtshandlungen den Leher Geistlichen gemeldet werden,
zur Eintragung in die dortigen Kirchenbücher, und die Stolgebühren mit
jenen geteilt werden. Viele hiesige Bürger wählten infolgedessen den in
ihrer Mitte wohnenden Prediger, und somit war, wie Pastor Wolf mit Recht
in seiner angeführten Schrift bemerkt bereits vor Einführung einer selb-

ständigen kirchlichen Gemeinschaft des Ortes die Union ins Leben gerufen. Der reformierte Herr Dreier, von einem lutherischen Geistlichen (Pastor Dr. Rothe in Bremen) ordiniert, war als evangelischer Prediger am Auswandererhause angestellt, und aus beiden Konfessionen wählten viele Einwohner ihn zu ihrem Seelsorger.

Doch das Ziel der Sehnsucht blieb ein völlig selbständiges kirchliches Leben, zunächst eine stattliche Pfarrkirche, die auch einer größeren Stadt zur Zierde gereichen würde. Da für den Wiederaufbau der Kirche durch Sammlungen, Schenkungen, sowie durch Anleihen ein gewisses Kapital zu erhoffen war, und für die Zukunft größere Einnahmen aus der für den Bau der Kirche festgesetzten Abgabe bei Sonntagsarbeiten[87] auf den Schiffen gesichert waren, hatte Amtmann Thulesius schon am 27. Februar 1848 eine Versammlung einberufen, der er vorschlug, dem früher ernannten Kirchenvorstande die Leitung des Kirchenbaues zu übertragen. Der Wunsch der Versammelten ging aber dahin, aus ihrer Mitte einen Kirchenvorstand zu wählen. Die Wahl fiel auf zwölf Bürger, die beiden Konfessionen angehörten. Doch die politische Aufregung jener Zeit, die die an demselben Tage ausgebrochene Revolution in Frankreich mit sich brachte, „verhinderte ein einmütiges Handeln der verschiedenen Behörden, die beim Kirchenbau zusammen wirken sollten". Auch trat der Kirchenvorstand bis 1851 nur ein einziges Mal zusammen. Thulesius sollte die Wiederaufnahme des Baues nicht erleben. Er starb am 12. Juli 1850. Nachdem im folgenden Jahre auf Antrag des neu erwählten Amtmannes Gröning der Kirchenbau wieder in die Hand genommen war, wurden zu den noch lebenden drei Mitgliedern des ersten Kirchenvorstandes vom Jahre 1842, den Herren Bagelmann, Claussen und Ulrichs – Simon Adegg war mittlerweile verstorben – die Einwohner Henrich Garrels, Melchior Schwoon, Nicolaus Addix und Johann Christian Tieck gewählt, und die Senatskommission beauftragte den also gewählten Kirchenvorstand, den Bau der Kirche zu fördern und zu leiten. In den Bremer Zeitungen und dem hiesigen Blatt „Der Mitteiler an der Unterweser" (gedruckt und redigiert von P. F. Lamberti) wurde eine vom 27. Oktober 1851 datierte „Aufforderung

---

[87] Auf Antrag des Senats beschloß die Bürgerschaft am 7. Mai 1847, daß bei Sonntagsarbeit an Bord der Schiffe, die von dem Amte in Bremerhaven in eiligen Fällen zu gestatten waren, die Abgabe für 2 Groten für die Last, nach der Trächtigkeit des Schiffes, zum Bau der Kirche zu verwenden sei.

an Bauverständige" erlassen, bis zum 1. Januar 1852 Baupläne, nebst Kostenanschlägen bei dem Amte einzureichen, mit der Bestimmung, eine Kirche in würdigem Stile und ungefähr in denjenigen Dimensionen zu bauen, die die angefangene[88] haben sollte.

Wir stehen mit dem Herbst 1851 im Angesichte der Stadtwerdung des Fleckens. Wir sind dem Entwicklungsgange Alt-Bremerhavens nach allen Richtungen gefolgt. Nun möge sich daran noch anschließen eine

Betrachtung über den kulturellen Stand und das äußere Gepräge Bremerhavens unmittelbar vor seiner Stadtwerdung.

Es gab nur eine öffentliche Volksschule mit drei Klassen, in denen der Hauptlehrer Rahe und die Lehrer Groot und Revell unterrichteten. Alle anderen Schulen waren Privatschulen. Eine öffentliche höhere Lehranstalt gab es nicht.

Der Ort entbehrte auch eines kirchlich selbständigen Lebens. Bremerhaven war in Lehe eingepfarrt. Zwar wurden Gottesdienste 1849 in der Grünenstraße und 1850 in der Auswandererkapelle durch Pastor Dreier (Lehe) für die hiesige Gemeinde, Lutheraner wie Reformierte, abgehalten. Auch wurde vom März 1851 an dem Prediger Dreier die Vornahme von Parochialhandlungen in Bremerhaven gestattet, aber alle Amtshandlungen waren den Leher Geistlichen, wie schon bemerkt, zur dortigen Eintragung zu melden und die Stolgebühren mit ihnen zu teilen. Es fehlte der Ortsgeistliche, von der Gemeinde gewählt, und die Pfarrkirche. Zwar wurde zu dieser 1846 der Grundstein gelegt, aber im folgenden Jahre mußte der Bau wegen verfehlter Fundamentierung eingestellt werden, bis 1851 die ersten Schritte zur Förderung der Wiederaufnahme des Baues getan wurden.

Was die Gemeindeverfassung von 1837 betrifft, so war sie ja niemals recht in Kraft getreten. Auch waren die Befugnisse der Ortsvorstände noch sehr eingeengt durch den Amtmann, der in allen Gemeindeangelegenheiten die Leitung hatte. – Dagegen hatten die Ausschreitungen, wie sie durch die zahlreichen fremden Seeleute auf der Straße, wie in gewissen Wirtschaften stattfanden und viele Arretierungen nötig machten, noch vor der Stadtwerdung des Fleckens nicht unwesentlich abgenommen. – Endlich hatte

---

[88] Von dieser befindet sich noch hier und da in Bremen, auch im dortigen Staatsarchiv wie in der hiesigen Stadtbibliothek ein lithographisches Bild.

die Auswandererfürsorge einen kulturellen Fortschritt aufzuweisen, dessen sie sich im Jahre 1850 erfreuen durfte. Die Europamüden hatten nämlich im Auswandererhause ein gutes Unterkommen gefunden, das sie vor Ausbeutung durch hiesige und Bremer Wirte schützte, wurden daselbst gottesdienstlich versorgt und manche auch wohl schon damals auf Wunsch für ein billiges mit Neuen Testamenten, evangelischen Liederschätzen und Traktaten als Leitstern für die neue Heimat versehen. –

Nun werfen wir noch einen Blick auf das äußere Gepräge des Fleckens kurz vor seiner Stadtwerdung. Alles Schiffahrtsleben konzentrierte sich auf das alte mastenreiche Hafenbassin und seinen Vorhafen, sowie auf den Anleger in der Geeste. Der neue Hafen wurde erst im Sommer 1852 dem allgemeinen Verkehr übergeben. Der Verkehr zwischen Bremerhaven und Geestedorf und dem in der ersten Entwicklung begriffenen Geestemünde fand durch die Haupt-Prahmfähre und eine Nebenfähre (Bootsfähre) statt. In der Nähe der letzteren, auf dem heutigen Tonnenhof, erhob sich der kirchturmartig aufgebaute „optische Telegraph". – Am rechten Ufer der Geeste die kleine Werft von Cornelius, die größeren Werften von Lange und Wencke, von Rickmers und Tecklenborg und seit 1851 von Ulrichs. – Am Schirmdeich zwischen der Kalkofenstelle von Eits und der Werft von Cornelius als freundliches Wahrzeichen Alt-Bremerhavens die Windmühle, die sich nur noch eines kurzen Daseins erfreuen sollte.

An der Ostseite des Hafens das stattliche Amts- und Hafenhaus und hier an der mit Bäumen bepflanzten Straße am Hafen entlang die geräumigen Privat- und Packhäuser. – In der Nähe des 1848 eröffneten Posthauses das eine der beiden Kochhäuser. – An der westlichen Seite der Hafengegend die beiden Befestigungen, das Fort Wilhelm bei der Schleuse und die Dockbatterie von 1848 nördlich von dem Vorhafen des neuen Hafens. Ferner der Pulverturm unterhalb des alten Weserdeichs. Letzterer wurde an einer Stelle mit Rücksicht auf die Anlage des neuen Hafens 1846 zurückverlegt (s. die Karte 9: Entstehung der Hafenanlagen). Daneben der neue, 1846 erbaute, Weserdeich vom Zusammenstoß des alten Weserdeichs und des Leher Schlafdeichs bis zur Dockbatterie und der neue, querliegende Deich vom alten Weserdeich bis zum Vorhafen des Neuen Docks (s. die Karte). Unter dem alten Weserdeich, östlich vom Neuen Hafen, sind noch zehn Strohhütten aus dem Jahre 1847 stehen geblieben, für die Arbeiter anläßlich der Erweiterung des Neuen Hafens bestimmt. – Am Nordende des alten Hafens in der Nähe des Neuen Docks hat das zweite Kochhaus seinen Platz erhalten. – Unterhalb des Leher Schlafdeiches in der Richtung der heutigen Hannastraße erblicken wir die Schießstände des Schützenvereins nebst Kugelfängen und das 1851 erbaute Schützenhaus nebst Kegelbahnen, umgeben von einem freundlichen Garten, weiter östlich die Bleiche von Rathjen mit ihrer schönen Wiesenfläche. –

Wir kehren in den Flecken zurück. Das einzige monumentale Gebäude Alt-Bremerhavens war das Auswandererhaus auf der Karlsburg. Es wirkte wie ein Symbol der großen Bedeutung, die die bremische Auswanderung gewonnen, anläßlich welcher im Jahre 1851 nicht weniger als 38.000 nach Amerika befördert wurden. Durch das Portal des Gebäudes treten wir in einen großen mit grauen Fliesen gepflasterten Lichthof. Unten im rechten Flügel die große Dampfküche, links das Hospital. Oben die Wohn- und Schlafräume der Auswanderer, lange und hohe Säle mit Betten, die sich übereinander befinden, wie im Zwischendeck eines Auswandererschiffes. Hinten im Querbau befindet sich eine ziemlich geräumige, schlichte, aber freundliche Kapelle[89]. In der Nähe des Auswanderergebäudes erblicken wir den Marktplatz, der, schmucklos und nur mit Kies bestreut, noch einen nüchternen Eindruck machte, während der Kirchenplatz mit seinem mißglückten, zur Ruine gewordenen Bau und ohne jegliche gärtnerische Anlagen fast wehmütig stimmte. – Die Puttkuhle, die noch vor der Stadtwerdung zu einem Teil zugeschüttet war zum Zweck von Häuserbauten, schlängelte sich immerhin noch mit ihrem schmutzigen Wasser vom Ostende der Mittelstraße bis in die Gegend von Geesthelle und hatte dort durch einen Siel ihren Abfluß in die Geeste. –

Im übrigen machte doch Bremerhaven mit seinen neuen, sauberen Häusern einen freundlichen Eindruck. Die Trottoire der Straßen sind zum Teil mit Rotstein gepflastert. Vor manchen Häusern stehen weiß oder grün gestrichene Gartenbänke, wo des Tags über und besonders Abends die Tagesneuigkeiten besprochen oder auch wohl Seemannsabenteuer erzählt werden. Vor Bettgehen werden vielfach die sauberen Bänke ins Haus ge-

---

89 Nach Georg Kimme, Nordwestdeutsche Zeitung, 1909

bracht, weil leicht Liebespaare oder berauschte Seeleute sie in Besitz nehmen könnten. Hier und da schon Tabak- und Zigarrenläden, meistens durch einen lebensgroßen hölzernen Neger, mit der Pfeife im Munde, kenntlich. Die Schlafbaase für Seeleute haben meistens schmucke, blankgeputzte Bauer mit Papageien vor den Haustüren stehen[90]. In der Leher Straße befinden sich schon geschmackvoll dekorierte Läden mit zum Teil schon größeren Schaufenstern, die freilich des Spiegelglases noch entbehren. – Die Straßen sind regelmäßig, die Hauptverkehrsstraßen, Leher und Fährstraße, zugleich breit angelegt. –

Bremerhaven, das nach seinem äußeren Gepräge den Charakter eines Fleckens abgestreift hatte, auch im Jahre 1850 schon 4.033 Einwohner zählte, im übrigen durch den regen bremischen Schiffs-, Handels- und Auswanderungsverkehr, wie ihn der erste transatlantische Hafen an der Mündung der Geeste und Weser mit sich brachte, eine nicht geringe Bedeutung erlangt hatte, durfte wohl erwarten, bald offiziell in die Reihe der „Städte" aufgenommen zu werden. –

In der Tat wurde Bremerhaven zugleich mit Vegesack seitens Bremen schon 1849 in der Stille als Stadt benannt.

Die Stadtfrage und ihre Vorgeschichte, sowie die Einführung der Stadtverfassung

mag uns nun in Kürze beschäftigen.

„Ausweislich der Akten des bremischen Staatsarchivs," wie der Archivar Dr. Entholt dem Magistrat Bremerhavens am 27. November 1924 berichtet, „wird erstmalig schon im Februar 1849 in einem Schreiben des damaligen bremischen Senatskommissars in Frankfurt, Senator Iken, mitgeteilt, daß bei den Beratungen über eine Zoll- und Handelseinigung Deutschlands in der Nationalversammlung die Frage aufgeworfen wurde, ob man dem bremischen Staate für seine städtische Bevölkerung bei der Verteilung der von der Reichsgewalt zu erhebenden Steuern eine höhere Quote zubilligen könne. Der Senatskommissar empfahl unter diesem Gesichtspunkte, den Gemeinden Vegesack und Bremerhaven in der Stille die Benennung von Städten beizulegen. Wohl als eine Folge hiervon werden in einem Promemoria des Senats für den Frankfurter Kommissar vom 7. März 1849 die

---

[90] Nach der Darstellung von Georg Kimme.

beiden Orte bereits als Hafenstädte bezeichnet. In dem Bericht der bremischen Deputation vom 19. Februar 1850, betreffend die Feststellung der Grundsätze der Gemeindeverfassungen beider Hafenorte, wird aufs neue zum Ausdruck gebracht, daß die genannten Gemeinden als Stadtgemeinden angesehen werden müßten. – Auch die obrigkeitliche Verordnung vom 5. Juli 1850, betreffend die Neuregelung der Gemeindeverfassung, obwohl noch als eine provisorische gedacht, spricht doch gleich in ihrer Überschrift von den Stadt-Gemeinden Vegesack und Bremerhaven. Der 18. Oktober 1851 aber ist der Tag der eigentlichen Einführung der Gemeindeverfassung für Bremerhaven. Letztere wird erst damit zu einer definitiven, und seit diesem Tage besteht die Stadt Bremerhaven im Rechtssinne. Die Verfassung der Stadt Vegesack datiert dagegen erst vom 1. Januar 1852."

Jedoch ist dabei zu bemerken, daß „ein eigentliches Senats-Conclusum (Senatsbeschluß) und eine offizielle Benachrichtigung der Gemeinde von dem gefaßten Beschluß offenbar nicht ergangen sind; jedenfalls sind derartige Schriftstücke im Archiv nicht vorhanden und auch in den Conclusen-Büchern nicht verzeichnet, wobei zur Erklärung die eingangs angeführte Anregung des Senators Iken zu gelten hat, diese Stadterhebung in der Stille vor sich gehen zu lassen" (Entholt).

Schon im Herbst 1850 wurden in einer Versammlung der wahlberechtigten Bürger Bremerhavens unter Aufsicht des Amtes der künftige, acht Mitglieder zählende, Gemeinderat und die vorgesehenen vierzig Gemeindeverordneten[91] gewählt, die in ihrer Gesamtheit von achtundvierzig Mitgliedern den Gemeindeausschuß bilden sollten. Am 3. Oktober 1851 wurde die Verfassung der Stadtgemeinde vom Senate genehmigt, nachdem zuvor der Entwurf ganz mit den Änderungen, die die Kommission des Senates vorgeschlagen, von dem Gemeindeausschuß in Bremerhaven angenommen war, und der 18. Oktober 1851 als der Tag bestimmt, an dem die Verfassung in Kraft treten sollte, ohne daß eine offizielle Mitteilung über den vom Senate gefaßten Beschluß an die Gemeinde ergangen war. Sodann wurde der im Jahre 1850 provisorisch gewählte Gemeindeausschuß in seiner ganzen Zusammensetzung bestätigt.

---

[91] S. die Liste der Gemeindeverordneten vom Jahre 1850 bzw. 1851 hinten im Buche (IV. Teil).

In den Gemeinderat wurden derzeit gewählt: J. C. Tieck, B. R. Christians, Franz Claussen, H. Hellenberg, Fr. Heyermann, Melchior Schwoon, Ch. Weber, und Herm. Weymann. Fünf der „Gemeinderäte" gehörten dem Gewerbestande an, der allgemein verehrte Malermeister Tieck, der Inhaber einer ansehnlichen Küperei: Hellenberg, der Buchbinder und Buchhändler Heyermann, der Schlachtermeister Christian Weber in der Leher Straße und der Kupferschmiedemeister Weymann, der an der Entwicklung Bremerhavens lebhaften Anteil nahm, als demokratischer Hauptredner in der Revolutionsperiode sich schon einen Namen erworben hatte und von Anfang an von dem Gedanken der Einheit Deutschlands und einer deutschen Flotte erfüllt war. Die drei anderen Mitglieder des Gemeinderats, die in der Gemeinde eine geachtete Stellung einnahmen, Schwoon, Franz Claussen und Christians, gehörten dem Kaufmannsstande an. – Am 20. Oktober 1851 schritt der Gemeinderat zur Wahl eines (bis zum 1. Januar 1852 zu wählenden) Vorsitzenden aus seiner Mitte. Durch schriftliche Abstimmung erhielten zuerst Tieck und Christians Stimmengleichheit. Bei einer zweiten Abstimmung wurde Tieck gewählt. Zum Beigeordneten wurde durch schriftliche Abstimmung, die wegen Stimmengleichheit für Schwoon und Franz Claussen gleichfalls zum zweiten Male stattfinden mußte, Franz Claussen gewählt. Zum Schriftführer wurde durch die Wahl Christians bestimmt. – Das bare Gemeindevermögen und die Dokumente der Gemeinde wurden vorläufig bis zum 1. Januar 1853 Melchior Schwoon in Verwahrung gegeben. Bereits nach der obrigkeitlichen Verordnung für Vegesack und Bremerhaven vom 5. Juli 1850 hat die Verfassung der Stadtgemeinde nur die bürgerlichen Gemeindeverhältnisse zum Gegenstande, sie bezieht sich daher nicht auf die hinsichtlich der Kirchen und Schulen bestehenden Einrichtungen. Zu den bürgerlichen Gemeindeverhältnissen gehört aber auch das Armenwesen, das bis dahin ausschließlich in den Händen der Kirchenvorsteher lag. Mit der Leitung des städtischen Armenwesens wurden die Gemeinderäte Hellenberg und Franz Claussen beauftragt. Gemäß dem von ihnen aufgestellten Regulativ wurden am 27. November 1851 dreizehn Einwohner zu Armenpflegern gewählt, nämlich Friedr. Bagelmann, Heere Harms, Nikolaus Addicks, Friedr. Hashagen, H. Nonne, C. Dettmers, J. H. Glahn, J. W. Kratz, H. P. Ulrichs, J. G. Ledderhose, F. H. Riemenschneider, F. A. Silberschmidt und Joh. Deetjen. –

Die Verfassung der Stadtgemeinde, über die wir uns noch etwas näher orientieren wollen, wird in fünf Artikeln dargelegt. Nach Paragraph 2 des ersten Artikels ist der Stadtgemeinde unter Aufsicht der Staatsbehörde nach den näheren Bestimmungen dieser Verfassung zugewiesen:

a) Die selbständige Verwaltung ihrer Gemeindeangelegenheiten.

b) Die Regelung ihrer übrigen inneren Gemeindeverhältnisse und der ihr obliegenden Gemeindelasten.

c) Die Wahl ihrer Gemeindebeamten.

d) Die Teilnahme an der Verwaltung polizeilicher Anstalten, soweit solche nicht vom Staate übernommen sind. (Dahin sind zu rechnen die Anstalten betr. den Markt, die öffentlichen Straßen und Brunnen, die Einrichtungen für Nachtwachen und Feuerlöschungen in der Stadt [nicht am Hafen] und die damit verbundenen Gemeindeausgaben, bzw. auch Einnahmen [Markt]. – Die Polizisten waren staatliche Angestellte und dem Amte unterstellt. Städtische Polizisten gab es damals nicht. D. Verf.) –

Für die Wahrnehmung der Gemeindeangelegenheiten besteht ein Gemeindeausschuß (Gemeinderat und Gemeindeverordnete). Der Gemeindeausschuß versammelt sich, so oft es der Gemeinderat erforderlich erachtet. Der Gemeinderat ist zur Einberufung desselben verpflichtet, sobald ein Drittel der Gemeindeverordneten in einer schriftlichen Vorstellung darauf anträgt. Durch Beschluß des Gemeindeausschusses können auch regelmäßige Sitzungen festgesetzt werden. Der Gemeindeausschuß kann (nach § 31) nicht beschließen, wenn nicht mindestens die Hälfte der Gemeindeverordneten zugegen ist. Eine Ausnahme tritt ein, wenn der Gemeindeausschuß, zum zweiten Male zur Verhandlung über denselben Gegenstand zusammenberufen, dazu ausdrücklich unter Hinweisung auf diese Bestimmung geladen ist. – Die Mitglieder des Gemeinderats werden von dem Gemeindeausschuß nach absoluter Stimmenmehrheit gewählt. Die Wahl geschieht auf acht Jahre. Alle zwei Jahre treten zwei Mitglieder aus und werden durch neue Wahlen ersetzt. In den ersten sechs Jahren wird der Austritt durch das Lebensalter bedingt, später findet der Austritt nach der Amtsdauer statt. Bei außergewöhnlichen Erledigungsfällen wird die Ergänzungswahl gleich vorgenommen (Artikel IV, § 35). –

Der Gemeinderat erwählt durch geheime Abstimmung aus seiner Mitte einen Vorsitzer, einen Beigeordneten, einen Schriftführer für die Dauer von zwei Jahren. Die Wahl des Vorsitzers unterliegt der Bestätigung des Senats (Artikel IV, § 38). – Die Gemeindeverordneten werden auf vier Jahre gewählt. Alle zwei Jahre tritt die Hälfte aus. Für das erstemal wird der Austritt durch das Los festgestellt. –

Die letzten Ortsvorstände, die die Gemeinde vertraten, waren Johann Georg Claussen, Johann Hinrich Eits, Franz Eberhard Claussen, Melchior Schwoon, Johann Christian Tieck und Dr. Philippi; die letzten Revisoren: Friedrich Heyermann, P. H. Ulrichs, J. D. Vasmer, H. C. Winkler, M. E. Hellenberg und Hermann Weymann. Mit dem 18. Oktober 1851 endigte die Wirksamkeit beider Korporationen, die keine selbständige Verwaltung darstellten, vielmehr ganz unter der Aufsicht und Leitung des Amtmanns standen. –

Mit der Stadtverfassung wurden die Befugnisse und Vorrechte des Amtes bei der Verwaltung der Gemeinde in die Hände des Gemeinderats, insbesondere seines Vorsitzenden, gelegt, dessen jedesmalige Wahl der Bestätigung des Senates bedurfte. – Gleich im § 2 der Verfassung wird der Stadtgemeinde unter Aufsicht der Staatsbehörde in Bremen die selbständige Verwaltung ihrer Gemeindeangelegenheiten und die Wahl ihrer Gemeindebeamten zuerkannt. Nur in der Verwaltung „polizeilicher Anstalten", soweit solche nicht ausschließlich vom Staate übernommen waren, hatten Gemeinde und Amt zusammenzuwirken. – Hatte bis dahin der Amtmann den Vorsitz und die Leitung in allen Gemeindesitzungen, so wurden diese Rechte jetzt auf den Vorsitzenden des Gemeinderates übertragen. – Die Befugnisse der Gemeindeverordneten erfuhren allerdings insofern eine Einschränkung, als ihnen die Anberaumung eigener beschließender oder auch nur beratender Sitzungen nicht zustand. Es fanden entweder Sitzungen des Gemeinderates statt oder des Gemeindeausschusses, d. h. Sitzungen, an denen der Gemeinderat und die Gemeindeverordneten gemeinschaftlich teilnahmen. Welche erfreuliche und ersprießliche Wendung im übrigen für die Gemeinde mit der Einführung der Stadtverfassung eintrat, mögen am meisten die Männer empfunden haben, die aus der alten Gemeindevertretung als Ortsvorstände oder Revisoren in den städtischen Gemeinderat gewählt wurden. –

Dritter Teil

Die Stadt Bremerhaven von 1852 bis zur Durchführung der Neuen Städtischen Verfassung Ende 1879

Die Stadt Bremerhaven von 1852 bis zur Durchführung der Neuen Städtischen Verfassung Ende 1879

Es war ein tieftrauriges Ereignis, das das eben erst zur Stadt erhobene Bremerhaven erleben mußte:

Das Ende der deutschen Kriegsflotte,

die in den Jahren 1852/53 in unserer Stadt zur Schmach Deutschlands öffentlich versteigert wurde. Die letzten Versuche, durch die Gründung eines Nordsee-Flottenvereins die Auflösung der Flotte zu verhüten, blieben ohne Erfolg. Infolge der eifrigen Bemühungen Bismarcks, der eben Bundesgesandter geworden war, hatte sich Preußen Anfang März 1852 bereit erklärt, im Falle der Nichtbeteiligung Bayerns allein mit Hannover, Oldenburg und den Hansestädten einen Nordsee-Flottenverein zu bilden und fünf- bis sechshunderttausend Taler, also etwa zwei Drittel der veranschlagten jährlichen Kosten zu tragen. Aber gerade Hannover, der größte Staat der Nordseeküste, erklärte sich entschieden gegen das preußische Angebot und wollte lieber die Flotte preisgeben, als zugeben, daß Preußen durch die Annahme seines Angebots an Macht und Einfluß gewönne.

Am 20., 22. und 23. März fanden im Residenzschlosse zu Hannover die letzten Verhandlungen über das Schicksal des Flottenvereins durch die Vertreter der eingeladenen Regierungen statt[92]. Brommy selbst, der zu diesen Verhandlungen hinzugezogen war, mußte erklären, daß die gänzliche Erschöpfung aller für die Flotte erforderlichen Mittel einen Zustand der Auflösung gebracht habe, dessen Verlängerung durch Geldmittel geradezu als ein Wegwerfen der letzteren anzusehen und demgegenüber eine sofortige Auflösung der Flotte vorzuziehen sei. Die Folge war, daß die Bundesversammlung am 2. April 1852 den Beschluß faßte, nunmehr die Nordseeflotte aufzulösen und den Marineausschuß mit Vorschlägen dar-

---

[92] Vgl. hier und im folgenden: Die deutsche Flotte von 1848 bis 1852, dargestellt von Dr. Max Bär, Leipzig 1898

über zu beauftragen. Die Mehrheit des Marineausschusses wünschte wegen des üblen Eindruckes eine öffentliche Bekanntmachung des Verkaufs der Schiffe von Bundeswegen zu vermeiden und sie vielmehr Kommissarien zu überlassen; und forderte drei Bundesstaaten zur Stellung je eines Kommissars auf. Nachdem diese und noch andere Staaten mit Rücksicht auf die öffentliche Meinung schlankweg abgelehnt hatten, einigte man sich, nur einen Kommissar zu ernennen. Da, in der größten Verlegenheit des Marineausschusses, bot sich ihm Dr. jur. Hannibal Fischer, ein ehemaliger oldenburgischer Staatsrat an, der sein Wartegeld in Frankfurt verzehrte, ohne Beschäftigung war und die Gelegenheit zu einer Tätigkeit, ganz gleich welcher, mit Freude ergriff. Der Bundesrat war froh, endlich einen Kandidaten für den schweren und heiklen Posten gefunden zu haben, und ernannte Fischer, ohne sich erst nach dessen Vorleben zu erkundigen, zum Bundeskommissar. In dem sehr ausführlichen und interessanten Schreiben Smidts an den hannoverschen Ministerpräsidenten von Schele vom 4. Mai 1853 wird uns eine genaue Auskunft über die Vergangenheit Fischers und sein Auftreten in Bremerhaven gegeben. Nachdem er in Oldenburg eine Anstellung gefunden hatte, bei der er zum Staatsrat aufrückte, wurde er wegen seines leichtsinnigen und burschikosen Wesens nach Birkenfeld versetzt, wo er mehrere Jahre an der Spitze der Provinzialregierung stand. Bei einem Aufstande wurde er aus seiner dortigen Stellung vertrieben. Seine Vermögensverhältnisse waren durch unglückliche Spekulationen zerrüttet. In Oldenburg protestierte man gegen seine Rückkehr, setzte ihm jedoch ein Wartegeld aus. Seine Phantasie war so überspannt, daß er sich überall verfolgt glaubte. Er gab sich nun in Kost bei dem Vorsteher einer Irrenanstalt zu Oberneuland bei Bremen, Dr. med. Engelken, der ihm in einer benachbarten Bauernhütte Quartier verschaffte, wo er ein Vierteljahr in größter Verborgenheit zubrachte. Nachdem die Wellen der deutschen Revolution sich zu beruhigen begannen, bot er sich bei den deutschen Regierungen als ein Reaktionär vom reinsten Wasser an, reiste allenthalben herum, wo Zusammenkünfte von Regierungen stattfanden, bildete sich auch ein, daß man sich um ihn reißen würde.

Als Fischer nach Bremerhaven kam, um die schwere Aufgabe des Flottenverkaufs auszuführen, war er – nach den Mitteilungen von Duckwitz aus seinen „Erinnerungen" – erstaunt über das, was er dort sah. Er glaubte ein Demokratennest zu finden, das er zerstören möchte, er fand aber eine so musterhafte Ordnung und Disziplin, ja ein so aristokratisches Wesen auf der Flotte, daß er es nicht übers Herz bringen konnte, diese Flotte zu verkaufen. Er reiste einige Wochen nach seiner Ankunft in Bremerhaven nach Hannover, Berlin und Frankfurt, um für die Erhaltung der Flotte noch ein Wort einzulegen, erhielt aber von dem Präsidenten der Bundesversammlung den Befehl, sich sofort nach Bremerhaven zu begeben und seinen Auftrag auszuführen.

Schon am 10. April 1852 fand in Bremerhaven die Übergabe der beiden Schiffe „Barbarossa" und „Gesion-Eckernförde" – gemäß den Bundesbeschlüssen vom 16. Februar und 2. April – an Preußen statt. „Eine schwere Stunde für den Admiral Brommy, als auf seinem Flaggschiff „Barbarossa" die deutsche Flagge gestrichen und die preußische gehißt wurde, und doch auch wieder ein verheißungsvolles Zeichen für die deutsche Zukunft" (Bär). Preußen war nicht geneigt, sich an dem Ankauf von Schiffen über diese Erwerbung hinaus zu beteiligen, um aufs deutlichste die Grundlosigkeit der gehässigen Beschuldigungen zu beweisen, als hätte es die Geldverlegenheit der Flotte benutzt, um sie für ein Billiges an sich zu bringen. So war der öffentliche Verkauf nicht zu umgehen. Am 1. Mai wurden 565 Personen des Flottenpersonals verabschiedet. Die Entlassung geschah ohne jede Störung. Am 2. Mai 1852 trat Hannibal Fischer sein Amt in Bremerhaven an. Statt kaufmännisch möglichst rasch und daher billig den Verkauf der Schiffe zu erledigen, wurden seine Arbeiten für die Auflösung der Flotte mit einer Langsamkeit und mit einem Aufwand an Personal, an unnötigen Formalitäten, an weitläufiger Rechnerei und Schreiberei betrieben, bemerkt Smidt, daß jeder Kaufmann, der auf diese Weise sein Geschäft zu ordnen versucht, sich dabei um jeden Kredit gebracht haben würde. Er hielt Besprechungen mit den Marinebehörden, wobei sich ihm das Bedürfnis herausstellte, sein Kommissorium, das sich lediglich auf den Verkauf des Flottenmaterials beschränken sollte, zu erweitern. Er spielte sich in Bremerhaven als einen „freundlichen Vertreter schwer verletzter Interessen" auf. Deshalb näherten sich ihm zunächst die Offiziere, um seine Teilnahme für ihr künftiges Los wachzuhalten. Der Admiral selber war indes unausgesetzt für die Entschädigung und Sicherstellung seiner Offiziere bemüht. Aus Gründen der Billigkeit wurde denn den Flottenoffizieren ein einjähriges Nonaktivgeld gewährt unter der Aufforderung, innerhalb dieser Frist anderweitig einen Dienst zu suchen. Für die, denen es nachweisbar nicht gelinge, sei weitere Beschlußnahme vorbehalten (so der Bundestag vom 29. Juli 1852). Nur die fünf belgischen Offiziere setzten, unter Berufung auf Verhandlungen und Zusicherungen des Reichsministers im Jahre 1849, eine dauernde Zahlung von monatlich vierzig Talern am 7. April 1853 durch.

Fischer hatte gegen eine sofortige öffentliche Bekanntmachung des Verkaufs Bedenken, da er es für nötig hielt, mit den Bekanntmachungen genaue Beschreibungen zu verbinden, die eine längere Zeit erforderten. Die Veröffentlichung erfolgten daher erst auf ausdrückliche Anweisung des Bundesausschusses, der höchst unzufrieden über Fischer war, der seiner Wirksamkeit eine möglichst große Ausdehnung und Wichtigkeit geben wollte. Die Kundmachungen hatten indes nur wenig Erfolg, wiewohl den ganzen Sommer und Herbst 1852 nicht nur in Europa, sondern selbst in überseeischen Staaten die Ausbietung des Flottenmaterials sorgfältig verbreitet worden war. Ein Versuch, auf dem Wege öffentlicher Versteigerung zu angemessenen Preisen zu gelangen, brachte gleichfalls so ungünstige Ergebnisse, daß die Fregatte „Deutschland" für fünfzehn vom Hundert des Schätzungswertes und die sechsundzwanzig Kanonenboote gar nur für sieben vom Hundert, weil ohne weiteres als Frachtfahrzeuge unbrauchbar, an bremische Firmen veräußert wurden. Schließlich, am Ende des Jahres, fand sich ein Käufer in der General-Steam-Navigation-Company in London, der 238.000 Taler, d. h. vierzig vom Hundert der Abschätzung, für die sechs Dampferkorvetten „Ernst August", „Großherzog von Oldenburg", „Lübeck", „Hamburg", „Bremen" und „Frankfurt" zahlte.

Die beiden übriggebliebenen Schiffe „Hansa" und „Erzherzog Johann" wurden im Frühjahr 1852 an die Firma Fritze & Co. für 175.000 Taler verkauft. Ein Teil der vorhandenen Geschütze wurde im einzelnen an Hannover, Oldenburg und Preußen gegen angemessene Preise abgegeben, der Rest des Materials aber öffentlich versteigert oder, wie namentlich Waffen und einige Geschütze, auf die Bundesfestung Mainz abgeführt.

Am 31. März 1853 erließ Admiral Brommy seinen letzten Generalbefehl, in welchem er das noch vorhandene Personal der Marine in patriotischen Worten verabschiedete. Am 1. April erfolgte die Auflösung der Marinebehörden und die Entlassung der sämtlichen unteren Beamten. Ende Juni wurde der Flottenkommissar Fischer seines Dienstes enthoben. Am 30. Juni 1853 erhielt auch der Admiral der Flotte Brommy seinen Abschied. Die noch übrigen geringen Geschäfte der Veräußerung wurden dem Hauptmann Weber übertragen, der sie bis zum Oktober 1853 erledigte.

So mußte die erste deutsche Flotte, die anfänglich als sichtbares Zeichen deutscher Einheit und Einigkeit mit Begeisterung begrüßt und durch freudige Opfer unterstützt wurde, doch schließlich zu Grunde gehen an dem Mangel echt deutscher Gesinnung bei den Regierungen, an der Eifersucht Hannovers, das die angebotene hilfreiche Teilnahme Preußens auch in letzter Stunde noch zurückwies, an der Teilnahmlosigkeit der Binnenstaaten und endlich an der Gleichgültigkeit eines großen Teils des deutschen Volkes.

Hannibal Fischer hatte sich durch seinen Mangel an Lebensart und sein Auftreten in Bremerhaven in eine Lage gebracht, die sich für einen Bundeskommissar nicht ziemte. Er hatte sein Logis häufig gewechselt, sich bald in Bremerhaven, bald in Geestemünde einquartiert. Niemand mochte ihn bei seiner Unsauberkeit, Renommiererei und Händelsucht im Hause haben. Er hatte sich in allerlei Unzuträglichkeiten mit Einwohnern verwickelt, die Nachforderungen an die Marine geltend machten, so auch mit dem Apotheker Büttner in Bremerhaven. Durch Vermittlung des Senates in Bremen fand dann zwischen den Gläubigern und dem Bundeskommissar ein Vergleich statt, durch den jene wenigstens zum Teil in ihren Forderungen befriedigt wurden und die hochgehende Erregung sich legte.

Dem verabschiedeten und alt gewordenen Flottenkommissar[93] gelang es noch einmal, als Minister der Reaktion in Lippe-Detmold seines Amtes zu walten. Aber bald wurde er aus dieser Stellung vertrieben. Seine letzten Lebensjahre verbrachte er in Freiburg und München in völliger Zurückgezogenheit.

Der Admiral Brommy hatte kurz vor dem Verkauf der Flotte die Ehe geschlossen mit Karoline Groß aus Brake an der Weser. – Durch eine eingehende Untersuchung des Militärausschusses wurden die näheren Umstände festgestellt, unter denen Brommy durch das Reichsministerium veranlaßt worden war, seine gesicherte Stellung als griechischer Fregattenkapitän nach fünfundzwanzigjähriger Dienstzeit aufzugeben und aus Liebe zum Vaterlande in dessen Dienst zu treten. Hierauf wurde ihm am 2. März 1854 ein Ruhegehalt von monatlich 125 Talern zugesprochen. Nach seiner

---

[93] Fischer wurde 1784 in Hildburghausen geboren.

Verabschiedung lebte Brommy als Privatmann in Bremerhaven. Im Mai 1857 trat er in österreichischen Dienst als Chef der technischen Abteilung in der Admiralitätssektion, zog sich aber nach kurzem aus diesem Verhältnis wieder zurück und brachte seine letzte Zeit in St. Magnus bei Bremen zu. Hier starb er, noch nicht siebenundfünfzig Jahre alt, am 9. Januar 1860 in bitterem Harm über den Untergang der ersten deutschen Flotte, für deren Aufbau er, der treudeutsche, kluge, organisationstüchtige und schaffensfreudige Mann, seine ganze Kraft eingesetzt hatte. In die Flagge der „Barbarossa", die Braker Damen gestiftet hatten, eingehüllt, wurde sein Leib im Erbbegräbnis der Familie Groß in Hammelwarden beigesetzt. Der Marschendichter Hermann Allmers widmete später dem Admiral für sein Denkmal auf dem stillen Friedhof die Worte:

„Karl Rudolf Brommy

ruht in diesem Grabe, der ersten deutschen Flotte Admiral. Gedenkt des Wackeren und gedenkt der Zeiten, an schöner Hoffnung reich und bittrer Täuschung..." –

Das Ende der deutsch-amerikanischen Dampferverbindungen

Ein Jahr vor der Gründung der ersten deutschen Kriegsflotte wurde durch die „Ocean Steam Navigation Company" die erste deutsch-amerikanische Dampfschiffahrt mit amerikanischem und deutschem Gelde ins Leben gerufen. Dieses Unternehmen teilte mit der ersten deutschen Kriegsflotte das Schicksal, daß es die Hoffnungen und Erwartungen, mit denen es gegründet wurde, enttäuschte. – Die beiden großen Raddampfer „Washington" und „Hermann" hatten zwar eine Zeitlang eine einigermaßen befriedigende Einnahme, zeigten aber, da es die ersten transozeanischen Dampfer waren, die in Amerika gebaut wurden, eine in vieler Hinsicht mangelhafte Konstruktion, die jährlich bedeutende Reparaturen erforderte. Der Kohlenverbrauch war sehr groß; die Bemannung wurde übermäßig bezahlt; die Verwaltung und Beköstigung wurde zu luxuriös betrieben[94]. Dazu

---

[94] Nach Duckwitz, Lebenserinnerungen.

wurde den Dampfern durch die Unterbietung seitens konkurrierender Gesellschaften die Postsubvention entzogen, so daß trotz der großen Zuschüsse des amerikanischen Staates mit 100.000 Dollars jährlich für jedes der beiden Schiffe und trotz der in Deutschland aufgebrachten Darlehen von 286.000 Dollars das Unternehmen nach etwa zehnjährigem Bestehen aufgegeben werden mußte. – In Erwartung seiner Liquidation wurden in Bremen rechtzeitig Vorkehrungen getroffen, um für den drohenden Wegfall der beiden amerikanischen Dampfer Ersatz zu schaffen. Zwei Bremer Handelshäuser, W. A. Fritze und Carl Lehmkuhl, erwarben bei der unrühmlichen Versteigerung der ersten deutschen Kriegsflotte Brommys Admiralschiff „Hansa" und die Korvette „Germania" und stellten unter Führung der beiden Kapitäne Geerken und Bremer eine eigene Dampferlinie zwischen Bremerhaven und Newyork her. Dieses Unternehmen wurde mit ebensowenig Erfolg gekrönt, wie das amerikanische. Die letztgenannten Schiffe waren nur reichlich ein Jahr im Dienst. Dann wurden sie von England gechartert und im Krimkrieg verwandt, nach dessen Beendigung die „Hansa" 1857 noch einmal nach Newyork fuhr.

Erst durch

Die Gründung des Norddeutschen Lloyd

sollte der ganze Schiffahrts- und Handelsverkehr Bremens allmählich sich lebenskräftig entwickeln und zu hohem Ansehen gelangen.

Diese erste große deutsche Dampfschiffahrtsgesellschaft beschränkte sich nicht darauf, die einmal geknüpften Beziehungen mit den „Vereinigten Staaten" wieder zu festigen und nach Kräften weiter zu entwickeln. Als Gesamtziel schwebte ihr nach dem „Prospekt zur Gründung des Norddeutschen Lloyd" vor: „einen großartigen, den Bedürfnissen der Zeit genügenden Dampfschiffsverkehr mit europäischen und transatlantischen Ländern, sowie auf dem ganzen Weserstrome herzustellen". Der Gründer des Norddeutschen Lloyd war H. H. Meier, der neben Smidt und Duckwitz als der verdienstvollste Förderer des bremischen Handels- und Schiffahrtsverkehrs anzusehen ist, wobei wir nicht vergessen, daß ihm bei seinem großen Werk in Eduard Crüsemann ein bedeutender Mitarbeiter erstand, der auch auf die ursprüngliche Gestaltung der Organisation des Norddeutschen Lloyd einen entscheidenden Einfluß gehabt hat.

H. H. Meier, durch die Herkunft der Familie aufs engste mit dem Leben und der Entwicklung Bremens verwachsen, sodann durch die erfolgreiche Wirksamkeit von Vater und Oheim in Newyork, den Begründer des Hauses „Ölrichs & Co.", frühzeitig auf die Wichtigkeit der Verbindung Bremens mit Nordamerika hingewiesen, hatte durch wiederholten Aufenthalt in den Vereinigten Staaten und durch manche Reisen durch Deutschland und die benachbarten Länder die treibenden schöpferischen Kräfte im großen Handel und Verkehr kennengelernt. Dem vielseitiger erfahrenen, bedächtiger erwägenden und an Jahren reiferen[95] H. H. Meier stand der in Berlin aus angesehener Familie geborene, einunddreißigjährige, impulsive und vorwärtsstrebende Eduard Crüsemann zur Seite. Dieser hatte schon in jungen Jahren die wirtschaftlichen Verhältnisse Nord- und Mittelamerikas durch eigene Anschauung kennengelernt und mit dem ihm eigenen Feuereifer dann Pläne entworfen, die ähnlich wie die H. H. Meiers gerichtet waren, vor allem in dem Ziele zusammenliefen, Bremen und das ganze deutsche Hinterland mit dem riesigen, zukunftsreichen Amerika, sowie Bremen und die Unterwesergegend mit dem handelsmächtigen England in regen wirtschaftlichen Verkehr zu bringen. Im übrigen war die große Dampfschiffahrtsgesellschaft der Zuversicht, durch zeitgemäß eingerichtete, schöne, aber von allem übertriebenen Luxus freie Passagierdampfer, durch die Wahl tüchtiger Kapitäne für alle transatlantischen wie europäischen Fahrten, so wie durch die Übernahme der Assekuranz das große Unternehmen zu sichern. Die weitergehenden Pläne Crüsemanns hinsichtlich der Betreibung von Bank- und Handelsgeschäften, sowie industriellen Unternehmungen, wurden nicht in den Plan der Gesellschaft aufgenommen.

Schwieriger noch, als die langwierigen Verhandlungen, die H. H. Meier mit den drei Weserschiffahrtsgesellschaften hatte, die in dem neuen Unternehmen aufgehen sollten, gestaltete sich die Beschaffung der nötigen großen Geldmittel für die neue Dampfschiffahrtsgesellschaft. Aber schließlich war das große Aktienkapital vorwiegend durch die rege Beteiligung aus der Bremer Bürgerschaft gesichert.

Anfang Dezember wurde das endgültige Statut des Norddeutschen Lloyd vom Senat genehmigt, der am 18. Februar 1857 der Gesellschaft die Rechte einer juristischen Person verlieh. Daraufhin wurde am 20. Februar

---

[95] H. H. Meier stand damals im 47. Lebensjahre.

1857 der Norddeutsche Lloyd gegründet, mit H. H. Meier als Vorsitzenden des Verwaltungsrats und E. Crüsemann als Direktor.

Vier große Ozeandampfer, welche die Namen „Bremen", „Newyork", „Hudson" und „Weser" erhalten sollten, wurden bei englischen Schiffsbaufirmen in Bestellung gegeben und vier Kapitäne, die teils auf englischen, teils auf deutschen Dampfern Inspektionsreisen nach Amerika unternommen hatten, zur Führung der Schiffe bestimmt. Für die Eröffnung der englischen Fahrten wurden drei Dampfer „Adler", „Möwe" und „Falke" gebaut. Am 19. Juni 1858 verließ der erste große Dampfer des Norddeutschen Lloyd, „Bremen", Kapitän Wessels, mit einem Kajütspassagier und dreiundneunzig Zwischendeckspassagieren die Bremerhavener Reede; am 4. Juli sieben Uhr morgens traf er in Newyork ein. Mit dieser Fahrt war der erste Schritt eines Unternehmens getan, dem Tausende von Beamten, Angestellten, Seeleute, Arbeitern und Gewerbetreibenden Arbeit und Verdienst verdanken sollten, dessen Schiffe die deutschen und die bremischen Farben bis in die entferntesten Länder trugen, dessen musterhafte Einrichtung alle Welt anerkannte, und das der Lebenspuls Bremerhaven und seiner Nachbarorte wurde[96].

Als zweiter Dampfer wurde die „Newyork", Kapitän von Santen in Dienst gestellt. Im September folgte „Hudson", Kapitän Wenke, mit einer größeren Anzahl von Passagieren, darunter siebzehn in der Kajüte; im September die „Weser", Kapitän Gätjen.

Der Lloyd hatte in der Tat in den ersten Jahren seines Lebens einen Kampf um das Dasein zu bestehen. Die im Herbst ausgebrochene Handelskrisis in Nordamerika und der nachfolgende Bürgerkrieg wirkten lähmend auf das Handels- und Erwerbsleben Bremens. Dazu kamen die Unglücksfälle zweier Dampfer. Die „Weser" hatte bei stürmischem Wetter eine schwere Havarie erlitten. Statt sie einer umfassenden, sehr kostspieligen Reparatur zu unterziehen, zog der Lloyd es vor, das Schiff zu verkaufen. – Bei einem Brande im Neuen Hafen wurde der Dampfer „Hudson" fast gänzlich zerstört und das Wrack nach Newcastle verkauft. Im Jahre 1859 hatten wenigstens „Newyork" und „Bremen" eine gewinnbringende Fahrt. – Die

---

[96] Siehe Aug. Lähn, Geschichte und Entwicklung der Stadt Bremerhaven. Nordwestdeutsche Zeitung, Jubiläumsausgabe 1920, 1. Beilage.

englische Fahrt, die in demselben Jahre Überschuß lieferte, wurde um drei Schiffe vermehrt. – Die Beendigung des amerikanischen Bürgerkrieges im Jahre 1865 hatte einen bedeutenden Aufschwung des Verkehrs mit Amerika zur Folge. Neben der Linie Bremen – Newyork, auf der man 1867 statt der bisher vierzehntägigen Fahrt eine wöchentliche mit acht Dampfern einführte, wurde in demselben Jahre die Linie Bremen – Baltimore für den Tabaksmarkt, der schon im 18. Jahrhundert für Bremen von Bedeutung war, eröffnet, eine Linie, die durch die deutsche Auswanderung auf der Ausreise belebt wurde. Im Jahre 1869 kam die regelmäßige Fahrt nach Neworleans, dem Baumwollausfuhrhafen hinzu. Die Linie nach Westindien, unmittelbar nach dem deutsch-französischen Kriege eröffnet, mußte schon nach drei Jahren als nicht rentabel aufgegeben werden. – Endlich wurde eine gemeinschaftliche monatliche Fahrt nach Brasilien und den La Plata-Staaten, die sowohl dem Auswandererverkehr als dem Handelsinteresse diente (Kaffee- und Tabakausfuhr aus Brasilien und Nahrungsmittelausfuhr aus den La Plata-Staaten), eingeführt und wegen der verschiedenen Erntezeit schon nach drei Jahren eine besondere brasilianische und eine La Plata-Linie eingerichtet.

Mit der Gründung des Norddeutschen Lloyd, dieser großen Dampfschiffahrtsgesellschaft, begann

Bremerhavens bedeutsame Entwicklung als vollgültiger Seehafen[97],

als westliches Ein- und Ausfuhrtor des deutschen Überseehandels und -verkehrs.

Die weite Entfernung Bremerhavens von dem Sitz der Gesellschaft in Bremen, die es unmöglich machte, alle auf die Befrachtung, Bemannung usw. bezüglichen Geschäfte von Bremen aus zu erledigen, führte zunächst zur Einrichtung einer

---

[97] Vgl. hier und im folgenden: „Bremerhavens Entwicklung als Seehafen und der Norddeutsche Lloyd" von Wilhelm Ehlers-Bremen. Nordwestdeutsche Zeitung, Jubiläumsausgabe 1920.

Agentur in Bremerhaven,

die in Vertretung der Zentrale in Bremen alle vorkommenden Geschäfte wahrzunehmen hatte. Die Geschäftszimmer befanden sich zunächst in gemieteten Räumen am Hafen Nr. 65 und Nr. 109, später in einem größeren Gebäude, Schifferstraße 3 und in einem anstoßenden Hause an der Ankerstraße, nahe bei dem Liegeplatz der transatlantischen und englischen Dampfer. Nachdem der frühere Kapitän Hildrich Ihlder eine Zeitlang die Leitung der Agenturgeschäfte übernommen hatte, wurde er durch Kapitän Heinrich Reichl, der vom Lloyd zum Inspektor der Agentur ernannt war, 1865 im Geschäftshause, Hafen 109, abgelöst. Reichl, geboren in Bremen am 4. Juli 1817, war einst Schiffsjunge auf dem amerikanischen Auswandererschiff „Shenandoah", bei dessen Strandung gleich vor der Wesermündung 1837 er mit genauer Not sein Leben rettete. Er nahm nun Dienste auf einem anderen amerikanischen Schiffe und trat nach längerer Zeit als Kapitän in den Dienst der Reederei Gebrüder Kulenkampf. Reichl war ein verdienter Beamter des Lloyd und genoß in hohem Grade die Achtung und Verehrung der Bevölkerung. Das zeigte sich besonders bei seiner Begräbnisfeier im Oktober 1875, an der sich sozusagen ganz Bremerhaven beteiligte. Sein Nachfolger wurde Kapitän Gottfried Wenke, bisher zweiter Inspektor, ein geschäftstüchtiger und pflichtgetreuer Beamter.

Mit der allmählich wachsenden Zahl der Schiffe und mit dem steigenden Umfange des Betriebes entstand neben der Agentur eine Reihe von Anlagen und Einrichtungen, die Bremerhaven zu einem Seehafen gestalteten, der den damaligen Bedürfnissen und Anforderungen der Schiffahrt und des Handels in den sechziger und siebziger Jahren voll entsprach. Zur Erleichterung des so wichtigen Lösch- und Ladebetriebes wurden zeitgemäße Verbesserungen geschaffen. Statt der früheren Handwinden und kleinen Dampfwinden wurden große Dampfwinden mit rascherem Hebegang in Betrieb gestellt. An verschiedenen Stellen des Hafens standen entweder fahrbare Dampfkräne zur Bearbeitung von Massengütern oder feststehende Kräne für Handbetrieb zum Heben schwerer Lasten zur Verfügung. Im November 1863 fand an der Westseite des Neuen Hafens, am Liegeplatze der heutigen Schuchmannschen Bergungsdampfer, der mit einem staatlichen Kostenaufwand von 21.835 Talern vollendete

Riesen- oder Scherenkran mit einer Hebekraft von 45 Tonnen seine Aufstellung. Dieser Kran konnte jedoch nicht gedreht, sondern nur vorwärts und rückwärts bewegt werden. Trotz seiner Langsamkeit war er in den sechziger und siebziger Jahren und darüber hinaus, wo die Elektrizität dem Kranbetrieb noch nicht nutzbar gemacht war, ein unentbehrliches Hilfsmittel, mit dem außergewöhnlich schwere Lasten, wie Schiffskessel, große Maschinenteile und umfangreiche Frachten gehoben wurden.

Von Wichtigkeit wurde die Errichtung einer Stauerei, die die Entlöschung, Beladung und Bekohlung der Schiffe, sowie verschiedene Hilfsarbeiten durch eine nach jeder Richtung hin geschulte Arbeiterschaft vornehmen ließ. Die Leitung des Betriebes lag seit den ersten Jahren nach der Gründung des Lloyd in den Händen der Firma J. Homburg, später J. Homburg & Wenke (letzterer ein Bruder des Inspektors Gottfried Wenke). Seit 1877 übernahm die Leitung der Stauerei J. H. Hinsch & Hermann Homburg. Nach dem Tode des letzteren wurde Heinrich Hinsch alleiniger Inhaber der Firma, der am 1. April 1917 auf eine vierzigjährige erfolgreiche Tätigkeit für den Norddeutschen Lloyd zurückblicken konnte. Besondere Verdienste erwarb sich auch der mit dem Jahre 1878 in den Dienst der Stauerei eingetretene Obervormann Hotes, desgleichen sein Kollege Onken, welcher bei der Abfertigung der in englischer Fahrt befindlichen Schiffe tätig war.

Fast noch wichtiger als die prompte Erledigung der Stauereiarbeiten sind für einen erstklassigen Seehafen die schnelle und zuverlässige Ausbesserung von Schäden an Schiff und Maschine, wie sie am Schlusse jeder Fahrt oder nach Ablauf einer gewissen Betriebszeit sich regelmäßig notwendig erweist, sowie die sorgfältige Instandhaltung des Schiffsmaterials. – Der Wunsch, die dahin gehenden Arbeiten möglichst unabhängig von fremder Hilfe, mit eigenen Arbeitskräften zu erledigen, führte schon 1859 dazu, in Bremen eine eigene Reparaturwerkstatt zu errichten. Die für die transatlantischen Dampfer in Bremerhaven von ihr angefertigten Ersatz-Maschinenteile und anderes konnte sie jedoch größtenteils nur vorgearbeitet zur Ablieferung bringen. Die letzte Fertigstellung blieb dem Maschinenpersonal des betreffenden Schiffes in Bremerhaven überlassen. Die hiermit verknüpften Umständlichkeiten veranlaßten 1862 den Lloyd, in Bremerhaven Werkschuppen anzulegen, die ihren Platz quer vor dem „Neuen Hafen" erhielten und somit von den

Schiffen der „englischen Linie" im „Alten Hafen", wie auch von den transatlantischen Dampfern des „Neuen Hafens" leicht zu erreichen waren. Diese Werkschuppen hatten die Aufgabe, alle kleineren Reparaturen an Schiff und Maschine an Ort und Stelle vorzunehmen, während die großen Reparaturen noch in der Bremer Werkstatt erledigt wurden. Die Arbeiten für Kupferschmiede, Klempner, Tischler, Metallgießer, Zimmerer, Maler und Segelmacher wurden von den Handwerksmeistern der Stadt Bremerhaven ausgeführt, so die Kupferschmiedearbeiten von Wittschiebe und Weymann, die Tischlerarbeiten von Deters, die Segelmacherei von Bartling.

Gedockt wurden die Schiffe bei Lange, der in den sechziger Jahren auf Veranlassung des Lloyds sein Dock wesentlich verlängert und verbreitert hatte, bei Wenke, der in den Jahren 1860/66 einen Umbau mit seinem Dock vorgenommen hatte, ferner bei Ulrichs und Tecklenborg, Geestemünde. Die Schiffe mußten zu diesem Zweck jedesmal den Hafen verlassen, was immer auf die kurze Hochwasserzeit beschränkt und mit viel Zeitverlust verbunden war. Diese Unzuträglichkeiten veranlaßten 1869 den Lloyd zu dem Entschluß, ein eigenes Trockendock mit größeren Reparaturwerkstätten am Neuen Hafen zu errichten. Der Bau dieser Anlagen wurde im Dezember 1871 beendet. Am 18. Januar 1872 konnte mit dem Docken des Dampfers „Deutschland" der Betrieb eröffnet werden.

Gleichfalls an der Westseite des Neuen Hafens, aber südlich der Schleuse, war 1870 die erste Lloydhalle gebaut worden, von wo aus die von Bremen mit der Eisenbahn bis an den Hafen beförderten Passagiere nach Amerika eingeschifft wurden.

Der steigende Schiffsverkehr hatte im Laufe der Zeit einen immer weiteren Ausbau des „Neuen Hafens", dessen erster Teil im Sommer 1852 dem allgemeinen Verkehr übergeben wurde, erforderlich gemacht. Auf die Erweiterung vom Jahre 1858 folgte in den Jahren 1862/63 eine Verlängerung, auf diese im Kriegsjahr 1870/71 eine Verbreiterung, so daß das Hafenbassin schließlich eine Wasserfläche von 8,27 Hektar und 830 Meter Länge erhielt, während seine Breite 86 Meter, vor der Einfahrt und eine Strecke nördlich derselben 115 Meter betrug.

Während der an den alten Hafen sich anschließende Holzhafen im Jahre 1861 wegen anderweitiger Benutzung des Geländes zugeschüttet wurde, hatte auch das ursprünglich 750 Meter lange und 58 Meter breite Hafenbassin an seiner ganzen Westseite in den Jahren 1860/62 eine wesentliche

Erweiterung erfahren, so daß es schließlich eine Wasserfläche von 7,2 Hektar und eine Breite von teils 83, teils 115 Meter erhielt.

Nach dem deutsch-französischen Kriege 1870/71 hatten sich Handel und Schiffahrt in so steigendem Maße entwickelt, daß die beiden Häfen, auch in ihrer bedeutenden Erweiterung, nicht mehr ausreichten. Die Erbauung des dritten großen Beckens, des Kaiserhafens, war notwendig geworden. Am 20. März 1872 genehmigte die Bürgerschaft, am 27. März der Senat die Mittel im Betrage von 2.281.715 Th. G. gleich 7.578.553,39 R.-M. Das Hafenbecken wurde mit massiven Ufermauern in einer Länge von 600 Meter und in einer Tiefe von 7,86 Meter bei G. H. W., d. h. gewöhnlichem Hochwasser, hergestellt. Gegenüber der Einfahrtsschleuse blieb ein nicht eingefaßter Ufereinschnitt, durch den ermöglicht werden sollte, große Schiffe, die die Breite des Hafens (115 Meter) überschritten, einzubringen. Die Einfahrtsschleuse erhielt zwei Fluttorpaare und ein Ebbetorpaar, die Verbindungsschleuse, durch die der Kaiserhafen an den Neuen Hafen angeschlossen wurde, zwei Paar Tore, jedes nach einem der beiden Häfen gekehrt.

Der ursprüngliche Plan, den Kaiserhafen in erster Linie für den Petroleumverkehr zu bauen, d. h. für Segelschiffe, die amerikanisches Petroleum damals noch in Barrels, später in eingebauten Tanks einführten, wurde bald dahin erweitert, einen dritten großen Hafen überhaupt für große Segelschiffe und Dampfer zu erbauen. Denn bei der großen Zunahme des Schiffsverkehrs würde der Neue Hafen bald so überfüllt sein, daß nicht nur die Petroleumschiffe, die dort ankerten, sondern auch andere große Segler und Dampfer keinen Liegeplatz mehr finden könnten.

Auch wurde der Plan, einen verschließbaren Hafen für Petroleumeinfuhr mit Rücksicht auf die Feuergefährlichkeit herzustellen, zurückgestellt. – Durch einen Interimsdeich, der durch das neue Hafenbecken lief, wurde zwei getrennte Baustellen geschaffen[98]. Die südliche Hälfte, welche die Verbindungsschleuse enthält, wurde schon am 12. Mai 1875 dem Verkehr übergeben, und bis zum 30. Januar 1876 legten dreizehn große transatlantische Dampfer, fünfzig große Seeschiffe und fünfundsechzig kleine Segelschiffe in diesem Teil des Hafens an. Es wurden dabei etwa 285.000 Barrels

---

[98] Vgl. zu diesen Ausführungen den Artikel von Hafenbaudirektor F. Claussen, Bremerhaven: 50 Jahre Kaiserhafen, in der Weserzeitung, Nordwestdeutsche Industrie... Bremen, 17. Dezember 1926

Petroleum gelöscht. – Der nördliche Hafenteil, dessen Zugang von der neuen Einfahrtsschleuse gebildet wurde, konnte am 18. Dezember 1876 dem allgemeinen Verkehr übergeben werden, nachdem schon am 16. Dezember als erstes Schiff die Bremer Bark „D. H. Wätjen", Kapitän C. L. Deetjen, unter Kommando des Hafenlotsen Aldag die Kaiserschleuse passiert hatte.

Der Erbauer des Kaiserhafens I war Baurat Hanckes (geboren am 21. Oktober 1829, gestorben am 16. November 1891 zu Bremerhaven).

Die Reparaturwerkstätten am Neuen Hafen wurden für eine schnelle und gründliche Ausbesserung der beschädigten Schiffe und Maschinen von größter Bedeutung. Eine große Zimmerer- und Tischlerwerkstatt war gebaut und eine Kaserne für fünfundvierzig Handwerker errichtet worden, so daß für die Nacht und an Feiertagen stets eine genügende Mannschaft beim Ausbruch von Feuer und für andere außergewöhnliche Vorfälle zur Verfügung stand. Das erste Wohngebäude für Inspektoren entstand 1872, das zweite mit den Büroräumen im Erdgeschoß wurde 1878/79 erbaut. „Das waren die ersten Anfänge des Technischen Betriebes in Bremerhaven"[99], der mit der Zunahme der Zahl und Größe der Schiffe wuchs und den großartigen Umfang erhalten sollte, den er nach fünfzig Jahren erfolgreicher Arbeit aufzuweisen hatte, bis 1923/24 durch die im Interesse der Stadt Bremen sowie des Reiches ausgeführte Vertiefung der Unterweser, die auch den größeren Dampfern die Fahrt nach Bremen-Stadt ermöglichte, der technische Betrieb in Bremerhaven ganz bedeutend eingeschränkt werden mußte, da naturgemäß die Schiffe in ihrem Heimatshafen Bremen auch ihre Instandsetzungen bei den dortigen Werften vornahmen. – Die Leitung des Technischen Betriebes in Bremerhaven hatten damals nacheinander die Maschineninspektoren Kandelhardt und Böning, der Dockinspektor Poppe, der bei dem Thomasverbrechen 1875 ums Leben kam, und der Dockinspektor J. C. Meyer.

Der Alte und der Neue Hafen in ihrer Erweiterung, der Kaiserhafen mit seiner doppelten Schleuse, der Einfahrts- und Verbindungsschleuse, alle drei mit ihren zweckmäßigen Einrichtungen und ihrem lebhaften Schiffsverkehr boten Ende 1879 ein interessantes Bild.

---

[99] Vgl. Wilhelm Ehlers-Bremen: „Bremerhavens Entwicklung als Seehafen..." in der Jubiläumsausgabe der „Nordwestdeutschen Zeitung" 1920.

Doch nicht minder verdient unsere Aufmerksamkeit

Der Auswanderungsverkehr über Bremen – Bremerhaven von 1852 bis Ende 1879.

In den Jahren der Reaktion erreichte die Auswanderung eine gewaltige Ausdehnung, an der auch Hamburg ziemlich stark beteiligt war. Im Jahre 1852 wanderten über Bremen allein 58.551, im Jahre 1853 58.111 und im Jahre 1854 sogar 76.875 aus. – Der Erwerber des Bremerhavener Auswandererhauses, Johann Georg Claussen, sah sich im Jahre 1855 mit Rücksicht auf den großen Andrang zur Auswanderung in den beiden letzten Jahren genötigt, die Räumlichkeiten seines Hauses, welche sonst zum Trocknen der Wäsche und zur Aufbewahrung von Gepäck usw. bestimmt waren, zu Logiersälen einrichten zu lassen und auf einem angrenzenden Platze ein dreistöckiges Gebäude zur Aufbewahrung von Effekten der Auswanderer, sowie ein einstöckiges Gebäude zur Stallung und Wagenremise zu erbauen. Am 12. April hatte Claussen zur Vergrößerung des Auswandererhauses ein Grundstück für 2.439 Taler angekauft. Doch die geplanten Baulichkeiten kamen nicht zur Ausführung, da in der Folgezeit die Auswanderung ganz bedeutend abnahm, so daß ein erheblicher Teil der alten Räumlichkeiten außer Benutzung blieb. Claussen wandte sich nun mit der Bitte an den Senat um Zurücknahme des Grundstückes und Zurückerstattung der für den Platz gezahlten Gelder. Beides wurde ihm am 5. April 1859 bewilligt.

In der Tat setzte mit dem Jahre 1855 ein gewaltiger, lange anhaltender Rückschlag in der Auswanderung ein. In den Jahren 1861 bis 1863 sank die Zahl der bremischen Auswanderung auf 16-, 15- und 18.000. Mit dem Jahre 1863 trat eine wichtige Wendung in der Abfertigung und Beförderung der bremischen Auswanderer ein. Die Abfertigung wurde nach Bremen verlegt, und die Auswanderer wurden mit der inzwischen vollendeten Eisenbahn Bremen – Geestemünde und der nach Bremerhaven führenden Zweigbahn an den Hafen zur Einschiffung befördert. Doch der Betrieb im Auswandererhause wurde noch eine Zeitlang aufrechterhalten, wohl mit Rücksicht auf diejenigen, welche aus dem Hannoverschen oder Oldenburgischen sich nach dem Einschiffungsort begaben, um hier abgefertigt zu werden, und auch mit Rücksicht auf die Auswärtigen, welche es vorzogen, von Bremen direkt nach Bremerhaven zu fahren, um hier abgefertigt zu werden und womöglich noch einige Tage hier vor ihrer Einschiffung zu verweilen. Endlich im März 1865 hörte der Betrieb im Auswandererhause ganz auf. In demselben Jahre kam der amerikanische Bürgerkrieg zum Abschluß. Der Andrang zur Auswanderung wurde wieder groß. So gingen 1866 61.877, 1867 73.971, 1868 66.433 Europamüde über Bremen. Als Zielland schwebte manchen Auswanderern der Westen der Union vor Augen. Das amerikanische Heimatgesetz von 1863 war bekannt geworden, das jedem Ansiedler freies Land gewährte gegen die Verpflichtung, es zu bebauen und darauf zu bewohnen. Sodann hatte man im Jahre 1862 eifrig mit dem Bau der Pazifikbahn von Osten nach Westen aus begonnen. Mit dem Zusammenschluß der beiden Bahnen im Jahre 1869 erschlossen sich ungeheure Landstrecken fruchtbaren Bodens den Besiedlern. Amerika brauchte neue Menschenmassen zur Bestellung des Landes, und auf das Konto des sich dort bietenden Neulandes sind die hohen Ziffern der Gesamtauswanderung von meist weit über hunderttausend Auswanderern in den Jahren von 1865 bis 1872 zu setzen[100].

Wenn wir die rein deutsche Auswanderung von 1871 an verfolgen, so gingen nach der Statistik des Deutschen Reiches 1871 über Bremen 45.658, über Hamburg 30.254, 1872 über Bremen 66.919, über Hamburg 57.615 Auswanderer. – Während Bremen von 1880 bis 1913 einschließlich, mit Ausnahme von 1899, in der Beförderung der deutschen Auswanderer, Hamburg überflügelte, von 1887 bis 1892 sogar um die doppelte Zahl und mehr, stand es in den Jahren 1873 bis 1878 einschließlich gegen Hamburg, wenn auch nicht wesentlich, zurück. Erst im Jahre 1879, als die Auswanderung in niedrigen Zahlen sich bewegte, gingen über Bremen 15.828, über Hamburg nur 13.165 deutsche Auswanderer. – Bremen, das im Jahre 1852 Havre überflügelt hatte, blieb in der Gesamtbeförderung der Auswanderer (fremde und deutsche zusammengerechnet) in der Zeit von 1852 bis Ende 1879, ja bis zum Ausbruch des Weltkrieges der erste Platz auf dem Kontinente. Es sicherte sich diese Stellung durch die sorgfältig und äußerst human geregelte Fürsorge für die Auswanderer, durch die gute Verpflegung an Bord, sowie durch die Disziplin, Ordnung und Sauberkeit, die auf den Schiffen herrschten.

---

[100] Vgl. Dr. phil. Hans Hecht im Jahrbuch 1925 des Norddeutschen Lloyd, Seite 74.

Lenken wir nun unseren Blick auf

Die Zunahme des bremischen Handels und der bremischen Schiffe bis Ende 1879.

Der Wert der Einfuhr und Ausfuhr seewärts veranschaulicht uns die ansehnliche Entwicklung des bremischen Handels. Der Gesamtwert der see wärts eingeführten Güter betrug 1857 bis 1861 143.375.414 Mark, 1867 bis 1871 231.057.431, 1872 bis 1876 326.595.247 und der Wert der „transatlantischen" Einfuhr in dem einem Jahre 1879 226.692.884 Mark.

Der Wert der Ausfuhr seewärts, der 1847 bis 1851 insgesamt 44.874.482 Mark betrug, stieg 1857 bis 1861 fast auf das Doppelte, auf 88.714.622 Mark. In der Zeit von 1867 bis 1871 betrug der gesamte Wert der seewärts ausgeführten Güter 139.584.356 Mark, von 1872 bis 1876 163.659.606 Mark, der Wert der „transatlantischen" Ausfuhr in dem einen Jahre 1879 78.190.614 Mark („Jahrbuch für Bremer Statistik 1885" und „Bremer Handelsgeschichte im 19. Jahrh." Von Dr. Rauers, 1913).

Die Zunahme der bremischen Seeschiffe

veranschaulichen uns folgende Zahlen. Während es im Jahre 1852 240 Seeschiffe mit 78.852 Register-Tons gab, wies das Jahr 1862 277 Schiffe mit 133.662 Register-Tons, das Jahr 1872 252 Schiffe mit 174.265 Register-Tons und das Jahr 1879 320 Seeschiffe mit 260.769 Register-Tons auf. In die stattliche Reihe der bremischen Seeschiffe traten seit 1858 auch die schönen, für die transatlantische und englische Fahrt bestimmten Dampfer des neu gegründeten Norddeutschen Lloyd ein, der 1869 23 Seedampfer und 7 im Bau besaß, im Jahre 1879, abgesehen von 13 Dampfern für die Weserschiffahrt, 35 für die Seeschiffahrt einstellen konnte.

Was nun

Die staatliche Verwaltung, deren Beamte und Einrichtungen von 1852 bis Ende 1879

betrifft, so war der Amtmann – seit 1. November 1850 Dr. jur. Gröning – der wichtigste Beamte, dessen Tätigkeit vielen Obliegenheiten gerecht werden mußte. Als Richter übte er die Rechtsprechung im Zivil- und Straf-recht aus. Ihm war die Aufnahme von Verklarungen, die Führung der Zivil-standsakten, die Oberaufsicht über das Brandlösch- und Bergungswesen, sowie jährlich abwechselnd mit einem höheren Verwaltungsbeamten in Lehe über die Quarantäneanstalten übertragen. Er war für lange Zeit der ständige Vorsitzende des Hafenamtes, das seine Sitzungen im Amts-hause hatte. Genanntes Amt war hier die Verwaltungsbehörde, die nach Maßgabe der Hafenordnung vom 4. August 1845 und später nach der vom 15. Oktober 1872, sowie gemäß den Aufträgen des Senats und der Depu-tation für Hafen und Eisenbahnen über die Ordnung und Sicherheit im Ha-fen und dessen Umgebung zu wachen hatte. Endlich stand der Amtmann an der Spitze der Polizeiverwaltung. Er war in seiner Berufstätigkeit der „Se-natskommission für Bremerhaven" unterstellt, die in den fünfziger Jahren sich zusammensetzte aus Bürgermeister Smidt, den Senatoren Duckwitz, Bredenkamp und Albers, die mit Ausnahme von Smidt zugleich die Senats-Deputation für die Häfen und Hafenanstalten bildeten. – Nach der Kirchen-ordnung von 1854 war Gröning auch vorsitzender Bauherr der vereinigten evangelischen Gemeinde bis 1862, hatte zugleich die Leitung im Schulwe-sen, das bis 1. Januar 1862 noch unter der Verwaltung des Kirchenaus-schusses stand, und war in diesen beiden Ämtern der kirchlichen Senats-kommission unterstellt. Seine Dienstgeschäfte hatten sich schon 1853 so gemehrt, daß ihm zur Beihilfe der Amtsassessor Dr. jur. Jeremias Theo-dor Boisselier am 20. Juni desselben Jahres gegeben wurde, der lange Zeit den Amtmann zur Seite stand, bis dann hier nacheinander unter Grö-ning als Amtsassessor fungierten Dr. jur. Conrad Heinrich Thulesius (Va-ter des Professors Otto Thulesius, hier) Dr. jur. Schlodtmann seit 1864, Friedrich August Schultz seit 1865 und Dr. jur. de Harde seit 1867.

Die größte Arbeit brachte dem Amtmann

Die Polizeiverwaltung.

Infolge des großen Schiffsverkehrs im Alten Hafen wurde zur Aufrecht-erhaltung der Ordnung und Ruhe, vor allem zur Abwehr der Feuersgefahr und zur Verhütung des Diebstahls im Jahre 1853 die Zahl der Nachtwächter um das Doppelte erhöht, so daß jetzt sechzehn im Dienste standen. Zu-gleich wurden für den Neuen Hafen acht Nachtwächter angestellt. Endlich wurden im November 1835 die ersten Hafen-Tagwächter, vier an der Zahl, zusammen für beide Häfen in den Dienst gestellt. Diese gehörten zugleich der Nachtwache an und hatten sich daher als fortwährend im Dienst zu betrachten. Als Vergütung erhielt jeder Tagwächter außer dem, was er als Nachtwächter bezog, 140 Th. G.. Für ihre anständige Bekleidung am Tage hatten sie selbst zu sorgen. Für den Tagdienst wurde ihnen ein messingener Schild mit der Aufschrift „Hafenwache" gegeben, den sie an der linken Brust zu tragen hatten. Die Hafen-Nacht- und Tagwächter waren dem Amte, d. h. dem Amtmann als Chef der Polizei, sowie auch dem Hafenamt unterstellt und wurden regelmäßig von den Polizeidragonern beaufsichtigt und kontrolliert. – Diesen brachte das Jahr 1853 eine Verbesserung ihres Dienstgehaltes. Gemäß dem Berichte der Deputation vom 21. Januar wurde das Diensteinkommen der aus einem Sektionskommandanten, drei Dragonern erster Klasse und vier Dragonern zweiter Klasse, bestehenden Sektion für den Kommandanten auf 240 Th. G., für die Dragoner erster Klasse auf 192 Th. G. und für den Dragoner zweiter Klasse auf 174 Th. G. per Jahr festgesetzt und ihnen eine freie Wohnung oder eine Wohnungsvergütung nach Maßgabe der dortigen Mietverhältnisse (50 Th. für den Dragoner erster Klasse und für den der zweiten Klasse 30 Th.) zugesichert. – Im Jahre 1854 verstarb nach treuem Dienst der Polizeikommissar Lankenau, der erste, der dieses Amt in Bremerhaven bekleidete. An seiner Stelle wurde vom Senate der Kaufmann Brörken Rudolf Christians, der bisherige hochgeschätzte Vorsitzende des Gemeinderats, ernannt, der, von dem Wunsche nach einer gesicherten Lebensstellung beseelt, sich um die vakant gewordene Kommissarstelle beworben hatte.

Im Jahre 1856 wurde für die Gefangenen eine löbliche Einrichtung getroffen durch die Herstellung eines Bade- und Reinigungsapparates im Gefangenenhause. – Im folgenden Jahre erfuhr das Unterpolizeipersonal eine abermalige Verbesserung seines Einkommens. Dem Senate war berichtet worden, daß weder die bisherige Löhnung, noch die Wohnvergütung für die Verhältnisse Bremerhavens ausreichten. Zumal den vier Dragonern zweiter Klasse sei es bei der Steigerung aller Preise nicht mehr möglich, mit dem Gehalt auszukommen; auch avancierten sie so langsam, daß sie auf ein baldiges Einrücken in die erste Klasse nicht hoffen könnten. Der Senat sah sich nach diesem Bericht um so mehr zu einer Verbesserung des

Diensteinkommens veranlaßt, als er es für notwendig hielt, die Polizeidragoner der Besorgung der Gerichtsbotengeschäfte zu entheben, die ihnen durch die Verordnung vom 24. Mai 1827 bis auf weiteres gegen vorgeschriebene Gebühren übertragen war, und für die Ernennung eines besonderen Gerichtsboten Sorge zu tragen, da die Aushilfe im Gerichtsbotendienst durch die Polizeidragoner weder im Interesse einer geeigneten Handhabung der Rechtspflege, noch im Interesse eines geregelten Polizeidienstes liege. Die Polizeidragoner hätten zwar im Falle der Ernennung eines Gerichtsboten keinen Rechtsanspruch auf eine Entschädigung für das Ausbleiben der Gerichtsbotengebühren, könnten aber den Ausfall der Nebeneinnahme bei den in Bremerhaven obwaltenden Verhältnissen nicht entbehren. Es sei daher schon aus diesem Grunde auf eine Erhöhung ihres Einkommens Bedachts zu nehmen. Es bleibe aber dabei, daß lediglich die teuren Lebensverhältnisse in Bremerhaven den Anlaß zu einer Aufbesserung des Diensteinkommens gäben. – Die Bürgerschaft bewilligte am 8. Juli 1857 die vom Senate beantragte Gehaltserhöhung, sowie die schnellere Beförderung der Polizeidragoner zweiter Klasse. – Demzufolge wurde den acht Polizeidragonern zu dem bisherigen Diensteinkommen – vom 1. April 1857 an – eine Zulage von 3 Th. G. monatlich bewilligt. Dagegen fallen mit der Ernennung eines Gerichtsboten die den Polizeidragonern bisher zukommenen Gerichtsbotengebühren weg. Sodann wurde den bewährten Polizeidragonern eine schnellere, nicht von einer Vakanz abhängige Beförderung, jedoch frühestens nach Ablauf einer Dienstzeit von zwei Jahren zugesichert.

Im Jahre 1859 gab der weitere Ausbau des Neuen Hafens zur Anstellung von noch vier Nachtwächtern Anlaß, so daß die Zahl dieser Wächter sich auf achtundzwanzig erhöhte. Zu ihnen kamen noch vier Tagwächter von 1837 und zwei weitere im Jahre 1878. – Was das Polizeikorps betrifft, so erfuhr es nach 1859 für längere Zeit keinen Zuwachs.

Am 31. März 1871 verstarb infolge Schlaganfalls, erst vierundfünfzig Jahre alt, der Chef der Polizei, Amtmann Gröning[101], der in den fünfziger

---

[101] In den Sterberegistern des hiesigen Zivilamtes ist der Amtmann als Georg Wilhelm von Gröning eingetragen. – Grönings Großvater, der spätere Bürgermeister Georg Gröning, hat sich gegen Ende des 18. Jahrhunderts in Wien den erblichen Adel gekauft. Ein nach Aufhebung des Deutschen Reiches von Senat und Bürger-

Jahren bei der Aufrechterhaltung von Ruhe und Ordnung unter einer stetig wachsenden Schiffsbevölkerung eine feste Hand zeigte und um die Hebung und Verbesserung des Polizeiwesens sich verdient gemacht hatte. Sein Nachfolger wurde der seit 1865 beim hiesigen Amte angestellte Amtsassessor Friedrich August Schultz, am 30. Juni 1871 zum Amtmann ernannt. Er stand in dem Rufe eines tüchtigen Verwaltungsbeamten, auch im Polizeiwesen, und genoß die Sympathien der Bevölkerung. – Im Jahre 1872 wurde die Polizeidragonersektion um vier Dragoner erhöht. Bis Ende 1879 blieb es bei zwölf Polizisten, von denen Sektionskommandant J. H. Burdorf war. – Die sich häufenden Dienstgeschäfte machten 1874 auch die Anstellung eines zweiten Polizeikommissars zur Notwendigkeit. Dazu kam, daß der bisherige Kommissar Christians durch seine Tätigkeit als Vertreter der Staatsanwaltschaft, in seiner Stellung als Amtsanwalt, so in Anspruch genommen wurde, daß ihm oft die Zeit dazu fehlte, in dem gewünschten Maße sich dem Polizeidienst zu widmen. Vom Senate wurde der Militäranwärter Wilhelm Paul Joseph Pohl zum Polizeikommissar ernannt. Er trat 1875 seine Stellung an. – Im Oktober 1879 feierte Kommissar Christians[102] sein fünfundzwanzigjähriges Dienstjubiläum. – Im Jahre 1878 war Amtmann Schultz zum Senator in Bremen erwählt und dorthin übergesiedelt. Dann blieb die Stelle eine Zeitlang unbesetzt. Das Amt wurde interimistisch durch die beiden 1876 bzw. 1877 hier angestellten Amtsassessoren Georg Ernst Theodor Heinrich Funke und Caspar Heinrich Otto Ulex vertreten.

Im Jahre 1860 war der Bau des Amts- und Gerichtsgebäudes auf der Karlsburg, zu dem die Bürgerschaft nach längeren Verhandlungen am 19. Oktober 1859 19.000 Taler bewilligt hatte, vollendet und das Amt vom Hafen dahin verlegt worden. Hier blieb es bis 1881, wo es wieder nach dem alten Amthause zurückverlegt wurde.

Die bisherigen Amtsassessoren Funke und Ulex wurden zu Richtern ernannt und traten mit dem 1. Oktober 1879 auf der Karlsburg ihr Amt an.

---

schaft 1806 gefaßter Beschluß, wonach auswärtige Titel und Prädikate bei den Bremer Bürgern nicht anerkannt wurden, wie auch die spätere Verfassung sagt, machte den in amtlichen Stellungen befindlichen Grönings den Gebrauch des „von" unmöglich.

[102] Großvater (mütterlicherseits) des Rechtsanwalts Dr. jur. Adolf Bargmann in Bremerhaven und des Regierungsrats Dr. jur. Julius Bargmann, hier.

Mit der Dienstaufsicht und zugleich mit dem Vorsitz in der Kammer für Handelssachen in Bremerhaven wurde Funke betraut. Als Gerichtsschreiber fungierten Jacobs und Trumpf, als Kanzlist Klatt. Die beiden Gerichtsdiener waren Brand und Lührs. – So war denn das Amt, das die Jahre hindurch eine dominierende und vielseitige Stellung in der staatlichen Verwaltung einnahm, durch die Entziehung der Justizverwaltung in seinen Kompetenzen und Funktionen beschränkt und zugleich entlastet worden. Aber trotz der eingetretenen Entlastung verblieb dem Amt eine ansehnliche Arbeit in der Polizeiverwaltung, in der Oberaufsicht über staatliche Einrichtungen, wie das Brandlösch-, Bergungs- und Quarantänewesen, sowie andere Anstalten, und die wesentliche Mitarbeit in der Behörde des Hafenamtes, so daß die weitere Ernennung eines rechtsgelehrten Beamten für die Leitung des Amtes, wie solcher auch an die Spitze der städtischen Verwaltung damals trat, den Interessen des Staates angemessen erscheinen mußte. Vielleicht haben Sparsamkeitsrücksichten und der Umstand, daß Senator Schultz in Bremen in lebendiger Fühlung mit dem bremischen Amte zu Bremerhaven blieb, den Anlaß zum Verzicht auf die Vertretung des Amtes durch einen höheren Verwaltungsbeamten gegeben. Immerhin war es ein Glück, daß die Leitung des Amtes, die mit dem 1. Oktober 1879 dem Polizeikommissar Pohl für längere Jahre übertragen wurde, in tüchtigen Händen lag.

Neben dem Amtmann kommt für uns zunächst

Der Hafenmeister in seiner weiteren Tätigkeit bis Ende 1879

in Betracht. Wie sehr Amtmann und Hafenmeister in ihrer amtlichen Wirksamkeit aufeinander angewiesen waren, beweist der Umstand, daß von Anfang an jahrelang ihre Büros in einem Hause, dem sogenannten Amt- und Hafenhause vereinigt waren, in dem auch bis in die Mitte der neunziger Jahre beide Beamten ihre Privatwohnung hatten.

Wir haben zunächst noch einiges aus der Zeit Alt-Bremerhavens über den ersten Hafenmeister und seine Nachfolger zu berichten. Wie dem ersten Amtmann, Dr. jur. Castendyk, ein kurzes Dasein beschieden war, so war auch der erste Hafenmeister Johann Deetjen, aus Rönnebeck gebürtig, früh, erst achtunddreißig Jahre alt, am 2. Juni 1834 verschieden und hatte eine Frau mit unversorgten Kindern hinterlassen, die, um ihre Existenz zu sichern, in der Leher Straße Nr. 53 ein Manufakturgeschäft eröffnete. – Der Nachfolger Deetjens wurde der bremische Schiffskapitän Johann Daniel Probst[103], dreimal verheiratet, zuletzt mit Caroline, geborene Wilkens, Vater einer großen Kinderschar, für die das Brot nicht fehlte, da er in sehr guten Verhältnissen lebte. Er erwies sich als ein Beamter, der sich seinen Berufsarbeiten mit Geschick und in Treue hingab. – Um die Anlage und Pflege des großen Gartens am Amt- und Hafenhause war er eifrig bemüht. Die großen und schönen Bäume, die noch heute den Amtsgarten und seine Umgebung zieren, hat er einst anpflanzen lassen.

Der Hafenmeister starb am 17. Dezember 1848, siebzig Jahre alt. – Von seinen Kindern sind hier verstorben, Frau Adelheid Mehrtens, verheiratet mit einem Bremer Schiffkapitän und Elise, die Gattin des Advokaten Dr. jur. Philippi. – Für Probst wurde im Jahre 1849 der Schiffskapitän Johann Koch, ein geborener Bremer, vom Senate zum Hafenmeister ernannt. Daß durch die Erweiterung des Alten Hafens, den völligen Ausbau des Neuen Hafens und den Bau eines dritten Hafenbassins, sowie infolge des stetig zunehmenden Schiffsverkehrs im Laufe der Zeit die Dienstgeschäfte des Hafenmeisters sich mächtig steigerten, wird uns um so begreiflicher erscheinen, je mehr wir über den Umfang der Berufsarbeit eines Hafenmeisters orientiert sind. Ihm lag die Handhabung des gesamten Betriebes in den Häfen gemäß den behördlichen Gesetzen ob. Er gab die Erlaubnis zur Einfahrt der Schiffe und sorgte für die Liegeplätze. Er regelte für alle Schiffe die Ausfahrt und bestellte die Hafenlotsen für die ein- und ausgehenden Schiffe. Im Hafenbüro mußte die An- und Abmeldung der Schiffe geschehen. Dem Hafenmeister war die Aufsicht an den weit auseinander liegenden Hafeneingängen und die Kontrolle über die Erhebung der Hafenabgaben übertragen. Als Mitglied der Brandlöschkommission und als Mitglied des „Hafenamtes", das aus dem Amtmann, Hafenbaudirektor und Hafenmeister bestand, war gerade er dazu beauftragt, für die Sicherung der Häfen gegen Feuergefahr zu sorgen. – Der Hafenmeister war der Senatskommission für Handel und Schiffahrt, später der Deputation für Häfen und Eisenbahnen unterstellt. – Der steigende Schiffsverkehr und der Umstand, daß Koch we-

---

[103] Urgroßvater des jetzigen Hafenkapitäns Carl Woltemas.

gen eines gichtischen Leidens viel in seiner Tätigkeit behindert wurde, führten mit der Zeit zur Anstellung eines zweiten Hafenmeisters. Im Jahre 1862 wurde zu dem nunmehrigen ersten Hafenmeister Koch als zweiter ihm unterstellter Hafenmeister vom Staate Bernhard Blanke[104] ernannt, der bisher Kapitän des bremischen Voll- und Auswandererschiffes „Gaston" war, das die Fahrt nach Newyork unter amerikanischer Flagge hatte. – Nach dem Ableben Kochs – er starb am 14. Februar 1870, fünfundsechzig Jahre alt – glaubte die Deputation für die Häfen, daß einstweilen mit einem Hafenmeister auszukommen sei. Doch nach ihrem Bericht vom 29. September 1871 war man zu der Erkenntnis gekommen, daß bei dem steigenden Schiffsverkehr es für einen Hafenmeister auch bei tüchtigen Leistungen nahezu unmöglich geworden, die Geschäfte zu bewältigen und namentlich zu gleicher Zeit die Aufsicht an beiden Hafeneingängen zu führen. Das Gehalt für den nunmehrigen ersten Hafenmeister Blanke wurde am 8. November 1871 auf 1.100 Taler, steigend bis zum Maximum von 1.500 Taler, festgesetzt und mit dem 1. Juli 1872 der Schiffskapitän Carl Reinhard Miesegaes vom Senat zum zweiten Hafenmeister ernannt unter Bewilligung eines Anfangsgehaltes von 1.000 Taler und Endgehaltes von 1.200 Taler.

Nach dem Tode Blanks, der im sechzigsten Lebensjahre erfolgte, wurde am 1. Januar 1877 Miesegaes mit 4.000 Mark und den gesetzlichen Alterszulagen als erster Hafenmeister und zugleich Kapitän Nicolaus Hinrich Andressen als Hafenmeister-Assistent angestellt.

Ende 1879 bestand das Hafenbüro aus dem Hafenmeister Miesegaes, dem Rendant Schröder, dem Hafenmeister-Assistenten Andressen und dem Schleusenmeister Ludwig Warnken. – Die Deputation für Häfen und Eisenbahnen, der der Hafenmeister unterstellt war, hatte Ende 1879 als Mitglieder aus dem Senate Grave, Buff und Dr. Meier und zwölf Mitglieder aus der Bürgerschaft. –

Wichtiger als die Stellung des Hafenmeisters war

---

[104] Vater des verstorbenen Prokuristen des Norddeutschen Lloyd Bernhard Blanke in Bremen und des hiesigen Kaufmanns Heinrich Gaston Blanke.

Der Dienst des Hafenbaudirektors.

Unter den staatlichen Beamten war Baurat van Ronzelen auch von Anfang an der höchstbesoldete, der nach den bei seiner Anstellung getroffenen Vereinbarungen, abgesehen von einer beträchtlichen Gratifikation von 7.000 Rth., die ihm 1828 zugesichert wurde, ein Jahreseinkommen von 2.000 Rth. hatte und als renommierter Wasserbaudirektor und Techniker für den so wichtigen Bau des Seehafens und seiner Schleuse durch keinen anderen Techniker zu ersetzen war. Die weitere Tätigkeit der Hafenbaudirektion von 1852 bis Ende 1879 soll uns nun beschäftigen. Zu ihren Aufgaben gehörten im wesentlichen die Entwurfsausarbeitung für sämtliche Teile der Hafenanlagen, die Herstellung der erforderlichen Neubauten, ferner deren Unterhaltung und die Führung des Betriebes, soweit Schleusen, Hebeanstalten, Straßenunterhaltung, Beleuchtung des ganzen Hafengebietes, Erhaltung der Tiefe in den Häfen und Vorhäfen durch Baggerungen, die Begutachtung über alle Anlagen und Bauten am Geestedeich u. dgl., in Betracht kommen. Die Hafenbaudirektion war in der genannten Zeit zuerst der Deputation für Häfen und Hafenanstalten, später der Deputation für Häfen und Eisenbahnen unterstellt. –

Was nun die baulichen Schöpfungen van Ronzelens betrifft, so verdanken wir ihm den Neuen Hafen, der in seinem ersten Teile 1851/52 vollendet wurde. Im Jahre 1854 erstand unter seiner Aufsicht nach den Entwürfen des Baukondukteurs Simon Loschen, der schöne gotische Backsteinbau des etwa 30 Meter hohen Leuchtturms in der Nähe der Schleuse des Neuen Hafens. Im Jahre 1855/56 erbaute Baurat van Ronzelen an der Wesermündung auf einer Sandbank, dem Hohenweg, 12 Kilometer von der Küste entfernt, den Bremer Leuchtturm, dieser wurde ausgerüstet mit dem Fresnelschen Licht zur scharfen Bezeichnung des Fahrwassers, mit Signalvorrichtungen für ankommende und abgehende Schiffe, Sturm- und Eismeldungen versehen und durch eine submarine telegraphische Leitung mit Fedderwardersiel an der oldenburgischen Küste und dann weiter durch den elektrischen Telegraph mit Bremen verbunden. Die ganze Anlage des Leuchtturms bewährte für die Schiffahrt und als erster Zufluchtsort für Schiffbrüchige immer mehr ihren Nutzen.

Im Jahre 1858 fand durch van Ronzelen die Erweiterung des Neuen Hafens und 1860/62 die des Alten Hafens statt. Die Verlängerung des Neuen Hafens 1862/63 war sein letztes Werk.

Seit 1852 hatte der Hafenbaudirektor sein Heim in einem großen und prächtigen Hause, das er sich Ecke der Mühlen- und Leher Straße mit dem Eingang Mühlenstraße 6 hatte bauen lassen. Damals war ihm zur Entlastung von seinen Arbeiten der Baukondukteur Carl Friedrich Hanckes zugewiesen, der in seiner Tätigkeit bei der Erweiterung des Neuen Hafens sich sehr bewährte. – Van Ronzelen verstarb nach einem arbeits- und erfolgreichen Leben am 30. November 1865 zu Bremerhaven und wurde auf dem Leher Friedhof bestattet. Mit ihm verschied ein Staatsbeamter, dessen Name durch seine baulichen Werke mit der Geschichte Bremerhavens unauslöschlich verbunden bleibt.- Nach seinem Tode wurden dem Baukondukteur erster Klasse Hanckes unter Bewilligung eines Jahresgehaltes von 1.500 Taler alle Funktionen, die dem Baurat van Ronzelen oblagen, übertragen, namentlich die Direktion des Hafenbau-Büros und die technische Aufsicht über alle Hafen- und Wasserwerke und über alle zu der Verwaltung der Deputation für die Häfen gehörigen Schiffsanstalten an der Unterweser und Wesermündung. Im Juli 1872 wurde der bisherige „Bauinspektor" Hanckes zum „Baurat" ernannt und demzufolge zugleich als „Hafenbaudirektor" anerkannt und so diesem Beamten bis zu einen gewissen Grade einer Gleichstellung mit den damals in Bremen bestehenden beiden Baudirektoren für Land- und Hochbau und den Wasserbau verschafft. Als dann im Jahre 1875 die Organisation des öffentlichen Baudienstes einer Revision unterzogen wurde, durch welche die einheitliche Leitung des gesamten Bauwesens einem „Oberbaudirektor" übertragen, die einzelnen Baufächer aber in Abteilungen zerlegt wurden, deren Leitung hinsichtlich des technischen Teiles je einem bautechnischen Beamten zufiel, bestand nach den zu dieser Zeit festgesetzten Bestimmungen die Absicht, auch die Hafenbauten in Bremerhaven als eine Abteilung zu konstituieren, deren technischer Vorstand dem Oberbaudirektor unterstellt sein sollte. Indes diese Absicht ist, solange Hanckes lebte (er verstarb 1891), mit Rücksicht auf die Persönlichkeit dieses verdienten Beamten, der sich mit einem gewissen Grunde auf seine Anerkennung als „Hafenbaudirektor" 1872 berufen konnte, nicht verwirklicht worden[105].

Hanckes hatte in den Kriegsjahren 1870/71 den Ausbau des Neuen Hafens vollendet durch die ausgeführte Verbreiterung eines Teiles der Westseite des nördlichen Bassins (s. die Karte 9 im Anhang). – Im März 1870 wurde nach seinen Plänen und unter seiner Leitung der Bau des Trockendocks mit der Ausbesserungswerkstatt am Neuen Hafen begonnen und im Dezember 1871 beendet. Sein größtes Werk in den siebziger Jahren war der nach seinen Entwürfen und unter seiner Leitung 1872 bis 1876 ausgeführte Bau des Kaiserhafens I mit seinen beiden Schleusen: der Einfahrt- sowie der Verbindungsschleuse mit dem Neuen Hafen. – Im Jahre 1879/80 gehörten dem Hafenbaubüro an: als Vorstand Baurat Hanckes, als Ingenieur Hullmann und als Buchhalter Wagner. Um dieselbe Zeit saßen in der Behörde des Hafenamtes Baurat Hanckes, Polizeikommissar Pohl und Hafenmeister Miesegaes.

Nachdem wir nun mit den Dienstaufgaben und der weiteren Tätigkeit der staatlichen Beamten, des Amtmanns, bzw. seiner Stellvertreter, des Hafenmeisters und des Hafenbaudirektors in der Zeit von 1852 bis zur Durchführung der neuen städtischen Verfassung Ende 1879 uns beschäftigt haben, liegt es nahe, im Hinblick auf verschiedene besondere staatliche Einrichtungen zunächst

Die weitere Entwicklung des Lotsen- und Schleusenwesens

In der genannten Zeit zu verfolgen. Was

Das Lotsenwesen

betrifft, so war der erste Oberlotse Dierk Addicks am 30. Juni 1843 abgegangen. Für die Anstellung eines Oberlotsen kamen nur tüchtige und erfahrene, mit maßgebenden Empfehlungen versehene Kapitäne größerer Seeschiffe in Betracht. Zum Oberlotsen war der bremische Schiffskapitän

---

[105] Vgl. Erinnerungsblatt zur Eröffnung des Neuen Hafens 1827/1897 von J. Ditzen.

Hermann Graue, der vorher für die Reederei D. H. Wätjen & Co. fuhr, ernannt worden, der am 1. Juli 1843 seine Stelle antrat. Seit 1865 wurde ihm wegen Kränklichkeit als „Substitut" der Schiffskapitän H. W. Sippel gegeben. Graue feierte 1868 sein fünfundzwanzigjähriges Dienstjubiläum und blieb noch bis Ende des Jahres in seiner Stellung. Er verlebte dann seinen Lebensabend bei seinem Sohne Hermann, dem damaligen Inhaber einer Segelmacherei, der, allgemein verehrt, im einundneunzigsten Lebensjahre 1925 hier verstorben ist. Des Oberlotsen Graue Nachfolger wurde am 1. Januar 1869 Sippel. Dieser versah den umfangreicher gewordenen Dienst dreizehn Jahre allein, bis ihm wegen schwerer Erkrankung eine Beihilfe in dem Kapitän J- G. Gerlach gegeben wurde, der am 1. Juli 1882 sein Nachfolger wurde. – Der Oberlotse war der Behörde für das Lotsenwesen unterstellt, die Ende 1879 aus dem Senate durch die Senatoren Grave, Dr. Meier und Buff vertreten war. Alle Berichte, Abrechnungen und Gesuche gingen an diese Behörde, bzw. an die Senatskommission für das Lotsenwesen.

Seit der Stadtwerdung Bremerhavens waren folgende Männer in die Seelotsengesellschaft eingetreten: Friedrich von Seggern, am 1. April 1852, Johann Andreas Hinze, am 1. April 1855; am 1. April 1856 Allrich Wilhelm Lürssen (ausgetreten am 31. Dezember 1865), Carl Stindt und Hinrich Jacob Behrens. – Stindt hatte im Winter 1870/71 als Führer des Lotsenschuners über hundert Menschen, die mit ihren Fahrzeugen auf Sandbänken vor der Wesermündung gestrandet waren, gerettet. Anläßlich der seltenen Feier seines fünfzigjährigen Jubiläums als Seelotse, 1906, wurde ihm vom Staate in Anerkennung seiner treuen und langjährigen Verdienste eine Jahrespension von 2.500 Mark bewilligt. Erst 1913 wurde für die Seelotsen eine Pensionskasse gegründet, zu deren Gunsten der Staat auf den ihm zustehenden siebzehnten Anteil am Verdienst der Lotsengesellschaft verzichtete. Dagegen wurde 1858 eine Witwenkasse gegründet aus einem Grundkapital von 4.800 Th. G., dem Reservefonds der Seelotsenkasse, der als Einschuß der Lotsen galt, und aus einer vom Amtmann Gröning veranstalteten Sammlung von 218 Th. G. Die Genehmigung der Statuten der Witwenkasse erfolgte in der Versammlung des Senats vom 31. Dezember 1858. Die nach 1858 eingetretenen Seelotsen hatten einen jährlichen Beitrag zur Witwenkasse von 25 Th. G. zu leisten. Das Witwengehalt sollte nicht mehr als 80 Th. G. betragen und der aus den Zinsen etwa sich ergebende Überschuß der Kasse verbleiben.

Am 1. April 1860 wurden Diedrich Bernhard Siedenburg, Joh. Samuel Kortlang und Johann Hermann Stindt in die Gesellschaft aufgenommen. Kortlang trat schon am 30. September 1867, Siedenburg am 30. Oktober 1878 aus dem Lotsendienst aus. – Vom 1. Januar 1861 bis zum 1. Januar 1879 traten fünfzehn Lotsen in die Gesellschaft ein, nämlich Friedrich Wilhelm Bädeker, Wilhelm Schmitt (Vater der Frau Hermann Ikels, der Frau Lehrke, Geestemünde und der Frau Kapitän Strunck, sowie des Lloydkapitäns Heinrich Schmitt), Friedrich Bönge, Wilhelm Ranitz, Carl Brinkmann (Vater des Fabrikanten Carl Brinkmann), Heinrich Bliesernicht (Sohn des Seelotsen Cord Bliesernicht), Hermann Notholt, Heinrich Bremer (Vater des Großfischhändlers Johann Bremer), Johann Hinrich Ricklefs, Gerh. Büsing, August Bliesernicht (Sohn des Seelotsen Cord Bliesernicht), Gerhard Schmitt (Vater von zwei hier noch ansässigen Söhnen, Seelotse bzw. Maschinist dem Berufe nach und der Frau Paul Rabach), Hinrich Thiele, August de Harde und Hinrich Bartels. – Von diesen haben Ranitz 36 Jahre, Bartels 37 Jahre, Hinrich Thiele fast 39 und Gerhard Schmitt fast 42 Jahre im treuen Lotsendienst gestanden. Infolge des stetig wachsenden Schiffsverkehrs, zu dem der Norddeutsche Lloyd wesentlich beitrug, waren die Seelotsen in den sechziger und siebziger Jahren stark in Anspruch genommen, blieben aber vor schweren Unfällen bewahrt[106]. –

Was

---

[106] Zu der Bremer Seelotsengesellschaft in Bremerhaven kam laut Beschluß des Senats vom 30. Dezember 1879 die Gesellschaft bremischer Flußlotsen hinzu. Unter Aufhebung der Verordnung für die Lotsen auf der Weser von Bremen bis Vegesack vom 30. März 1835 und der erweiterten Verordnung vom 2. April 1841 trat die Flußlotsengesellschaft am 1. Januar 1880 ins Leben, nach deren Statuten diese Lotsen verpflichtet sind, ihre Dienste gemäß der vorgeschriebenen Taxe auf der Weser zwischen Bremen und Bremerhaven, sowie auf der Lesum zwischen Vegesack und Burg zu leisten. – Die Flußlotsengesellschaft ist dem Hafenkapitän in Bremen unterstellt. Die Oberaufsicht über das schöne kompakte Stationsgebäude an der rechten Vorhafenseite des Alten Hafens, das 1916 errichtet ist, wurde dem Lotsenkommandeur in Blexen übertragen.

Die weitere Entwicklung des Schleusenwesens

betrifft, so war letzteres der Hafenbaudirektion unterstellt. Nach dem Abgang des Schleusenmeister Hofmann, Ende 1850, erhielt der Alte Hafen einen eigenen Schleusenmeister nicht wieder. Unter den an der Alten Schleuse Bediensteten versah einer den Aufseherposten. – Auch für den Neuen Hafen, der am 24. Juli 1852 für den allgemeinen Verkehr eröffnet wurde[107], war ein besonderer Schleusenmeister nicht angestellt. An diesem Hafen standen anfänglich fünf, seit 1855 sechs Schleusenknechte im Dienste, unter denen einer den Aufseherposten bekleidete. Endlich, im Jahre 1868, wurde mit Ludwig Warnken vom Senate wieder ein Schleusenmeister ernannt, der die Oberaufsicht über die Schleusen der beiden Häfen und später auch über die zwei Schleusen des Kaiserhafens I erhielt, bis dann in den späteren Jahren, die über die uns gesteckte Zeit hinausliegen, die Oberaufsicht über die Schleusen anders geregelt und schließlich mit der „technischen Schleuseninspektion" ein neues Amt geschaffen wurde.

Für den Kaiserhafen I befanden sich Ende 1879 sechs Schleusenwärter in Anstellung, darunter ein Oberwärter, Seggeling.

Die an den Schleusen Bediensteten figurieren in den beim Hafenbauamt liegenden Akten aus den sechziger Jahren noch als „Schleusenknechte", wurden aber in den siebziger Jahren hinsichtlich ihrer Berufsbezeichnung aus der Knechtesstellung befreit und zu „Schleusenwärtern". Heute sind sie in ihrem Berufstitel zu „Schleusenverwaltern" avanciert, während unsere Schleusenverwalter in Wesermünde-Geestemünde „Schleusenmeister" genannt werden und deren Vorgesetzter Ober-Schleusenmeister.

Von der Einrichtung des Schleusenwesens gehen wir in unserer Betrachtung über zu den

hannoverisch-bremischen Quarantäneanstalten

über deren weitere Tätigkeit in unserer Zeitperiode bis Ende 1879 wir freilich aus hiesigen Akten oder mündlichen Mitteilungen Sicheres nicht erfahren konnten.

---

[107] Mit der Durchschleusung des ersten abgabepflichtigen Seeschiffes, der 405 Last großen holländischen Bark „Johannes Marines", die beladen mit Zucker, Reis und Kaffee von Batavia kam.

Seuchenverdächtige Schiffe wurden in hergebrachter Weise für kurze oder längere Zeit der Quarantäne dadurch unterzogen, daß sie in isolierte Lage gebracht und desinfiziert wurden. Wohl befand sich in den fünfziger Jahren in der Nähe der Alten Schleuse bei dem damaligen Schleusenwärterhaus ein kleines in Stein aufgebautes „Quarantänehaus", doch war in ihm nur das zum Quarantänedienst dienende Material (Pestflaggen, Drahtzangen, Räucherwerk und anderes) untergebracht. Eine von der Quarantäne-Kommission auf dem festen Lande erbaute größere Baracke zur Aufnahme von an einer Seuche erkrankten oder seuchenverdächtigen Schiffspersonen hat es dem Anscheine nach in der Zeit von 1852 bis Ende 1879 nicht gegeben. Als im März 1865 in dem großen Auswandererhause der Betrieb für die Auswanderer aufgegeben war und dort nur noch ein Privathospital zunächst für Ortskranke blieb, mag die Quarantäne-Kommission in schweren Fällen, die wohl selten eintraten, die Erkrankten oder Verdächtigen aus der Schiffsbesatzung dort in Isolierräumen, für die das Auswandererhaus noch Raum genug bot, untergebracht haben. Und später, 1873, als Bremen eine dort im Kriegsjahr 1870 erbaute Lazarettbaracke mit allen Einrichtungen unserer Stadt für ihre Kranken unentgeltlich überwiesen hatte und die Stadt zu dem Bremer Geschenk noch eine Isolierbaracke errichten ließ, wird wohl in schweren Fällen die Quarantäne-Kommission die Mitbenutzung dieser Anstalt erreicht haben. – Erst im Jahre 1883 ließ die Quarantäne-Kommission nördlich vom Kaiserhafen, außerhalb des Schlafdeiches, zwei größere, zweckmäßig eingerichtete Baracken zu je dreißig Betten für Seuchekranke, bzw. Seucheverdächtige, ein Desinfektions- sowie Leichen- und Sezierhaus erbauen. – Die Oberaufsicht über die Quarantäneanstalten, die von Anfang an, jährlich abwechselnd, von Hannover und Bremen geführt wurde, wechselte nach der Annexion Hannovers seit 1867 zwischen Bremen und Preußen. Damals waren die Quarantäne-Kommissare Amtmann Dr. jur. Gröning zu Bremerhaven und Regierungsrat Amtmann Schönian zu Lehe.

Im Jahre 1868 erstand die Preußisch-Oldenburgisch-Bremer Quarantäne-Kommission, bestehend aus dem Regierungsrat Amtmann Schönian zu Lehe, dem Amtmann Dr. jur. Gröning, Bremerhaven und dem Amtmann Strackerjahn zu Brake. Im Jahre 1879 hatte letzterer die Führung der Verwaltung. Damals war die bremische Direktorial-Behörde für die

Quarantäneanstalt die Kommission des Senats für Häfen und Eisenbahnen, bestehend aus den Senatoren Grave, Buff und Dr. Meier. –

Was nun ferner

Die weitere Entwicklung des Bergungswesens

mit seiner Verordnung vom 29. Mai 1834 betrifft, über die wir im zweiten Teil des Buches ausführlich berichtet haben, so waren es die Vertreter der Bremischen Seeversicherungsgesellschaft, die im Jahre 1855 zu einer Revision dieser immer wieder verlängerten Verordnung den Anstoß gaben. Sie hatten bei dem Senate in Anregung gebracht, daß die wegen Bergungsangelegenheiten bestehende Verordnung in einigen Punkten, namentlich für die Fälle, da ohne Bergung von Gütern in Seegefahr Hilfe geleistet worden, nicht ausreichend scheine und auch die gänzliche Ausschließung der Wirksamkeit des Handelsgerichtes bei dem Verfahren nicht zweckmäßig sein dürfte. Das hatte zur Folge, daß in dieser Angelegenheit eine Deputationsberatung beschlossen wurde. Für diese wurden von der Bürgerschaft Dr. Adami, Syndikus Dr. Gröning, H. H. Meier, J. C. Vietor, F. Hederich und Richter Dr. Noltenius, als Kommissare des Senats Bürgermeister Meier, Senator Diedrich Albers, sowie aus dem Richterkollegium Senator Richter Heineken erwählt. Am 5. Januar 1856 legte Bürgermeister Meier in seinem Hause den Entwurf einer revidierten Verordnung vor, an den im Laufe des Jahres noch vier beratende Sitzungen sich anschlossen. Für Meier, den um Bremen hochverdienten Bürgermeister, der noch vor der endgültigen Regelung der Bergungsangelegenheit starb, wurde Bürgermeister Mohr in die betreffende Deputation am 25. Mai 1857 gewählt, und wohl noch in demselben Jahre wurde die revidierte Verordnung betreffend das Bergungswesen endgültig festgesetzt. Diese blieb in Kraft, bis durch das Reichsgesetz vom 17. Mai 1874 eine neue „Strandungsordnung" eingeführt wurde, die für Bremen noch einige Ausführungsbestimmungen erforderlich machte. Es hatten zu dem Ende Besprechungen einer Senatskommission mit einigen Mitgliedern der Handelskammer und dem hiesigen Amtmann Schultz stattgefunden, deren Ergebnis folgender, von der Bürgerschaft am 12. Dezember 1874 genehmigter Gesetzentwurf war:

Der Senat verordnet im Einverständnis mit der Bürgerschaft behufs Ausführung der Strandungsordnung vom 17. Mai 1874 wie folgt:

§ 1

Die zuständigen Strandämter sind für die Stadt Bremen und das Landgebiet die Polizeidirektion, für Vegesack und Bremerhaven das dortige Amt. – Die Vorsteher der Strandämter und die Strandvögte werden vom Senate bestellt. Die Aufsichtsbehörde für die Strandämter ist der Senat.

§ 3

Die Bestimmungen der Strandverordnung finden auf alle im Artikel 742 des Handelsgesetzbuches erwähnten Fälle der Bergung und Hilfsleistung in Seenot Anwendung. – Für alle Angelegenheiten der Hilfe in Seenot, sowie des Hilfslohns und sonstige Hilfskosten ist das Strandamt zu Bremerhaven zuständig.

§ 4

Die Verordnung vom 29. Mai 1834, die Bergungsangelegenheiten betreffend, ist aufgehoben. Doch findet dieselbe, soweit sie nicht bereits durch das Handelsgesetzbuch außer Kraft gesetzt ist, auf die am 31. Dezember 1874 bei den Gerichten anhängigen Bergungsstreitigkeiten noch Anwendung. –

Das Gesetz trat am 1. Januar 1875 in Kraft. –

Die Entwicklung der Stadtgemeinde:
Die Vorsitzenden des Gemeinderats

Nachdem wir die Staatsverwaltung, deren Beamte und Einrichtungen von 1852 an in siebenundzwanzigjähriger Zeitspanne uns vor Augen geführt haben, lenken wir nun noch unseren Blick auf die städtische Verwaltung in dieser Zeit, sowie im allgemeinen auf

Die Entwicklung der Stadtgemeinde

Führen wir uns zunächst die Männer vor, die als Vorsitzende des Gemeinderats an der Spitze der städtischen Verwaltung standen. Als erster

Vorsitzender wurde Johann Christian T i e c k[108] vom 1. Oktober 1852 bis 1. Januar 1853 gewählt. Tieck, seinem Berufe nach Malermeister, verheiratet mit einer Tochter des Seelotsen Lenthe in Geestendorf, schon durch seine äußere Erscheinung eine gewinnende Persönlichkeit, war ein Mann, der wegen seinen Charaktereigenschaften und seines lebhaften Interesses für die Entwicklung der Stadt allseitige Verehrung genoß. Ihn beschäftigte in Gemeinschaft mit dem Gemeinderat die Frage der Verteilung der anstehenden Kommunalsteuern, die Fortsetzung der Kanalarbeiten und die Instandsetzung des Marktplatzes. Tieck war im Januar 1853 wieder zum Vorsitzenden des Gemeinderats gewählt. Nicht lange sollte er seines Amtes mehr walten. Auf einer Reise nach Lübeck, seiner Geburtsstadt, erkrankte er und starb daselbst an der Cholera Juli 1853 im besten Mannesalter. Sein früher Tod wurde allgemein betrauert, zumal im Gemeindeausschuß, im Schützenverein, der ihn zum zweiten Male zu seinem Hauptmann erwählt hatte, und in der evangelischen Gemeinde, der er als Kirchenvorsteher angehörte.

Sein Nachfolger wurde B. R. C h r i s t i a n s, ein Mann mit klarem und besonnenem Urteil und vielem Interesse für alle kommunalen Angelegenheiten. Im Gemeindeausschuß und auch im Schützenverein hatte er sich als Schriftführer verdient gemacht. Er war als Kaufmann früher mit W. A. Ziegfeld alliiert, hatte dann ein selbständiges Geschäft angefangen, dem er aber eine gesicherte staatliche Anstellung als Polizeikommissar vorzog. Den Vorsitz im Gemeinderat legte er infolgedessen nieder. Dieser sprach ihm in seiner Sitzung vom 20. April 1854 aufrichtiges Bedauern darüber aus, auf seine fernere Wirksamkeit verzichten zu müssen, und dankte ihm herzlich für den Eifer und die Umsicht, mit denen er dem Gemeindewohl gedient habe.

An Christians' Stelle wurde Joh. Geo. C l a u s s e n, der bisherige Schriftführer des Gemeindeausschusses, gewählt, von 1854 bis 1860. Wegen seiner Frohnatur, Herzensgüte und Dienstfertigkeit war er allgemein beliebt. Große Rührigkeit in der kommunalen Arbeit zeichnete ihn aus. Besonders bekannt war er geworden durch seine hingebende Fürsorge für die Auswanderer im Auswandererhause, dessen Eigentümer er war, sowie durch die dortige Versorgung der Gemeinde mit Gottesdiensten.

---

[108] Vater von Gustav Tieck, Frau Helene Garrels, Frau Ida Scheller-Geestemünde und Fräulein Hanni Tieck.

Der dritte Vorsitzende war von 1861 bis 1862 H. Hellenberg in der Leher Straße, seinem Berufe nach Küpermeister, der große Lieferungen für bremische Reedereien hatte, ein schlichter, rechtlich denkender Mann, gastfrei und wohltätig. Er sollte nur so kurze Zeit im Amte bleiben. In der Sitzung vom 25. August 1862 forderte Hilderich Ihlder den Gemeindeausschuß zur Abgabe eines Mißtrauensvotums gegen den Gemeinderat auf. Er begründete das mit seiner Ansicht, daß ein gedeihliches Zusammenarbeiten der beiden Körperschaften nicht mehr zu erwarten sei. Schon seit langem herrschte nämlich unter den Ausschußmitgliedern die Meinung, daß seitens des Gemeinderates die Interessen Bremerhavens gegenüber denen Bremens zu lau vertreten würden. Zum Ausdruck kamen die Mißhelligkeiten besonders durch die Frage der Polizeistunde, die in Bremen aufgehoben worden war. Das gleiche Recht beanspruchte der Gemeindeausschuß für Bremerhaven, während der Gemeinderat für die hiesigen Verhältnisse den Ausnahmezustand für nötig hielt. Der Antrag Ihlders wurde angenommen. Die Folge war, daß Hellenberg und die Gemeinderäte ihr Amt niederlegten.

Der nächste Vorsitzende des Gemeinderates für die Zeit von 1862 bis 1866 wurde Hilderich Ihlder, früher Schiffskapitän, nicht nur für die Entwicklung des Lloyd, dessen hiesige Agentur er als erster eine Zeitlang leitete, sondern in gleichem Maße für das städtische Gemeinwohl lebhaft interessiert. In seine Zeit fiel der wichtige Bau der Gasanstalt. Er war es auch, der mit der Deputation für die Häfen wegen der Benutzung des Kirchenplatzes die Verhandlungen hatte. Diese führten dahin, daß der Platz künftig vor weiterer Bebauung, wie sie schon für die Errichtung der Bürgerschule (Realschule) in Frage kam, bewahrt blieb und ausschließlich zum Schmuckplatze[109] und zur Erholungsstätte wurde.

Der letzte Vorsitzende des Gemeinderates war Leopold v. Vangerow, der von allen Vorsitzenden am längsten im Amte blieb. Er wurde selbst dann wieder gewählt, als er erst spät der Unredlichkeit des Stadtsekretärs Dr. jur. Hartmann gewahr geworden, der nach großen Unterschlagungen im Februar 1874 ins Ausland flüchtete. L. v. Vangerow kam aus Herford, wo er einst das Gymnasium besuchte, zu uns und brachte hier seine Buchhand-

---

[109] Um dessen Anlage sich Weymann sehr verdient machte.

lung aus kleinen Anfängen zu einem ansehnlichen Institut. Er war erst vierunddreißig Jahre alt, als er an die Spitze der städtischen Verwaltung trat und bewies sich als eine intelligente, vornehme, durchgreifende und vielseitig interessierte Persönlichkeit, die noch mit besonderem Eifer den kommunalen Angelegenheiten zugetan war. Infolge der stetig anwachsenden Bevölkerung war er unter treuer Mithilfe aus dem Gemeindeausschuß besonders bedacht auf die Vermehrung der Schulen, bzw. der Schulklassen, und auf Neuanstellung von Lehrern, sowie auf eine durch staatliche Zuschüsse gesicherte Finanzierung des Schulwesens. Manches Gute hat er noch für die Stadt geschaffen oder ist unter seiner Leitung geschaffen worden, insbesondere hat er die Anregung zu wichtigen Einrichtungen gegeben, von denen später noch die Rede sein wird. Schon vor der Einführung der neuen städtischen Verfassung hatten sich Parteikämpfe angebahnt, die die Gesundheit v. Vangerows erschütterten und die nun bei der Durchführung der Verfassung zum vollen Ausbruch kamen. Auf der einen Seite der Apotheker Dr. August Barth und sein Anhang, auf der anderen L. v. Vangerow mit seinen Anhängern und Freunden. Die Partei Barth suchte mit allen Kräften für die bevorstehenden Stadtverordneten- und Stadtratswahlen ihre Kandidaten durchzubringen. Ihr war die v. Vangerowsche Partei zu exklusiv, nicht demokratisch genug gerichtet und v. Vangerow selbst, als Meister der Loge, war ihr unbequem in der Meinung, daß jene auf die Gestaltung der Stadtpolitik einen allzu großen Einfluß ausübe. Nach der neuen städtischen Verfassung konnte auch ein Nicht-Rechtsgelehrter zum Stadtdirektor gewählt werden. Nur mußte wenigstens ein besoldetes Mitglied als höherer juristischer Verwaltungsbeamter, der durch keine sonstigen Berufsgeschäfte in seinem Dienst behindert wurde, im Stadtrat vertreten sein. Letzteren wollte die Barthsche Partei unmittelbar nach seiner Wahl in den Stadtrat zum Stadtdirektor wählen. Sie wünschte v. Vangerow überhaupt nicht mehr in der Stadtverwaltung, sei es als Stadtrat oder Stadtverordneter, tätig zu sehen. L. v. Vangerow dachte nicht daran, wieder an die Spitze der Verwaltung zu treten, für die ihm ein zuvor in den Stadtrat gewählter besoldeter und rechtsgelehrter höherer Beamter die geeignete Persönlichkeit erschien. Es lag ihm nur daran, in der kommunalen Verwaltung mitzuwirken, um so auch fernerhin dem Wohle der Stadtgemeinde dienen zu können. – Sein Wunsch sollte nicht in Erfüllung gehen. – Die nach dem Dreiklassen-System normierte Wahl der ersten dreißig „Stadtverordneten" wurde für die dritte Klasse auf den 16., für die zweite auf den 17. und für die erste auf den 18. Oktober festgesetzt. Bei diesen Wahlen siegte zumeist die Barthsche Partei. In der gemeinschaftlichen Sitzung des Gemeinderats und der Stadtverordneten am 28. Oktober 1879, in der v. Vangerow zum letzten Male den Vorsitz hatte, fand die Wahl von sieben Stadträten statt. Der achte Stadtrat, der besoldete juristische Verwaltungsbeamte, wurde erst im Januar des folgenden Jahres gewählt. Von sechzehn vorgeschlagenen Kandidaten erhielten J. D. Kroog neunundzwanzig, C. Frucht siebenundzwanzig, Dr. Wolf, Landwehr und Chr. Lübben je sechzehn, W. Gutlese und C. Barth[110] je fünfzehn Stimmen und waren demgemäß zu Stadträten gewählt. L. v. Vangerow, auf den vierzehn Stimmen fielen, unterlag. Am 29. Oktober wurde provisorischer Vorsitzender des Stadtrats, bzw. stellvertretender Stadtdirektor, Dr. Wolf. So schied v. Vangerow aus seinem Amte, in das das Vertrauen seiner Mitbürger ihn zum sechsten Male gewählt hatte. Als am 6. November noch eine Ergänzungswahl stattfand für die Stadtverordneten, die in den Stadtrat gewählt waren, wurde v. Vangerow auch in das Stadtverordneten-Kollegium nicht gewählt. –

Es erübrigt sich uns nun ein näheres Eingehen auf

Die Entwicklung der Stadtgemeinde,

mit deren führenden Männern wir uns im Vorangehenden beschäftigt haben.

Im Jahre 1852 wurde der Puttkuhlenkanal vom Ostende der Mittelstraße bis zum Ostende der Kirchenstraße und im Jahre 1854 von dort bis zum Siele unter der Strecke der jetzigen Langenstraße von der Kirchenstraße bis zur Keilstraße, unter letzterer bis zur Jakobstraße und unter dieser bis zum Siele fortgeführt[111]. Bis 1854 wurde nun aber auch mit den Kanalisationsarbeiten in den übrigen Teilen der Stadt unter Leitung Loschens vorgegangen, und zwar dergestalt, daß zunächst die von Westen nach Osten führenden Straßen, soweit sie damals bebaut waren, mit Kanälen versehen wurden, nämlich Hafenstraße, Nordseite des Marktplatzes, und

---

[110] Der Vater des Dr. August Barth.
[111] Vgl. hier und im folgenden: Gebhard, Die Kanalisation der Stadt Bremerhaven, Bremerhaven 1882.

Geeststraße, Mittelstraße, Kirchenstraße und Mühlenstraße. Die Kanäle gingen vom Alten Hafenbassin aus, von dem sie durch Schosse, wie der Puttkuhlen- (Haupt-) Kanal, getrennt waren und mündeten in letzteren aus.

Von 1854 bis 1861 wurden auch die von Süden nach Norden laufenden Straßen, für die Schröder und van Ronzelen nur offene Abflußrinnen vorgesehen hatten, mit Kanälen versehen, so daß 1861 folgende Strecken ausgestattet waren: Karlsburg, West- und Ostseite des Marktplatzes, Smidtstraße, vom Markte bis zur Kirchenstraße, Fährstraße, vom Markte bis zur Grabenstraße, Marktstraße, vom Markte bis zur Kirchenstraße, Kurzestraße, Thulesiusstraße, von der Graben- bis zur Geeststraße. Die Keilstraße endlich wurde von der Smidtstraße bis zur Langenstraße kanalisiert. – Sämtliche Kanäle, bis auf den Puttkuhlen- (Haupt-) Kanal, den der Staat herstellte, wurden auf Kosten Bremerhavens erbaut, welches dafür etwa 17.000 Th. G. gleich 56.464 Mark verwandte.

In den Jahren 1868 und 1869 wurde nach der von den Baukondukteuren Hanckes und Schweitzer (letzterer seit 1873 Stadtbaumeister in Kiel) in Vorschlag gebrachten Anlage unter Bewilligung des beantragten Staatszuschusses von 6.000 Th. G. gemeindeseitig der zweite Hauptkanal ausgeführt. Dieser wurde vom Neuen Hafenbassin aus unter der Sielstraße angelegt und erhielt gegen den alten Hauptkanal eine günstigere Lage, weil er auf kürzerem Wege und mit einem relativ größeren Gefälle zum Geestesiel führte und wegen seiner Lage vom Neuen Hafen aus kräftiger und häufiger gespült werden konnte. In diesen neuen Hauptkanal wurden dann alle anderen Kanäle geleitet, die noch unter der Straße am Hafen, unter der Smidtstraße und Keilstraße angelegt wurden. Die Kosten für die Anlage eines solchen Kanals und für die schließliche Herstellung aller Nebenkanäle bis an die Sielstraße waren auf etwa 25.000 Th. G. gleich 83.035 Mark veranschlagt.

Nach dem Vorschlage der Herren Hanckes und Schweitzer wurde in den Jahren 1872 und 1873 vom Neuen Hafen aus mit staatlicher Subventionierung nun noch ein dritter Hauptkanal gebaut, und zwar durch die Lloyd- und Jakobstraße nach dem Geestesiel und ihm eine Reihe Nebenkanäle des nördlichen Stadtteils angeschlossen. Die Kosten der Gesamtanlage waren auf 17.807 Th. G., gleich 59.144 Mark, veranschlagt. Während der Ausführung der Anlage dieses Hauptkanals wurde am 18. September 1872 zwischen dem Staate und der Stadt ein Abkommen über das

Vorgehen bei künftig erforderlichen Kanalisationen getroffen, das auch später in Gültigkeit blieb. Danach verpflichtet sich die Stadtgemeinde, jede neue im Stadtbezirke Bremerhaven (im Gegensatz zu dem nicht für Wohnzwecke bestimmte Teile des Bremerhavener Bezirks verstanden) staatsseitig anzulegende Straße sofort bei deren Pflasterung zu kanalisieren. Über den Zeitpunkt der Kanalisierung, die Lage und Richtung des neuen Kanals, ob Hauptkanal oder Nebenkanal, entscheidet ausschließlich der Staat. Dieser verpflichtet sich, vor Ende eines jeden Jahres die im nächsten Jahre von ihm für erforderlich erachteten Kanäle der Stadtgemeinde mitzuteilen und die Baukosten der Gemeinde zur Hälfte zu erstatten. Die Kosten der Umlegung, Erneuerung und Ausbesserung aller städtischen Kanäle, sowohl der bereits vorhandenen, als der neu zu erbauenden, fallen der Stadtgemeinde allein zur Last. Auf Grund dieser Vereinbarung wurden darauf in den Jahren 1873 und 1874 in den bis dahin nördlichsten Straßenteilen der Stadt noch eine Reihe Kanäle gebaut. – In den siebziger Jahren wurden seit 1874 neue Straßen nicht angelegt, infolgedessen die Kanalbauten für neue Straßen auf längere Zeit eingestellt. – Der älteste Hauptkanal vom Alten Hafen bis zum Geestesiel mit einer Länge von 1.280 Meter, der zweite Hauptkanal vom Neuen Hafen durch die Sielstraße zum Geestesiel, 458 Meter lang und der dritte, vom Neuen Hafen durch die Lloydstraße und Jakobstraße nach dem Geestesiel, 664 Meter lang, hatten zusammen also eine Länge von 2.402 Meter. Die Gesamtlänge der Nebenkanäle betrug 6.750 Meter, demgemäß die Gesamtlänge sämtlicher Kanäle 9.152 Meter. – Ende 1879 war das Kanalnetz unserer Stadt in ihrem damaligen Umfange nahezu vollständig. –

Wochenmärkte und Jahrmarkt von 1852 an

Das Jahr 1852, mit dem die großen Kanalisationsarbeiten fortgesetzt wurden, brachte der Stadt auch die ersten Wochenmärkte und den ersten Jahrmarkt. Die Ordnung für erstere wurde am 29. April im Auftrage des Senats vom Amte (Gröning) veröffentlicht. An jedem Mittwoch und Sonnabend findet auf dem Markte ein Wochenmarkt statt. Fällt auf einen dieser Tage ein Festtag, so wird der Markt auf den vorhergehenden Werktag verlegt. Dieser Markt ist bestimmt für Gemüse, frisches und getrocknetes Obst, Federvieh, Wild, Fische, geräucherten Speck, Schinken,

Talg, Grütze, Mehl, Eier, Milch, Butter, Käse, Flachs, Hanf, Sämereien, Topfgewächse, Töpferwaren, Torf, Brennholz, Kohlen, Heu, Stroh oder ähnliche Gegenstände, die für den täglichen Bedarf von Haushaltungen bestimmt sind. – Jeder Verkäufer hat sich einen Platz anweisen lassen und darf ihn nicht willkürlich verändern. – Die Marktzeit währt bis 11 Uhr vormittags. Doch dürfen nach dem Schlusse der Marktzeit die auf dem Markt ausgestellten, bis dahin noch nicht verkauften Gegenstände in den Straßen der Stadt feilgeboten werden. Die nach dem Schlusse der Marktzeit eingeführten Marktwaren, sofern sie nicht raschem Verderb ausgesetzt sind, müssen am folgenden Tage bis 11 Uhr auf dem Markte ausgeboten werden. – Die durch Schiffe angebrachten Waren dürfen in den Schiffen an den für sie bestimmten Anlegeplätze zu jeder Zeit verkauft werden. Alle Verkäufer dürfen bei Strafe der Konfiskation ihrer sämtlichen Waren sich keiner anderen als richtiger Bremer Maße und Gewichte bedienen. Der Wochenmarkt breitete sich erst allmählich auch nach dem südlichen Teil der Marktstraße aus. Die Landleute, welche mit ihren Waren angefahren kamen, spannten gewöhnlich bei dem Kolonialwarenhändler und Wirt Eberhard in der Marktstraße oder bei Jürgen Arend Dreyer in der Leher Straße oder bei Stürcken in der Fährstraße aus.

Und nun der Jahrmarkt zu Bremerhaven! Aus bescheidenen Anfängen hat er sich im Laufe der Zeit durch seine vielen Schaustellungen und Belustigungen, sowie Verkaufsbuden allerart auf dem Markte und den angrenzenden Straßen, durch seine gesanglichen und musikalischen Darbietungen auf der Straße, in den Singhallen, Gasthöfen und Wirtshäusern zu einem aus weiter Umgegend zahlreich besuchten Volksfest entwickelt, auf dem Ausgelassenheit und Ungebundenheit für kurze Zeit sich auswirken durften, zu einem Volksfeste, das, auch praktisch betrachtet für unsere Stadt heutzutage eine ansehnliche Einnahmequelle bedeutet. Hören wir das „Reglement", das gleichfalls am 29. April 1852 für den Jahrmarkt vom Amte veröffentlicht wurde.

Am „Montag vor Bartholomäi und an den folgenden drei Wochentagen" (also allemal im August, d. Verf.) findet in Bremerhaven ein Jahrmarkt statt. An den genannten Tagen ist das Ausrufen und Feilbieten von Waren allerart gestattet, sofern die Vorschriften dieses Reglements beobachtet sind. – Jeder Fremde, der den Markt bezieht, hat sich beim Amte zu melden,

sein Logis anzugeben und für sich und seine Begleiter einen Aufenthalts-
schein zu erwirken, der unentgeltlich erteilt wird. Sodann ist bei dem Vorsitzenden des Gemeinderats eine Marktkarte zu lösen, die dem Amte vor-
zuzeigen ist und dann dem Fremden als Legitimation dient. – Die für die
Dauer der Marktzeit zu entrichteten Gebühren sind unter anderen folgende: Stellgeld für eine Bude pro 100 Quadratfuß ... 1 Th. G., für einen
Tisch 36 Grot bis 1 Th. G., für Waren, die auf ebener Erde ausgebreitet werden, 24 Grot, für Steingut 48 Grot. Gebühren für Hausierer 36 Grot, für
Drehorgeln, Musik usw. 1 Th. G., für Musik in Zelten oder Häusern 2 Th. G.
36 Grot. – Den Hausierern ist es verboten, in die Häuser zu dringen. - Wa-
renausspielungen und alle Hasardspiele sind auch während der Marktzeit
bei gesetzlicher Strafe verboten. – Der vom Gemeinderat ernannte Ausschuß für Marktangelegenheiten hat auf die Aufrechterhaltung dieses Reglements sorgfältig zu achten. –

Der Marktplatz, der damals noch einen recht öden Eindruck machte,
wurde dadurch instand gesetzt, daß die rings um ihn führenden Steige August bis September 1853 mit Bockhorner Klinkern gepflastert wurden. Die
Baumanpflanzungen erfolgten freilich erst später.

Die Beibehaltung des Jahrmarktes fand in der Folgezeit nicht überall
Zustimmung. Auch unter den Mitgliedern des Gemeindeausschusses erhoben sich Stimmen gegen den Jahrmarkt, weil er manche Ladenbesitzer der
Stadt schädige, andererseits auch die Einnahme, die aus ihm für die Stadt-
kasse erzielt werde weit hinter den Erwartungen zurückstehe. – In der Sitzung des Gemeindeausschusses vom 7. Januar 1878 beantragte Ludwig
K r ü d e r unter Hinweis auf frühere Anträge und Hervorhebung der wirtschaftlichen Nachteile, die Aufhebung des Jahrmarktes schon für dieses
Jahr zu beschließen, und wurde darin von Dr. Barth unterstützt, während
Gutkese, Baupel und Flemming für die Beibehaltung des Jahrmarktes eintraten. Nachdem der Rechnungsführer der Marktkommission ausgeführt
hatte, daß die großen Unbequemlichkeiten des Jahrmarktes nicht zu ver-
kennen wären, jedoch die Rücksicht auf den Geestemünder Jahrmarkt, der
auf Kosten Bremerhavens eine erhöhte Bedeutung gewinnen würde, die
Beibehaltung des Jahrmarkts geböte, - wurde der Antrag Krüders abgelehnt. Dagegen wurden die Abgaben von Tanzmusiken in Häusern und Zelten, sowie von Sängergesellschaften während des Jahrmarktes von 9 auf

30 Mark und die Abgaben von Drehorgeln und sonstigen Musikinstrumenten von 5 auf 15 Mark erhöht. –

Ein neues Wasserwerk für Bremerhaven

Noch Ende des Jahres 1852 wurde der Stadt und dem Hafen die Aussicht auf eine praktischere Versorgung mit Quellwasser eröffnet, zu der der Kaufmann Melchior Schwoon am 17. Dezember die staatliche Konzession erhielt. Die alte Eitsche Anlage vom Jahre 1838 blieb bestehen. Während von dieser lange Zeit das Wasser nur an einer einzigen Stelle, aus den Pumpen in der Kirchenstraße, entnommen werden konnte, errichtete die Schwoonsche Wasserleitung, deren Röhren vom Werke in Lehe aus durch einen großen Teil der Stadt gelegt wurden, allmählich an verschiedeen[112] Straßenecken verschließbare Wasserpfosten, zu deren Benutzung jede in der Nähe eines Wasserpfostens wohnende Familie einen Schlüssel besaß. – Zur Versorgung der Schiffe hatte Schwoon von seinem Werk in Lehe aus Röhren zunächst bis an die Ostseite des Alten Hafens gelegt, wo durch einen ledernen Schlauch, der an einen Hydranten befestigt war, das Wasser in die Schiffsfässer geleitet wurde. Wie primitiv und umständlich dagegen war lange Zeit die Eitssche Wasserleitung! Sie bestand aus Röhren, bzw. Rinnen, die jedesmal, wenn ein Schiff Wasser aufnehmen sollte, im Freien bis zum Hafen gelegt werden mußten, wo durch einen an die Röhren, bzw. Rinnen, gelegten Lederschlauch das Wasser in die Schiffe befördert wurde. – Dennoch blieben beide Wasserwerke scharfe Konkurrenten, als nun wahrscheinlich auch Eits von der Kirchenstraße aus unterirdische Röhren bis an die Ostseite des Hafens legte und durch einen an den Hydranten befestigten Schlauch das Wasser in die Fässer der Schiffe beförderte und sicherlich bald auch hier und da in der Stadt an die Röhren seiner Wasserleitung Wasserpfosten zur Entnahme des Wassers anschloß.

Im Jahre 1864 gab Eits das alte Wasserkraftwerk an der Graupenmühle auf und baute zur praktischeren und reichlicheren Lieferung des Wassers einen Wasserturm auf dem Platze, wo heute das Leher Postgebäude steht, auf.

---

[112] *„verschiedenen"; Druckfehler aus dem Original übernommen*

Am 4. Mai 1865 hatte der Gemeindeausschuß beschlossen, auf Kosten der Stadt eine Wasserleitung nach dem Platze der Gasanstalt für Betriebsgebäude, Wohnhaus und sonstigen Bedarf anzulegen. Die Wasserlieferung an die Gasanstalt wurde Eits, der eine weit billigere Offerte als Schwoon eingereicht, übertragen. Nach dem im Juni abgeschlossenen Vertrage hatte er das benötigte Wasser zum Preise von 40 Th. Courant pro Jahr für die ersten fünf Jahre, von da ab zu jährlich 50 Th. Courant zu liefern.

Im Jahre 1870 verheiratete sich der Sohn Melchior Schwoons, Johannes Schwoon, mit der Tochter des Baumeisters Eits. Durch diese Ehe wurde die Schärfe der Konkurrenz beider Wasserwerke beseitigt. Beide Firmen arbeiteten Hand in Hand. – Als man in den siebziger Jahren anfing, die Wasserleitungen zunächst in die größeren Häuser zu legen, deren Eigentümer die Kosten der Anlage auf eigene Rechnung übernahmen, erhoben sich bald Klagen über das Schwoonsche Werk, das wegen eines zu niedrigen Wasserturms nicht den für die Anlagen in den Wohnungen nötigen Wasserdruck erzeugte. Infolgedessen wurde nun der höher gebaute Eitssche Wasserturm von Schwoon mitbenutzt.

Was die Versorgung der Schiffe betrifft, so wurde in den siebziger Jahren das Wasser vielfach abwechselnd von Schwoon und Eits geliefert, bis später die Firma Schwoon & Co. die Wasserversorgung der Schiffe in unseren Häfen, die sie noch heute hat, allein übernahm. – Die von 1853 an von Schwoon eingeführte Wasserleitung spornte Eits zu Verbesserungen und Erweiterungen seiner Anlage an, so daß er das Vertrauen der Stadt gewann. Sie hatte auch 1865 mit ihm vereinbart, an dreißig verschiedenen Stellen der Straßen für ihre Löschanstalten mittels sogenannter T-Kräne das Wasser aus seiner Anlage zu liefern.

Ehe wir dieses Kapitel verlassen, müssen wir noch eines Mannes gedenken, der vielen Einwohnern in guter Erinnerung sein wird, des stets freundlichen und in seiner Arbeit unverdrossenen Bergmann, der beiden Firmen treue Dienste geleistet und schließlich sein fünfzigjähriges Jubiläum in diesem Doppeldienst feiern konnte. –

Kommunale Abgaben für die Stadt

Von demselben Jahre an, in welchem die Stadt um eine neue Anlage des Wasserwerks bereichert wurde, flossen ihr auch notwendig gewordene

Einnahmen zur Deckung der Kosten für manche zu errichtende gemeinnützige Einrichtungen und Anstalten zu, und zwar aus senatsseitig genehmigten kommunalen Abgaben und direkten Beiträgen zur Gemeindekasse. Gemäß den Anträgen des Gemeinderats wurden nachstehende Abgaben unter Berücksichtigung der für sie beantragten Ansätze vom Senate am 18. Mai 1853 angeordnet und eingeführt:

1) Die jährliche Abgabe für Schenk- und Gastwirte, je nach der Größe ihres Betriebes, von 10 resp. 5 Thalern.
2) Die jährliche, 5 Th. betragende, Abgabe vom Verkauf geistiger Getränke, soweit er aus dem Hause stattfindet.
3) Die Abgabe von Tanzmusik, Bällen und Konzerten; für die beiden letzteren jedesmal 1 Th. 36 Grote.
4) Hundesteuer, und zwar für einen einzelnen Hund in einem Hausstande 27 Grote, für den zweiten und für jeden weiteren in einem und demselben Haushalte 36 Grote.

Ertragreicher waren

Die direkten Beiträge zur Gemeindekasse

Diese wurden von den Grundeigentümern, ob sie das Gemeindebürgerrecht hatten oder nicht, sowie von den Mietern, ob sie Gemeindebürger waren oder als Fremde hier wohnten, gezahlt, und zwar vorläufig in dem Maße, daß jährlich

a) Von den Grundeigentümern ein Aufschlag von 50 Prozent auf die nach der Grundsteuerrolle zu zahlende Grundsteuer und
b) Von den Mietern 3 Prozent von der zu zahlenden Miete zu entrichten war.

Für das Jahr 1853 mußten die direkten Beiträge des vollen Jahres entrichtet werden, und zwar der Betrag des ersten Halbjahres vor Ausgang des Monats Juli.

Sämtliche „Abgaben" sowie „direkte Beiträge zur Gemeindekasse" mußten an den Steuererheber F. H. Riemenschneider, der nunmehr auch als „Gemeinderechnungsführer" von der Stadt angestellt war, gezahlt werden. Nur die Abgaben von Tanzmusiken, Bällen und Konzerten erhob das Amt, das dann den Ertrag an die Gemeindekasse abzuliefern hatte.

Der Erheber der staatlichen Steuern, später „Rendant" Riemenschneider, blieb bis 1874 auch Erheber der städtischen Steuer. Dann wurde Johann Ernst Meyer Stadtrendant, vereidigt am 24. August 1874 in Gegenwart des Gemeinderats-Vorsitzenden v. Vangerow, des Gemeinderats Frucht und des Stadtsekretärs Renken.

Nach der Verordnung vom 11. Januar 1868 wurde noch die städtische Armensteuer eingeführt. Behufs Deckung der Ausgaben für das Armenwesen wurden „direkte Beiträge zur Gemeindekasse" erhoben. Zur Zahlung, die auf 25 Prozent des Gemeindesteuer-Ansatzes festgesetzt wurde, waren die Grundeigentümer, Mieter und sonstige Bewohner der Stadt verpflichtet. Von der Steuer befreit waren 1) die Dienstboten; 2) Gesellen und Lehrlinge, die beim Antritt ihrer Stelle die für hier bestehenden „Krankenladen" bezahlten; 3) Fremde, die sich weniger als acht Monate in Bremerhaven aufhielten. – Nach der Verordnung vom 11. Januar 1868 wurde auch die sogenannte Personalsteuer von 1 Th. G., bzw. 36 Grote Gold, erhoben. Dagegen wurden infolge des vom Reiche anerkannten Rechtes der Freizügigkeit die Rezeptionsgebühren 1871 aufgehoben. Eine größere Einnahme erzielte die Stadtgemeinde wieder durch die Einführung der Mietesteuer im Jahre 1881. –

Bevölkerungszunahme und Erweiterung der Stadt bis Ende 1879

Bremerhaven, das 1850 4.033 Einwohner zählte, hatte im Jahre 1855 bereits 5.496, 1860 6.274 und 1865 7.804 Einwohner. Besonders stark war der Zuwachs der Bevölkerung in den folgenden fünf Jahren, indem die Stadt Ende 1870 10.175 Einwohner aufwies. Im Jahre 1875 zählte die Stadt 12.468, Ende 1879 fast 14.000 Einwohner. Um dieselbe Zeit hatte Geestendorf über 8.000, Geestemünde etwa 4.000 und Lehe etwa 14.000 Einwohner. – Mit der Zunahme der Bevölkerung Bremerhavens ging Hand in Hand die Erweiterung und Bebauung des Straßennetzes. Im Jahre 1872 war schon die Nordseite der Lloydstraße an einigen Stellen bebaut. Nach dem von H. Gier bearbeiteten Plan der Stadt Bremerhaven von 1879/80 war die Stadt bis zur Lloydstraße größtenteils, bis zur Grenzstraße und über die Sonnenstraße hinaus stellenweise bebaut. –

Mit der Zunahme der Bevölkerung unserer Stadt wuchs auch

Der Reise- und Ortsverkehr,

dessen damalige Einrichtungen wir uns vergegenwärtigen wollen. Der Reiseverkehr seit der Stadtwerdung Bremerhavens zwischen hier und Bremen wurde nicht nur durch die Dampfschiffahrt und die Personenpost, sondern eine Zeitlang auch durch Schnelldroschken besorgt. Desgleichen regelten und förderten Omnibusfahrten nach verschiedenen Richtungen, die lange aufrecht erhalten wurden, den Reiseverkehr.

Was die Schnelldroschkenfahrten zwischen Bremerhaven und Bremen betrifft, so fanden sie bis zum Herbst 1858 von Steinhoffs Hotel, dann von Twietmeyers Hotel aus statt, bis sie mit der Eröffnung der Geeste-Eisenbahn 1862 eingingen. Dagegen die Omnibusfahrten von Bremerhaven nach Hamburg, die schon in den fünfziger Jahren von „Stadt Hull" (am Hafen) aus stattfanden, wurden bis zur Eröffnung der Eisenbahn Bremen – Hamburg, d. h. bis zum 1. Juni 1874, fortgesetzt, weil bis dahin eine Fahrt mit der Geestebahn von 1862 nach Bremen und nach einigem Aufenthalt daselbst mit Diligencen nach Hamburg wesentlich teurer zu stehen kam[113] als die Omnibusfahrt von hier nach Hamburg. Diese kostete 2 Taler, währte mit Einrechnung eines längeren Aufenthaltes auf einer Zwischenstation siebzehn bis achtzehn Stunden und verlief folgendermaßen: Nachmittags 4 Uhr von hier ab über Beverstedt nach Bremervörde. In Stade an morgens 5 Uhr, von dort nach einstündigem Aufenthalt weiter nach Brunshausen. Von dort zwischen 7 und 7 ½ Uhr weiter mit dem Dampfschiff nach Hamburg, das je nach den Flut- und Ebbeverhältnissen in Hamburg nach 9 Uhr oder gegen 10 Uhr vormittags eintraf. – In den fünfziger Jahren fuhr ferner täglich ein großer Omnibuswagen zwischen Dorum und Bremerhaven, der vor der Leher Straße 79 (später Wooges Hotel, Smidtstraße 9/11) hielt. Dieser Verkehr bestand noch bis zum Jahre 1896, dem Eröffnungsjahre der Eisenbahn Geestemünde - Cuxhaven. – Sodann wurde 1858 durch Volkmann, eine Omnibusfahrt zwischen Beckerkesa[114] und Bremerhaven eingerichtet, zu der in den siebziger Jahren noch die Reichspost kam. Zugleich mit der Eröffnung der Eisenbahn Geestemünde – Cuxhaven wurde die Eisenbahn Geestemünde – Bederkesa dem Betrieb übergeben.

---

[113] Diese fuhren 7 Uhr abends von Bremen ab und gelangten 7 Uhr morgens in Hamburg auf dem Platze der St. Petrikirche an.
[114] *Bederkesa; siehe Druckfehlerverzeichnis, S. 395*

Was den Verkehr zwischen Bremerhaven und Geestemünde betrifft, so wurde er wesentlich erleichtert durch die 1857 eröffnete Geestebrücke, mit welcher der für den Personen- und Wagenverkehr langsame und umständliche Betrieb der Geeste-Hauptfähre sein Ende nahm. Nach dem Wirt Schnibbe hatte die letzte Pacht der Fähre die Witwe des in Geestemünde früh verstorbenen Kaufmanns Gerhard Janssen, die die Wirtschaft im Fährhause und die Einkassierung des Fährgeldes übernahm, während der eigentliche Fährbetrieb einem ehemaligen zuverlässigen Knechte des Eide Siebs überlassen wurde. Nach längeren Verhandlungen zwischen Hannover und Bremen wurde im Spätherbst 1853 der Bau der Geestebrücke in Angriff genommen. Am 8. Januar 1857 konnte die Brücke dem öffentlichen Verkehr übergeben werden.

Viel wichtiger wurde die auf gemeinschaftliche Kosten Hannovers und Bremens erbaute und am 23. Januar 1862 zwischen Bremen und Geestemünde eröffnete Eisenbahn, die damals den Namen „Geestebahn" führte. Schon im Jahre 1859 war der Vertrag zwischen Hannover und Bremen „wegen Anlegung einer Eisenbahn von Bremen nach dem Ausflusse der Geeste" zum Abschluß gekommen und dabei beschlossen worden, im Anschluß an ein Schienengleis des Bahnhofs in Geestemünde ein Schienengleis nach den „Docks" (Häfen) in Bremerhaven zu führen. Im November desselben Jahres bewilligten Senat und Bürgerschaft den Ankauf des für die gedachte Zweigbahn zu benutzenden Terrains bis zu 40.000 Talern, ermächtigten die Eisenbahndeputation zu Vorbereitungen für den Bau der Eisenbahnbrücke über die Geeste, insbesondere zum Ankauf des dazu erforderlichen Baumaterials und bewilligten zu diesem Zweck die veranschlagten 45.000 Taler. – Die Geestebahn erleichterte und förderte außerordentlich den Verkehr mit Bremen und den aus dem Regierungsbezirk Stade und wurde in ihrer Verlängerung bis zu den Häfen Bremerhavens für die Auswandererbeförderung und den Schiffsgüterverkehr von größter Bedeutung.

Die Eröffnung der Eisenbahn erfolgte ohne Sang und Klang. Nur die Maschine war mit ein paar Fahnen geschmückt. Pünktlich 11 Uhr vormittags lief der erste Zug in Geestemünde ein, mit dem viele Personen kamen, die vom Fahrgeld befreit waren. Morgens um 7 Uhr war der erste Zug aus Geestemünde abgefahren. Beide Züge begegneten sich in Lesum. – Der Verkehr auf der Geestebahn nahm bald größeren Umfang an. Die Behörde sah sich genötigt, vom 6. April 1862 an täglich von Bremen nach hier vier Züge fahren zu lassen, während in umgekehrter Richtung täglich fünf Züge fuhren.

Am 8. August desselben Jahres wurde durch die Errichtung einer regelmäßigen Dampfschiffahrt zwischen Geestemünde – Bremerhaven, sowie Blexen und Nordenham am jenseitigen Weserufer auch der Reiseverkehr zwischen hier und dem Oldenburger Lande wesentlich gefördert. – Anläßlich der Eröffnung der Geestebahn hatte der Wirt Pleuß in Bremerhaven für die ankommenden und abfahrenden Züge einen Omnibus von Bremerhaven nach dem Geestemünder Bahnhof fahren lassen. Das Unternehmen wurde als nicht rentabel bald aufgegeben. Der Fuhrwerksbesitzer Eide Siebs in Geestemünde kaufte den Omnibus und stellte ihn für Ausflüge von Familien und Vereinen nach der Umgegend, z. B. auch für die Schwiefertsche Musikkapelle, wenn sie in Bederkesa oder anderswo zu konzertieren hatte, in Betrieb. Leher Unternehmer, unter denen uns der Fuhrwerksbesitzer Jung genannt ist, stellten nun noch in den sechziger Jahren Linienwagen mit regelmäßiger Fahrt zwischen Lehe, Bremerhaven und Geestemünde ein, durch die der Personenverkehr in den Unterweserorten praktisch gefördert wurde. –

Besondere städtische Einrichtungen von 1864 bis 1876

Zu den gemeinnützigsten Werken, die die Stadt schuf gehörte ohne Zweifel die städtische Gasanstalt. Der Gedanke, Bremerhaven mit Gas zu versorgen, wurde von der städtischen Verwaltung freudig begrüßt und die Gasbeleuchtung für die fortschrittliche Entwicklung der Stadt und der großen Hafenanlagen als unentbehrlich[115] erkannt. Die Gasanstalt wurde 1864 im Norden Bremerhavens nach den Plänen von Ballauf in Dortmund, der dann als Betriebsdirektor fungierte, erbaut und versorgte neben der Stadt später mittels eines abgesonderten Rohrnetzes die Hafenanlagen. Damit

---

[115] In der Schwesterstadt Vegesack dagegen waren die Ansichten über den Wert der Gasbeleuchtung lange geteilt. Gegner und Freunde der Gasversorgung. „Dunkelmänner" und „Hellseher" standen einander gegenüber. Die Mehrheit der Bevölkerung war durch die allgemein eingeführte Petroleumbeleuchtung befriedigt. Endlich im Jahre 1889 wurde mit 15 gegen 4 Stimmen der Bau einer städtischen Gasanstalt beschlossen und 1891 das Gaswerk in Betrieb genommen.

wurde der dürftigen Beleuchtung des Ortes und der Häfen ein Ende bereitet. Am 6. Juli 1864 hatte die Bürgerschaft die unentgeltliche Abtretung eines Platzes für die Gasanstalt bewilligt. Am 28. Februar 1866 beschlossen Senat und Bürgerschaft die von der Hafendeputation beantragte Einführung der Gasbeleuchtung in den Staatsanstalten zu Bremerhaven und bewilligten die dazu erforderlichen 18.000 Taler. Zur Deckung der Kosten für den Bau der Gasanstalt, die sich insgesamt auf 542.941 Mark beliefen, hatte die Stadt eine beträchtliche Anleihe machen müssen.

Von sozialer Bedeutung war die Errichtung eines „Armenhauses". Es hatte sich immer mehr das Bedürfnis herausgestellt, den armen, durch Gebrechlichkeit zur Arbeit, bzw. zu einem ausreichenden Verdienst nicht mehr fähigen und durch Alter gebeugten Leuten ein sorgenfreies Unterkommen in einem eigens zu diesem Zwecke erbauten Hause zu gewähren. Die Anregung zum Bau eines „Armenhauses" gaben Peter Langholdt, Ludwig Köhler und Fischer, Männer, die dem Gemeindeausschuß angehörten und mit der Armenfürsorge vertraut waren. Der Staat gewährte auch in diesem Falle am 27. Oktober 1867 die unentgeltliche Überlassung eines Platzes für den genannten Zweck. Am 1. Oktober 1868 wurde das neu erbaute Armenhaus in der Rampenstraße feierlich eröffnet. –

Ein Werk der Pietät wurde durch

Die Anlage eines Friedhofs

von der Stadt im Jahre 1871 geschaffen. – Bremerhaven war von Anfang an in Lehe eingepfarrt, bis Ende des Jahres 1855. Die in unserer Gemeinde Verstorbenen wurden dort gegen höhere Friedhofsgebühren, als die Leher Einwohner zu zahlen hatten, bestattet. Auch nach dem Beginn eines kirchlich selbständigen Lebens im Jahre 1856 mußte Bremerhaven noch fünfzehn Jahre auf einen eigenen Friedhof verzichten. Wie viele aus unserer Gemeinde haben im Laufe der Zeit auf den dortigen Friedhöfen ihre letzte Ruhestätte gefunden! Doch zu natürlich war von jeher der Wunsch der Bremerhavener Gemeinde, für ihre Toten einen eigenen Friedhof zu gewinnen.

Schon im Jahre 1842 war für die Anlage eines solchen ein Areal ausersehen worden, das an der Leher Chaussee, an beiden Seiten der heutigen

Lloydstraße, lag. Doch zum Erwerb dieses Geländes kam es nicht. Ein dortiger Friedhof hätte nur für kurze Zeit ausgereicht und für den weiteren Ausbau Bremerhavens ungünstig gewirkt. Es würde ferner die Kostenanlage der ersten Einrichtung nach den damaligen Verhältnissen wesentlich dem Staate, als Inhaber des Hafens, zur Last gefallen sein, da im Jahre 1842 noch kein bürgerliches Gemeinwesen existierte, vielmehr der Hafenort als zu den Häfen zugehörig angesehen wurde, wie denn auch die Staatsbehörde für die Häfen bei den häufigen Sterbefällen auf den Schiffen die Verpflichtung, für die Kosten des Friedhofs mit einzustehen, stets anerkannte. – Erst im Jahre 1869 wurde der Erwerb eines eigenen Friedhofes für die Stadt, um den sich besonders v. Vangerow verdient machte, energisch betrieben. Nachdem in der Sitzung des Gemeinderats vom 20. November 1869 die Notwendigkeit einer solchen Anlage einstimmig bejaht worden, beschloß der Gemeinderat, in Wulsdorf Unterhandlungen wegen Erwerbung eines geeigneten Areals anzuknüpfen, selbstverständlich vorbehältlich der Zustimmung des Senats, des Gemeindeausschusses, der preußischen Regierung und der Einigung mit der Wulsdorfer Parochie. Zur Förderung der Angelegenheit wurde eine Kommission gewählt, die befugt sein sollte, einen sachverständigen Agenten gegen Honorar als Vermittler anzunehmen. Der Friedhofskommission gehörten v. Vangerow, Stößer und Riemenschneider an.

In der Sitzung des Gemeindeausschusses vom 24. März 1870 kamen durch den Vorsitzenden v. Vangerow aus einem gedruckten Berichte der Friedhofskommission die ersten beiden Anträge zur Verlesung, wurden dann zur Abstimmung gebracht und einstimmig angenommen. Diese gingen, kurzgefaßt dahin: Der Gemeindeausschuß wolle den Gemeinderat bevollmächtigen, den zwischen diesem und den Wulsdorfer Eigentümern geschlossenen Kontrakt nach Erledigung einiger Vorbehalte definitiv zu vollziehen, auch zur Deckung der für die Friedhofsländereien stipulierten Kaufsumme und der mit dem Verkaufakte verbundenen Unkosten eine Summe von 12.500 Th. G. zu bewilligen. Der Gemeindeausschuß wolle ferner dem zwischen dem Gemeinderat und der Parochie Wulsdorf getroffenen Abkommen wegen Ablösung der Parochialpflicht seine Genehmigung erteilen und die als Ablösung vereinbarte Summe von 2.000 Th. Courant bewilligen. – Ebenso wurde der dritte in dem genannten Berichte gestellte Antrag folgender Fassung: „Der Gemeinderat wird ermächtigt, bei dem Senate um

Bewilligung eines angemessenen Zuschusses für die Anlage eines städtischen Friedhofs einzukommen" bei der Abstimmung einstimmig angenommen.

Am 29. November 1870 zeigte der Gemeinderat der Deputation in Bremen an, daß am 12. November das Königlich Preußische Amt Lehe seine Zustimmung zu der Anlage eines eigenen Kirchhofs für die Stadt Bremerhaven im Gemeindebezirk Wulsdorf gegeben habe. Infolgedessen berief die Deputation für die Häfen am 16. Dezember 1870 eine Sitzung zur Berichterstattung über die Friedhofsangelegenheiten ein. Es wurde zunächst betont, daß die Erweiterung des Bremerhavendistriktes infolge des mit Preußen im Dezember 1869 abgeschlossenen Vertrages keinen geeigneten und verfügbaren Raum für einen Begräbnisplatz darbiete und deshalb der Erwerb des Areals bei Wulsdorf, dessen Bodenbeschaffenheit sich dazu eigne, im bremischen Interesse liege. Die Deputation habe schon in ihrer Sitzung vom 12. Mai 1870 sich dafür ausgesprochen, daß sich der Staat der Bewilligung eines Zuschusses zu dem Anlagekapital der neuen Anlage nicht werde entziehen können. Sie glaube aber, daß sich später wohl ein Überschuß zur wenigstens teilweisen Verzinsung des Anlagekapitals herausstellen müsse, und daß vom Staate kein Zuschuß zu den Kosten gezahlt werden dürfe, die für die Gartenanlagen und eine mehr dem Luxus dienende Ausstattung des Friedhofes verwendet würden. Diesen Erwägungen gemäß beschloß die Deputation, die von der Stadt gewünschte Summe von 10.000 Thl., als der Hälfte der veranschlagten Anlagekosten, auf 8.000 Thl. zu beschränken. Am 21. Dezember 1870 bewilligte die Bürgerschaft den Zuschuß von 8.000 Thl. und beauftragte die Deputation mit der Festsetzung „der im öffentlichen Interesse bei Zuweisung des Zuschusses erforderlichen näheren Bestimmungen". – Der Gemeindeausschuß zu Bremerhaven bewilligte am 25. Januar 1871 zur Ausführung des vom Gartenbaudirektor Benque bearbeiteten Friedhofprojektes 5.700 Th. G. – Am 7. Mai konnte die Einweihung des Friedhofes stattfinden. – Das 7,5 Hektar große Gelände entwickelte sich zu einer schönen und würdigen Stätte, und die sorgsam gepflegten Gräber legten Zeugnis ab von der pietätvollen Gesinnung der Gemeinde. –

Einer idealen Volksbildung diente die im Jahre 1873 gegründete Stadtbibliothek[116]. Zwei Männer haben wir sie zu verdanken, dem Vorsitzenden des Gemeinderates Leopold v. Vangerow und dem Bremer Senator Dr. Schumacher. Nachdem im Anfang des Jahres 1872 der Gemeinderat darauf aufmerksam gemacht worden war, daß bei der Vereinigung der verschiedenen bislang nebeneinander bestehenden öffentlichen Bibliotheken Bremens zu einer Stadtbibliothek viele Einzelstücke doppelt vorhandener Werke verfügbar würden, wandte sich v. Vangerow noch im April desselbigen Jahres amtlich an den damaligen Senatskommissar für die Hafenstädte, Senator Dr. Schumacher, mit der Bitte, an zuständiger Stelle die Abgabe derselben an die Stadt Bremerhaven zwecks Gründung einer öffentlichen städtischen Bibliothek gütigst zu befürworten. Der Senator zeigte ein freundliches Entgegenkommen. Und als seine Fürsprache bei dem Stadtbibliothekar Dr. Kohl offenes Ohr gefunden hatte, wurde der größere Teil der Dubletten im Juli 1873 als Grundlage zur Errichtung einer öffentlichen Bibliothek dem Gemeinderat Bremerhavens überwiesen, in der Erwartung, daß nach Bedürfnis die erforderlichen Mittel zur weiteren Förderung der Bibliothek im Stadthaushaltsplan zur Verfügung gestellt würden. In der Überzeugung, daß sich nie wieder eine so günstige Gelegenheit bieten werde, fast ohne Kosten in den Besitz eines ansehnlichen Grundstockes für eine Büchersammlung zu gelangen, war der Gemeinderat um so mehr zur Bewilligung der Mittel bereit, als „der allgemeine Nutzen der Bibliothek und ihr Einfluß auf die Förderung der Bildung und Sitte" von niemand angezweifelt werden konnte. Im übrigen suchte er sich von vornherein die Unterstützung von Vereinen und Privatpersonen in weiterem Umfange zu sichern. Noch in demselben Jahre erhielt die Bibliothek durch Zuwendungen von den Behörden, der Handelskammer und dem Archiv in Bremen, sowie durch Geschenke des Nautischen Vereins in Bremerhaven und vieler Einzelpersonen weiteren wertvollen Zuwachs. Das Amt des Bibliothekars wurde dem Oberlehrer an der Realschule Dr. Tanzmann übertragen. Es ist aus den Akten nicht festzustellen, in welchem Gebäude die Bibliothek zuerst untergebracht wurde, sicherlich aber, nach mündlichen Mitteilungen, in der Knabenvolksschule an der Grenzstraße. Wenn auch die

---

[116] Folgende Darstellung aus dem Jubiläumsbericht „50 Jahre Stadtbibliothek" von Prof. Ludwig Werner-Bremerhaven, dem verdienstvollen Bibliothekar.

Eröffnung am 22. September 1873 sich ohne größere Feierlichkeit vollzog, so konnte v. Vangerow doch mit Genugtuung auf eine Gründung blicken, die allen Kreisen ohne Schwierigkeit und besondere Kosten Gelegenheit zu geistiger Anregung und Ausbildung bieten sollte. – Die Oberaufsicht über die Verwaltung übte eine Kommission, deren Vorsitzender v. Vangerow war.

In den folgenden Jahren nahm das Wachstum der Bibliothek, die im Jahre 1873 einen Bestand von 5.319 Bänden hatte, einen erfreulichen Fortgang. Eine glückliche Ergänzung des damaligen Bestandes bildeten die bedeutenden Zuwendungen Professor Buchenaus, Bremen. Am Ende des Jahres 1877 umfaßte die Bibliothek 8.925, 1878 9.340, 1879 9.598 Bände. – Mit dem Zuwachs an Büchern war auch die Benutzung gestiegen, und es zeigte sich in erfreulicher Weise, daß man mit dieser Einrichtung einem lebhaften Bedürfnis nach idealer Bildung entgegengekommen war.

Ausgeliehen wurden bis Ende 1874 1.125, 1875 1.331, 1877 1.890, 1878 2.813 Bände –

Zu den städtischen Einrichtungen, die unser besonderes Interesse erregen, ist auch

Die allmähliche Umwandlung des Mädchen-Volksschulgebäudes am Kirchenplatz in ein Stadthaus

zu rechnen. In der Sitzung des Gemeinderats vom 22. Juni 1865 wurde die Verlegung des Büros des Stadtsekretärs Dr. Hartmann von der Osterstraße „nach der Bürgermeister Smidt-Straße" genehmigt. Daraus ist zu schließen, daß das genannte Büro nach dem Mädchen-Volksschulgebäude am Kirchenplatz verlegt wurde und damit der erste Anfang zur Einrichtung eines Stadthauses im Volksschulgebäude gemacht war. In letzterem befanden sich im Jahre 1866 sechs Klassen im Erdgeschoß und in der ersten Etage mit 326 Schülerinnen unter Leitung Rahes. Zu diesen Klassen wurden Anfang der siebziger Jahre noch die Vorschulklassen der Realschule für längere Zeit (bis nach Mitte der siebziger Jahre?) und die „Schulsammlungen" nach dem Kirchenplatz verlegt.

Nach einem Bericht der Schulkommission (Schultz) vom 19. Oktober 1871 wurde das Schulgebäude mit einem Kostenaufwande von 1.000 Talern im Inneren zweckmäßig restauriert. Als nun Rahe mit seiner Schule, die

1871 bereits in zehn Klassen am Kirchenplatz untergebracht war, im Jahre 1873 nach dem bis dahin von der Knaben-Volksschule benutzten Schulgebäude nach der Langenstraße übersiedelte, kam die Zeit, wo die Volksschule am Kirchenplatz in ein Stadthaus umgewandelt wurde. Nach einem vorliegenden Plane gegen Ende der siebziger Jahre wurde neben dem bereits bestehenden Stadtbüro ein Sitzungszimmer für den Gemeinderat hergestellt, während der Gemeindeausschuß mit seinen 48 Mitgliedern in den siebziger Jahren noch seine Sitzungen in der Aula der Realschule, Grünestraße (jetzt Turnhalle des Lyzeums) hatte. Ferner wurde eine Registratur eingerichtet und 1876 das Standesamt, bis dann durch einen 1880 vorgenommenen Umbau mehr Räume für die städtischen Verwaltungszwecke durch Herstellung eines „Arbeits-„, „Anmelde-„ und „Konferenz"zimmers, sowie wohl auch eines Sitzungssaales für die gesamte Vertretung der Stadtgemeinde gewonnen wurden. –

Private Anstalten, Sparkasse und Banken
von 1869 bis 1872

Gelegenheit zum reichlichen Verdienst bot Bremerhaven mehr als andere Städte der gleichen Einwohnerzahl. Es war daher den Einwohnern, die das Ersparte sicher anlegen wollten, die Errichtung einer Sparkasse ein willkommenes Unternehmen.

Am 1. Juni 1869 wurde eine private Sparkasse im Hause ihres Gründers, des Kaufmanns H. Eelbo, eröffnet. Sie leistete besonders unter der späteren Leitung von Ernst Woltemas, Gerh. Gehrels, Ludwig Krüder und W. Allers den Einwohnern treffliche Dienste, bis sie 1904 von der Nordwestdeutschen Bank übernommen wurde.

In den sechziger Jahren machte sich in den Handel und Schiffahrt treibenden Kreisen das Bedürfnis nach einem regelrechten Bankhause mehr und mehr geltend. So fand sich denn im Jahre 1868 ein Kreis geschäftserfahrener Männer, an der Spitze der Bankier E. E. Weyhausen in Bremen, der am 9. Januar 1869 die erste Bank am Orte, die erste an der Unterweser überhaupt, als Kommanditgesellschaft auf Aktien unter der Firma

Bremer Bank-Verein Weyhausen & Consorten

begründete. Am 1. Februar 1869 wurde der Geschäftsbetrieb eröffnet. Persönlich haftender Gesellschafter wurde Christoph Adolph Weyhausen, ein Sohn des genannten Bankiers, der die Geschäftsleitung den zu Prokuristen ernannten Herren Gerhard Ihlder[117], Wilhelm Renken und Conrad Waltjen übertrug, letzterem als Geschäftsführer. Außer Herrn Christian Adolph Weyhausen werden 31 Kommanditisten als Gründer genannt. – Nachdem die Kriegsjahre 1870/71 gut überstanden waren (1870 6½ Prozent, 1871 15 Prozent Dividende auf das eingezahlte Kapital), wurde in der Generalversammlung vom 19. Juni 1872 die Umwandlung in eine Aktiengesellschaft unter der Firma

Bremer Bank-Verein

beschlossen. Der bisherige Geschäftsführer Conrad Waltjen wurde zum leitenden Direktor ernannt, welchen Posten er in treuer Pflichterfüllung bekleidete.

Am 26. März 1872 wurde in Geestemünde die Geestemünder Bank ins Leben gerufen. Unter den Gründern werden uns auch zwei Bremerhavener Bürger genannt, M. Schwoon und A. Rosenthal. Ende Mai 1872 entstand in Bremerhaven eine Filiale unter dem Namen „Bremerhavener Bank". Der Direktor der Geestemünder Bank übernahm die Leitung bis zum Jahre 1877, während Heinrich Lehmkuhl als Prokurist fungierte. Dieser und Alfred Querndt wurden 1878 zu selbständigen Leitern der Filiale ernannt. Letztere nahm einen schnellen Aufstieg und pflegte hauptsächlich den Verkehr mit Speditions-, Handels- und Schifffahrtskreisen und besteht heute noch als einzige hiesige Bank unter der ursprünglichen Firma. –

Ärzte, Apotheke und Krankenanstalten

Bis 1855 hatten Dr. Buschmann und Dr. Plate die ärztliche Praxis in unserer Stadt allein. Dann kam als dritter Arzt Dr. Otto With aus Holstein zu

---

[117] Als ältestes Aufsichtsratsmitglied im Alter von 102 Jahren am 20. Juli 1917 in Bremerhaven gestorben.

uns. Laut Senatsbeschluß vom 2. Februar 1855 wurde er zugleich als Physikus angestellt.

Von dem Plane der Erbauung eines provisorischen Krankenhauses hatte der Senat noch abgesehen, doch bewilligte er für den Fall, daß bei etwaigen Bedürfnissen der nächsten Zeit geeignete Lokalitäten gemietet und eingerichtet würden, 1.200 Mark.

Als Physikus hatte Dr. With bei allen Angelegenheiten der Medizinalpolizei beratend zur Seite zu stehen und namentlich den in der Stadt herrschenden Gesundheitszustand fortwährend zu beachten und stets über die Wohnungsverhältnisse der Handwerker, Arbeiter und Matrosen in Kenntnis zu bleiben.

Dr. Plate verließ 1856 Bremerhaven, um in Bremen oder Umgegend zu praktizieren. – Im Jahre 1861 ließ sich in unserer Stadt Dr. Otto Theodor Hotzen nieder. Seine hiesige Wirksamkeit hörte mit dem Jahr 1865 auf. – Im Jahre 1862 kam Dr. Soldau zu uns, der sich später mit einer Tochter Melchior Schwoons verheiratete. Er stand in dem Rufe eines tüchtigen Chirurgen und wurde 1882 Chefarzt des neu erbauten städtischen Krankenhauses. – Im Jahre 1872 ließ sich Dr. Otto Withs Sohn, Dr. Carl With, hier nieder, wurde später auch Polizeiarzt und übernahm 1877 die Behandlung der Kranken in der von der katholischen Kirche gegründeten „Privatkrankenanstalt", die 1879 zu einem Hospital erweitert wurde. In seinem Beruf stets pflichttreu, war er im übrigen ein Mann von vielseitigem Interesse und von packender Beredsamkeit. – Nach achtzehn Jahren gesegneter Wirksamkeit starb Dr. Otto With am 27. März 1873. Sein sehnlicher Wunsch, die Erbauung eines städtischen Krankenhaus noch zu erleben, sollte nicht in Erfüllung gehen. Mit inniger Liebe hing er an seinem alten Vaterlande, das er einst zu einer Zeit verlassen, wo es noch unter dem Druck der dänischen Herrschaft stand. – Bald nach seinem Tode finden wir hier Dr. Wilhelm Diederichs in ärztlicher Tätigkeit. – Am 28. Juni 1874 starb dreiundsechzig Jahre alt Dr. Buschmann nach fünfunddreißigjähriger Wirksamkeit am Orte. Nach ihm übernahm in den siebziger Jahren die Praxis: Dr. med. Bernhard Falk, 1876, und Dr. med. Averdam, 1878, beide vielbeschäftigte Ärzte. Im Jahre 1879 ließ sich hier Dr. med. Carl Möser nieder.

Was nun Büttners Apotheke an der Grenze des Marktes, Karlsburgstraße 14, betrifft, so verkaufte er sie im Jahre 1853 an den Apotheker Carl Barth aus Duderstadt für 36.000 Th. Preuß. Cour. Die ihm bis 1858 erteilte Konzession ging auf den neuen Besitzer über. Diesem wurde bis 1858 die Konzession auf zwanzig Jahre verlängert unter der Bedingung, daß eine zweite Apotheke nach fünf Jahren eventuell zu errichten sei. Am 4. Juni 1869 erhielt der Sohn Carl Barths, Dr. phil. August Barth, vom Staate die Erlaubnis, seinen augenkranken Vater in der Verwaltung der Apotheke zu vertreten. – Auf das Gesuch Carl Barths vom Februar 1871 wurde die Apotheke unter dem Namen „Adlerapotheke" nach Bürgermeister Smidt-Straße 39 verlegt. Im Frühjahr 1873 ging die Apotheke in den Besitz des Dr. phil. August Barth über. – Das Gesuch des Apothekers Ernst Tütscher um Konzession zur Anlegung einer zweiten Apotheke wurde einstweilen abgelehnt. Dagegen fand am 13. Oktober 1872 eine öffentliche Ausschreibung der zweiten Apothekerstelle statt. Von den Bewerbern wurde einstimmig Heinrich v. Emster aus Siegburg gewählt. In der Sitzung des Gemeinderats vom 20. März 1873 kam ein Schreiben der Senatskommission zur Verlesung, in welchem eine Verständigung des Gemeinderats mit Herrn v. Emster wegen der Lage der Apotheke gewünscht wurde. Der Gemeinderat lehnte indes eine Äußerung über die Platzfrage ab. Die zweite Apotheke wurde nun in der Lloydstraße 25 eröffnet. V. Emster blieb im Besitze der „Lloydapotheke" bis zu seinem Tode Anfang 1888.

Was nun die Veranstaltungen für Krankenpflege betrifft, so hatte, wie schon anderswo bemerkt, der Eigentümer des Auswandererhauses die Verpflichtung übernommen, nicht nur erkrankte Auswanderer, sondern auch Seeleute in Pflege zu nehmen. Auch bestand längere Zeit eine Arbeiter-Krankenbaracke am Neuen Hafen. Als der Auswandererbetrieb im März 1865 im Auswandererhaus aufhörte, wurde bald dort ein Privatkrankenhaus unter der Krankenpflege Louis Rekums eröffnet. Wie wenig aber die damaligen Einrichtungen für Krankenpflege befriedigten, beweist der Umstand, daß sich eine „Commission für den Bau einer Krankenanstalt" konstituierte, deren Mitglieder die Herren Schultz, H. Ihlder, C. Grewe, Ludwig Krüder, C. Barth und Carl Nobbe waren, und ein ausführlicher „Plan zur Gründung eines städtischen Krankenhauses" gedruckt wurde. Danach baut die Stadtgemeinde mit einem Kostenaufwande von höchstens 10.000 Th. G. für ihre Rechnung auf einem staatsseitig zum Eigentum überwiesenen Platze im Bremerhavendistrikte ein Krankenhaus für höchstens fünfzig Betten, ein Isolierhaus für höchstens sechs Betten und ein Leichenhaus mit

Sezierzimmer. Die Verwaltung der Krankenanstalt wird von der Gemeindebehörde geführt. Jener untergeordnet wird als technischer Leiter der Anstalt ein Arzt angestellt. Der Gemeinde werden die sämtlichen Inventarstücke des Arbeiter-Krankenhauses überwiesen, die sie mit einem Kostenaufwande von 500 Th. G. herstellt und vervollständigt. Außerdem erhält die Gemeinde zu dem von ihr aufzuwendenden Baukapital das aufgesammelte Geld für die Kasse einer gewissen Krankheit und daneben aus der Staatskasse 3.500 Th. G.

Der ausgearbeitete Plan kam nicht zur Ausführung. Erst später wurde auf andere Weise für eine städtische Krankenanstalt gesorgt. Eine der in der Kriegszeit 1870 am Neustadtbahnhof in Bremen errichteten Lazarettbaracken mit vollständiger Einrichtung und allem Zubehör für fünfzig Betten wurde im Herbst 1871 vom Staat der Stadt unentgeltlich überwiesen, wobei Bremen die Hälfte der Transport- und Einrichtungskosten trug (laut Bericht der Deputation für Häfen und Eisenbahnen). Die Stadtgemeinde ließ noch dazu eine Isolierbaracke bauen. Eine größere Krankenbaracke war da, aber kein massives Krankenhaus und jener fehlten die geschulten Kräfte der „Schwestern", desgleichen den Häusern, die ihre Kranken hatten, ein Mangel, der von den Ärzten und Kranken schmerzlich empfunden wurde. Da war es die katholische Kirche, die 1875 von dem Mutterhause der Franziskanerinnen zwei Schwestern zu dauerndem Aufenthalte in Bremerhaven, zunächst für die ambulante Pflege, gewann. Am 11. Dezember ereignete sich die furchtbare Explosion des Lloyddampfers „Mosel". Der derzeitige Polizeiarzt Dr. With rief sofort die Schwestern, die einzigen geübten Pflegerinnen, an die Unglücksstätte, und infolge ihrer aufopfernden Tätigkeit und sachkundigen Pflege gewannen sie sofort das Vertrauen der Bevölkerung. Das Bedürfnis machte sich nun immer mehr geltend, der ambulanten die Hospitalpflege anzugliedern. Zwei Jahre darauf wurde eine größere Wohnung im Lampeschen Hause, Jakobstraße 30, gemietet, und zwar zunächst Erd- und Obergeschoß. In dieses Haus zogen die katholischen Schwestern, deren Zahl mittlerweile auf vier erhöht war, im April 1877 ein. Eine von Pastor Brokgertken bei den ersten Bürgern der Stadt veranstaltete Sammlung ermöglichte es, das notwendigste Inventar zu beschaffen. Sechs Betten konnten zunächst hergerichtet werden. Die Zahl der 1877 in der „Privatkrankenanstalt in Bremerhaven", wie sie vorerst noch genannt

wurde, Verpflegten betrug einundfünfzig. Außerdem wurden in den Wohn-
häusern der Stadt neunundvierzig Kranke von den Schwestern gepflegt.
Etwa zwei Jahre später wurde das ganze Haus Lampe's gemietet und so
1879 die Privatkrankenanstalt zu einem Hospital, das bald den Namen „St.
Josephs-Hospital" erhielt, erweitert. In dem genannten Jahre fanden dort
hundertvierundfünfzig Kranke ihre Aufnahme, und in den Privathäusern
wurden neunundfünfzig Kranke gepflegt. Erst über die unserem Buche gesteckte Zeit hinaus wurde 1882 der Bau des großen städtischen Krankenhauses, in dem Diakonissinnen die Krankenpflege übernahmen, vollendet.
–

Die Rechtsanwälte bis Ende 1879

Seit 1852 oder 1853 fungierte hier als Rechtsanwalt und Notar neben
Philippi Dr. jur. Tetens, der auch in den Akten der evangelischen Gemeinde besondere Erwähnung findet, insofern, als der wichtige, zwischen
dem Maurermeister Wilms und dem Kaufmann Deetjen geschlossene Kontrakt zum Wiederaufbau der evangelischen Kirche von ihm notariell be-
glaubigt worden. – Mit der Zunahme der Bevölkerung wuchs auch die Zahl
der Rechtsanwälte. Von 1858 bis 1864 wirkten hier Dr. jur. Schlodtmann,
der am 28. Januar 1865 zum Richter in Bremen erwählt wurde, und von
1862 bis 1868 Dr. phil. Kuhlmay. Von 1865 bis 1870 war Dr. jur. Hartlaub,
Schwiegersohn des Dr. med. Otto With, als Rechtsanwalt tätig. Er beteiligte
sich zugleich lebhaft im Gemeinderat an den Arbeiten der städtischen Verwaltung und wurde im Frühjahr 1876 als Richter nach Bremen versetzt. Von
1866 bis 1870 fungierte hier als Rechtsanwalt Dr. jur. Nagel, von 1871 an
als Amtsassessor. Im Kriegsjahr 1870 ließ sich hier Dr. jur. Theodor Wolf
nieder, Sohn des hiesigen Predigers, der später in der kommunalen Verwaltung eine wichtige Stellung einnahm. In die hiesige Anwaltschaft traten
ein: im Jahre 1872 Dr. jur. Johann Friedrich Wilhelm Weymann, Sohn des
Kupferschmiedemeisters H. Weymann, im Jahre 1876 Dr. jur. Hermann Theodor Jahn, Sohn des hiesigen Postdirektors, Dr. jur. Christian Claussen,
Sohn des Kaufmanns Daniel Claussen, der mit der Zeit eine umfangreiche
Praxis erhielt, und Dr. jur. Emil Robert Kühn, der in den achtziger Jahren
nach Lothringen übersiedelte, wo er ein Richteramt bekleidete. Am 27.
März 1877 trat hier als Rechtsanwalt Dr. jur. Fritz Riemenschneider ein,

der nach fast fünfzigjähriger Wirksamkeit am 19. Dezember 1925 verstorben ist. –

Was nun

Das Vereinsleben

betrifft , so entwickelte es sich im allgemeinen kräftig in der Zeit von 1852 bis 1879 und nahm einen immer größeren Umfang an. Wenden wir uns zunächst dem altbestehenden, schon im zweiten Teil unseres Buches geschilderten

Schützenverein

zu. In den fünfziger Jahren waren Präsident des Vereins Carsten Greve und Schriftführer nacheinander bis 1860 B. R. Christians, W. A. Ziegfeld, D. Rönner und H. Hellenberg. Hauptmann wurde nach Tiecks Tode der Buchbinder und Buchhändler Heyermann. An seine Stelle trat 1856 Dr. Philippi, der aber die auf ihn gefallene Wiederwahl im Jahre 1859 ablehnte. Für ihn wurde Schmiedemeister H. Glahn gewählt, bisher Leutnant im Verein, der nach kurzer Zeit sein Amt niederlegte. Glahns Nachfolger wurde am 7. Juli 1860 Carsten Greve. Auf ihn folgte der Gasthofsbesitzer Reents, der lange das Amt bekleidete.

Die Sitzungen des Vereins fanden in den fünfziger Jahren vorwiegend im Schießhause am Schlafdeich statt, in den sechziger Jahren bei Gerhard, Reents, und von 1866 an in Tannes Hotel, bei Diesenberg und Ilsemann. Die alljährlichen Schützenfeste im Schützenhause am Schlafdeich verliefen immer fröhlich und anregend. Preisschießen, Krönung des Königs und drei aufeinander folgende Bälle bildeten die Höhepunkte des Festes. Auch die Kinder kamen sehr zu ihrem Recht. Die Jugendwehr des Vereins hatte ihren eigenen Adler, nach dem sie mit Flitzbögen schoß. Klettern an der Stange, Sacklaufen und die Balgerei der Jungen um die dann und wann aus einem Sack reichlich ausgeschütteten Pfeffernüsse trugen zur besonderen Belustigung bei. Carsten Greve, H. Weymann und der Ballastlieferant Georg Wienbarg nahmen sich sehr der Jugend an. Auch der Kinderball fehlte nicht, der, wie der Ball der Erwachsenen, in den fünfziger Jahren in einem dazu extra aufgebauten Zelte stattfand.

Im Schützenverein erfreute sich großer Beliebtheit der Hornist Pleuß, ein kleiner, gemütlicher Mann, gewöhnlich Pudel Pleuß genannt, seinem Berufe nach Drechsler. Nicht minder geschätzt war Wilhelm Utermählen, der, obgleich nicht zum Verein gehörig, ihm seine Dienste als Trommler zur Verfügung stellte, indem er am Vorabend des Schützenfestes den großen Zapfenstreich allein ausführte und am Morgen die große Reveille ganz allein schlug. Er war früher Musiker bei der deutschen Marine und trat dann u. W. in die Musikkapelle ein, die Heinrich Schwiefert von Opitz übernommen hatte[118].

Frohe Begeisterung brachte in die Bremerhavener Schützenkreise das Schützenfest der vereinigten Schweizer und Bremer in Bremen 1858; denn bei dieser Gelegenheit kamen die Schweizer auch zu uns. Man ehrte die Gäste dadurch, daß man einem gerade neu erbauten Schiff den Namen ihres Vaterlandes „Helvetia" gab, und dem Oberst Kurz aus Bern beim Stapellauf auf Tecklenburgs Werft am 29. Juli die Taufe des Schiffes übertrug. In unserer Stadtbibliothek befindet sich ein interessantes Bild von dieser Feier nach der Skizze von dem Bremerhavener Maler Fedeler. Schon nach zwei Jahren sah Bremen die Schweizer wieder in seinen Mauern zum Schützenfest, bei dem Oberst Kurz und J. Bänziger-König aus St. Gallen zu Ehrenmitgliedern ernannt wurden. Die Zusammenkunft mit den Schweizern anläßlich ihrer Festfahrt nach Bremerhaven und der Wesermündung brachte wieder unserem Schützenverein, damals unter Carsten Greve als Hauptmann, frohe Stunden. – Der zweimalige Besuch der Schweizer Schützen hatte das Interesse für den hiesigen Verein gesteigert. Wenige Tage nach der Abfahrt der Schweizer ließen sich am 31. Juli 1860 als aktive Mitglieder des Schützenvereins folgende bekannte und angesehene Bürger aufnehmen: H. Meiners (Vater des Konsuls Heinr. Meiners), G. Inneken, Stelljes, F. Rodenburg, C. G. Rodenburg, C. Frucht, F. R. Roters, C. Auwers, J. C. Tecklenborg, G. H. Wehmann, A. Rickmers, D. Claussen. – Im Jahre 1861 feierte der Verein zum letztenmal sein Jahresfest im Schießhause. Der

---

[118] Er war auch dazu berufen, beim Ausbruch von Feuer oder anläßlich einer Wassersnot, wie in der Neujahrsnacht 1854/55, die Einwohner mit seiner Alarmtrommel wach zu rufen, im Gegensatz zu dem Ausrufer Hinrich Osterndorf, dem Bruder des allverehrten Auktionators Fritz Osterndorf, der nur frohe Ankündigungen brachte, wie: „Grote Auktion", „frische Schellfisch an de Fähr!" usw. und mit seinem langen Lockenhaar, seiner Klingel im Arme, ein originelles Bild bot.

Schützenplatz war ihm wegen Benutzung zu Bahnzwecken gekündigt worden. – Am 26. Mai 1862 wurde H. Meiers zum Präsidenten gewählt. – Der Schießstand wurde nach dem Leher Außendeichstand, nördlich vom Grenzgraben verlegt, nach dem Gelände des später erbauten Kaiserhafen I, das 1869 an Bremen abgetreten wurde. Nach längerer Zeit wurde dann der Leher Schießstand freundlichst dem Bremerhavener Schützenverein für seine Übungen zur Mitbenutzung überlassen.

Im Jahre 1865 erlebte der Verein abermals den Besuch auswärtiger Schützen. Vom 16. bis 23. Juli fand das zweite deutsche Bundesschießen in Bremen statt. Auf ergangene Einladung waren wohl über 200 deutschamerikanische Schützen herübergekommen. Bei ihrer Landung in Bremerhaven wurden sie freudig und feierlich von Anton Reents, dem Schützenhauptmann, begrüßt. In heiterster Stimmung verbrachten die transozeanischen Schützenbrüder mit den hiesigen die Stunden und setzten erst am folgenden Tage die Weiterfahrt nach Bremen fort.

Der Verein, seitdem er das freundliche Schützenhaus mit seinen schönen Anlagen verlassen hatte, feierte sein Stiftungsfest nun an verschiedenen Plätzen. Im Jahre 1866, gerade zu der Zeit, da die hannoversche Besatzung vom Fort Wilhelm abrückte und preußische Kriegsschiffe die drei Befestigungswerke unserer Stadt in Besitz nahmen, hatte der Verein für die Abhaltung des Schützenfestes die Westseite des Alten Hafens erwählt. Zu dem Stiftungsfeste, das im folgenden Jahre in Schwieferts Volksgarten gefeiert wurde, waren zehn Vereine aus näherer und weiterer Umgegend, sowie auch der Bremer Schützenverein eingeladen. Unsere Schützen standen im freundschaftlichen Verkehr mit dem Leher (gegründet 1848), dem Bederkesaer und auch mit dem Bremer Verein. In den Jahren 1869/70 wählte man für die Abhaltung des jährlichen Festes das Gelände zwischen der Gasanstalt und den Petroleumschuppen. In den siebziger Jahren wird meistens im Volksgarten die Feier stattgefunden haben.

Mittlerweile hatte der Verein empfindliche Verluste erlitten durch den Austritt mancher bekannter und angesehener Bürger. Das allgemeine Interesse für das Schützenwesen hatte abgenommen. – Wenn auch die Schützenvereine schwerlich wieder in solchem Ansehen stehen werden, wie einst, so werden sie doch ihre Bedeutung haben, wenn sie sich nicht bloß als Vergnügungs- und Sportvereine ansehen, sondern, getreu den Idealen, aus denen sie geboren sind, Träger nationaler Gesinnung und Wächter deutscher Zucht und Ordnung bleiben. –

Turnverein Bremerhaven

Drei Jahrzehnte waren seit der Gründung Bremerhavens vergangen, und noch immer hatte das emsige Schaffen für Handel und Verkehr, in Kontoren und Werkstätten den Männern, welche infolge des raschen Aufblühens unserer Stadt hier eingewandert waren, keine Zeit gelassen, an die vereinsseitige Pflege körperlicher Übungen, an das Turnen im Sinne Friedr. Ludw. Jahns, zu denken. Von dem großen Werke, das er begründete in den Zeiten der tiefsten Erniedrigung und Not, die mit den Jahren 1806/7 [119] über das Vaterland hereingebrochen waren, von den verschiedenen politischen und methodischen Vorgängen in den turnerischen Verbänden der letzten Jahrzehnte hatte man kaum Näheres vernommen, und die Bestrebungen, Turnen und Politik miteinander zu verknüpfen, waren unter den Bremerhavener Bürgern ganz unbekannt geblieben[120].

Mit Dr. Justus Carl Lion, der am 1. April 1858, dreißig Jahre alt, als Lehrer der Mathematik in die neugegründete Bürgerschule (Realschule) unserer Stadt eintrat, sollte das deutsche Turnen im Jahnschen Geist hier ins Leben gerufen werden und mächtig emporblühen. Lion, dessen turnerische Bedeutung damals schon bekannt war, unterstützt von dem Direktor Dr. Hildebrand und den Kollegen der Anstalt, hatte im Herbst 1858 in der Wohnung des Postmeisters Jahn mit einigen seiner näheren Bekannten, unter ihnen Kaufmann Zürn und L. v. Vangerow, ernstliche Vorbesprechungen und im Frühjahr 1859 konnte er an zwei Abenden der Woche anfänglich zwanzig, bald fünfunddreißig jüngere Männer aus den besten Kreisen auf dem Platze vor der Realschule zum gemeinsamen Turnen um sich scharen. In einer zahlreich besuchten Versammlung vom 20. Juli 1859 wurde der Verein auf Grund der von Lion aufgestellten Satzungen definitiv gegründet, und vierundsechzig Mitglieder erklärten durch Unterschrift ihren Beitritt. Noch heute wird das von Lion geschriebene Grundgesetz mit den an jenem

---

[119] *1806/07; Druckfehler aus dem Original übernommen*
[120] Nach Mitteilungen aus der Jubiläumsschrift „Geschichte des Turnvereins Bremerhaven 1859 bis 1909" von Otto Legel (dem Vater des Jahn-Denkmal-Gedankens).

Abend vollzogenen Unterschriften als kostbares Andenken unter Glas und Rahmen aufbewahrt.

Im Gegensatz zu der Methode des Turnlehrers Spieß mit den gekünstelten Schrittarten und melodramatischen Aufführungen waren Lions Grundsätze: kraftvolle Übungen unter Berücksichtigung des Geräteturnens, denen Spieß nur wenig Raum in seinem Betriebe gönnte. Liebe zur Natur und Liebe zum Vaterlande pflanzte er in die Herzen der jungen Männer, ohne jedoch parteipolitische Bestrebungen mit dem Turnen zu verquicken. Sein hier gegründeter Verein war kein Erzeugnis der politisch bewegten Zeit, er war eben nur ein Turnverein, eine Gemeinschaft deutscher Männer, die begeistert durch Jahns Jünger, Dr. Lion, in der Erkenntnis sich zusammenfanden, daß die Leibesübungen für Körper und Geist von hohem Wert seien und den jungen Mann zum Dienste des Vaterlandes in Kriegszeiten schon so fähig machten, daß er nur noch geringer Übungen bedürfte, um als Krieger ins Feld zu ziehen. Trotz der Bemühungen Lions, die Politik vom Turnen zu trennen, gelang es ihm doch nicht, die damals brennende Schleswig-Holsteinische Frage von seinen Turnern fernzuhalten. Der Nationalverein, unter dem Vorsitz des Herrn Hildrich Ihlden, der zugleich Vorsitzender des Gemeinderats war, hatte in Bremerhaven guten Boden gefunden. Die Wogen des Mitgefühls und der Begeisterung für die Schleswig-Holsteiner gingen hoch. Sie von der drückenden Fremdherrschaft zu befreien, meinten die Jungen, dazu seien auch die Turner berufen. Darum müßten sie auch in Wehr und Waffen ausgebildet werden. So lösten sich denn im Frühjahr 1860 die Freunde dieser Idee unter Führung von Lehrer Eits vom Verein los und gründeten den „Allgemeinen Turn- und Wehrverein". Trotz der beklagenswerten Spaltung wirkte man im ganzen doch friedlich nebeneinander weiter.

Lions Streben war darauf gerichtet gewesen, auch an anderen Orten der Umgegend Turnvereine ins Leben zu rufen. Der Allgemeine Turnverein in Bremen ist in Wirklichkeit durch seine Anregung und tatkräftige Unterstützung entstanden. Auch in Vegesack verstand er es, für einen Verein zu begeistern. Wie kräftig aber der Bremerhavener Verein trotz der eingetretenen Spaltung aufblühte, bewies der Umstand, daß schon das Jahr 1861 mit einer Mitgliederzahl von fünfundachtzig begonnen werden konnte. Von Bedeutung für die Anbahnung und Weiterbildung eines freundschaftlichen

Verhältnisses unter den Turnern des weiteren Umkreises und für die Förderung der turnerischen Bestrebungen wurde der Zusammenschluß der Vereine zu einem Unterweser-Turngau. Er kam durch Lions Anregung auf dem Turnfest des Braker Vereins, am 15. August 1861, zustande. Lion brachte es fertig, daß schon im ersten Jahre, für das Oldenburg als Vorort gewählt wurde, dreiundzwanzig Vereine dem Gau beitraten. Auf dem Turnfeste in Oldenburg im Juni 1862 wurde der Unterweser-Gau zum Weser-Ems-Gau erweitert und danach die Änderung der Satzungen vorgenommen. Der Bremerhavener Turnverein schloß sich auf der nächsten Hauptversammlung widerspruchslos dem neugeprägten Gauverbande an. Zu seinem größten Leidwesen erfuhr er hier aus Lions Munde, daß dieser, zum Turndirektor in Leipzig erwählt, am 1. Oktober Bremerhaven verlassen müsse. Am 25. September wurde dem allverehrten Schöpfer und Führer des Vereins eine prächtige Abschiedsfeier in Cranz' (Lloyd) Hotel bereitet, an der auch Vertreter der Behörden und Schulen und eine stattliche Zahl Bremer und Oldenburger Turner teilnahmen.

Eine bewährte turnerische Kraft, Herr Lehrer Friederichs, wurde nun zum Vorsitzenden des Verein gewählt, der 1863 hundertundachtzehn Mitglieder zählte. Die Feier des 18. Oktober 1863 in Gemeinschaft mit dem Nationalverein und anderen Vereinen gestaltete sich zu einem vaterländischen Volksfeste. Zur Förderung des turnerischen Lebens trug dann wesentlich bei die Gründung einer Vorturnerschaft am 8. Juni 1864.

Das Kriegsjahr 1864/65 brachte wohl eine gewisse Stockung der turnerischen Tätigkeit mit sich, aber dem Mitgliederbestande kaum einen Abbruch. Anläßlich der Kriegsereignisse 1866/67 griff die Mobilisierung fühlbarer in die Vereinsreihen ein, da damals weit mehr junge Turner vorhanden waren als 1864/65. – Das Vereinsjahr 1867/68 nahm wieder ernstlich die Einigungsverhandlungen im turnerischen Leben der Stadt auf. Es bedurfte der ganzen Kraft Friederichs', eine Verschmelzung des Wehrvereins mit dem Turnverein herbeizuführen, da gewisse Gegenströmungen bestanden. Endlich, am 23. November 1867, kam es zu einer Vereinigungsfeier in Gerhardts Hotel. Man sang und trank und war froh ob des Geschehenen. Doch nur ein kleiner Teil des Wehrvereins schloß sich dauernd dem Turnverein an.

Das Kriegsjahr 1870/71 hemmte schwer die stete turnerische Arbeit. Geradezu eine Verödung der Turnstätten trat ein. Auch zahlten für diese Zeit nur vierundachtzig Mitglieder den Beitrag. Die Siegesfeiern der Kriegsjahre hatten die Mitglieder übersättigt. Alle Versuche, durch Turnfahrten und Feste die Turner zum Turnboden zurückzuführen, mißlangen. Und die Zeit nach dem Kriege, diese Gründerzeit lenkte die Geister auf ganz reale Dinge und hinweg von den turnerischen Idealen. So vergingen Jahre, ohne daß der Verein auf der Bahn seines ersten Jahrzehnts fortschritt. Erst mit der Änderung der Fahne Schwarz-Rot-Gold in Schwarz-Weiß-Rot, die sich am 19. Januar 1873 feierlich vollzog, fing das Vereinsinteresse sich wieder zu heben an. Der Zusammenschluß der Vereine im Gauverbande erfuhr vier Jahre später eine Änderung. Der Turntag in Bremen, am 24. Juni, unter Gauleitung Schurigs, übertrug dem Weser-Ems-Gau nunmehr den Namen Kreis **V** der deutschen Turnerschaft und schuf ihm das Grundgesetz, auf dem weiter gebaut wurde. Der Turnverein unserer Stadt beteiligte sich an dem neuen Leben mit regem Eifer und erfuhr einen erfreulichen Zuwachs durch eine Reihe tüchtiger, junger Kräfte. Die turnfrohe Begeisterung, die wieder erwacht war, zeigte sich bei der würdigen, von einer zahlreichen Schar von Gästen besuchten Feier des hundertjährigen Geburtstages Jahn, des „Alten im Barte", am 11. August 1878. Das Kreisturnfest in Oldenburg am 30. Juni des folgenden Jahres sah den Verein in stattlicher Zahl.

In der neugeschaffenen „Unterweservereinigung des V. Kreises", dem der „Turnerbund an der Geestemündung" und die Vereine Geestendorf, Geestemünde, Bremerhaven, Lehe, Wulsdorf, Loxstedt und Hagen angehörten, nahm der Turnverein Bremerhaven eine führende Stellung ein. —

Unter den Vereinen, welche sich die Pflege des Gesanges zur Aufgabe gestellt hatten, gab es Anfang der sechziger Jahre zwei, die sich besonderer Beliebtheit erfreuten. Es waren der „Gemischte Chor" unter der Leitung des Herrn E. Woltemas und der unter Leitung des Schulvorstehers F. W. Rahe stehende Männergesangverein „Concordia". Aus dem Männerquartett des „Gemischten Chors" entwickelte sich

Der Bremerhavener Männergesangverein,

der sich zunächst als „Bremerhavener Liedertafel" auf Anregung des Gerichtsassessors Dr. jur. Schlodtmann am 6. Mai 1863 konstituierte.

Bekannte Namen aus der älteren Zeit Bremerhavens traten noch im Laufe des Jahres der Liedertafel als aktive Mitglieder bei: A. Bagelmann, L. v. Vangerow, A. Isern, C. Nobbe, W. Flatters, Dr. Hildebrand, C. G. Rodenburg, Dr. jur. Philippi, Ed. Ulrichs, Assessor Schulz, Architekt Löschner, F. Rodenburg und andere. In der Generalversammlung am 14. September wurde einer Einladung der „Concordia" und des hiesigen „Nationalvereins" zufolge beschlossen, an der Feier des 18. Oktober (Schlacht bei Leipzig vor fünfzig Jahren) gesanglich teilzunehmen. Ein Antrag, der Liedertafel den Namen „Männergesangverein" beizulegen, wurde noch abgelehnt. Doch schon am 9. Mai des folgenden Jahres trat die Liedertafel als „Bremerhavener Männergesangverein" in die Erscheinung.

Dr. Schlodtmann, zum Richter in Bremen erwählt, mußte 1865 sein Amt als Liedervater niederlegen. Mit den Glückwünschen der Liederbrüder vereinigte sich das Bedauern über sein Scheiden aus dem Verein, den er ins Leben gerufen und bis dahin mit großem Eifer geleitet hatte. Die veranstaltete Abschiedsfeier war von Herren und Damen sehr zahlreich besucht. Die Generalversammlung am 24. Februar wählte nun den Realschuldirektor Dr. Hildebrand zum Liedervater. Nach ihm bekleideten bis zum Jahre 1880 der Reihenfolge nach dasselbe Amt W. Flatters, C. Nobbe und seit 1871 Dr. Scheele. Ende der sechziger und Anfang der siebziger Jahre wurden leider die unter der tüchtigen Leitung Woltemas' abgehaltenen Übungen von den Mitgliedern, die größtenteils auch noch dem „Gemischten Chor" angehörten, schwach besucht; dazu traten Konflikte innerhalb des Vereins auf, so daß im Jahre 1872 das Fortbestehen des Männergesangvereins ernstlich in Frage gestellt war. Nur der Festigkeit einiger Mitglieder war es zu verdanken, daß der damals gestellte Antrag auf Auflösung des Vereins nicht zur Annahme gelangte[121]. Einen erneuten Antrieb zu fleißigen Gesangsübungen gab das erste größere Sängerfest am 12. und 13. Juli 1873, zu dem der Vorsitzende des Festkomitees, Dr. Scheele, im Auftrage des Bremerhavener Männergesangvereins und des hiesigen (1868 gegründeten) Männergesangvereins „Harmonie" eingeladen hatte. Die gemeinschaftlichen Übungen beider Vereine, denen später auch der Geestemünder-Geestendorfer Männergesangverein beitrat, stellten einen gut geschulten

---

[121] Geschichte des Bremerhavener Männergesangvereins von 1863 bis 1903 von F. Ahrens, Bremerhaven.

Chor von mehr als 100 Sängern zur Verfügung. Zwanzig auswärtige Vereine nahmen an dem Feste teil, das in der Großen Kirche wie im „Volksgarten" musikalisch und gesanglich verlief. Den schönsten Teil des Festes bildete das Konzert in der bis auf den letzten Platz gefüllten Kirche, wo die Menge den gebotenen Vorträgen des etwa aus 300 Sängern bestehenden Chores unter Woltemas' sicherer Leitung und den Vorträgen der vorzüglichen Solisten von der hiesigen Oper andächtig lauschte.

Dem Sängerfeste folgte eine Zeit der Abspannung, die sich selbst noch im folgenden Winter bemerkbar machte, in dem an manchen Vereinsabenden wegen zu geringer Teilnahme nicht gesungen werden konnte. In das Jahr 1875 fiel die Bildung eines Soloquartettes, das später im Verein eine hervorragende Stellung einnahm. Es waren die Sangesbrüder Quehl, Schladerer, Wiggers und Thehlen, die unter Leitung des Musiklehrers Halven regelmäßige Übungsstunden abhielten und nach kurzer Zeit mit tüchtigen Leistungen hervortreten konnten. In der Generalversammlung vom 15. September erneuerte Woltemas seinen bereits 1866 gestellten Antrag, die Aufnahme in den Bund der Vereinigten Norddeutschen Lieberschaften zu erstreben. Sein Antrag wurde mit großer Mehrheit angenommen. Am 20. Februar 1876 kam die Operette „Der Fürst wider Willen" von Kipper im großen Saal des „Kolosseums" vor einem sehr zahlreichen Zuhörerkreise zur Aufführung und wurde mit großem Beifall aufgenommen. In der Generalversammlung vom 8. Mai wurde der Beschluß, den Vereinigten Norddeutschen Liedertafeln beizutreten, erneuert. Am 26. Juni erfolgte die Einladung des Bundesausschusses zur Teilnahme an dem vom 15. Bis 17. Juli in Braunschweig stattfindenden Sängerfeste und zur Ableistung des Probegesanges. Das Probelied, „An den Sonnenschein" von Lachner, meisterhaft vorgetragen, erntete den rauschendsten Beifall. Mit der Aufnahme in oben genannten Bund war ein wichtiger Abschnitt in der Geschichte des Vereins glücklich erreicht, und neuer Eifer beseelte die Mitglieder, deren Zahl sich im Laufe der nächsten Zeit erheblich vermehrte. Erfreulich war es, daß unter den neu Aufgenommenen sich manche gesanglich tüchtige Kräfte befanden. Im Jahre 1877 hatten sich zu dem in Hameln stattfindenden Bundesliederfeste fünfzehn aktive Mitglieder angemeldet, denen sich noch einige passive anschlossen. Die Bremerhavener Sänger hatten anläßlich einer kleinen Tour durch das Wesergebirge, die mit der Reise nach Hameln verbunden wurde, die besondere Freude, den Gründer des Vereins,

Oberlandesgerichtsrat Dr. Schlodtmann mit seiner Familie auf der „Paschenburg" anzutreffen und mit ihm einen sangesfrohen Abend zu verleben. Das Bundesliederfest in Osnabrück vom 19. Bis 21. Juli 1878, an dem achtzehn Bremerhavener Sänger sich beteiligten, nahm einen ausgezeichneten Verlauf. Unser Verein sang das kleine, innige Liedchen „Das Blümlein" von Plötz in so ansprechender Weise, daß ihm der lauteste Beifall gespendet wurde. Während des Sommers wurde an schönen Abenden meistens im Garten des Odeon gesungen, wo die Liedervorträge stets ein zahlreiches und dankbares Publikum fanden. Am 25. September veranstaltete der Verein ein geistliches Konzert unter Mitwirkung von Frau Woltemas (Sopran) und Herrn Jacobsen (Violine) in der evangelischen Kirche. Das zahlreich besuchte Konzert befriedigte allgemein. Das Jahr 1879 brachte im Januar ein wohlgelungenes Konzert in der „Flora" unter Mitwirkung von Frau Woltemas und des Musikvereins. In diesem Jahre schied ein langjähriges aktives Mitglied, Amtmann Schultz, anläßlich seiner Wahl zum Senator in Bremen aus dem Verein. Letzterer ehrte den hochverdienten Sangesbruder durch ein Abschiedsständchen und ernannte ihn zu seinen Ehrenmitgliede. Am Karfreitag veranstaltete der Verein in der evangelischen Kirche ein Konzert mit Frau Woltemas als Solistin zum Besten der Musiker-Witwenkasse, das sehr gut ausfiel und einen ansehnlichen Reinertrag brachte. Anfang April folgten Vereinsvorstand und Soloquartett einer Einladung zu einem Gastabend in der Alten Liedertafel in Bremen und fanden dort die liebenswürdigste Aufnahme. Nach fleißiger Übung der Festlieder nahmen sechzehn aktive und einige passive Mitglieder an dem Sängerfeste in Quedlinburg teil. Die Vorträge der Bremerhavener auf dem Feste und auf dem Ausfluge ins Bodetal fanden reichen Beifall. Am 5. Oktober fuhr der Männergesangverein, in zwei Omnibussen verteilt, nach Dorum im Wurster Lande, um hier ein Volkslieder-Konzert zu geben. An diese schloß sich bald ein Konzert in Otterndorf an. Zur Reise wählte man diesmal vorsichtigerweise gute und bequeme Landauer, weil auf der Rückfahrt von Dorum der eine Omnibus zusammengebrochen war und die Hälfte der Sänger den Rückweg in dunkler Nacht zu Fuß zurücklegen mußte. – Immer mehr machte sich im Männergesangverein ein reger und frischer Geist bemerkbar und er wurde über die Grenzen der Unterweserorte hinaus hoch geschätzt. Welch großen Ansehens er sich erfreute, davon legte schon die vierzigjährige Jubelfeier im

Jahre 1903 beredtes Zeugnis ab. Der Verein hatte damals unter dem Dirigenten Fritz Hartmann und dem Liedervater Dr. med. Rusche achtundsiebzig aktive und eine große Anzahl inaktiver Mitglieder. Zum Ausschuß der letzteren gehörten der Kaufmann G. Madrian, Stadtrendant J. Meyer und Gerichtsvollzieher J. H. Stahlhut. –

Zu den in den sechziger Jahren bestehenden Gesangsvereinen gesellte sich noch der am 12. Februar 1886 im „Lindenhof" gegründete

„Gesangverein Harmonie".

Lehrer und Männer aus dem Gewerbestande waren die Gründer, der erste Dirigent, Lehrer W. Vahlsing und der erste Liedervater Schulvorsteher E. Ittig. Der Vorsitzende wurde Leherer[122] H. Schultz. Der Verein trat vorläufig noch nicht an die Öffentlichkeit, sondern suchte in Familienfesten die Mitglieder enger miteinander zu verbinden. Das erste Fest, das die „Harmonie" feierte, war der Geburtstag des Dirigenten am 25. Mai 1868. Noch in demselben Jahre tauchte der Gedanke auf, einen gemischten Chor des Vereins zu gründen, um namentlich den Frauen und Töchtern der Mitglieder Gelegenheit zu geben, regelmäßig an den Gesangsübungen teilzunehmen. Der Gedanke wurde im Herbst 1869 verwirklicht.

Im Jahre 1870 sollte in Bremen das Konzert der „Vereinigten Norddeutschen Liedertafeln" stattfinden und als Nachfeier eine Dampferfahrt von hier in See unternommen werden. Zur Begrüßung der Gäste wollten die „Harmonie" und der Männergesangverein" Bremerhavens einige Lieder singen. Am Vorabend fand im „Odeon" eine Probe statt. Nach der Probe lag eine Depesche da: „Kriegserklärung Frankreichs". Aus war es mit dem Singen. Viele Sangesbrüder mußten zu den Fahnen eilen. Bei den ersten Siegesnachrichten wich alle dumpfe Schwüle, die bis dahin auf den Gemütern lag. Mut und freudige Hoffnung kehrten in den Sängerherzen ein. Wohl niemals ist mit solcher Begeisterung „Die Wacht am Rhein" gesungen, wie bei dem ersten Konzert, das der Verein für die im Felde stehenden Krieger bei Lüder Janssen im „Kolosseum" veranstaltete. Bei dieser Gelegenheit wurde zuerst und dann noch im Januar 1871 von dem aus vier

---

[122] *wahrscheinlicher Druckfehler aus dem Original übernommen*

Lehrern bestehenden Soloquartett „Die Vergänglichkeit" unter großem Beifall gesungen.

Im Juni 1873 veranstalteten „Harmonie" und „Bremerhavener Männergesangverein" gemeinsam das erste Sängerfest in Bremerhaven, zu dem an auswärtige Vereine Einladungen über Bremen hinaus nach Verden und bis zur Elbe ergangen waren. Das Fest wurde eingeleitet durch einen Kommers im „Odeon". Am Sonntag morgen nach dem Gottesdienst fand ein Kirchenkonzert unter Leitung von Vahlsing und Woltemas statt und nachmittags Konzert im „Volksgarten". Das Fest nahm einen schönen Verlauf. – Der Gedanke, der bei den Einladungen maßgebend gewesen war, nämlich die Vereine an der Unterweser zu einem Sängerbunde zu vereinigen, nahm im Jahre 1875 greifbare Gestalt an. Nach Abschluß der Verhandlungen konstituierte sich am 1. Januar 1875 der Bund unter dem Namen „Sängerbund an der Unterweser". Die „Harmonie", die den Bund gegründet hatte, behielt die Führung in ihm. Fast alljährlich feierte der Bund abwechselnd an den verschiedenen Orten sein Sängerfest. Das erste wurde in Hagen gefeiert und verlief glänzend. Zu aller Freude gehörte zu den Mitfeiernden der Marschendichter Hermann Allmers, der durch seine Ansprachen die Herzen der Sänger mit Begeisterung erfüllte. Beim Hauptkonzert sang die „Harmonie" den „Trompeter an der Katzbach". Allmers wurde im folgenden Jahre auf Antrag der „Harmonie" zum Ehren-Präsidenten des Bundes ernannt. – In den Jahren 1876/77 scheint die „Harmonie" das Hauptgewicht auf die Veranstaltung von Vereinsfestlichkeiten gelegt zu haben. Die Sangesübungen wurden etwas vernachlässigt, wie das Protokoll bezeugt. – Der Verein setzte sich damals aus 90 Mitgliedern zusammen, darunter waren 58 passive, 29 aktive und 3 Ehrenmitglieder. – Die Feier des „Sängerbundes an der Unterweser" im Jahre 1878 in Bremerhaven gab wieder Anlaß zu fleißigen Übungen. Festgebender Verein war die „Harmonie". Doch nahm auch der „Bremerhavener Männergesangverein" an dem Feste teil und wurde als Bundesmitglied behandelt. In gesanglicher und musikalischer Beziehung verlief das Fest äußerst günstig. Beim Festkommers sang der gemischte Chor der „Harmonie" im Theatersaal die „Preziosa". Die Solopartie sang Fräulein Schwiefert. Am Sonntag um zwölf Uhr begann das Kirchenkonzert unter Mitwirkung der Solistin Frau Woltemas und des gemischten Chors der „Harmonie". Die Leitung einiger größerer Männerchöre mit Orchesterbegleitung hatte Herr Woltemas übernommen. Neu war ein vierstimmiger Violinchor mit Orgelbegleitung „Lobgesang der Nacht" von Sering. Nach dem Umzug durch die Stadt begann um vier Uhr das Hauptkonzert unter der Direktion von Vahlsing und Lenz.

Im Jahre 1878 schied der langjährige Vorsitzende H. Schulz von hier, um sich dem landwirtschaftlichen Berufe im Oldenburgischen zu widmen. Infolge seiner Verdienste wurde er zum Ehrenmitglied des Vereins ernannt. Sein Nachfolger wurde Kaufmann Elbrecht. Unter seiner Leitung ging es ins neue Jahr. Die Zahl der aktiven Mitglieder war mittlerweile von 29 auf 35 gestiegen. Das Jahr 1879 war das letzte volle Jahr, in dem der verdiente Lehrer Vahlsing als Dirigent wirkte. Er legte im März 1880 sein Amt nieder, und an seine Stelle trat der bisherige Vizedirigent, Lehrer Zobel. – Welchen Aufschwung die „Harmonie" im Laufe der Zeit unter tüchtiger Leitung genommen hat, beweist der Umstand, daß im Oktober 1925 die Zahl der aktiven Sänger 125 und die der passiven Mitglieder 378 betrug. – Der „Gemischte Chor" unter Woltemas' Leitung brachte es in der zweiten Hälfte der sechziger Jahre und später in den siebziger Jahren unter wesentlicher Hilfe der Instrumentalmusik, auf deren Förderung Woltemas besonders bedacht war, zu wohlgelungenen Aufführungen von Oratorien. Diese fanden im Schwiefertschen „Volksgarten", später „Stadttheater" statt. Die Saisonprogramme aus jener Zeit weisen die Aufführung der Oratorien „Paulus" von Mendelssohn, „Elias" und „Die Schöpfung" von Haydn, „Der Rose Pilgerfahrt" von Schumann und andere mehr auf.

Im Jahre 1873 bzw. 1874 legte Woltemas mit Übernahme der Direktion der privaten „Bremerhavener Sparkasse" die Leitung des „Gemischten Chors" nieder, behielt aber die Leitung des Männergesangvereins bis zu seinem Tode 1888. Dirigent des „Gemischten Chors", den die Mitglieder meistens einfach „Gesangverein" nannten, wurde Lehrer H. Brinkmann aus Geestemünde. Im Herbst 1876 bildeten den Vorstand Kaufmann Wilhelm Bade, Geestemünde, Vorsitzender; Stelljes, Kassenführer und Kaufmann F. Zürn, Schriftführer. Zu Ehrenmitgliedern wegen ihrer langjährigen Verdienste um den Verein wurden von dem Ausschuß (Vorstand und musikalisches Komitee) in seiner Sitzung am 16. September 1877 im „Odeon" Frau Dr. Philippi und Frau Woltemas erwählt. – Ende 1879 setzte sich der Vorstand des „Gemischten Chors", der in späteren Jahren den Namen „Musikverein" erhielt, aus folgenden Mitgliedern zusammen: Direktor Dr. Hildebrand, Vorsitzender; Dr. Scheele, Schriftführer und Kaufmann J. Rubardt,

Rechnungsführer. Dirigent blieb Lehrer H. Brinkmann. – Damals zählte der „Gemischte Chor" 86 aktive und 19 passive Mitglieder. –

Zu den Vereinen, deren Arbeit und Feststunden wir geschildert haben, gesellten sich in den sechziger bzw. siebziger Jahren noch zwei Vereine, deren Streben auf eine harmonische, möglichst ideale Entwicklung nach rein humanitären Grundsätzen gerichtet war. – Nach mehreren Vorbesprechungen traten am 5. Dezember 1860 fünfzehn Männer zusammen und gründeten den

Freimaurerverein zu Bremerhaven.

Der damalige Amtmann Dr. Gröning wurde Vorsitzender, Fabrikant Grütter aus Geestendorf Schatzmeister, der Vorsitzende der höheren Mädchenschule Dr. Bothmann Schriftführer. Die Zusammenkünfte in Kranz' Hotel am Hafen waren zuerst zahlreich besucht. Die Matrikel zählte bald fünfundzwanzig Mitglieder. Man hatte anfänglich die Absicht, die Loge „Zum Ölzweig" in Bremen um Protektion zu bitten, erklärte aber später den Verein für eine unabhängige freimaurerische Vereinigung. Doch manchen genügte diese Gründung bald nicht mehr. Auf Anregung von Dr. With beschloß man, sich um Anschluß an die Großloge von Hamburg, die auf rein humanitärer Grundlage sich aufgebaut hatte, zu bewerben, ein Plan, gegen den sich Dr. Gröning entschieden aussprach, der aber bald verwirklicht wurde. Am 26. April erhielt die Loge den Namen „Zu den drei Ankern". Die feierliche Installation der Loge erfolgte am 18. August 1861. Erschienen waren dazu der Großmeister Buek und zwei Brüder aus Hamburg, neun Brüder aus Oldenburg, zwei Brüder vom Ölzweig und mehrere andere. Buek hielt eine feierliche Ansprache und setzte Dr. With als Meister vom Stuhl ein, der darauf die neuen Beamten verpflichtete. Der Besuch war im ersten Jahre rege, die anwesenden Brüder erschienen regelmäßig, und schon bald dachte man daran, ein eigenes Logenheim zu bauen. Es fand seinen Platz am Deich, und die Lichteinbringung durch den Großmeister aus Hamburg fand am 16. Oktober 1863 statt. So hatte die Loge das ersehnte eigene Heim. Doch hatte Dr. With bald über lauen Besuch zu klagen, bis dann eine erfreuliche Wendung zum Besseren kam. Dr. With, von den Brüdern immer wieder zum Meister vom Stuhl erwählt, blieb bis zu seinem Tode der eifrigste und wurde in seinem Streben von einigen Brüdern auf das wärmste unterstützt. Leopold v. Vangerow, der Dr. With in seinen letzten Lebensjahren mehrfach vertreten mußte, wurde nach dessen Tode einstimmig zum Meister vom Stuhl gewählt. Mit großer Umsicht und mit unermüdlichem Eifer, mit aufrichtigem Wohlwollen gegen jedermann leitete er die Loge. Infolge seiner umfassenden Tätigkeit erweckte er rege Mitarbeit und lebhaftes Interesse der Brüder am Logenleben. Von dem furchtbaren Unglück, das unsere Stadt durch die Schandtat des Thomas am 11. Dezember 1875 heimsuchte, wurde die Loge nicht unmittelbar berührt. Der Kaufmann Haesloop und andere Brüder entgingen wie durch ein Wunder dem Tode. Den durch die Katastrophe in Not Geratenen wurde die übliche Dezembersammlung für die Armen zugewiesen. Auch war die Loge bald in der Lage, reiche, von auswärtigen Großlogen und Logen gespendete Gaben zu gleichem Zwecke verteilen zu können.

Die ersten Wahlen der Stadtverordneten anläßlich der Einführung der neuen städtischen Verfassung brachten leider auch Parteikämpfe in die friedlichen Räume der Bauhütte. Nur mit großer Anstrengung gelang es, die entzweiten Gemüter zu brüderlichem Einvernehmen zurückzuführen. v. Vangerow, der krankheitshalber nicht mehr in seiner leitenden Stellung bleiben wollte, empfing wegen seiner hohen Verdienste in der Stiftungsloge 1881 die Ehrenmeisterschaft. Noch im selben Jahre, am 22. Juni, verstarb er. Die Loge „Zu den drei Ankern", welche im Anschluß an die Großloge in Hamburg bis 1923 sich auf rein humanitären Grundsätzen stützte, ist seit diesem Jahre Tochterloge der großen Landesloge der Freimaurer von Deutschland in Berlin und als solche Vertreterin des christlichen Prinzips. –

Am 21. April 1873 konstituierte sich hier

Die Druiden-Loge[123].

Der heutige Druidenorden hat das Leben und Wirken der „Druiden" genannten Körperschaften als historischen Hintergrund, die in vorschriftlicher Zeit aus den Aufgeklärtesten und Tüchtigsten der sogenannten freien Stände hervorgingen und sich als die Träger der geistigen Bildung im Volke ansahen. Außer Lehrern, Priestern und Richtern waren die Druiden, die wir

---

[123] Vgl.: „Der deutsche Druiden-Orden, sein Wesen und seine Ziele." Von Johann Meinken-Geestemünde. 1893

bei den keltischen Völkern des alten Gallien und Britannien finden, auch Ärzte, Erforscher des Himmelszeltes und Sänger der großen Taten ihres Volkes, sowie des ewigen erhabenen Wirkens der Natur. Sie lehrten Einheit der Götter und Unsterblichkeit der Seele. Sie hielten ihren Gottesdienst in geheiligten Hainen und opferten dabei auf Altären. Die Wiederbelebung des alten Ordens der Druiden geschah im Jahre 1781 durch Hurley in London, der ihm ein modernes Gewand gab, indem er die Lehren der Urväter über Sittlichkeit und Menschenliebe zur Grundlage eines der modernen Kulturentwicklung angepaßten Ordens machte. Der Orden verpflanzte sich von England nach den Vereinigten Staaten von Amerika in den dreißiger Jahren des vorherigen Jahrhunderts, und von Amerika nach Deutschland. Am 10. Juni 1871 beschloß die Großloge von Kalifornien, eines ihrer Mitglieder, welches eine Reise nach Deutschland beabsichtigte, mit der Vollmacht zu versehen, hier Logen errichten zu dürfen. Es war Joseph Hafky aus Woodland (Kalifornien). Am 15. Dezember 1872 wurde die erste Druidenloge in Deutschland, und zwar in Berlin mit 35 Mitgliedern durch Hafky eröffnet. Am 11. Februar 1873 wurde eine gleiche Loge in Hamburg mit 10 Mitgliedern und am 1. April 1873 eine in Stuttgart ins Leben gerufen. Die vierte Stadt, in der Hafky eine Loge unter dem Namen „Walhalla-Loge" einsetzte, war Bremerhaven. Die Repräsentanten waren der Kaufmann H. Elbrecht und Redakteur Johann Meinken. Der moderne Druidenorden sucht seine Befriedigung in stillem Wirken. Die Politik bleibt von ihm unberührt, auch die Kirche. Er fordert weder politisches noch religiöses Glaubensbekenntnis. Es kommt ihm vor allem auf die aus wahrer Religiosität entspringende Menschenliebe an. Diese will er in die Herzen pflanzen und für alles Hohe, Edle und Hehre begeistern, ohne sich dabei geflissentlich als Sekte abzusondern. Bei diesen Grundsätzen ist es selbstverständlich, daß die Arbeit der Druiden in Wohltun und Helfen gipfelt. –

Die Reihe der Vereine schließen wir mit den

Kriegervereinen,

die in den siebziger Jahren ins Leben gerufen wurden. Nach der Rückkehr aus dem ruhmvollen Kriege 1870/71 regte sich überall im deutschen Vaterlande unter den Kriegsteilnehmern das Verlangen, auch im bürgerlichen Leben die in Not und Tod erprobte Kameradschaft aufrecht zu erhalten und die Liebe zum Vaterlande zu hegen und zu pflegen. Auch an unserer Wasserkante hatte dieser Gedanke Platz gegriffen. Elf Kameraden fanden sich zusammen und gründeten am 7. Juli 1872 den „Kriegerverein Bremerhaven und Umgegend". Es war der erste Kriegerverein an der Unterweser. Als erster Vorstand wurden die Kameraden F. Kluth, Hering und Hahn gewählt. Anfang 1873 tagte der Verein im Lokal des Kameraden Kluth, Grüne Straße, um dann Ende des Jahres das „Kolosseum" (jetzt Café Central) für lange Zeit als Vereinslokal zu beziehen.

Bei Beginn dieses Jahres zählte der Verein bereits 36 Mitglieder. Sein Hauptzweck war, die Liebe zum Vaterlande zu pflegen, den kameradschaftlichen Verkehr zu fördern und in allen Nöten, wie sie durch Krankheits- und Sterbefälle oder andere Umstände hervorgerufen werden, den Mitgliedern nach besten Kräften zu helfen. – Die erstmalig geänderten Satzungen vom 31. Mai 1874 wurden vom Senat genehmigt und dem Verein am 10. Juli die Rechte einer juristischen Person erteilt. Er setzte sich zusammen aus Handwerkern, Beamten, Kaufleuten, Angestellten und Arbeitern. – Die erste Fahne schenkten die Geschwister Bartling im Frühjahr 1873. – Schon in den ersten Jahren seines Bestehens schloß sich der Verein dem „Bremer Kriegerverein" an, mit dem er am 13. März 1881 zum „Elbe- und Emsverband" überging. – Die Zahl der Mitglieder stieg bis zum 3. August 1879 auf 72. In den folgenden Jahren entwickelte sich der Verein sehr rasch und zählte bei seiner Jubelfeier am 8. und 9. Juni 1922 unter dem Vorsitz des treuen G. Abraham 222 Mitglieder und 5 Ehrenmitglieder.

Im Sommer des Jahres 1873 entstand bei einer Anzahl von Teilnehmern an den Feldzügen 1848, 1864, 1866 und 1870/71 der Gedanke, einen Verein ehemaliger Soldaten, die bei einem mobilen Truppenteil gestanden, zu gründen. So wurde am 24. Juli der

„Kampfgenossenverein an der Wesermündung"

ins Leben gerufen. Aus dem gewählten Namen geht hervor, daß nur solche Soldaten, die an einem Kampfe teilgenommen hatten, Aufnahme finden konnten, und daß der Verein sich nicht nur auf Bremerhaven und die Nachbarorte beschränken, sondern das ganze Unterwesergebiet umfassen wollte. Darum gehörten in den ersten Jahren auch viele Kameraden aus

Bederkesa, Hagen, Blexen und anderen Orten dazu. Da ein nur aus aktiven Kämpfern bestehender Verein in absehbarer Zeit aussterben mußte, so wurde 1875 beschlossen, jedem ehemaligen Soldaten den Beitritt zu gewähren. So kam es, daß die Mitgliederzahl im Laufe der Jahre gewaltig stieg. Im übrigen beschränkte sich der Verein mehr und mehr auf Bremerhaven, Lehe und Geestemünde; denn in den übrigen Orten der Umgegend, aus denen sich aktive Krieger angeschlossen, entstanden gleichfalls Kriegervereine, welche bei der Aufnahme ihrer Mitglieder nach denselben Grundsätzen verfuhren wie der Kampfgenossenverein. – Der erste Vorstand bestand aus den Kameraden G. Brinkmann, Lehe, Vorsitzender; B. Freitägen, C. Thelen, F. Ludwig aus Bremerhaven; F. Köhler aus Lehe. Nach Brinkmann übernahm den Vorsitz G. Markus, Geestemünde, von 1874 bis 1880. – Die ersten Satzungen des Vereins wurden am 3. August 1873 beschlossen, sind wiederholt verändert und ergänzt worden, doch ist der ursprüngliche Zweck des Vereins immer unverändert geblieben: nämlich wahre Vaterlandsliebe zu pflegen, die Mitglieder sowie deren Angehörige in der Not zu unterstützen und verstorbene Kameraden zur letzten Ruhestätte zu begleiten.

Am 12. Juli 1874 trat der Kampfgenossenverein dem Deutschen Kriegerbunde bei und wurde dem Bezirk 9, dessen Sitz Celle war, eingereiht. Schon im August 1876 wurde jedoch infolge starken Anwachsens des Bezirkes für die Wesergegend der Bezirk 9 b mit dem Sitze in Nienburg abgezweigt, der später den Namen „Unterweserbezirk" erhielt. Die Vorortschaft ging im Jahre 1879 auf Bremerhaven über, und die Vorsitzenden des Bezirks wurden aus den Mitgliedern des Kampfgenossenvereins, als des numerisch stärksten, erwählt. Fast gleichzeitig mit dem Bezirk 9 b wurde am 29. Oktober 1876 in Bremen der „Verband der Kriegervereine zwischen Elbe und Ems" gegründet, dessen Vorortschaft die Stadt Bremen übernahm. Obwohl der genannte Verband dem Deutschen Kriegerbunde nicht beitrat, bestand doch zwischen ihm und dem Unterweserbezirk ein allezeit freundnachbarlicher Verkehr. – Unter den Kameraden bleibt unvergeßlich der langjährige Vorsitzende Heinrich Hinsch, der in seiner freudigen Tatkraft die Seele aller nationalen und Wohlfahrtsbestrebungen bis zu seinem Tode blieb. Bei der fünfzigjährigen Jubelfeier zählte der Verein über 600 Mitglieder. –

Entwicklung des Stadttheaters und die
Gründung des Volksgartens[124]

Im Jahre 1852 hatten sich das hiesige „Stadttheater" und das „Tivoli-Theater" unter e i n e r Direktion vereinigt. Wir lesen im „Mitteiler an der Unterweser" vom 21. Juli 1852:

Vereinigte Theater.

Tivoli-Theater, den 22. Juli: „Dr. Wespe", Lustspiel von Robert Benedix. Stadttheater, den 23. Juli: „Menschenhaß und Reue", Schauspiel von August v. Kotzebue.

Um die Mitte der fünfziger Jahre hatte Martius, ein tüchtiger Schauspieler und charaktervoller Mann, die Leitung des Theater bei Claus Meyn. Unter ihm kam es auch zu wohlgelungenen Aufführungen klassischer Werke. – Im Jahre 1859 gastierte hier sogar die gefeierte Schauspielerin Frau Niemann-Seebach aus Freundschaft für Frau Martius-Fabricius.

Im Jahre 1861 eröffnete Cornelius, seit 1820 Besitzer einer kleinen Bootswerft an der Geeste, auf dem Gelände der heutigen Stadthalle in der Nähe der Geeste für das Publikum, dessen Theaterliebe er wohl kannte, eine S o m m e r b ü h n e, mehr aus geschäftlichen Gründen, als aus Begeisterung für die Kunst. Der Zuschauerraum war mit einem primitiven Bretterwerk umgeben, das ein mit Pfannen gedecktes Dach trug, auf dessen Querbalken während der Vorstellung öfter Ratten spazieren gingen. Damen versäumten es fast nie, den Regenschirm mit ins Theater zu nehmen, um bei eintretendem Regenwetter gegen das von oben herabfließende Wasser geschützt zu sein. Cornelius war ein origineller Mensch. Als sein Wohnhaus in späteren Jahren abgebrochen wurde, fand man, daß von den Balken, die quer über dasselbe gelegt waren, um Erdgeschoß vom Dachgeschoß zu trennen, stets einer massiv und einer hohl war. Die hohlen waren jeder mit einer sorgfältig verklebten Klappe versehen, und diese Balken in Zeiten, als man an der Unterweser noch betete: „Gott segne den Strand", waren wahrscheinlich dazu bestimmt, wie Meinken vermutet, Sachen, die man öffentlich zu zeigen Bedenken trug, in ihren Hohlräumen aufzunehmen. Vielleicht

---

[124] Nach der Darstellung von Johann Meinken „Stadttheater und Volksgarten in Bremerhaven" ein Kulturbild.

war es auch die Furcht vor einem erneuten räuberischen Einfall der Franzosen, die ihn zu dieser heimlichen Verbergung irdischer Güter veranlaßte, hat er doch früher die Schreckensherrschaft der Franzosen im Oldenburger Land erfahren müssen. – Cornelius besaß auf dem Theatergelände einen großen Garten. In dem vorderen Teile, der stets verschlossen war, baute er Kohl, Kartoffeln und Suppengemüse. Der hintere Teil war parkartig angelegt und enthielt eine Anzahl großer und schöner Bäume und unmittelbar an der Geeste einen Helling zum Bau kleiner Segelschiffe. Bisweilen machte er in der Zeitung bekannt: „Heute abend nach Schluß der Vorstellung ist es einem anständigen Publikum gestattet, in meinen Garten zu gehen." Das Publikum machte von dieser Erlaubnis nicht viel Gebrauch, denn etwa eine Stunde nach Öffnung des Parkes erschien Cornelius gewöhnlich schon wieder mit den Worten: „So, nu man wedder rut! Jetzt slut ick wedder to!" – Wollte man ins Theater, so hatte man von der Straße aus zunächst einen ziemlich langen Zickzackweg an mehreren kleinen Gebäuden vorüber zu machen, kam dann links zu einer kleinen Bretterbude, der Kasse. Sodann befand sich weiterhin ein an drei Seiten offener Schuppen, mit Pfannen als Dach, durch die es noch schlimmer hindurchregnete, als im Stadttheater. Es war das Foyer und Restaurant, in dem Cornelius während der Zwischenakte, trotz des Sommerwetters große Quantitäten heißen und kalten Grogs, auch Punsch und Flaschenbier und viel klaren „blauen Zwirn" (Schnaps) ausschenkte. Er bediente seine Gäste gewöhnlich allein. War der Andrang aber zu stark, dann holte er sich von der Bühne her ein paar jüngere Bühnenmitglieder, und unter Beihilfe dieser improvisierten Kellner ging es dann flott von statten. Als Honorar durften diese „Kellner" dann die übriggebliebenen Butterbrote, die auf der Theke standen, verzehren. Cornelius pflegte seine Gäste sehr kurz zu halten. Viele Redensarten duldete er von ihnen nicht, und muckte einmal einer wegen der zu langsamen Bedienung auf, dann konnte er sicher sein, daß er überhaupt nichts bekam. Bösartig aber konnte er werden, wenn inmitten des Andranges zur Theke von der Bühne her das Glockenzeichen zum Beginn eines neuen Aktes erfolgte. Dann schrie er: „Noch nich anfangen, de Herren hebt ären Grock noch nich ut!" in den Zuschauerraum hinein. – Während der Vorstellung stand Cornelius hinten im Zuschauerraum und kritisierte das Spiel der Darsteller oft laut. Gefiel ihm der Schauspieler oder die Schauspielerin auf der Bühne in einer Rolle ganz besonders, dann verstieg er sich zu Ausrufen wie: „Du, dat wer fein." – „Dat hest' god makt" und andere. Das Publikum nahm ihm diese Mätzchen nicht weiter übel und lachte über den alten Cornelius mitunter mehr, als über die Vorgänge auf der Bühne. Während der Vorstellung befanden sich stets Scharen von Jungens im Zuschauerraum, die sich größtenteils durch Herausnehmen von Brettern aus einer nach der Geeste zu liegenden Planke, - so oft diese auch wieder vernagelt wurde, - den Eingang zum Theater verschafft hatten. Vom Direktor in dieser Angelegenheit interpelliert, kam Cornelius einmal auf den Gedanken, sich nach dem Aktschluß in den Theatereingang zu stellen, wo er mit lauter Stimme in den Zuschauerraum rief: „Die Jungens sollen hier mal alle herauskommen!" Als er sie um sich versammelt hatte, sagte er: „So, wer von euch durch die Planke gekrochen ist, der bekommt einen Groten." Es meldeten sich daraufhin einige Übeltäter, die Cornelius mit Maulschellen traktierte, und die mit möglichster Geschwindigkeit hinausgeworfen wurden. Die anderen schwiegen wohlweislich, und nun erklärte Cornelius dem Herrn Direktor, daß diese wohl sämtlich bezahlt hätten und ungestraft zu entlassen wären.

Der erste Direktor der Sommerbühne war Martius. Im Jahre 1862 übernahm Hermann Müller die Sommerbühne und das Wintertheater bei Klaus Meyn bis Februar 1863. Dann wurde letzteres ganz aufgegeben. Vom Sommer 1863 an lag die Leitung der Sommerbühne in anderen Händen. – Im Winter 1865 wurde das Stadttheater nach der Ankündigung des „Volksblattes an der Weser" im Blanckschen Saale (Mittelstraße) unter der Direktion von Georg Franzelius errichtet. Zu gleicher Zeit wurde in demselben Blatte eine Aufforderung zur Gründung eines Liebhabertheaters erlassen mit den Worten: „Die langen Winterabende treten immer näher und mit denselben wird, da wahrscheinlich wenig Vergnügungen kommen, eine höchst peinliche, langweilige Periode eintreten. Deshalb haben einige junge Leute beschlossen, um sich den Winter so angenehm wie möglich zu machen, ein sogenanntes L i e b h a b e r t h e a t e r zu gründen und bitten Herren wie Damen, ihre Adresse unter „Liebhabertheater" usw. einzureichen." – Cornelius verkaufte mittlerweile sein Grundstück, das sich damals von der Ulrichschen Werft bis etwa zur ehemaligen „Herberge zur Heimat" erstreckte, an den Amtmann Dr. jur. G r ö n i n g. Dieser trennte den Teil, der vom Volksgarten bis zur Herberge lag, von dem übrigen ab, parzellierte ihn und verkaufte die einzelnen Bauplätze, während der größere Teil des Areals in die Hände des Musikdirektors Heinrich S c h w i e f e r t überging. Mit diesem begann in bezug auf die öffentliche Unterhaltungen der Bevölkerung der drei Unterweserorte eine neue Ära, und zwar – wie man wohl sagen darf – eine bessere Ära. – Schwiefert baute zunächst einen mittelgroßen Saal mit einer Galerie und einer kleinen Bühne und eröffnete diesen im Herbst mit sogenannten Varieté-Vorstellungen anderer Art, als man bisher hier gewohnt gewesen war, unter denen die Zaubervorstellungen Mellinis und die gymnastischen Darstellungen am Schwebereck unter der Decke des Saales besonderes Aufsehen erregten.

Schwiefert hatte auch den Garten und den Park durch gärtnerische Anlagen miteinander verbunden und dem Publikum zur Verfügung gestellt. Da er gleichzeitig Direktor der „Harmonie-Kapelle" und sogenannter städtischer Musikdirektor war, so wußte er fast mit einem Schlage das ganze öffentliche Gesellschaftsleben nach dem „Volksgarten" hinzuziehen. Er besaß ein besonderes Geschick in der Veranstaltung großer Volksfeste für alt und jung und bot dabei viel Neues und Überraschendes. Schon nach den ersten Jahren genügten die unter Dach befindlichen Räumlichkeiten nicht mehr. Schwiefert ließ die alten Sommertheaterräume abbrechen, das damalige Bühnenhaus auf Schienen nach dem neuen Platz wälzen, baute den Zuschauerraum daran, und dieser wurde dann mittels verschiebbarer Zwischenwände mit dem ersterwähnten Saal so in Verbindung gebracht, daß diese Räume bei großen Festen etwa 2.000 Personen aufnehmen konnten. Mit diesem Neubau erhielt Bremerhaven unter dem Namen „S t a d t t h e a - t e r" seine e r s t e b e s t ä n d i g e Winter- und Sommerbühne. So begann der zweite Abschnitt in der Entwicklung des Bremerhavener Theaters. – Der erste Leiter dieser Bühne war Ferdinand Tischendorf. Unter seinem Personal befand sich ein junger Lehrer namens Holthaus, der später in Hannover als Königlicher Hofschauspieler mit Ehren überhäuft wurde. – Etwas ganz Unbekanntes war dem damaligen Publikum noch ein galonierter Portier. Als solcher fungierte zuerst Fischer, seinem Berufe nach Schneider, eine wahre Prachtgestalt. Ihm folgte in langjährigem Dienst Fährhof, ein Veteran von 1848, der nicht durch seine körperliche Gestalt, wohl aber durch sein biederes Wesen gewann und dessen Aufmachung besondere Aufmerksamkeit erregte, wenn er in langem, grauem Rock mit silbernen Knöpfen, blauen Aufschlägen und entsprechender Mütze das Publikum am

Eingang zum Volksgarten gravitätisch empfing. – Sonntags, am Nachmittage, stand Schwiefert mit seinen Musikern auf dem Marktplatze, umgeben von Hunderten von Kindern, die, die Musik an der Spitze, im Zuge unentgeltlich in den Volksgarten geführt und dort mit Spielen verschiedener Art unterhalten wurden. Daß die Eltern nachkamen, um nach ihren Kinder zu sehen, war selbstverständlich und von Schwiefert wohlberechnet; sie wußten aber auch, daß ihre Sprößlinge dort gut aufgehoben waren, denn Schwiefert und seine Frau sorgten in jeder Weise persönlich für die Sicherheit der Kinder. Sonntags wurde von vier Uhr nachmittags auch zum Tanze aufgespielt.

Bis zum Frühjahr hatte Direktor Tischendorf für Schwieferts Rechnung die Leitung des Theaters. Unter ihm versuchte sich hier auch ein junger Mann namens Kadelburg, der später bekannte Bühnendichter, dessen Lustspiele, so vor allen „Im weißen Rössel", überall viel Erfolg gehabt haben. Nach Tischendorf übernahm Teichmann aus Erfurt die Leitung der Bühne, und unter ihm wurde im Sommer 1872 die erste Opernsaison eröffnet. Als erste Vorstellung ging bei überfülltem Hause der „Troubadour" über die Bühne mit dem jungen, stimmbegabten Tenoristen Kück und der ebenso begabten Koloratursängerin Fräulein Constabelli. Der Erfolg war zur Freude der Bewohner der drei Unterweserorte ein durchschlagender. Die Saison brachte außer Schauspiel, Lustspiel, Posse, die Opern: „Martha", „Fra Diavolo", „Regimentstochter", „Barbier von Sevilla", „Don Juan", „Der Freischütz", „Die Hochzeit des Figaro", „Die lustigen Weiber von Windsor", „Zar und Zimmermann", „Die Zauberflöte", „Die Hugenotten" und andere. Teichmann leitete das Theater bis 1875. Er starb später in einer Nervenheilanstalt, wo er seinem Leben ein Ende machte. Nach ihm trat Ernst Schreiber als Leiter der Bühne auf und brachte als hier neu unter anderen folgende Opern zur Aufführung: „Hans Heiling", „Das Glöckchen des Eremiten", „Templer und Jüdin", „Wilhelm Tell", „Rigoletto" und „La Traviata". Nach Schreiber führte von Soden-Götzdorf 1875/76 die Regie; unter ihm fanden keine Opernvorstellungen statt. Während der Sommersaison 1876 leitete Schreiber wieder das Theater, hatte aber keine hier noch neuen Opern auf seinem Repertoir. – Für die Wintersaison 1877/78 war Eduard Kowalsky Direktor und nach ihm kam Viktor Müller mit einer Opern- und Operettengesellschaft an die Reihe. Unter ihm wurden zum erstenmal „Tannhäuser" und „Lohengrin", „Oberon" und „Der Prophet" und von den

Operetten unter anderen „Die schöne Galathee", „Die Fledermaus", „Fatinitza" und „Die leichte Kavallerie" aufgeführt. Die Wintersaison 1879 nennt Karl Becker als technischen Leiter, und die Sommersaison 1880, mit der wir allerdings über die unserem Buche gesteckte Zeit hinausgehen, Wilhelm Pieper als Operndirektor. – Von nun an verschwindet Schwieferts Name als der des Eigentümers des „Volksgartens". Das Etablissement war von einem Konsortium H. Kuhlmann, J. Vaupel und Louis Allers angekauft worden. Von ihnen wurde das große Hauptgebäude an der Straßenseite erbaut, und der Zuschauerraum des Theaters, der bis dahin nur in Parterre und Gallerie, wie in gewöhnlichen Tanzsälen, geteilt war, zu Logen usw. umgebaut. Damit begann die dritte Phase in der Entwicklung des Stadttheaters auf diesem Gelände. –

Dem Bericht über die Gründung des Volksgartens mit seinem starken wirtschaftlichen Betriebe schließen wir eine Übersicht an über die bis Ende 1879 vorhandenen

Gasthöfe und besseren Wirtshäuser

Eine stattliche Zahl gut renommierter Häuser kommt hier in Betracht. Wir beginnen mit dem an der östlichen Seite der Hauptstraße gelegenen Steinhoffs Hotel, Ecke des Marktplatzes, bis Herbst 1858. Steinhoffs Nachfolger wurde Twietmeyer. Im Dezember 1868 übernahmen Beermann & Meyer das Hotel. – Smidtstraße 9/11 der Gasthof von Addicks, später Betjer und dann Siems, seit 1874 Wooges Gasthof, besonders Absteigequartier für die Auswanderer aus dem hannoverschen und Oldenburger Lande. – Ferner Bürgermeister Smidt-Straße 17: Allers Gasthof „Zur goldenen Traube" seit Herbst 1861, vorher im Besitz von Knieling, von Bremer Steuerleuten und hiesigen Bürgern besucht. – Restaurant von Hermann Kreie, in den sechziger Jahren bis Mitte der siebziger, Bürgermeister Smidt-Straße 63. Hier waren häufige Gäste die Bürger, insbesondere die Handwerksmeister. – Bürgermeister Smidt-Straße Nr. 63 Ilsemanns „Gesellschaftshaus" bis Ausgang der siebziger Jahre, Sammelpunkt und Vergnügungshaus für die bessere Gesellschaft.

Wir gehen zur westlichen Seite der Hauptstraße über. In den fünfziger Jahren das Hotel von Twietmeyer (Ecke des Marktplatzes), der später das gegenüberliegende Hotel (Steinhoff) übernahm. Twietmeyers Nachfolger:

Beermann & Meyer. Nach ihnen übernahm Meyer, der Schwiegervater von Bertus Bartling, das Hotel, bis es in den siebziger Jahren in den Besitz von Adam Löhr kam. Ansehnliches Hotel, in dem außer den hiesigen Bürgern viel ausländische Kapitäne und Steuerleute, insbesondere Amerikaner verkehrten. – Ecke der Kirchenstraße (jetzt Rabachs Haus) von 1850 bis etwa 1870 Schillings Hotel „Union". – Bürgermeister Smidt-Straße 78/80 das „Kolosseum" von Lüder Janssen, 1870 eröffnet, großes Etablissement mit Restaurant, Tanzsaal und Kegelbahnen. Dort hatte der Bürgerklub seine Festlichkeiten. Häufige Gäste auch Kapitäne und Steuerleute. – Endlich die „Flora" (Besitzer Glasermeister Appelkamp), Smidtstraße 128/128 a, ein prächtig ausgestattetes Etablissement, auch zur Abhaltung von Konzerten und Basaren benutzt. Nach hinten Restaurant, eine Glashalle mit Palmen. Die „Flora" existierte nur von 1875 bis 1879.

Wir gehen zum Marktplatz zurück. Steinhoff siedelte im Herbst 1858 nach dem Marktplatze, Ecke der Geeststraße über, wo er ein Hotel errichtete. Später Herrmanns Hotel, ein gut renommiertes Haus, das außer von den Bürgern viel von Reisenden besucht wurde. Dasselbe gilt von Homfelds Hotel, Markt 16, seit den siebziger Jahren unter der Leitung Louis Homfelds und seiner betriebstüchtigen Frau. – Auch Aschoffs Gasthof gehörte zu den besseren Wirtschaften. – In der Fährstraße finden wir das „Odeon" vor, von einem Konsortium Ausgang der sechziger Jahre erbaut und noch in den achtziger Jahren in Betrieb, Gesellschaftshaus und Restaurant mit Garten, ein ansehnliches Etablissement, in dem Herbst 1879 der Frauenverein der vereinigten evangelischen Gemeinde gegründet wurde. Ecke der Karlsburg und der Poststraße Dohms Hotel, 1860 eröffnet, hauptsächlich für Kapitäne und Steuerleute. –

Unser Weg führt uns jetzt zur Straße am Hafen. Im Süden Groß' Hotel, nach wie vor einer der besten Gasthöfe. – Kranz' Hotel, Hafen 65, ein angesehenes Haus für Vereine und Bälle. Ende der sechziger Jahre siedelte Krantz nach Wilhelmshaven über. Sein Nachfolger: Wiede. – Hotel Stadt Hull, Hafen 67, bis Ende der siebziger Jahre, hauptsächlich von Kapitänen und Steuerleuten besucht. Besitzer: H. Müller. – Ecke der Keil- und der Straße am Hafen Winters Hotel. Winter war ein geschäftstüchtiger und sehr geachteter Wirt, wurde leider ein Opfer der Thomas-Explosion und hinterließ Frau und mehrere Kinder.

Unser Weg führt uns noch in einige Nebenstraßen. In der Mittelstraße in den fünfziger und sechziger Jahren das Washington-Hotel von Anton Reents, Anfang der siebziger Jahre unter dem Namen Tannes Hotel, von jeher ein angesehener bürgerlicher Gasthof. – In der Marktstraße in den sechziger Jahren Gerhards Hotel mit großem Saal, von dem Schützenverein und Gesangvereinen, auch für kirchliche Versammlungen benutzt. – Ferner in den siebziger Jahren von Tronchins Weinstuben in der Mühlenstraße. – In der Grünenstraße „Ludwigslust", in den siebziger Jahren, ein großes Etablissement mit schönem Garten. Sonntags fanden hier Tanzmusik und während des Sommers in den Wochentagen oft Gartenkonzerte statt. Auch Versammlungen von Vereinen und Hochzeitsfeiern wurden hier abgehalten. – Endlich am Deich in der Richtung nach der Alten Schleuse Carsten Mehrtens' gut renommierte Wirtschaft, noch in den sechziger Jahren, später Wirtschaftshaus besonders für die Lotsen. Ferner die Wirtschaft im alten hannoverschen Hafenhause, das 1882 oder 1883 abgebrochen wurde. Letzter Wirt: Tapken. –

Noch dreier Singhallen müssen wir gedenken, die hinsichtlich ihres kulturellen Wertes nicht zu den erstklassigen Häusern zu rechnen waren, aber auf Hiesige und Fremde damals eine große Anziehungskraft ausübten. Zunächst die Singhalle „Smurtjen Burry" unter Leitung von Louis Woltersdorf aus Wolfenbüttel. Dieser kam 1860 mit einer Gesellschaft als Komiker hier an, errichtete Mitte der sechziger Jahre in der Geeststraße mit seinen Sängerinnen die genannte Konzerthalle, die viel von Seeleuten, auch von hiesigen Bürgern besucht wurde. Woltersdorf war in seiner Komik unübertrefflich und hat vielen heitere Stunden bereitet. Als Mensch in seinem persönlichen Wandel und seinem Charakter nach geachtet, erwies er sich hilfreich und gut. Zu seinem fünfundzwanzigjährigen Jubiläum brachten ihm auch manche angesehene Bürger ihre Gratulation. – Sodann Lohmanns Konzerthalle, Ecke der Smidt- und Mittelstraße, Mitte der siebziger Jahre eröffnet. „Tante Lohmann" (wie das Lokal gewöhnlich genannt wurde) mit ihren Sängerinnen erhielt Besuch auch aus der besseren Gesellschaft, zumal in der Freimarktszeit. – Endlich Ahlerts Konzertsalon in der Marktstraße hatte von den drei Singhallen, rein äußerlich angesehen, die feinste Aufmachung. Ein Portier im Livree empfing die Gäste, meist auswärtige Kapitäne und Steuerleute, junge Leute aus den Geschäften und hiesige Bürger. –

Bremerhaven im Kriegsjahr 1870/71 und als Garnison

Die alten Befestigungen auf Bremerhavener Grund und Boden, das Fort Wilhelm, die Dockbatterie von 1848 und das Turmfort von 1851, vermochten kaum noch die Stadt vor feindlichen Angriffen von der Weser aus zu schützen, erst recht nicht, worauf doch alles ankam zu verhindern, daß einer feindlichen Flotte überhaupt das Einlaufen in die Weser gelinge. Schon Ende der sechziger Jahre wurden daher Vorkehrungen, unterhalb Bremerhavens am Ufer das Fort Brinkamahof I und auf dem im Strom gelegenen Langlütjensand das Fort Langlütjen I zu erbauen. In den Jahren 1872 bis 1878 wurden rechtsseitig dann weiter abwärts Langlütjen II und diesem gegenüber Brinkamahof II, beide mit drehbaren Panzertürmen versehen, hergestellt. – Vor Ausbruch des Krieges 1870/71 war der Bau der beiden erstgenannten Forts noch keineswegs vollendet. Durch kriegsministerielle Verfügung an die Fortifikation Geestemünde wurden beide Werke schleunigst provisorisch hergestellt und armiert. Um das Einlaufen der französischen Flotte zu verhindern, wurde die Weser durch einundzwanzig versenkte Schiffe gesperrt und unterhalb der Schiffssperre eine Minensperre angelegt, desgleichen unterhalb der ausgelegten Minenreihe eine etwa 1.200 Meter lange Tausperre gelegt. Außerdem entfernte man gleich zu Beginn des Krieges alle Schiffszeichen und Tonnen. Zweimal erschien eine französische Flotte vor der Weser. Aber Bremerhaven konnte ruhig sein. Der Feind hat es nicht gewagt, in die Weser selbst einzulaufen, und somit wurden die Befestigungswerke auch keinem Angriff ausgesetzt. Die Tau- und Minensperren wurden schon im Jahre 1870 beseitigt, die Schiffe der Schiffsperre im folgenden Jahr gesprengt und die provisorisch armierten Werke abgerüstet und, wie ursprünglich beabsichtigt, weiter ausgebaut.

Gleich mit Beginn des Krieges hatte sich ein Frauenverein für Kriegshilfe gebildet. Unter seinen Mitgliedern zeichnete sich neben anderen besonders Frau Dr. Helene With, Frau Dr. J. D. Kroog und Frau Doris Nobbe aus. Man zupfte fleißig Scharpie, nähte Kleidungsstücke für die Krieger, und ein Liebespaket nach dem anderen wurde ins Feld gesandt. Der Frau Dr. With und Frau Dr. J. D. Kroog wurde später in Anerkennung ihrer aufopfernden vaterländischen Liebestätigkeit der Luisenorden verliehen. – Gelegenheit zur Aufnahme und Pflege verwundeter und kranker Krieger bot sich in unserer Stadt nicht. Lazarettbaracken waren nicht vorhanden. Ein öffentliches Krankenhaus besaßen wir noch nicht, und das Auswandererhaus war keine Stätte, die sich für Pflege Verwundeter ganz geeignet hätte. Wohl aber wurden dort Kriegsgefangene untergebracht, von denen die Turkos die größte Aufmerksamkeit erregten. Daß die Siegesnachrichten vom Kriegsschauplatze, die glorreiche Zeit uns brachte, auch in Bremerhaven mit freudiger Begeisterung aufgenommen wurden, bedarf weiter keiner Erwähnung

Im April 1873 rückte das 9. schleswigsche Festungs-Artillerie-Bataillon mit dem Stabe und der 1. und 2. Kompagnie von Sonderburg nach Bremerhaven ab und wurde dort in Kantonnements-Quartieren untergebracht. Im Jahre 1874 wurde unsere Stadt durch kriegsministerielle Verfügung vom 22. März Garnison und das „Auswandererhaus" die Kaserne für die zwei genannten Kompagnien, zu denen dann noch im November die bis dahin in Cuxhaven garnisonierende 3. Kompagnie hinzukam, während die 4. Kompagnie in Lehe stationiert wurde. Das Bataillon erledigte seine Landschießübungen auf einem Platze bei Loxstedt. Mit der vollkommenen Fertigstellung der Werke Brinkamahof I, Langlütjen I und II noch im Jahre 1874 schlossen sich naturgemäß an die Land- auch die Seeschießübungen an. Im Mai desselbigen Jahres wurde das Bataillon dem Pommerschen Festungsartillerie-Regiment Nr. 2 attachiert. Diese wurde erst im Januar 1879 besonders dafür bestimmt, im Falle einer Mobilmachung die Küstenbefestigungen zu besetzen. Die Ausbildung am Küstengeschütz trat nunmehr sehr in den Vordergrund.

Von Anfang an hatte sich ein ungezwungener und anregender Verkehr zwischen den Offizieren und den bürgerlichen Familien entwickelt. und die Mannschaften, Schleswig-Holsteiner, meist Söhne von Landleuten und mit einem guten Wechsel versehen, brachten den Wirten und Geschäftsleuten manchen Verdienst. Die Wirkung des gewonnenen Krieges hatte sich selbstverständlich auch in Bremerhaven geltend gemacht. Handel, Schiffahrt und Gewerbe blühten auf. Überall Arbeit und reichlicher Verdienst.

Mitten in diese erfreuliche und friedliche Entwicklung unserer Stadt fiel ein Ereignis, das die Einwohner aufs furchtbarste erschütterte. Es war – so genannt nach dem Namen des Verbrechers –

Die Thomas-Explosion[125],

wie sie am 11. Dezember 1875 vorm. 10½ Uhr im Vorhafen des Neuen Hafens vor der Abfahrt des Lloyddampfers „Mosel" erfolgte. War schon der Anblick der durch die Dynamitexplosion erfolgten Zerstörung erschütternd, wie diese sich an dem Schiffkörper der „Mosel" und den umliegenden Gebäuden, der Lloydhalle, dem alten Hafenbüro und dem Leuchtturm zeigte, so spottete das Bild der durch die furchtbare Katastrophe Zerstückelten und Schwerverwundeten aller Beschreibung. – Fünfundachtzig Menschenleben fielen der Explosion zum Opfer und manche wurden durch sie zu Krüppeln und Siechen. – Der verruchte Urheber der Katastrophe war der Amerikaner King William Thomas oder Thomson, der früher den Namen Alexander geführt haben soll. Er wollte mit seiner Höllenmaschine, die er als Passagiergepäck an sich nahm, nach Southampton mitfahren. Dort sollten zu den hier schon aufgegebenen und hoch versicherten Waren noch eine Menge wertloser Güter verladen, zuvor aber sehr hoch versichert werden. Dann wollte er das Schiff dort verlassen. Auf offener See sollte die Uhr der Höllenmaschine ablaufen. Die „Mosel" ging – nach seinem Plane – mit Mann und Maus in die Luft, er selbst aber strich die hohe Versicherungssumme ein! – Aus nicht ganz aufgeklärter Ursache lief die Uhr der Dynamitmaschine schon vor der Abfahrt der „Mosel" in Bremerhaven ab. Am Nachmittage, als noch alles voll Entsetzen über das grausige Unglück war, verbreitete sich das Gerücht, ein Passagier der ersten Kajüte, als K. W. Thomas aus Dresden eingeschrieben, habe versucht, sich mit einem Revolver zu erschießen. Das Gerücht bestätigte sich, und zugleich lenkte sich der Verdacht auf den Genannten, als den ruchlosen Attentäter, der denn auch im Lazarett, wohin er schwer verletzt gebracht worden war, den größten Teil seiner Schuld bekannte und nach schwerem Todeskampfe am 16. Dezember verstarb. Die Beerdigung des Leichnams fand in der Nacht vom 18. auf den 19. Dezember in einer abgelegenen Ecke des Bremerhavener Friedhofes statt.

Am 13. Dezember hatte das Amt und der Gemeinderat (Schultz und v. Vangerow) bekanntgegeben, daß am Dienstag, den 14. Dezember, 8½ Uhr morgens, vierzig der Verunglückten von der Krankenbaracke aus das Geleit

---

[125] Siehe „Das Thomas-Verbrechen", Wiedergabe eines alten Berichtes der „Provinzialzeitung". Wesermünde-Bremerhaven 1925.

zu ihrer letzten Ruhestätte auf dem Bremerhavener Friedhof gegeben würde, und daß dem Leichenzuge auf seinem Wege durch die Stadt die in Privathäusern noch liegenden Leichen angeschlossen werden könnten, deren Mitführung seitens der Angehörigen gewünscht werden sollte. Pastor Wolf hielt draußen auf dem Friedhofe, in der Mitte der Gräberreihen stehend, eine ergreifende Gedächtnisrede, die mit den Worten begann: „Es ist alles fertig!" so wurde eben, wie ihr alle hörtet, gesagt. Was ist denn fertig? Eine Arbeit ist beendigt, wie in unserem Leben wir sie nie gesehen haben. Nicht e i n e Gruft ist es, an welcher wir stehen, es ist eine lange Reihe offener Gräber. Jawohl, die Arbeit ist fertig. Sie ruhen im stillen Grabe still nebeneinander, drunten schlägt kein Herz mehr; aber unsere Herzen zittern, unser Inneres durchbebt es. Schweigend stehet auch ihr. Auch ich möchte schweigen; aber mein Amt fordert es, das Wort zu ergreifen, so schwer auch, was ich mit euch zu tragen habe, mir auf dem Herzen liegt. Wie hier mir ist an den offenen Gräbern, so war mir auf der Unglücksstätte, als ich die Toten liegen sah und die Sterbenden, als ich Zeuge war in den Familien der Tränen, welche die Hinterbliebenen um ihre teuren Toten und Verwundeten weinten. Da gedachte ich des Wortes Jesaias: „Gehe hin und tröste mein Volk. Und dies Wort habe ich mir zum Wahlspruch genommen, und es ist mein Wahlspruch geblieben durch diese Tage, den ich getragen zu den Trauernden und der mich getragen hat auf meinen Gängen; und darum soll er auch in dieser Stunde mein Wahlspruch sein. O Herr, gib du den Trauernden Trost in die bekümmerte Seele, denn du bist es ja, der allein trösten kann ..." – Nach der Predigt Pastor Wolfs und der Einsegnung der Leichen stimmte die Musik das Mendelssohnsche Lied „Es ist bestimmt in Gottes Rat" an, unter dessen Klängen das Trauergefolge sich schweigend entfernte.

Hatten die Bürger Bremerhavens und der Nachbarorte, sowie die Spitzen der Behörden – ein endloser Zug – am 14. Dezember denen die letzte Ehre erwiesen, die zumeist fern von der Heimat von einem grausen Schicksal getroffen wurden, so lag vielen der Überlebenden am Tage darauf eine nicht minder traurige Pflicht vor: es galt, die verunglückten Mitglieder der hiesigen Familien E t m e r und G l a u e r t zu ihrer letzten Ruhestätte auf dem Leher Friedhof zu begleiten. Wohl selten hat der Tod so erbarmungslos in eine Familie hineingegriffen, als er es hier getan. Vater, Mutter, zwei Söhne, Tochter, zwei Schwiegersöhne wurden hinweggeriffen. Auf dem Kirchhof wurde der Trauerzug von den Klängen des Chorals „Ach bleib in deiner Gnade" empfangen, und auch hier hatte Pastor Wolf seines schweren Amtes zu walten. – Außer in Lehe, wo noch an verschiedenen Tagen Verunglückte kirchlich bestattet wurden, fanden noch Trauerfeiern für die so unglücklich ums Leben Gekommenen in Bremen, Blumenthal, Vegesack und Brake statt. – Eine ganze Reihe von Familien-Auswanderern, Arbeitern und Handwerkern war durch Tod oder Verstümmelung ihrer Ernährer in große Not gekommen, über 200 Personen durch das grauenhafte Verbrechen brot- und hilflos geworden. Das Amt und der Gemeinderat in Bremerhaven erließen schon am Tage nach der Katastrophe einen Aufruf zur Linderung des entstandenen Elends, und diesem schlossen sich sogleich angesehene Bremer Bürger an. Ebenso bildeten sich in den verschiedenen Orten der Umgegend Hilfskomitees. Die deutsche Kaiserin forderte am 14. Dezember telegraphisch den Zweigverein Bremen des Vaterländischen Frauenvereins auf, an die Spitze der Sammlungen für die Verunglückten und Hinterbliebenen zu treten. Eine Spende von 1.000 Mark folgte diesem Telegramm. – Der Gesamtbetrag der Sammlungen für die Hinterbliebenen betrug Ende Dezember 1875 etwa 450.000 Mark. –

Die weitere Entwicklung des Schulwesens bis Ende 1879

Infolge der stetig zunehmenden Bevölkerung erfolgte nach dem Jahre 1857 zu Errichtung neuer Klassen eine Erweiterung des Schulhauses am Kirchplatze und eine Trennung der Knaben und Mädchen, die bis dahin noch nicht völlig durchgeführt war. Rahe wurde daselbst Schulvorsteher der Mädchen-Volksschule, Lehrer Ittig daselbst Vorsteher der Knabenschule. Im Jahre 1866 siedelte letzterer mit seinen Knaben in das nach den Plänen von L. Löschner erbaute Schulgebäude an der Langenstraße über. Im Jahre 1872 kam das an der Grenzstraße gelegene Schulgebäude nach den Plänen desselben Architekten zur Ausführung, und im folgenden Jahre wurde dorthin die Knabenschule, deren Vorsteher Ittig blieb, verlegt. Das Schulgebäude an der Langenstraße wurde 1873 dem Vorsteher der Mädchenschule, Herrn Rahe, überwiesen, der am 15. Januar 1893 das goldene Amtsjubiläum erleben durfte.

Wenden wir uns nun zu dem höheren Schulwesen für die männliche Jugend, Kandidat Pralle, der schon 1841 die Privatschule übernommen hatte, setzte den Unterricht in den fünfziger Jahren fort. Nach seinem Tode leitete Kandidat Ibbecken, der später mit der Witwe Pralles die Ehe schloß, die Anstalt. Mittlerweile hatte der Kirchenausschuß der vereinigten evangelischen Gemeinde den Zeitpunkt für gekommen erachtet, eine öffentliche, höhere Lehranstalt zu errichten. Im Dezember 1857 wurde Dr. L. Hildebrand aus Lüneburg zum Direktor der Schule erwählt und am 19. April 1858 die Anstalt eröffnet. Sie trug den Namen „Bürgerschule", die damals besonders in Nordwest-Deutschland übliche Bezeichnung für Realschule. Doch bald wurde der letztere Name für sie gebräuchlich. Als Schulhaus diente das an der südwestlichen Ecke Keil- und Grünenstraße gelegene Gebäude, das der Kirchenausschuß mietweise erworben hatte. Unter der Leitung des geistig lebendigen und anregenden Dr. Hildebrand hob sich die Schule sehr. So eifrig er die Schulinteressen pflegte, ging er doch in ihnen nicht auf. Er stand mitten im Leben und war mit der Bevölkerung ganz verwachsen. Wie vielseitig er war und wie er auch andere Bestrebungen mit Liebe und Hingebung unterstützte, hat uns die Geschichte der Vereine gezeigt. Seine liebenswürdige Persönlichkeit gewann besonders durch die Gabe der Beredsamkeit, deren gemütvolle und humorvolle Art ihn überall zum beliebten Gesellschafter machte.

Am 1. Januar 1862 trat eine für das öffentliche Schulwesen bedeutsame Wendung ein, die Trennung der Schulen von der Kirche und deren Übernahme durch die bürgerliche Gemeinde. Demzufolge kamen die Volksschule und die Realschule unter städtische Verwaltung.

In der Kirchenausschuß-Sitzung vom 26. Juni 1861 kam die Frage über die Trennung der Schulen von der Kirche zur Beratung und beantragte Pastor Wolf: „Der Ausschuß möge beim Konvente den Antrag einbringen: In Erwägung, daß eine Verbesserung der Schulverwaltung als wünschenswert sich herausstellt, wolle die Gemeinde beschließen, die Verwaltung des Schulwesens einer vom Konvente aus seiner Mitte zu ernennenden Kommission zu übergeben. Dieser Antrag wurde abgelehnt, dagegen der des Vorsitzenden, Bauherr Riemenschneider, genehmigt: „Der Ausschuß beschließt, die Frage wegen Überweisung der Schulen an die bürgerliche Gemeinde dem Konvente zur Erledigung vorzulegen mit der Erklärung, daß der Ausschuß diese Frage geprüft habe, die Entscheidung indes dem Konvente überlassen zu müssen glaube." Nachdem der Vorsitzende erklärt hatte, Herr Pastor Wolf wünsche seinen heute gestellten Antrag an den Konvent zu bringen und habe ihn schriftlich eingereicht, entschied man sich einstimmig dahin, daß derselbe zur Mitteilung an den Konvent geeignet sei. Letzterer fand am 5. Juli 1861 statt. Zunächst wurde das Gutachten[126] der bürgerlichen Kommission über die Überweisung der Schulen an die städtischen Gemeinde verlesen. Nachdem sodann Bauherr Riemenschneider den von dem Prediger in der Ausschußsitzung vom 26. Juni gestellten Antrag zur Kenntnis gebracht hatte, zog Pastor Wolf diesen zurück und stellte dafür folgenden Antrag: „Der Konvent trägt freilich Bedenken, den Motiven, welche zur Unterstützung des Antrags, die kirchlichen Gemeindeschulen der bürgerlichen Gemeinde zu überweisen, in dem eben verlesenen Gutachten beigebracht sind, in ihrer Gesamtheit seine Zustimmung zu erteilen, erklärt jedoch mit dem verehrlichen Gemeinderat dahin sich einverstanden, daß für das öffentliche Schulwesen eine Änderung der zur Zeit bestehenden Verhältnisse wünschenswert sei, und unter der Voraussetzung, daß aus der veränderten Stellung der Schulen für die religiöse Erziehen der evangelischen Jugend ein Nachteil sich nicht ergeben werde, nimmt er das Anerbieten der städtischen Gemeinde an, weil durch die Übernahme der Schule durch dieselbe sowohl die Unterhaltung der öffentlichen Schulanstalten erleichtert und wesentlich gesichert, als auch die Verwaltung zweckmäßiger geordnet erscheint, und ist damit einverstanden, die Überweisung der Schulen baldtunlichst eintreten zu lassen." Der Antrag Pastor Wolfs wurde abgelehnt, dagegen mit großer Majorität der des Schulvorstehers Ittig angenommen, „die Schulen auf Grund des von den Gemeinderat eingesandten Gutachtens an die bürgerliche Gemeinde zu überweisen und zwar vom 1. Januar 1862 an."

Das Gebäude der Realschule genügte auf die Dauer den Anforderungen der Zeit nicht mehr. Im Jahre 1866 wurde der Bau eines Schulhauses an der Grünenstraße in Angriff genommen. Am 26. April 1867 bezog die Schule das neue, nach den Plänen Löschners erbaute Haus. Mit der Anstalt wurden

---

[126] Das Gutachten der bürgerlichen Kommission, das leider in den Akten nicht mehr zu finden ist, wird wohl die Unabhängigkeit der Schule von der Kirche als zeitgemäße Forderung hingestellt und dabei betont haben, daß durch die Übernahme der öffentlichen Schulen durch die Stadt die Verwaltung der Schulanstalten sich zweckmäßiger gestalten werde und deren Unterhalt gesicherter erscheine.

im Laufe der Jahre wichtige Umgestaltungen vorgenommen. Schon 1860 war sie mit einer Vorschule verbunden worden und Ostern 1878 wurde sie zu einer Realschule 1. Ordn. erweitert. Den bisherigen sechs Realklassen wurde eine Oberklasse mit zweijährigem Kursus hinzugefügt, so daß die Anstalt – außer der Volksschule – acht aufsteigende Klassen mit je einjährigem Kursus umfaßte.

Was das höhere Schulwesen für die weibliche Jugend betrifft, so mußte Fräulein Doris Bertholdi Ende der fünfziger Jahre ihre Lehranstalt aufgeben, weil von anderer Seite eine neue höhere Privatschule gegründet wurde. Angesehene Männer der Stadt, die durchaus eine höhere Mädchenschule unter männlicher Leitung wünschten, taten sich als Aktionäre zusammen, mieteten in der Fährstraße ein Haus für den Lehrer und die Schulklassen, schafften das Inventar an und übernahmen die Besoldung. Das neue Unternehmen hatte nicht den gewünschten Erfolg. Nachdem zwei oder drei Leiter rasch aufeinander gefolgt waren – 1860 war Dr. Bothmann Direktor – wandte man sich an Fräulein Bertholdi. Sie wurde Vorsteherin der auf Aktien gegründeten Schule. Zu ihrer Unterstützung wurde im Herbst 1863 an die Schule berufen Dr. Anton Koch, verheiratet mit Minna geb. Lewenstein, Vater des späteren Stadtdirektors und nachmaligen Reichsminister[127]. Nach Fräulein Bertholdis Pensionierung Ostern 1864 übernahm er die Leitung der Anstalt – auf Anraten der Aktionäre auf eigne[128] Rechnung – und baute Ecke der Grünen- und Baumstraße ein eigenes Schulhaus. Die Schule begann unter der eifrigen Mitwirkung der Schwester Kochs, die seine erste Lehrerin, später Mitvorsteherin wurde, sich zu heben. Aber Fräulein Koch verheiratete sich nach Bremen, und Dr. Koch übernahm die Stellung eines Lehrers an der hiesigen Realschule. Seit Januar 1870 vertrat Fräulein Auguste Greuer, die bisher an der Mädchen-Volksschule war, Dr. Koch zunächst in der Leitung der Schule und übernahm von Ostern 1872 an die Anstalt selbst, die damals zehnstufig war und von nun an städtisch subventioniert wurde[129]. In die andere private höhere Töchterschule, die 1849 von Frau Plump eröffnet worden war, trat im Jahre 1869 Frl. Lucie Wunnenberg als Lehrerin ein, wurde 1874 Mitvorsteherin und

---

[127] Erich Friedrich Ludwig Koch, geboren in Bremerhaven den 1. März 1875.
[128] *eigene; Druckfehler aus dem Original übernommen*
[129] Vgl. I. Jahresbericht über die städtische höhere Mädchenschule in Bremerhaven, Ostern 1907, von Direktor Heinrich.

leitete nach dem Tode von Frau Plump von Ostern 1877 an unter Gewährung einer städtischen Subvention die Schule allein, bis diese, wie auch die andere Töchterschule, 1905 von der Stadt übernommen wurde. –

Was die Entwicklung des mittleren Schulwesens für die Töchter unserer Stadt betrifft, so ging die von den Geschwistern Adeline und Johanne Bartling seit 1847 elf Jahre gemeinschaftlich geleitete Schule im Jahre 1858 in den Besitz von Fräulein Charlotte Postels über und wurde mit der Elementarschule von Fräulein Imhorst vereint, so daß eine vierklassige Anstalt mit mehreren anderen Lehrerinnen entstand, die erst 1890 in andere Hände überging. Nur eine Fremdsprache, das Englische, wurde in ihr erteilt.

Die immer höher steigenden Kosten für die öffentlichen Schulen konnte die Stadt ohne Mithilfe des Staates nicht bestreiten. So bewilligte denn die Bürgerschaft am 27. November 1872 Zuschüsse für die Volksschule. Im Juni 1874 beantragte der Gemeinderat beim Senate sogar die Übernahme des hiesigen Schulwesens auf die Staatskasse oder die Erhöhung des Staatszuschusses auf 50.000 Mark. Das hatte wenigstens zur Folge, daß am 1. Juli die Bürgerschaft dem Antrag des Senates zustimmte, der Realschule für die Jahre 1874 und 1875 einen Zuschuß von 20.000 Mark zu bewilligen. Ferner wurde von Senat und Bürgerschaft am 20. Oktober 1875 für die Realschule und die Volksschule ein Zuschuß von 25.000 Mark auf das Jahr 1876 bewilligt. Im Schulleben unserer Stadt, soweit es sich um die Zeit bis zur Durchführung der neuen städtischen Verfassung handelt, ist noch die Gewerbeschule für Lehrlinge und Gesellen oder gewerbliche Fortbildungsschule zu nennen. Sie trat am 28. Februar 1869 ins Leben. Die Einrichtung und Leitung wurde dem Schulvorsteher Ittig übertragen, bis am 1. Dezember 1882 die Stadt die Schule übernahm. –

Das kirchliche Leben und die Entwicklung
der einzelnen Kirchengemeinden bis Ende der siebziger Jahre

Die kirchlichen Arbeiten, Sorgen und vielfach unerfreulichen Kämpfe nahmen in den fünfziger und sechziger Jahren die Gemüter in hohem Grade in Anspruch – immerhin ein Beweis dafür, daß der Mensch von Handel, Schiffahrt und Gewerbe, kurz vom Brote nicht allein lebt, sondern daß jeder in seiner Art und Weise das Ziel verfolgt, die tiefsten Bedürfnisse des Herzens zu nähren und zu befriedigen.

Der erste Kirchenbau war mißglückt. Dem „Baukondukteur" Simon Loschen in Bremen, einem der Kämpfer für die Wiederbelebung gotischer Baukunst in Deutschland, wurde der Bau der zweiten Kirche, die mittels Pilotage fundiert wurde, übertragen. Im Frühling 1853 wurde das früher aufgeführte Mauerwerk abgebrochen und durch A. Wöhlken und Jacob van Limbeck das Fundament mit Ausnahme der „Brunnen" (d. h. der 52 Fuß tiefen und 9 Fuß im Durchmesser haltenden mit Bauschutt ausgefüllten Steinzylinder, auf denen der Turm ruhen sollte) herausgeschafft, der früher gelegte Grundstein herausgenommen und die steinerne Platte, mit der er geschlossen war, geöffnet. Von Juni an wurde mit der Rammung der Pfähle durch die Zimmermeister Reuter und Precht begonnen. Der Turm wurde auf 149 Stück 50 bis 55 Fuß langer Pfähle fundiert, während die stehengebliebenen knickebeinigen Brunnen für die Turmkonstruktion unschädlich gemacht und die Hauptstützpunkte für die Turmmauer nicht unter, sondern außerhalb derselben gesucht wurden. Loschen glaubte, durch eine kreuzweise hergestellte Verbindung der Bohlen und Langhölzer über das ganze betonierte Turmquadrat hinweg eine bedeutend größere Tragfähigkeit erzielt zu haben, als durch die sonst übliche bloße Unterrammung der vier Turmmauern. Die Fundamente des Kirchenschiffs wurden gebildet durch 403 Stück 45 bis 55 Fuß langer Pfähle, von denen je 12 bis 15 Stück unter jedem Pfeiler eingerammt wurden. Auf den Pfählen wurden halbzirkelförmige Bogen errichtet, auf denen die Mauern ruhen sollten. Jeder innere Pfeiler aber erhielt für seine Unterrammung 4 Stück Pfähle von 50 Fuß Länge. Am 10. Juli wurde mit den Maurerarbeiten begonnen, die Friedrich Wilms in Lehe übertragen waren. Die Länge des Kirchenschiffs war auf 124 Fuß, die Breite auf 66 Fuß, die Gesamtlänge der Kirche, einschließlich Altarchor, Sakristei und Kirchturm, nach der Längenachse gemessen, auf 212 Fuß äußeren Maße festgesetzt.

Am 2. August 1853 fand die zweite Grundsteinlegung statt. Nachdem bei dieser einfachen Feier der Amtmann Gröning einige Worte an die Versammelten gerichtet hatte, wurde der alte Grundstein von 1846, in dem ein auf Pergament gedrucktes Dokument in einer bleiernen Hülle verschlossen war, wieder eingesetzt. Am 1. November fand die Richtung des Kirchendaches statt, an der 3 Polierer, 58 Maurergesellen, 48 Handlanger,

39 Zimmergesellen und 10 Arbeiter teilnahmen. Der bei dieser Gelegenheit vorgetragene originelle Zimmererspruch, aus dem eine hohe Verehrung für den Gründer der Stadt spricht, befindet sich noch in den Akten des Bremer Staatsarchivs.

Die Richtung der Kirche fiel in die Zeit der Choleraepidemie, die hier von Mitte Oktober bis Ende November anhielt.

Mittlerweile wurde die Kirchenordnung für die „Vereinigte Evangelische Gemeinde" bearbeitet. Sie war im wesentlichen ein Werk des Amtmannes Gröning und wurde am 8. Februar 1854 vom Senate bestätigt. Eine so großartige und kostspielige Anlage wie die unierte Kirche ließ sich nur rechtfertigen unter der Voraussetzung, daß sie für alle Evangelischen bestimmt war; ob sie nun als Bürger hier weilten oder nur vorrübergehend als Handwerker, Arbeiter, Seeleute oder Auswanderer sich hier aufhielten. Von Wichtigkeit war die Bestimmung am Eingang der Kirchenordnung: „Die Gemeinde von Bremerhaven besteht aus allen Bewohnern Bremerhavens, die sich zu einer der protestantischen Konfessionen bekennen. Dazu werden auch diejenigen Fremden gerechnet, deren der Aufenthalt daselbst gestattet ist, sofern bei ihnen dasselbe Erfordernis zutrifft." Dieser erste Paragraph der Verfassung setzt allerdings eine kirchliche Weitherzigkeit voraus, zu der die zeitlichen und örtlichen Verhältnisse noch besonderen Anlaß gaben, insofern erwartet wurde, daß alles, was sich zu einer protestantischen Konfession bekennt, Lutheraner, Reformierte, Unierte, Methodisten und andere, ob sie nun als Bürger hier ansässig sind oder als „temporäre Untergehörige" auf „Karte" sich hier aufhalten, zu einer evangelischen Gemeinde zusammenschließe. Diese Union forderte aber nicht Aufhebung der Sonderbekenntnisse. Es kann jeder innerhalb der evangelischen Gemeinde, Lutheraner oder Reformierter bleiben. Nach dieser Verfassung besteht der „Gemeindeausschuß" (später „Kirchenausschuß") aus drei Bauherren, sechs Diakonen und vier Mitgliedern der Gemeinde, die alle zwei Jahre durch den Kirchenkonvent dem Ausschusse beigeordnet werden. Von den drei Bauherren ist ohne weiteres der erste Beamte zu Bremerhaven, der Amtmann, falls er sich zu einer protestantischen Konfession bekennt, der Vorsitzende. Die beiden anderen werden von dem Konvente gewählt. Mit der revidierten Kirchenordnung, die 1862 in Kraft trat, schied der Amtmann, der gleichsam als Kommissar der kirchlichen Senatskommission angesehen wurde, aus seinem Amte als vorsitzender Bauherr aus, was dem Kirchenausschusse im

Interesse einer selbständigeren und unabhängigeren Verwaltung der Gemeindeangelegenheiten nur erwünscht war. Der Ausschuß bestand fortan aus zwei Bauherren, dem Prediger und neun Diakonen.

Am Himmelfahrtstage 1854 wählte der erste Konvent nach der neuen Kirchenordnung im oberen Saale von Steinhoffs Hotel zu Bauherren Hinrich Garrels auf fünf und Melchior Schwoon auf zehn Jahre. Ende des Jahres war die Kirche im Inneren und Äußeren (die Turmspitze wurde aus finanziellen Gründen noch nicht errichtet) soweit hergestellt, daß ihre Einweihung im Frühling erfolgen konnte. Man wählte zu diesem festlichen Akte den 22. April 1855. An diesem Tage hatte sich eine Kommission des Senats mit einer großen Zahl angesehener Gäste aus Bremen eingefunden, während der greise Bürgermeister Smidt – er stand schon im zweiundachtzigsten Lebensjahre – am Tage zuvor eingetroffen war. Bald nach der Ankunft des Dampfschiffs bewegte sich der Zug, dem sich fast alle Bürger der Stadt anschlossen, unter den Choralklängen eines Musikkorps durch die festlich geschmückten Straßen in die Kirche. Die Feier eröffnete der gemischte Chor unter Leitung des Herrn Woltemas mit einem Choral, dem der Gemeindegesang: „O heil'ger Geist, kehr' bei uns ein" folgte. Hierauf hielt der lutherische Domprediger Dr. Merckel aus Bremen die Einweihungsrede, die vom Geiste der Eintracht durchweht war, wie sie namentlich in einer aus beiden evangelischen Konfessionen gebildeten Gemeinde so notwendig ist. Dann folgte die Festpredigt des reformierten Pastor prim. Mallet über Ev. Joh. 3, 16. Nach dem Gemeindelied: „Nun danket alle Gott" und dem Segen am Altar schloß der Gesangsverein die erhebende Feier mit einem Choral. Welch einen imposanten Anblick bot das Gotteshaus den fast 2.000 Besuchern dar! Eine hohe, dreischiffige, reich gewölbte Hallenkirche mit ihren majestätischen Sandsteinpfeilern und den hohen und farbenfreudigen Fenstern. An der Nordwestseite des Chors[130] die stilvolle Kanzel aus Sandstein mit den vier Evangelisten und dem segnenden Christus im Mittelfelde. Der schöne Taufstein vor den Stufen des Chors, und der feingegliederte, mit Fialen reich geschmückte Altar, die Kirche mit ihrem Mittelschiff und den Seitenschiffen versinnbildlichend. Die prächtige, auf

---

[130] Die Kanzel steht heute im Schiff am vierten Pfeiler links, vom Eingang der Kirche gerechnet.

zweiunddreißig steinernen Stufen zum hohen Sängerchor führende Wendeltreppe. Und nun die Kirche von außen betrachtet! Vor allem, von welch erhabener Schönheit der bis zum Achteck aufgebaute Hauptturm mit seinen mächtigen, nach oben sich verjüngenden Strebepfeilern und den stattlichen Fialen!

Es dürfte nun von Interesse sein, etwas über die Kosten des Kirchenbaus und ihre Deckung zu erfahren. Darüber gibt uns der Bremer Deputationsbericht vom 2. April 1859 nähere Auskunft.

Danach wurden für den ersten mißglückten Kirchenbau eingenommen durch Sammlungen, Geschenken usw.

	37.481,36 Th. G.	
verausgabt	25.287,21 "	
Es blieb mithin über	12.194,15 Th. G.	
Seitdem sind hinzugekommen bis ultimo 1855	26.925,52 "	
	39.119,67 Th. G.	
und endlich die Sonntagsgelder von 1856 bis 1858	4.362,59 "	
Zum Bau der neuen Kirche waren also verwendbar	**43.482,26** Th. G.	

Tatsächlich aber erforderte der Bau mit allem Zubehör etwa 83- bis 84.000 Th. G. Deshalb mußte die Gemeinde Bremerhaven von verschiedenen Privatpersonen ein Darlehn[131] von 40.000 Th. G. aufnehmen. Der Kirchenvorstand hatte den Antrag gestellt, ihm staatsseitig ein unverzinsliches Darlehen von 40.000 Th. G. unter jährlichem Abtrage von 2.500 Th. G. zu gewähren oder ihm zehn zwischen der Hafenkaje und der Leher Straße gelegene Anbauplätze zu überweisen. Die Deputation ging auf beides nicht ein in Rücksicht auf manche Zuweisungen und Vergünstigungen, die Bremerhaven bereits erfahren hatte, als z.B. unentgeltliche Stellung eines großen Bauplatzes Überweisung großer Summen aus den Sonntagsgeldern usw. Dagegen erklärte sie sich zur ferneren Unterstützung aus den Sonntagsgeldern bereit, sofern Senat und Bürgerschaft diese Einrichtung fernerhin gutheißen sollten. In diesem Falle würde die eine Hälfte des jährlichen Betrages zur Zinszahlung, die andere zum Abtrag der Kirchenschuld zu verwenden sein. Die Sonntagsgelder wurden bewilligt. Trotzdem konnten erst im Jahre 1881 die Bauschulden ganz abgetragen werden. In den Herzen

---

[131] *Darlehen; Druckfehler aus dem Original übernommen*

der Gemeinde aber lebte unauslöschliche Dankbarkeit gegen Simon Loschen, der durch sein künstlerisches Schaffen der Stadt eine Kirche geschenkt hatte, die ihr zur größten Zierde und der Gemeinde zu immer neuer Freude gereichte. – Die Stadtkirche war da, endlich da! – Es fehlte nur noch der von der Gemeinde ordnungsgemäß gewählte Seelsorger. Man schritt nun zu den Vorbereitungen der Predigerwahl. Eine beträchtliche Anzahl Geistlicher wurde zur Gastpredigt aufgefordert, so daß durch sie fast regelmäßig Gottesdienste am Sonntage in der neuen Kirche stattfinden konnten. Im übrigen halfen freundlichst Pastor Dreier und andere Prediger aus.

Am 24. August brachte der Gemeindeausschuß von den Bewerbern sechs Kandidaten auf den Wahlaufsatz. Merkwürdigerweise befand sich unter den Ausgewählten nicht Pastor Wolf. Dieser wurde 1849 zum Hauptpastor an St. Nicolai in Kiel ernannt als Nachfolger des bekannten Claus Harms, seines theologischen Gegeners, der den Kampf gegen den Rationalismus seiner Zeit aufgenommen hatte. Wolf hatte sich in fünfundzwanzigjähriger Wirksamkeit durch Wort und Schrift als überzeugungstreuer und beredter Verfechter des freien Protestantismus erwiesen, wurde aber trotz seiner Tüchtigkeit wegen seiner dänenfeindlichen Gesinnung entlassen und mußte somit aus dem einflußreichsten Pfarramt Holsteins scheiden. Amtmann Gröning teilte dem Präsidenten des Senats das Resultat des vorhin erwähnten Wahlaufsatzes mit. Schon am folgenden Tage traf Smidt, der sich lebhaft für die Persönlichkeit Wolfs interessierte, in Bremerhaven ein und wirkte dahin, daß der Entschluß gefaßt wurde, den Senat zu bitten, dieser möge von seinem verfassungsmäßigen Rechte Gebrauch machen, einen der sechs Wahlkandidaten zu streichen und an dessen Stelle Pastor Wolf in Kiel zu setzen. Am 27. August zirkulierte die Bittschrift in der Gemeinde und wurde in einigen Tagen von 135 Gemeindemitgliedern unterzeichnet. Sobald die Sache bekannt wurde, setzte Friedrich Bagelmann eine Gegenpetition ins Werk, in der um unveränderte Aufrechterhaltung des Wahlaufsatzes gebeten wurde. In kurzer Zeit hatte auch diese 135 Unterschriften.

Nachdem Smidt noch einmal in dieser Sache hier konferiert hatte, empfing der Ausschuß die Mitteilung, daß der Senat unter den eingetretenen Umständen sich nicht zur Änderung des Wahlaufsatzes veranlaßt sehe, jedoch dem Ausschuß anheimstelle, selbst eine Revision vorzunehmen, weil zwei Kandidaten auf dem Wahlaufsatz ständen, die noch kein geistliches

Amt verwalteten, daher kaum imstande seien, einer so großen Gemeinde genügend vorzustehen. Da der Vorschlag der Obrigkeit „fast einhellig" (nach Hafenkamp, Lehe) abgelehnt wurde, faßte der Amtmann Gröning auf Anregung eines Ausschußmitgliedes folgende Antwort ab: der Ausschuß halte es zwar nicht für angebracht, den Wahlaufsatz abzuändern, müsse es aber nunmehr dem hohen Senat überlassen, etwaige Mängel desselben um des Friedens willen zu beseitigen. Mit Ausnahme von vier Mitgliedern stimmte der Kirchenausschuß dem zu. Der Wahlaufsatz ward verändert, Rektor Paland gestrichen und Wolf an seine Stelle gesetzt. Gleichzeitig (nach Mitte Oktober 1855) war eine 1846 in Druck erschienene Osterpredigt des damaligen Archidiakonus Wolf in Kiel hier bekannt geworden und brachte neue Aufregung in die Predigerwahl. Aus dieser Predigt ist deutlich Wolfs Glaube an ein ewiges Leben und seine warme Christusverehrung erwiesen, aber die Anschauungen der Evangelien über die leibliche Auferstehung Christi aus dem Grabe kann er nicht anerkennen. Er vertrat, wie manche Rationalisten jener Zeit, die Scheintodshypothese[132], in deren Banne eine Zeitlang sogar der große Theologe Schleiermacher stand, eine Anschauung, die die moderne historisch-kritische Theologie fast einmütig aufgegeben hat[133] und die Erscheinungen des Auferstandenen als von visionären Sinneserregungen begleitete, gottgewirkte seelische Vorgänge erklärt. – Zwölf Bürger[134], die an dem Glauben festhielten, daß der wirklich tot ins Grab gelegte Christus leiblich von den Toten auferstanden sei, und auf diesen Glauben ihre Christenhoffnung gründeten, erhoben Protest gegen den auf die Wahlliste gesetzten Pastor Wolf, als einen nicht mehr auf

---

[132] Aus der Osterpredigt: „Am Kreuze hat der Herr das große Wort gesprochen, den Schlußstein bildend seines Wirkens: es ist vollbracht und über eines L e b e n d e n Lippe ging dieses Wort. Und wenn sein Vater ihn hinweggenommen hätte, den Gerechten, aus dem Reiche der Lebendigen in der Weise, daß überall er den Tod nicht geschmeckt, würde er dann nicht der Erlöser geworden sein? Vor Gott, der ins Herz sieht, gilt der Wille, und wir wissen, daß der Herr freiwillig in den Tod gegangen ist..."
[133] Wobei sie sich n i c h t a u f d i e s p ä t e r entstandenen Evangelien, sondern auf den ä l t e s t e n Bericht 1. Kor. 15, Vers 4 – 8 und Gal. 1, 16, sowie 2. Kor. 4, Vers 6 beruft.
[134] Ulrici, Bicker, H. Deetjen, Büsing, Vasmer, Pfannkuchen, Fr. Bagelmann, Nic. Addicks, Nonne, Silberschmidt, G. Garels, B. v. Lübken, bald die 12 „Protestanten" genannt.

allgemein christlichem Grunde stehenden Prediger. Dieser Protest wurde am 27. Oktober dem Präsidenten des Senats, auch eine Abschrift davon am folgenden Tage dem Bauherrn Gröning mit der Bitte zugestellt, den Wahltermin unter obwaltenden Umständen auszusetzen. Eine ablehnende Antwort erfolgte sehr bald (nach Hafenkamp: „Die erste Predigerwahl zu Bremerhaven", Lehe 1855). Sämtliche reformierten Prediger Bremens, die das geistliche Ministerium bildeten, mit Ausnahme der freisinnigen Pastoren Paniel und Nagel, behändigten durch die Pastoren Pauli und Müller ein „Promemoria" dem Präsidenten des Senats, in welchem die in dem Proteste gegen Wolf erhobene Anklage als völlig begründet anerkannt und vertreten war. – Als besonders leidenschaftlicher Gegner Wolfs zeigte sich der reformierte Prediger Hasenkamp in Lehe. –

In den Tagen vor der auf den 3. November festgesetzten Wahl erhob sich auch noch in dem „Mitteiler an der Unterweser" (Lamberti) eine Fehde. Am 28. Oktober schreibt H. Weymann an seine Mitbürger: Zu verschiedenen Malen hat der „Mitteiler" euch von unseren Gegnern kleine Artikel gebracht. Sie haben auf zu wählende Personen ihrer Farbe hingewiesen; ja man hat sogar von geweihter Stätte nicht undeutlich den Mann bezeichnet, der hier als Prediger zu wählen sei (Pastor Dreier? D. Verf.). Unsere Partei hat geschwiegen, hat deshalb geschwiegen, weil sie dem gesunden Sinn der Mehrheit der Bürger Bremerhavens vertraut. Ob sie recht daran tat, muß der 3. November lehren. Weymann gibt dann eine kurze Biographie Wolfs und tritt für ihn ein. In einem Extrablatt folgt die Erwiderung. Der Gegner will sich nicht nennen, weil dabei so oft Eitelkeit im Spiele ist. Er schließt mit den Worten: „Sie (Weymann) hoffen auf das Vertrauen Ihrer Mitbürger. Ich rechne nicht auf das Vertrauen meiner Mitbürger zu mir, sondern bitte: Vertraut dem Worte des wahrhaftigen Gottes und lasset euch nicht irremachen durch Menschenrede." In der Zeitung vom 31. Oktober wurde unter Hinweis auf den Unglauben, den Pastor Wolf in seiner Osterpredigt kundgegeben, noch eine Warnung und Bitte von altgläubiger Seite ausgesprochen mit dem charakteristischen Bemerken: „Übrigens muß ich gestehen, eine gewisse edle Freimütigkeit, verbunden mit einer Redegabe, wie sie wenigen zu Gebote steht, nimmt ein für den Mann. Er könnte Großes wirken zum Segen der Menschen, wenn Gottes Gnade mit ihm wäre. Jetzt wirkt er zu ihrem Verderben." – „Jedes Christen heilige Pflicht ist es," heißt es dann weiter, „nicht für Wolf zu stimmen." Auf diese letzte Zeitungsstimme vor der Wahl glaubten die Bauherren Garrels und Schwoon nicht schweigen zu dürfen. Sie sorgten für die Verbreitung eines Extrablattes, das mit den Worten schloß: „Jener tendenziösen Verunglimpfung gegenüber halten wir es für unsere Pflicht, offen für Pastor Wolf in die Schranken zu treten und ihn unseren Mitbürgern als einen für Bremerhaven geeigneten Prediger zu empfehlen." – „Man kann nicht leugnen," bemerkt Hasenkamp, „daß dieser beiden Männer Erklärung den bedeutendsten Einfluß auf die Wahl geübt. Ihre Namensunterschrift wurde respektiert."

Zum Wahltermin in der Kirche am 3. November erschienen von 370 Wahlberechtigten 302. Zunächst wurde ein Schreiben Smidts vom 2. November, im Auftrage des Senats an die Bauherren gerichtet, verlesen. Darin erklärte der Senat, daß, nachdem der Wahltermin bereits angesetzt worden, die Wahl weder aufgeschoben, noch eine abermalige Änderung des Wahlaufsatzes vorgenommen werden könne. Nun erfolgte die Abstimmung. Von 302 Stimmen, davon zwei ausfielen, erhielt Pastor Wolf 223, war also mit erdrückender Majorität gewählt. Daß sich auf Pastor Dreier, der schon lange in der Stadt gewirkt hatte und den Ruf eines treuen Seelsorgers genoß, nur 37 Stimmen vereinigten, lag an seiner Glaubensrichtung, die der Mehrheit nicht zusagte, und wohl auch an dem Umstand, daß er die Beredsamkeit Wolfs nicht besaß. Auf die übrigen Kandidaten fielen zusammen also nur 40 Stimmen. Am 20. November wurde den Bauherren von der kirchlichen Kommission „zur Kunde gebracht, daß der Senat der am 3. November d. J. ordnungsgemäß erfolgten Wahl ... nach sorgfältiger Erwägung aller ihm zugekommenen Vorstellungen, wie nach eingegangenen Erkundigungen und nach des Erwählten eigenen, dem Senat gewordenen Mitteilungen ... seine Bestätigung erteilt habe".

Die erfolgte Wahl gab zu verschiedenen Preßkundgebungen in Prosa wie Poesie Anlaß. Der „Bürgerfreund", das 1816 gegründete Lokalblatt Bremens, bemerkte am 4. November in lakonischer Weise: Herr Pastor Dulon ist abgesetzt (nämlich am 19. April 1852. D. Verf.) und hat den bremischen Staat verlassen, Herr Pastor Wolf ist in denselben berufen worden. Der gute Freund war schlecht orientiert, wenn er glaubte, ein Recht zu haben, Dulon und Wolf auf eine Linie zu stellen. Rudolph Dulon, Pastor an Liebfrauen in Bremen, war nicht wegen seiner freisinnigen Glaubensrichtung, die ausdrücklich den Glauben an Gott als „selbstbewußten Geist" und an die individuelle Unsterblichkeit wahrte, vom Senate abgesetzt worden, eher schon wegen der Maßlosigkeit und Gehässigkeit, mit welcher er gewisse christliche Lehren kritisierte, im letzten Grunde aber wegen seiner gegen den Übermut der Privilegierten und Begnadigten" gerichteten, die Öffentlichkeit aufregenden demagogischen Reden und Aufsätze, die nicht nur dem bremischen Staate, sondern auch anderen Regierungen unbequem wurden (s. Weiß, Bremen, „Bilder aus der Bremer Kirchengeschichte um die Mitte des neunzehnten Jahrhunderts", die auch den Wolfschen Streit vorführen, 1896 und Veeck, Geschichte der reformierten Kirche Bremens, 1909). Dies revolutionäre Treiben Dulons mußte einem besonnenen Manne wie Wolf zuwider sein. Auch die oberflächlichen Anschauungen, welche Dulon über die Gnade, die Rechtfertigung aus dem Glauben und andere Lehren des Christentums hatte, waren unserm Pastor Wolf nicht eigen, erst recht nicht die Verachtung der gegenwärtigen Kirche, die Dulon einen „Tummelplatz heulender Pietisten", einen „Hörsaal herzloser Heuchler" nennt. – Am 20. November brachte der Bremer „Courier" im Interesse Wolfs eine „Romanze".

Am ersten Advent hielt Pastor Nieter, am Dom in Bremen, ein Mann von mildem, christlichem Charakter, der durch seine geistvollen Reden und seine Persönlichkeit nachhaltig in seiner Gemeinde wirkte (Veeck, Brem. Biographie, 19. Jahrh.), wahrscheinlich auf Veranlassung Smidts, der ihn sehr hoch schätzte, in der unierten Kirche eine Predigt über Epheser 4,3: „Seid fleißig zu halten die Einigkeit im Geiste durch das Band des Friedens". Ein Inserat des „Mitteilers an der Unterweser" beantwortete die Predigt mit Hesekiel 13, 8 – 10: „Meine Hand soll kommen über die Propheten, so das predigen, da ich der Herr bin, darum, daß sie mein Volk verführen und sagen ‚Friede', so doch kein Friede ist." – Einige Zeit nach der Nieterschen Predigt erzählte und beleuchtete der reformierte Pastor Hasenkamp in einer bei O. Remmler & Co. in Lehe gedruckten Broschüre „die erste Predigerwahl zu Bremerhaven". In dem letzten Abschnitt „Die Aussichten" überschrieben, bemerkte er: Einstweilen haben wir Herrn Wolf zu empfangen. – Wie dem entgegenkommen, den wir meiden und fliehen möchten? – Offen und ehrlich und mit deutlicher Stimme ihm sagen, daß wir innerlich keine Gemeinschaft mit ihm haben, darum auch äußerlich keine heucheln wollen. Sodann versteigt er sich zu dem vernichtenden Urteil: „Da wo ein Prediger und Religionslehrer sich zur Schule des Satans wendet, soll er getroffen werden von dem furchtbarsten Ernste, da sollen Christen wenigstens die Gemeinschaft und den Umgang mit ihm so weit beschränken, daß jeder Mensch innewerde, daß sie ihn nicht für einen Diener am Evangelio erkennen."

Am 6. Januar 1856 veröffentlichte der „Courier an der Weser" ein zweites Gedicht, zu dem ein Aufsehen erregendes Bild von Smidt in der Mitte, von Wolf zur Rechten und Hasenkamp zur Linken die Illustration gab. Zugleich wurde in demselben Blatte über Pastor Wolf berichtet: „Es ist in Schleswig-Holstein nur eine Stimme darüber, daß er sowohl durch seine tiefe Religiosität und wahre Menschenliebe, wie durch seine im schleswig-holsteinischen Kriege bewährte deutsche Gesinnung den Namen eines Ehrenmannes in jeder Beziehung verdient. Hoffentlich wird Herr Pastor Wolf darauf verzichten, einen unerquicklichen und nur den religiösen Interessen Nachteil bringenden Kampf fortzusetzen und seine bedeutende Begabung einer dankbaren Wirksamkeit zuwenden."

Von nun an verstummten die Pressestimmen für und wider Wolf. Es war auch höchste Zeit. Seine Ankunft in Bremerhaven stand unmittelbar bevor.

Am 9. Januar 1856 zog Pastor Wolf mit seiner Familie in Bremerhaven, das festlichen Flaggenschmuck angelegt hatte, ein, feierlich begrüßt vom Gemeindeausschuß und durch Lieder hiesiger Gesangvereine in der einstweiligen Pfarrwohnung an der Thulesiusstraße. (Das neuerbaute, mit einem Lehrsaal versehene Pfarrhaus an der Leher – Bürgermeister Smidt- – Straße wurde erst 1858 bezogen.) Am 20. Januar wurde er in der Kirche von Amtmann Gröning in sein Amt eingeführt und hielt dann seine Antrittspredigt, die, von Dank gegen Gott und Menschen und vom Geist der Versöhnlichkeit erfüllt, aller Herzen ergriff[135]. Wolf war ein bewußter Vertreter des Rationalismus in seiner edlen Erscheinung. Wiewohl aus einer lutherischen Landeskirche hervorgegangen, war er von Herzen der Union zugetan und trat mit Festigkeit und Würde, ohne Leidenschaft, für die Interessen seiner Gemeinde ein gegenüber den separatistischen Bestrebungen altgläubiger Lutheraner. Das „Christentum Christi, die Anbetung Gottes im Geist und in der Wahrheit" und zugleich den kirchlichen Sinn in der Gemeinde zu wecken und zu fördern, darauf ging sein Sinnen und Wirken. – Amtmann Gröning, wiewohl der vereinigten evangelischen Gemeinde bis zu seinem Tode

---

[135] Siehe die Antrittspredigt im vierten Teil.

zugehörig, sympathisierte immer mehr mit den Lutheranern, kam auch bei der ihm eigenen Kampfesnatur mit Pastor Wolf in heftige Konflikte, die ihn zu schwer beleidigenden Äußerungen hinrissen, so daß der Kirchenkonvent das Vertrauen zu ihm verlor und an den Senat mit der Bitte herantrat, der vereinigten evangelischen Gemeinde zu gestatten, die Protokolle usw. ohne Vermittlung des Amtmanns direkt an die Senatskommission oder durch den zweiten Beamten, Gerichtsassessor Dr. Boisselier, der Staatsbehörde, zustellen zu dürfen. Der Senat bestand indes auf Einrichtung der Protokolle an das Amt, stellte aber dem Kirchenausschuß anheim, Eingaben usw. direkt an die Senatskommission zu richten. Auch der „Gemeindeausschuß" (Gemeinderat und die Gemeindeverordneten) schloß sich den Beschwerden über Amtmann Gröning an. Seine wiederholte Bitte um Versetzung des Amtmanns schlug aber der Senat am 17. Dezember 1862 abermals im Hinblick auf seine sonstige erfolgreiche Tätigkeit ab. –

An den Bestrebungen für eine weitere Ausschmückung und praktische Einrichtung der Kirche, sowie Vollendung des Turmbaues nahm Wolf lebendigen Anteil. Wie vieles geschah noch im Laufe der Zeit, die Kirche schöner, weihevoller und zweckdienlicher zu gestalten!

Am 26. Oktober 1856 wurde die O r g e l, von Ph. Furtwängler in Elze erbaut, eingeweiht. Bis dahin hatte man sich mit einer „Fisharmonika" begnügt. Im Jahre 1860 wurde die von Melchior Schwoon geschenkte T u r m - u h r aufgestellt. Im Jahre 1863 traf aus Bremen die neue, von G. Rumpel kunstvoll aus Sandstein gearbeitete K a n z e l ein. Sie wird getragen von einer starken, stämmigen, auf einem Postament aufgebauten Mittelsäule und sechs schlanken Seitensäulen und ist geschmückt mit den durch einen Baldachin gekrönten Bildern der vier Evangelisten und deren Emblemen. Die erste schöne steinerne Kanzel von 1855, die nach ihrem Bau ganz berechnet war für eine Aufstellung an der Nordwestecke des Chors, erwies sich dort aus akustischen Gründen für unbrauchbar und konnte so, wie sie einmal baulich beschaffen war, nirgendwo in der Kirche einen passenden Standort finden. Sie wurde 1866 der hiesigen im Bau begriffenen katholischen Kirche geschenkt. Bis zur Aufstellung der neuen Kanzel war jahrelang in der unierten Kirche eine zwar dem Baustil der Kirche angemessene, aber aus Holz leicht gebaute Kanzel in Gebrauch.

Im Jahre 1865 erhielt die Kirche eine Gasbeleuchtung durch zwei Kronleuchter mit je 54 Flammen und eine Heizungsanlage durch vier Koksöfen.

Die Kirche der vereinigten evangelischen Gemeinde

(unierte Kirche)

Am 3. Juni 1867 wurde die Kirche durch das Altarbild „Jesus und die Samariterin" (von dem Kunstmaler Ludwig Seitz in Rom) und am 18. September durch eine neue, von einer Firma in Krefeld bezogene Altardecke geschmückt.

Im Kriegsjahr 1870 wurde der herrliche Bau der 100 Fuß hohen, durchbrochenen Sandstein-Turmspitze vollendet. Um die damit verbundenen vielfachen Vorarbeiten, unter anderem auch um die Herbeischaffung der nötigen Mittel durch Sammlungen hatte sich der Bauherr Riemenschneider besondere Verdienste erworben. In den Knopf des Turmes wurde ein bei Carl Schünemann in Bremen auf Pergament gedrucktes Dokument eingemauert, das folgendermaßen lautet:

1870

Im Jahre 1870, Eintausend achthundert und siebenzig, wurde Gott zu Ehren und der Stadt B r e m e r h a v e n zur Zierde die 100 Fuß hohe massive Thurmspitze durch den Steinmetz und Steinbruchbesitzer G. Kuhaupt aus Ehringen nach einer von dem Bremischen Architecten Herrn Simon Loschen (welcher vor 16 Jahren auch diese Kirche gebaut hat) entworfenen Zeichnung, unter dessen specieller Aufsicht mit Gottes Hülfe glücklich ausgeführt und vollendet, nachdem die Mittel dazu durch freiwillige Gaben zusammengebracht worden.

Bremerhaven, 8ten September 1870

Der Kirchen-Ausschuß der vereinigten evangelischen Gemeinde

F.H.Riemenschneider	Bauherren
A. Rosenthal	

H. G. T. Wolf, Prediger

C. Nobbe	
R. Kroymann	
M. Schwoon	
H. B. Eelbo	
L. Köhler	Diakonen
J.D. Kroog	
H. Suhr	
A. Rickmers	
F. Rodenburg	

Aus einem Brief Loschens an den Bauherrn Riemenschneider erfahren wir, daß das Dokument eine Kupfermappe erhalten hat, das Ganze in Papier eingeschlagen und so vermauert worden ist, damit der Mörtel nicht am Kupfer hafte. Am 9. September ist der Deckel des Knopfes aufgesetzt, und sind damit die Steinarbeiten der oberen Spitze vollendet worden. Am 7. Oktober wurden die großen Stahlglocken, vom Bochumer Verein unter Zurücknahme des alten Geläutes geliefert, auf den Turm gebracht. – Auch diese, wenngleich eine Besserung des Geläutes im Vergleich zu dem früheren eingetreten war, befriedigten doch im Ton und Zusammenklang nicht völlig. – Endlich wurde 1874 der Bau der großen Empore im südlichen Seitenschiff der Kirche nach dem Bauriß des Architekten Löschner ausgeführt. – Die schöne Kirche hatte an Wolf einen hervorragenden Kanzelredner gewonnen, dessen Wort von zündender, erhebener und tröstender Kraft war. Auch in seinen Kasualien wirkte er eindrucksvoll und erbaulich. Wolf war ein wissenschaftlich reger Geist und ist auch literarisch mehrfach tätig gewesen. Im Jahre 1857 gab er das „Gesangbuch für die vereinigte evangelische Gemeinde" heraus, das vielen lieb geworden war, vor längerer Zeit aber laut Konventsbeschluß dem „Neuen Bremer Gesangbuch", das den Gemeindebedürfnissen mehr entspricht gewichen ist. Sein 1862 erschienenes Buch „Über den angeblichen Kirchenjammer in Bremerhaven" gibt eine aktenmäßige, interessante und lehrreiche Darstellung über die damaligen kirchlichen Bewegungen und Kämpfe. Im Jahre 1867 erschien seine homiletische Schrift: „Emerson, Parker, Robertson, Spurgeon, Lichtbilder aus Alt- und Neu-England".

In den sechziger Jahren gründete Wolf zur Unterstützung der bedrängten Protestanten in der Diaspora einen Zweigverein der Gustav-Adolf-Stiftung, der in der Kriegszeit 1870/71 einging und erst im Jahre 1884 wieder ins Leben gerufen wurde. Im Jahre 1869 bildete sich auf Veranlassung von Pastor Wolf und einigen Bürgern, darunter Dr. With, eine Frauenvereinigung, die es übernahm, Unbemittelte in Krankheitsfällen, sowie Wöchnerinnen mit kräftigem Essen zu versorgen. – Wolf feierte 1877 sein goldenes Amtsjubiläum. Sein hohes Alter und seine große Arbeitslast erforderten die Anstellung eines zweiten ordentlichen Predigers. Für diese entschied sich denn auch der Kirchenkonvent am 21. Januar 1877.

Die Wahl fiel auf Pastor Eberhard Cronemeyer in Lage bei Detmold, der am 30. September in sein hiesiges Amt eingeführt wurde. Pastor Wolf wurde 1880 emeritiert und starb im siebenundachtzigsten Lebensjahre am 2. April 1887 in Ballenstedt.

An Cronemeyer, dem erst im November 1882 in dem Predigtamtskandidaten Eduard Kreuter in Hamburg ein Hilfsprediger gegeben war, hatte die Gemeinde einen Prediger erhalten, der nach inneren Kampfe sich durchgerungen hatte zu einer festen Weltanschauung nach dem Bilde des Erlösers, nicht des dogmatischen Christus, sondern des Menschensohnes, der ganz aufging in Gottvertrauen und Liebe. Er war ein vom Geiste Jesu beseelter Philanthrop. In Bremerhaven Bot sich ihm reiche Gelegenheit zur Betätigung seiner Natur, in der sich tiefes Mitgefühl für die Notleidenden, lebendiger Gemeinsinn und große Arbeitskraft und -lust vereinigten. Auf seine Veranlassung wurde 1879 der Frauenverein der vereinigten evangelischen Gemeinde ins Leben gerufen. Alle sonstigen gemeinnützige Anstalten, die Cronemeyer gegründet oder an deren Gründung er beteiligt war, sowie seine literarische Tätigkeit liegen über die unserem Buche gesteckte Zeit hinaus. – Pastor Cronemeyer war ein namhafter Vertreter des gemäßigten kirchlichen Liberalismus, ein beliebter Seelsorger und ein hochgeschätzter, einflußreicher Bürger. Sein Auftreten war sicher und gewinnend, seine Rede lebendig und warm. –

Neben der vereinigten evangelischen Gemeinde entwickelte sich aus kleinen Anfängen nach manchen Verhandlungen mit dem Senate und Auseinandersetzungen mit der unierten Kirche die evangelisch-lutherische Gemeinde, die heute etwa 6.500 Seelen zählt und damit die Hälfte der Seelenzahl der vereinigten evangelischen Gemeinde erreicht hat. Sie ging hervor aus einem Kreise lutherischer Hausväter (fast ausschließlich Handwerker und Arbeiter), die nach Bekanntwerden der Kirchenordnung vom 8. Februar 1854 gegen diese protestierten, weil ihnen die Union nicht zusagte. Am 8. Dezember 1860 nehmen 46 Hausväter diesen Protest wieder auf und taten sich zu einem Lutherischen Verein zusammen, der als solcher am 13. Dezember 1861 vom Senat die Erlaubnis zur Anstellung eines Predigers erhielt[136]. Seit Pastor Wolfs Einführung in sein Amt vollzog der Kapellenprediger Pastor Dreier keine Amtshandlungen mehr in der Stadt. Nur die Kinder, die nicht in Wolfs Unterricht übergingen, hatte er noch Ostern zu konfirmieren. Im übrigen aber war mit Unterstützung angesehener reformierter Bürger in Bremen die Fortsetzung der Gottesdienste in der Kapelle erwirkt worden. Doch 1856 schied D r e i e r aus seinem hiesigen Amte, um eine Pfarradjunktur in Neuenkirchen (Kr. Blumental) zu übernehmen. Am 16. Februar 1857 ernannte der Senat auf Empfehlung reformierter Kaufleute in Bremen den Kandidaten Justus R u p e r t i zum evangelischen Kapellenprediger. „Der erfolgten Eröffnung eines öffentlichen Gottesdienstes in der Kirche zu Bremerhaven unerachtet", wurde ihm „zu völliger Fürsorge für die Auswanderer bei dem in der Kapelle von Claussen veranstalteten Privatgottesdienste" das Predigen gestattet, mit Ausnahme aber der Stunden, in denen der öffentliche Gottesdienst in der Kirche zu Bremerhaven stattfand. An Rupertis Gottesdienst nahmen diejenigen Einwohner teil, die sich mit der Richtung Wolfs nicht befreunden konnten, Lutheraner wie Reformierte. Doch kündigten die reformierten Kaufleute in Bremen, die Ruperti besoldeten, ihm seine Stellung, weil er die Bildung einer l u t h e r i s c h e n Gemeinde anstrebte. Und in der Tat, Ruperti wurde Pastor des neugegründeten (schon erwähnten) Lutherischen Vereins, nachdem er am 7. Januar 1862 in Stade ordiniert worden war. Seine Anhänger, 70 bis 80 Familien, mußten von nun an für seinen Unterhalt allein sorgen. Auch mußte jetzt für die Benutzung der Auswandererkapelle Miete bezahlt werden. Nachdem ein vom Lutherischen Verein zu Händen des Kirchenausschusses der vereinigten evangelischen Gemeinde am 20. Januar 1862 eingereichter Antrag, die unierte Kirche mit benutzen zu dürfen, abgelehnt worden war, entschloß man sich zum Bau eines eigenen Gotteshauses, für den die Mittel teils durch Sammlungen (3.668 Th. G.), teils durch Anleihen aufgebracht wurden. Am 15. Februar 1863 wurde die äußerst einfache K a p e l l e eingeweiht, während ein bescheidenes P f a r r h a u s schon im Jahre zuvor erbaut wurde. Es waren noch manche Verhandlungen mit dem Senate erforderlich, ehe dieser die Bildung einer selbständigen lutherischen Gemeinde genehmigte. Nachdem aber der Lutherische Verein

---

[136] Vgl. dazu Pastor Schnackenbergs „Kurze geschichtliche Entwicklung der Evangelisch-lutherischen Gemeinde zur Kreuzkirche in Bremerhaven". Krause und Randermann 1911.

die Mittel zur Erhaltung eines „würdigen gottesdienstlichen Lokales" und „zur vollständigen Besoldung der Kirchenbeamten" nachgewiesen und sich bereit erklärt hatte, die Schuldenlast der vereinigten evangelischen Gemeinde zu Bremerhaven „nach wie vor mit zu tragen und mit zu tilgen", konnte der Senat „nicht weiter sich veranlaßt finden, dem im übrigen berechtigten Verlangen der Lutheraner als Angehörigen einer anerkannten christlichen Konfession entgegenzutreten". Am 26. Mai 1865 wurde die eingereichte Kirchenordnung bestätigt und die Gemeinde als selbständige lutherische Gemeinde anerkannt, als deren Mitglieder allerdings nur die lutherischen Bewohner Bremerhavens galten, die ihren Beitritt dem Vorstande der Gemeinde schriftlich erklärt hatten. Abgesehen von dieser Bestimmung standen beide evangelischen Gemeinden der Stadt gleichberechtigt nebeneinander.

Bei dem raschen Wachstum der Gemeinde konnte das kleine, unansehnliche Kirchengebäude den Bedürfnissen und Interessen derselben auf die Dauer nicht genügen. Schon im Jahre 1866 tat man Schritte, um Abhilfe zu schaffen. Der Senat wurde um unentgeltliche Überlassung eines großen Platzes im Norden der Stadt (sogenannter Markusplatz) ersucht. Doch die Sache zerschlug sich. Die 1870 gepflogenen Verhandlungen um Errichtung eines „Simultaneum" scheiterten an dem Verlangen der Lutheraner, bei der Mitbenutzung der unierten Kirche die selbständige Sonderstellung der lutherischen Gemeinde aufrecht zu erhalten. Auch erneute Verhandlungen mit dem Senate um unentgeltliche oder billige Überweisung eines Areals für den Neubau der Kirche hatten keinen Erfolg. Da sich sonst keine Gelegenheit zu einem billigen Ankauf eines größeren Bauareals bot, entschloß man sich, auf dem alten Platze Ecke der Langen- und Keilstraße das Kirchengebäude durch einen stattlicheren und größeren Neubau zu ersetzen. Die neue Kirche, für die ansehnliche, freilich nicht ausreichende Liebesgaben aus Hannover und Mecklenburg eingingen, wurde am 18. Februar 1877 eingeweiht. Sie ist ein einschiffiger Hallenbau mit niedrigen Seitenemporen in ansprechenden gotischen Formen nach den Plänen des Architekten Hotzen, hat 500 Plätze gegen 340 in der alten, steht aber hart an der Straße, entbehrt eines stattlichen Turmes und vermag den kapellenartigen Charakter nicht abzustreiten.

Der erste Prediger an der evangelisch-lutherischen Gemeinde, Justus Ruperti, war eine christozentrische Persönlichkeit im altgläubigen Sinne und von warmer Beredsamkeit. Im Verkehr mit Menschen von großer Freundlichkeit, gewann er sich die Herzen der Gemeinde. Für die Armen und Kranken sorgte er unermüdlich. Sein Konfirmationsunterricht war fesselnd und von nachhaltiger Wirkung. Ruperti siedelte 1871 nach Geestemünde über, um eine dortige Pfarrstelle anzutreten (gestorben als Generalsuperintendent für Holstein). Ihm folgte im hiesigen Amte sein Schwiegersohn, Fritz Hashagen. Derselbe erwies sich als ein treuer Seelsorger, der sich auch um den Bau der zweiten Kirche besondere Verdienste erwarb. Auf seine Anregung wurde 1877 der lutherische Frauenverein ins Leben gerufen. Er gründete auch eine christliche Männervereinigung. Im Jahre 1879 wurde er als Professor der praktischen Theologie nach Rostock berufen. Sein Nachfolger wurde Pastor Kreusler.

Neben den beiden evangelischen Gemeinden unserer Stadt besteht die etwa 2.500 Seelen zählende katholische Gemeinde. Sie wurde Ende des Jahres 1852 begründet. Ihr erster Seelsorger war Pastor Goltermann, der in gemieteten Räumen der Fährstraße für die katholischen Einwohner, zugleich aber für die Katholiken der Umgegend und für die immer zahlreicher gewordenen katholischen Auswanderer Gottesdienste abhielt. Ihm hat es die Gemeinde zu verdanken, daß er vom Senat in Bremen die unentgeltliche Überweisung eines großen und recht günstig gelegenen Areals an der Grünen-, Keil- und Langenstraße für den Bau eines eigenen Gotteshauses zu erreichen wußte. Im Jahre 1865 wurde der Grundstein zur Kirche gelegt, und am 18. Juni 1867 fand die Einweihung statt. Die „Marienkirche" ist ein in einfacher Schönheit gehaltener gotischer Backsteinbau von etwa 34 Meter Länge und 10 Meter Breite, mit 57 Meter hohem Turm, nach Plänen des Dombaumeisters Hensen in Osnabrück erbaut. – Goltermann starb am 4. September 1867. – Sein Nachfolger war Pastor Brockgertken, ein freundlicher und wohlwollender Seelsorger, auch von seinen protestantischen Mitbürgern, die ihn näher kennenlernten, wohlgeschätzt. Er erwarb sich große Verdienste um den Ausbau des Gemeindelebens durch Gründungen von Vereinen, die in den achtziger Jahren und Anfang der neunziger erfolgten. Für unsere Zeit kommt nur in Betracht, daß Brockgertken, wie schon anderswo erwähnt, 1875 für ambulante Krankenpflege barmherzige Schwestern berief, die in dem 1879 gegründeten St. Josephs-Hospital die Pflege übernahmen.

Was endlich die Methodistengemeinde unserer Stadt betrifft, so wurde sie schon im Jahre 1850 begründet. Sie hielt lange Zeit ihre Gottesdienste in einem Hause Ecke der Post- und Fährstraße, bis am 5. Dezember 1892 ihre am Siegesplatz erbaute und für die drei Unterweserorte bestimmte Kirche eingeweiht wurde. –

Erhebene Feste

Damit an dem Bilde des Lebens in unserer jungen Stadt, wie es sich in den sechziger und siebziger Jahren darbot, nichts fehle, müssen wir noch einiger schöner Feste gedenken.

Die fünfzigjährige Wiederkehr der Völkerschlacht bei Leipzig am 18. Oktober 1863, welche die Sehnsucht nach der Vereinigung des buntscheckigen Vaterlandes zu einem einzigen starken Deutschland wieder lebhaft erweckte, wurde, wie überall, so auch in unserer Stadt festlich begangen. Eine Feier, durch Instrumental- und Gesangsvorträge bereichert, vereinigte viele Teilnehmer in der unierten Kirche, in der für hilfsbedürftige freiwillige Krieger oder ihre Hinterbliebenen eine ansehnliche Kollekte erzielt wurde. Eine originelle Feier fand noch auf dem Marktplatze statt. Ein größeres Konsortium, mit Carsten Greve an der Spitze, ließ in der Mitte des Marktplatzes eine hohe Stange errichten, die nach allen Richtungen durch bunt beflaggte Leinen mit den Häusern verbunden war. Oben auf dieser Stange prangte ein riesiger Zylinderhut. Unter demselben hing rings herum ein Leinwandschild, mit Namen der sämtlichen Staaten Deutschlands versehen. Um den Hut schlang sich ein breites Band mit der Inschrift in großen Buchstaben: „Alle unter einem Hut." An der Leher Straße, zwischen den beiden Hotels, war eine große Ehrenpforte errichtet, an der man die Worte las:

> „Symbolisch ist hier ausgestellt,
> Nach dem wir alle ringen,
> Und wenn Euch dieser Plan gefällt,
> Helft bauen und vollbringen."

Von einer schön geschmückten Kanzel hielt Carsten Greve eine schwungvolle Rede über Deutschlands Einigung, die vom sehr zahlreich erschienenen Publikum mit Begeisterung aufgenommen wurde[137].

Der 10. Oktober 1868 gestaltete sich festlich für einen engeren Kreis der Einwohnerschaft, der an diesem Tage den von der ersten deutschen Nordpol-Expedition nach Bremerhaven Zurückgekehrten einen feierlichen Empfang bereitete.

Am 15. Juni 1869 durfte unsere Stadt hohe Gäste begrüßen: Mit dem Mittagszuge kamen von Bremen König Wilhelm I., Graf Bismarck, General von Moltke, Kriegsminister von Roon, Prinz Albert von Preußen, und der Großherzog Friedrich Franz von Mecklenburg, alle jene Männer, die in dem bald ausbrechenden Kriege mit Frankreich eine so ehrenvolle Bedeutung erlangen sollten, und wurden von der Bevölkerung freudig begrüßt. Der Aufenthalt in Bremerhaven, der nur wenige Stunden währte, galt der Besichtigung des Lloyddampfers „Deutschland" und der Schiffe „Germania" und „Hansa" der zweiten Nordpol-Expedition, die gleich darauf ihre Fahrt antraten. – Am 12. September 1870 kehrte die auf Tecklenborgs Werft erbaute „Germania" von ihrer Nordpolfahrt nach Bremerhaven zurück. – Am 18. Juni 1871, wo in allen Kirchen des bremischen Staates außerordentliche Dankgottesdienste veranstaltet wurden, fand auch hier eine würdige Friedensfeier statt. – Vom Jahre 1873 an wurden die Sedantage besonders festlich begangen. Einen festlichen Nachklang und einen Höhepunkt nationaler Begeisterung brachte der 4. September dieses Jahres durch den Besuch des Feldmarschalls von Moltke und seines Generalstabes von Bremen aus.

Bürgermeister Johann Smidt sollte die Einigung des deutschen Vaterlandes für das in Zeiten der tiefsten Schmach sein Herz warm schlug, und die großartige Entwicklung Bremerhavens in den sechziger und siebziger Jahren nicht mehr erleben. Er starb am 7. Mai 1857 im Alter von dreiundachtzig Jahren. Aber im Gedächtnis seiner dankbaren Landsleute lebte er fort, und diesem Andenken wurde Ehre, wo ihm Ehre werden konnte. Der 5. November 1873, der hundertste Geburtstag Johann Smidts, wurde von Bremen wie von Bremerhaven auf das festlichste begangen. In Bremerhaven feierten Wilhelm Smidt zur Dungen und mehrere seiner Söhne, Sohn

---

[137] Nach Mitteilungen von Georg Kimme in der Nordwestdeutschen Zeitung vom 23. Mai 1919.

und Enkel Smidts, das Gedächtnis ihres großen Toten mit. Die Schulen führten der Jugend das Bild des berühmten und besonders für den bremischen Staat so bedeutungsvollen Mannes vor Augen. Bei dem Gottesdienst in der unierten Kirche würdigte Pastor Wolf vor einer zahlreich versammelten Gemeinde den Verewigten in beredten Worten. Er feierte seinen vielseitigen Geist, seine Tatkraft und sein ideales Streben, und zeichnete dann vor allem ein lebendiges Bild von ihm als Staatsmann und Bürgermeister von Bremen und als Gründer unserer Stadt. Am Nachmittag vereinte ein Festessen etwa siebzig Bürger und Beamte und die Ehrengäste. Hier wies Amtmann Schultz in einer kurzgefaßten aber zündenden Rede darauf hin, wie insbesondere die Bewohner der Unterweserorte alle Ursache hätten, das Andenken Smidts in treuem Herzen zu bewahren, der in Bremerhaven den Mittelpunkt eines so kräftig pulsierenden Lebens geschaffen habe. Er zeigte in beredten Worten, wie Smidt seit seinem Eintritt in den Senat die Seele Bremens gewesen, wie die größten Geister seine Bedeutung geschätzt, die Fürsten und Großen ihn geachtet, und selbst Napoleon ihn beachtet hätte[138]. Eine wundervolle Illumination beschloß den festlichen Tag.

Der Sedantag im Jahre 1876 erhielt seine besondere Weihe durch die Enthüllung des Kriegerdenkmals auf dem Leher Platz am Ostende der Lloydstraße, an der städtische und staatliche Behörden, die Kriegervereine und eine große Zahl der Einwohnerschaft teilnahmen. Das Denkmal ist ein Obelisk aus rotbraunem Fichtelgebirgsgranit auf dreistufigem Unterbau von grauem Granit, errichtet zu Ehren der vier in dem Kriege gegen Frankreich fürs Vaterland gestorbenen Bremerhavener. Auf der Westseite des Obelisk stehen die Worte: „Zur Erinnerung an die glorreichen Siege im Kriege von 1870/71." Die Ostseite trägt die Inschrift: „Für das Vaterland starben die Bremerhavener C. R. F. G. Brommy[139], † zu Marange am 12. Oktober 1870. J. F. Bunte, † zu Loingy am 2. Dezember 1870. C. A. Korff, verwundet am 7. September 1870, † am 11. November 1870. J. G. H. Trüper, † am 15. Februar 1871."

---

[138] Vgl. Das Festblatt der „Provinzial-Zeitung" zum 12. September 1880 von Theodor Wolff.
[139] Sohn des Admirals Brommy.

Das fünfzigjährige Jubiläum des Bestehens unserer Stadt am 1. Mai 1877 wurde öffentlich nicht gefeiert, dafür aber die fünfzigjährige Wiederkehr der Eröffnung des Hafens am 12. September 1880 sehr festlich begangen. –

Doch das geht schon über den Rahmen unserer Geschichte hinaus, die mit der

Durchführung der neuen städtischen Verfassung Ende 1879

ihren Abschluß finden soll. Es hat eine gewisse Berechtigung, die Geschichte Bremerhavens bis zu diesem Zeitpunkt „die ältere Geschichte" zu nennen, so weit bei dem kurzen Zeitraum von einer älteren und neueren Geschichte die Rede sein kann; denn mit der neuen Verfassung, die am 18. September 1879 vom Senate bekannt gemacht wurde und am 1. Oktober in Kraft trat, begann für die Stadt eine neue Ära, eine gründliche Neugestaltung und Erweiterung der Verwaltungsbefugnisse der Gemeindebehörde. Nach dem neuen Gesetz schied nun das Amt Bremerhaven aus der von ihm als Staatsbehörde geübten Mitverwaltung der Gemeindeangelegenheiten aus. Von wesentlicher Bedeutung war, daß der Gemeinde, die bisher keine eigene Polizei hatte, die Verwaltung der Ortspolizei übertragen wurde. Die Stadt wird nach den neuen Satzungen durch einen aus acht Mitgliedern bestehenden Stadtrat, dessen Vorsitzender der Stadtdirektor ist, verwaltet. Die Stadtverordneten, dreißig an der Zahl, können, was den früheren Gemeindeverordneten nicht zustand, so oft die Geschäfte es erfordern, sich versammeln. Sie werden von den Gemeindebürgern auf die Dauer von vier Jahren in drei Wählerklassen gewählt, die nach Maßgabe der zu entrichtenden Gemeindesteuern gebildet werden. Alle zwei Jahre scheidet die Hälfte der Stadtverordneten aus und wird durch neue Wahlen ersetzt. Der Stadtrat wird von den Stadtverordneten gewählt. Dieser wählt aus seiner Mitte den Stadtdirektor. Wenigstens ein Mitglied des Stadtrates wird besoldet. Dies Mitglied des Stadtrates muß zum Richteramte befähigt sein oder in einem deutschen Bundesstaate die für den höheren Verwaltungsdienst vorgeschriebenen Prüfungen bestanden haben. Es lag nahe, daß der diesen Anforderungen entsprechende Verwaltungsbeamte zum Stadtdirektor, der an und für sich kein „Rechtsgelehrter" sein brauchte, gewählt wurde, wie es denn auch wirklich geschah. Prinzipiell erfolgte die Durchführung der neuen Verfassung noch bis Ende 1879. Die Stadtverordneten waren schon im Oktober gewählt und traten sogleich nach den Bestimmungen des neuen Gesetzes in Tätigkeit. An die Stelle des bisherigen Vorsitzenden des Gemeinderates war Dr. jur. Wolf als provisorischen Stadtdirektor gewählt. Von den acht Stadträten waren sieben gewählt und traten sofort nach den neuen Bestimmungen in Wirksamkeit. Nur die Wahl des besoldeten Stadtratsmitgliedes stand noch aus. – Die Stadtverwaltung war nur der Aufsicht des Staates, soweit sie die Schulangelegenheiten betrifft, der Senatskommission für das Unterrichtswesen, in allem übrigen dem Senatskommissar für die Hafenstädte unterstellt. – Am 20. Januar 1880 wurde der höhere Verwaltungsbeamte, Hermann Gebhard, seit Juni 1876 Stadtrat in seiner Vaterstadt Braunschweig, einstimmig zum besoldeten Stadtrat in Bremerhaven und gleich darauf, wie es nach den vorherigen Erklärungen des Stadtrates keinen Zweifel unterlag, zum Stadtdirektor gewählt. Es wirkte nach allen Parteikämpfen, die die Einführung der neuen städtischen Verfassung begleiteten, versöhnend, daß für die Anstellung eines besoldeten Stadtrates, um die noch fünf höhere Verwaltungsbeamte sich bewarben, alle Stimmen sich auf Gebhard vereinigt hatten. Am 1. Februar 1920 trat er an die Spitze der städtischen Verfassung.

v. Vangerow durfte mit Befriedigung auf seinen Anteil an der alten städtischen Verwaltung zurückblicken. Wie sehr seine langjährige Tätigkeit als Vorsitzender des Gemeinderats gewürdigt war, bewies ein Ehrengeschenk in Gestalt eines silbernen Tafelaufsatzes, das ihm zu seinem achtundvierzigsten Geburtstage, am 15. April 1880, überreicht wurde. Dem Geschenke war eine Adresse mit ungefähr 500 Unterschriften seiner Freunde beigefügt, die folgende Widmung trug: „Wir Unterzeichneten, Bürger von Bremerhaven, richten an Sie, den langjährigen Leiter unseres Gemeindewesens, die ergebene Bitte, die beifolgende Gabe als einen Beweis dankbarer Anerkennung für Ihr erfolgreiches Wirken auf den verschiedensten Gebieten der städtischen Verwaltung annehmen zu wollen. Wie Ihr Name in ehrendster Weise für immer verbunden bleiben wird mit der großen Zahl der Einrichtungen und Institute, welche durch Sie und unter Ihrer Leitung in unserer Stadt entstanden und zur Blüte gediehen sind, so möge auch unsere Gabe noch in späteren Zeiten Zeugnis ablegen von der dankbaren Gesinnung Ihrer Mitbürger." –

Kaferne
(das ehemalige Auswandererhaus)

Zum Schluß möge sich der Leser nun noch

Das Bild von Stadt und Häfen
zur Zeit der neuen Verfassung 1879

vergegenwärtigen.

Drei Kirchen besaß unsere Stadt, zwei evangelische und eine katholische. Unter ihnen überragte die Kirche der vereinigten evangelischen Gemeinde (s. Bild) mit ihrer schönen, hohen, durchbrochenen Sandstein-Turmspitze alle Gebäude der Stadt und war ein weithin sichtbares Wahrzeichen des Ortes. In ihrer Nähe das stilgerecht gebaute Pfarrhaus mit dem hohen Kastanienbaum, der einst als achtjähriger Sprößling aus dem Garten Hinrich Garrels in der Osterstraße in den Pfarrgarten verpflanzt war und besonders in seinem Frühlingsschmucke aller Augen auf sich zog. – Das stattliche Auswandererhaus auf der Karlsburg, in eine Kaserne umgewandelt, hatte nach der Straßenseite zu sein altes Aussehen bewahrt (s. Bild). – Auf dem Deich die auch weithin bemerkbare stattliche schieferbedeckte Windmühle, an der Stelle der mit einem Strohdach versehenen Mühle, die 1852 abbrannte. – Von den beiden öffentlichen Plätzen hatte sich der Kirchenplatz durch seine gärtnerischen Anlagen zu einer herrlichen Schmuckstätte entwickelt. Desgleichen war der Marktplatz durch Pflasterung der ihn rings umgebenden Trottoire und durch Baumanpflanzungen, für die der Kaufmann und Reeder Peter Rickmers gesorgt hatte, recht ansehnlich geworden.

An öffentlichen Denkmälern besaß die Stadt nur das Kriegerdenkmal auf dem jetzigen Siegesplatz vom Jahre 1876, wenn wir nicht auch die Sandstein-Statue Smidts, in einer Nische des Hauses 79 an der Bürgermeister Smidt-Straße, im Jahre 1870 aufgestellt, dazu rechnen wollen. – Die Hauptstraßen, wie die Smidt- und Fährstraße, die Straße am Hafen und wohl auch schon die Lloydstraße waren mit Bäumen geschmückt. – Seit 1864 war die Stadt im Besitze einer Gasanstalt, seit 1874 mit einem fast vollständigen Kanalnetz versehen und bis zur Grenzstraße und über die Schleusenstraße hinaus schon stellenweise bebaut. –

Was die kulturellen Zustände unserer Stadt betrifft, so hatten die kirchlichen Gemeinden sich kräftig entwickelt und die Schuleinrichtungen sich merklich verbessert. Eine Realschule 1. Ordn. hatte in einem stattlichen

Gebäude an der Grünenstraße ihre Wirkungsstätte gefunden. Die Knaben- und Mädchenvolksschule befanden sich jede für sich in größeren Neubauten. Die beiden höheren Töchterschulen waren dank der ihnen gewordenen städtischen Subvention in bester Entwicklung. Die schon ziemlich umfangreiche Stadtbibliothek diente einer idealen Volksbildung. Das musikalische Leben war besonders durch Woltemas auf eine ansehnliche Höhe gebracht, und das Theater, das vorwiegend die Oper pflegte, leistete Anerkennungswertes, wie derartiges in einer Stadt von gleicher Größe wohl kaum zu finden war. Im übrigen legten das städtische Armen- und Waisenhaus, die ersten größeren Krankenbaracken und insbesondere das erste öffentliche Krankenhaus in der Jakobstraße Zeugnis von der sozialen Fürsorge ab.

Wir lenken unseren Blick noch auf das damalige Hafenbild. Welche Veränderung hatte die Hafengegend im Laufe der Jahre erfahren! Die beiden Kochhäuser in der Nähe des Alten Hafens waren schon 1862/63 außer Betrieb gesetzt, die alten Befestigungen, die Hafen und Stadt vor feindlichen Angriffen von der Weser aus schützensollten, waren beseitigt, im Kriegsjahre 1870/71 die Dockbatterie und das Turmfort, im Jahre 1874 das Fort Wilhelm, dagegen neu errichtet im Jahre 1860 der Weserdeich am Alten Hafen und im Kriegsjahr 1870/71 der sich lang zwischen den beiden Vorhäfen des Neuen und Kaiserhafens hinstreckende Weserdeich, wie er sich auch Ende der siebziger Jahre dem Auge darbot. Der Alte Hafen, ursprünglich ein schmales Bassin, hatte durch wesentliche Verbreiterung an der Westseite 1860 bis 1862, sowie durch neu errichtete Kaianlagen ein ganz anderes stattliches Aussehen erhalten. Der Neue Hafen und seine Umgebung boten Ende der siebziger Jahre durch das Lloyddock mit seinen Werkstätten, die Lloydhalle, den Riesenkran, den schönen Leuchtturm und den schlanken 37 Meter hohen Zeitballturm das interessanteste Bild. Einen lebhaften Verkehr wies der Kaiserhafen I auf. Im Norden und Nordosten desselben lagen die Petroleumschiffe. In allen drei Häfen löschten und luden die immer zahlreicher gewordenen Dampfer. Aber daneben behaupteten sich die Segelschiffe, unter ihnen auch solche von hiesigen Reedereien wie Hinrich Addicks, Friedrich Roters, D. Heinrichs, Schwoon & Co. und von Riegen & Stindt. Von der Westküste Zentral-Amerikas liefen Segelschiffe ein mit Zedern- und Gelbholz, von Neworleans und Baltimore brachten Amerikaner und Bremer Fässer Tabak. Durch kanadische, amerikanische, bremische und hiesige Schiffe wurde Petroleum eingeführt. Baumwollen-Segler, Amerikaner, Bremer und Bremerhavener kamen von Neworleans und Savannah. Endlich kamen Zufuhren von Reis, Zucker und Kaffee, vor allem mit bremischen und holländischen Schiffen, von Java und Cuba. Reisschiffe von R. C. Rickmers ließen sich selten im Hafen erblicken, weil sie meistens für Geestemünde bestimmt waren. – Für den Auswandererverkehr kamen schon seit Anfang der siebziger Jahre keine Segelschiffe mehr in Betracht. Die Auswanderer wurden ausschließlich durch Dampfer befördert. Es fehlten in dem Hafenbilde noch die „Schnelldampfer", die aber schon Anfang der achtziger Jahre vom Lloyd eingeführt wurden, um den wachsenden Bedürfnis des geschäftlichen und Reiseverkehrs zwischen Deutschland und der Union abzuhelfen. – Eine Menge Baumwollen- und Petroleumschuppen standen damals auf einem Gelände, das in der Zeit Alt-Bremerhavens noch zur Leher Gemarkung gehörte. Mit den neuen Grundstücken, die Bremen, nachdem Hannover eine preußische Provinz geworden, im Jahre 1869 für Erweiterung der Hafenanlagen erhalten hatte, betrug Ende 1879 das Gesamtareal Bremerhavens 177,77 Hektar. –

Schlußbetrachtung

Mit großen Erwartungen begrüßte Bremerhaven das Jahr 1880, und das mit Recht; denn Stadt und Häfen blühten weiter empor. Einen so frohen Ausblick gestatten uns die jetzt bei der Jahrhundertfeier obwaltenden Verhältnisse nicht. Die mittlerweile erfolgte Unterweservertiefung, die im Interesse des Bremer Handels erfolgen mußte, hat dem geschäftlichen Leben unserer Stadt ohne Zweifel einen schweren Schaden bereitet; denn infolge dieses Ereignisses fahren manche tiefer gehende Lloyddampfer, die bisher in unseren Häfen löschten und luden, jetzt bis Bremen-Stadt, haben dort ihren Heimathafen, und die dazugehörigen Schiffsbesatzungen sind in Bremen ansässig geworden und damit den Unterweserorten insbesondere Bremerhaven, verloren gegangen. Von den hier noch stationierten Dampfern des Lloyd und der amerikanischen Linie kann Bremerhaven keine wirtschaftlich genügende Einnahme erzielen. Um so erfreulicher war für Bremerhaven die Mitteilung, daß der Norddeutsche Lloyd sich entschlossen hat, zwei Dampfer in Dienst zu stellen, deren Dimensionen alle Erwartungen übertroffen haben, und deren Mannschaftszahl in voraussichtlicher Höhe von etwa 1.800 für beide Schiffe zusammen die Besatzungszahl der jetzt bis nach Bremen-Stadt fahrenden und uns verloren gegangenen Dampfer bedeutend übersteigt. Hieraus geht hervor, daß Bremerhaven und die Unterweserstädte überhaupt von dem daraus sich ergebenden Verkehr ganz erfreuliche wirtschaftliche Vorteile haben werden, Vorteile freilich, die erst nach einigen Jahren zu erhoffen sind. Daß die Entwicklung Bremerhavens nicht zum Stillstand gekommen ist, wie vielfach angenommen wird, beweist der Ausbau der Bremerhavener Hafenanlagen, die in diesem Jahre nicht genügend Raum zum Löschen der Baumwolleneinfuhr hergeben konnten. Infolgedessen entschloß sich Bremen zum Ausbau des Kaiserhafens II, wo ein weiterer mächtiger Schuppen errichtet wird. Gleichzeitig ist die Neuanlage des Bananenschuppens zu erwähnen. Die Bedeutung des Kolumbus-Kai für Bremerhaven als Passagierhafen dürfte allgemein bekannt sein. Schließlich ist dieser gewaltige Bau doch nur eine Vorarbeit für die Errichtung der neuen Nordschleuse, die ebenfalls in Dimensionen ausgeführt wird, an die vor fünfundzwanzig Jahren keiner gedacht hat. –

Ich möchte mein Buch schließen mit dem Ausdruck der Zuversicht, daß Bremerhaven als getreue Tochter Bremens sich stets einer mütterlichen Behandlung erfreuen wird, und daß Bremen, wie es ja in seinem eigenen Interesse liegt, alle sich darbietenden Mittel ergreifen wird, um Bremerhaven, der Schöpfung seines großen Bürgermeisters, deren Lebensnerv doch Handel und Schiffahrt sind und bleiben, zu einem neuen Aufschwung zu verhelfen. –

Vierter Teil

Anhang

Der Definitivtraktat von 1827

faßt die getroffenen Bestimmungen in sechzehn Artikeln, zu denen noch Separatartikel kommen, zusammen. Die Einleitung zu dem Vertrage betont das gleichmäßige Interesse beider Staaten. Es gilt Maßregeln zu ergreifen, durch welche die Schwierigkeiten, denen Bremens Handel und Schiffahrt durch den Mangel genügender Hafenanstalten auf der Unterweser ausgesetzt sind, möglichst beseitigt werden, und durch welche den Bewohnern Hannovers neben vermehrter Belebung ihrer Industrie und erleichtertem Absatze ihrer Produkte ein lebhafter Anteil an diesem Handelsbetriebe gesichert wird. – Artikel I bestimmt sodann – ohne nähere Ortsangabe - , daß an der hannoverschen Küste der Unterweser ein Hafen angelegt werde, geeignet Seeschiffe von wenigstens 120 Last aufzunehmen. – Im II. Artikel verpflichtet sich Bremen zur Anlage dieses Hafens, und zwar in der Weise, daß dadurch der Seeschiffahrtsverkehr auf der Weser daselbst tunlichst konzentriert und die Industrie der hannoverschen Umgegend möglichst gefördert wird. – Artikel III bestimmt die Lage des Gebietes und enthält Anordnungen über die notwendigen Einrichtungen zum Schutze des linken, Hannover verbleibenden Ufers der Geeste, sowie über die den Fluß betreffenden Kommunikationsmittel. – Artikel IV gibt die Größe des Terrains an und fixiert die Kaufsumme. Danach überträgt die Krone Hannover der Hansestadt Bremen das der ersteren zuständige Grundeigentum von 75 Morgen 13 Quadratruten Calenbergisch an den Ufern der Geeste und Weser mit den nämlichen Rechten und Verpflichtungen, unter denen sie dasselbe besitzt, und mit allen darauf befindlichen, der Krone Hannover zuständigen Anlagen, Gebäuden, Hafen- und Schiffahrts-Etablissements, Pfahlhöft, Steinböschung, Siel usw., für die Summe von 35.000 Talern in Konventionsgelde, zahlbar in drei Jahresterminen. Ferner überträgt die Krone Hannover an Bremen die von ihr erworbenen 266 Morgen 63 Quadratruten 42 Quadratfuß Leher Außendeichsländereien für die von ihr gezahlte Summe. (Nach dem diesem Vertrage angelegten Kaufkontrakte vom 14. November 1826, wie ihn im Auftrage des Ministeriums Regierungsrat Haltermann abgeschlossen hatte, betrug die Kaufsumme für die genannten Ländereien 38.358 Taler 17 Groschen 1 Pfund in „vollwichtigen Pistolen, das Stück zu 5 Rt. gerechnet". D. Verf.) – In dem Artikel IV verspricht außerdem Hannover sich mit der Stadt Bremen, falls diese es wünsche, bis auf einen

Flächeninhalt von 150 Morgen weiter zu verständigen. – Artikel V bestimmt, daß Bremen außer dem erwähnten Kaufgelde für das betreffende Terrain binnen drei Jahren für seinen Hafenbau 200.000 Taler zu verwenden habe (eine Summe, die beweist, wie wenig Hannover sich eine Vorstellung von den mit einer großen Hafenanlage verbundenen Aufwendungen machte. D. Verf.). – Nach Artikel VII tritt Hannover gegen einen Landstrich von zirka 200 Morgen bremischen Gebietes auf dem rechten Ufer der Wumme zirka 100 Morgen des Gesamtterrains, die sich an die Geeste und Weser erstrecken und einen Winkel zwischen denselben bilden, mit voller Staatshoheit an die freie Hansestadt ab. In diese 100 Morgen fällt auch ein Teil des anzulegenden Hafenbassins (s. die Karte). Dagegen die Anhöhe, auf welcher sich die Batterie befindet, mit deren zur Verteidigung des Hafens erforderlichen Erweiterung, nebst dem bis in das Hafenbassin herabgehenden Raume (s. Karte) soll nicht mit zu jenem Bezirk von 100 Morgen gehören. – Artikel VIII überträgt an Bremen die einzelnen staatlichen Rechte im Hafendistrikte, von denen hier nur genannt seien die Aus- und Eingangssteuern, Hafengelder und Handelsabgaben, der Abschluß von Verträgen mit fremden Staaten, sowie die Zulassung und Aufnahme von Konsuln und Handels-Agenten fremder Staaten. Der Artikel erklärt sodann, daß die Bewohner des Königreichs Hannover, sowie die der Stadt Bremen und ihres Gebietes in Bremerhaven gleiche Rechte und Pflichten haben sollen, und enthält schließlich nähere Bestimmungen über die Hannover zustehende Militärhoheit über das ganze Terrain – Artikel IX sieht gemeinsame Quarantäneanstalten, der folgende eine besondere Postkonvention vor. – In Artikel XI wird die Zollabgabe der zu transportierenden Güter festgesetzt, und ist eine weitere Regelung dieser Angelegenheit vorbehalten. – Die Artikel XII und XIII treffen Bestimmungen über die Richtung der Chaussee von Lehe nach Vegesack und über eine bessere Kommunikation des letzteren Ortes mit Bremen. – Artikel XIV und XV behandeln die Überlassung von zirka 200 Morgen bremischen Gebietes, und zwar die Abtretung eines Landstriches auf dem rechten Wummeufer zum Zweck einer direkten zoll-, steuer- und abgabenfreien Kommunikation zwischen den Ämtern Lilienthal und Ottersberg, sowie die Abtretung einer Landfläche auf dem linken Ufer der Worpe. – Im Artikel XVI endlich nennt noch einige Gegenstände, die zu einer weiteren Verhandlung kommen sollen, Verhütung des Schmuggels, Anlage eines Anker- und Löschplatzes in der

Gegend des Neuenlander- oder Drepter-Siels, sowie die Verbesserung der Kommunikationswege zu Wasser und zu Lande. –

Der so zur Befriedigung beider Kontrahenten abgeschlossene Vertrag wurde am 28. Februar 1827 vom König Georg IV. und am 9. März von Senat und Bürgerschaft der freien Hansestadt Bremen ratifiziert. –

Kapitel III-IX der provisorischen Gemeindeverfassung vom 8. November 1837

Kapitel III enthält ausführliche Bestimmungen über die Wahl der Ortsvorstände und Revisoren (Artikel 11-26). Die Wahl geschieht durch den Amtmann und diejenigen männlichen Einwohner christlicher Religion, die den Huldigungseid geleistet, in Bremerhaven einen eigenen Hausstand haben und ein oder mehrere Grundstücke besitzen, die zusammen bei der Grundsteuer des vorigen Jahres zu 1.000 Th. G. und darüber taxiert sind, die auch die Grundsteuer des letzten Jahres mit den etwaigen Zulagen bezahlt haben. Da diese Bestimmung erst nach Einführung der Grundsteuer zu Bremerhaven in volle Anwendung kommen kann, so wird bis dahin die für das letzte und laufende Jahr erfolgte und dokumentierte Versicherung eines oder mehrerer eigentümlicher Gebäude zu den taxierten Werte von 1.000 Th. G. ohne Anrechnung des Grundes bei einer vom Senate als solide anerkannten Versicherungsanstalt und die im letzten Jahre erfolgte richtige Bezahlung aller bestehenden Staats- und Gemeindeabgaben als Maßstab festgestellt. Außerdem sollen – nach Artikel 12 – alle, welche bereits Ortsvorstände oder Revisoren gewesen sind, an der Wahl teilnehmen können, wenn sie auch nicht mehr einen eigenen Hausstand oder ein Grundstück von dem erwähnten Werte haben. Artikel 13 gibt die Fälle an, welche einen Ausschluß von der Teilnahme an der Wahl erfordern (Konkurs, Verbrechen, Kuratel, öffentliche Armenunterstützung, Privatdienstherrschaft oder dienstliches Abhängigkeitsverhältnis zu einem fremden Staate). – Die ordentliche Wahlversammlung soll vom Jahre 1839 an alle Jahre in der ersten Märzwoche stattfinden. Jeder männliche Einwohner christlicher Religion, ob er zur Zahl der Wahlmänner gehört oder nicht, ist wählbar, wenn er den Huldigungseid geleistet, einen eigenen Hausstand und das dreißigste Jahr vollendet hat (Ausnahmefälle Artikel 13).

Wer gewählt wird, muß die Wahl annehmen, wenn er nicht vom Senate auf sein Ansuchen aus besonderen Gründen dispensiert wird oder bereits das sechzigste Jahr vollendet hat (Artikel 17). Zum erstenmal im März 1839 und dann jährlich in solchem Monat geht ein Ortsvorstand (O.) und ein Revisor (R.), und zwar von jedem der älteste, zuvörderst nach dem Lebensalter, demnächst nach dem Amtsalter mit dem Eintritt seines Nachfolgers ab (Artikel 18). Geht im Laufe des Verwaltungsjahres ein O. oder R. durch Tod oder aus anderen Gründen ab, so bleibt seine Stelle bis zur nächsten ordentlichen Wahlversammlung unbesetzt. Entstehen mehrere Vakanzen, entscheidet der Senat, ob zur Besetzung eine außerordentliche Wahlversammlung gehalten werden soll (Artikel 19). Für die jährlich erledigten Stellen eines O. und R. wählt die Versammlung drei Männer aus, von welchen der Senat einen zum O. und einen zum R. ernennt. Bei außerordentlicher Wahl wird analog verfahren (Artikel 20). Jeder Revisor kann auch mit unter die drei Kandidaten gewählt werden. Wird er dann zum O. ernannt, so treten die beiden anderen unter die Zahl der Revisoren ein. Sind mehrere Revisoren unter den Vorgeschlagenen, so verbleibt der nicht zum O. Ernannte (wenn er nicht etwa nach seiner Ordnung ganz abgeht) in seinen bisherigen Range als R. In diesem Falle sind zur Ergänzung der Zahl der Revisoren diejenigen drei Einwohner, welche zunächst den Vorgeschlagenen die meisten Stimmen gehabt haben, dem Senate mit namhaft zu machen (Artikel 21). Ein abgegangener O. kann nicht sofort nach seinem Abgang, sondern erst bei einer im folgendem Jahre stattfindenden Wahl wieder dazu vorgeschlagen werden (Artikel 22). Die Wahlen geschehen durch geheime Abstimmungen (Artikel 24). Den Amtseid, welchen die ernannten Ortsvorstände und Revisoren zu leisten haben, enthält Artikel 26.

Kapitel IV beschäftigt sich mit dem Wirkungskreis der Ortsvorstände (Artikel 27–32). Der Gemeinde-Ausschuß vertritt in der Verwaltung und Handhabung aller kommunalen Angelegenheiten die Gemeinde sowohl bei dem Senat und dessen Behörden, als gegen Privatpersonen, daher er auch bei gerichtlichen Streitigkeiten als Kläger und Beklagter für dieselben zu handeln befugt und verpflichtet ist (Artikel 27). – Er verpflichtet die Gemeinde durch die innerhalb der ihm zustehenden Befugnis von ihm eingegangenen Verbindlichkeiten und etwa kontrahierten Schulden, jedoch hat er bei zu machenden Anleihen vorab die Autorisation des Senats zu erwirken, widrigenfalls und solange diese nicht erfolgt ist, die dermaligen

Mitglieder des Ausschusses persönlich und solidarisch dafür verhaftet sind (Artikel 28). Die Ausführung der Beschlüsse über Kommunalangelegenheiten, sowie die Wahrnehmung der einzelnen Verwaltungszweige kann einem oder mehreren Ausschußmitgliedern übertragen werden, und empfiehlt es sich, die verschiedenen Fächer der Geschäfte unter die Ortsvorstände zu verteilen. Als besondere Fächer können angesehen werden a) die Kontrolle aller Einnahmen, b) die Anweisung aller Ausgaben, c) das Baufach samt der Unterhaltung der Straßen, Brücken, Anpflanzungen und öffentlichen Brunnen, das Nachtwächterwesen, die Löschanstalten usw., alles soweit und sofern solches nicht als Staatssorge behandelt, sondern der Gemeinde zugewiesen und aus Gemeindemitteln bestritten werden sollte. Es bleibt indes unbenommen, die Einteilung auf andere Weise zu machen. Jedoch geschieht sie auf den Vorschlag des Amtmanns mit dessen Zustimmung (Artikel 30). Die Ortsvorstände sind befugt, Beschwerden des Orts über Verfügungen und Handlungen des Amtmanns an den Senat zu bringen, und können sich in solchem Falle, nach vorher erwirkter Erlaubnis des Senats, allein versammeln (Artikel 32).

Kapitel V beschäftigt sich mit den Ausgaben und Einnahmen der Gemeinde. Alle für den Flecken erforderlichen lokalpolizeilichen und Gemeinde-Ausgaben, soweit nicht dafür der Staat oder die weiter auszubildende Kirchengemeinde zu sorgen hat, sind von dem Orte selbst zu bestreiten. Dahin gehören auch die Bedürfnisse der Armen- und Krankenpflege, insoweit solche nach der jetzigen und künftigen besonderen Einrichtung des kirchlichen Armenwesens für einheimische Kranke nicht von dem Armenvorstand beschafft werden müssen (Artikel 33). – Zu den gedachten lokalpolizeilichen und Gemeinde-Abgaben werden insbesondere gerechnet, sofern dafür nicht mehr oder minder von Staats wegen gesorgt werden sollte a) die Unterhaltung der öffentlichen Brunnen, Straßen, Wege, Wasserläufe, Baumpflanzungen, Brücken und dergleichen, b) die Unterhaltung der Brandlöschanstalten, c) die Kosten des Nachtwächterwesens, sowie der nächtlichen Beleuchtung, d) die Quartier- und Verpflegungskosten der etwa daselbst stationierten Polizeioffizianten, e) die durch etwaige militärische Einquartierung der Gemeinde im ganzen erwachsenen Kosten, mit Ausnahme dessen, was davon die einzelnen Quartiergeber zu tragen haben (Artikel 34). –

Auf die Ausmittelung besonderer Einnahmen für die Gemeindekasse wird der Senat Bedacht nehmen und bewilligt bis auf weiteres die Erhebung gewisser Rezeptionsgebühren (Artikel 35). – Kapitel VI handelt von der Gemeindekasse. Alle besonderen Einnahmen fließen in eine Gemeindekasse, aus der dagegen alle Gemeindeausgaben für den Ort bestritten werden (Artikel 36). Die Rezeptionsgebühren werden einstweilen von dem Amte erhoben und in ein Rechnungsbuch eingetragen (Artikel 37).

Kapitel VII handelt vom Budget. Der Entwurf des Budgets wird vom Gemeinde-Ausschuß evtl. später unter Hinzuziehung eines besonderen Rechnungsführers verfaßt. Jeder Ortsvorstand hat bei dieser Anfertigung die in sein besonderes Verwaltungsfach einschlagenden Ausgaben genau darzulegen (Artikel 41). Der Entwurf wird alsdann dem ältesten Revisor zugestellt, der solchen mit den übrigen zu prüfen hat. Nach beendigter Prüfung versammelt der Amtmann Vorstände und Revisoren, um über den Entwurf zu beraten und wegen etwaiger Erinnerungen der Revisoren sich zu verständigen. Bleiben die Meinungen verschieden, so sind die beiderseitigen Gründe zu protokollieren und dem Senate vorzulegen (Artikel 43). Wenn so der Entwurf vollendet ist, wird er mit allen Anlagen dem Senat zur Genehmigung eingesandt (Artikel 44). – Kapitel VIII (Artikel 49) handelt von der Rechnungsablage, Kapitel IX (Artikel 50–53) von der Aufnahme neuer Einwohner.

Liste der in den 30er Jahren und Anfang der 40er Jahre des vorherigen Jahrhunderts hier ansässigen Gewerbetreibenden

Bäcker: Albrecht Cordes aus Bremen, Nachfolger Ulrichs, Arend Jürgen Dreyer, Diedrich Vasmer, Johann Conrad Runcken, Büssenschütt.

Ballastlieferant: Georg Wienbarg aus Brake.

Bierbrauer: Carl Philipp Aschoff.

Blockmacher: Hermann Gerhard Alfs (1838), Christopher Elberfeld, Hinrich Ikels († 1839).

Buchbinder und Buchhändler: Friedrich Heyermann (1834).

Drechsler: Kunstdrechsler Diedr. Wilh. Pleuß.

Fuhrwerksbesitzer: Martin Eichholz, Knieling, Hinrich Gerhard Hohn.

Glaser: Carl Johann Friedrich Hashagen, später Detaillist, zuletzt Mühlenbesitzer.

Goldschmied: Jacob Böning, Leher Straße.

Klempner: Aug. Theod. Ludw. Fischer. – Johann Reinhard Meyer aus Bremen. Hinrich Nonne aus Bremen (1834).

Konditor: Hermann Adami. Gerhard Anton Arthkamp (1838).

Korbmacher: Johann Schütte, Marktstraße.

Kornmesser: Sprenger, Kurzestraße, Heinr. Wilkening.

Küper: Johann Wilhelm Kratz, Mittelstraße. Johann Hinrich Warnken, Langestraße, später Wirt. Johann Hinrich Gellermann, Ecke der Graben- und Osterstraße. J. D. Kroog, später Inhaber eines Manufakturwarengeschäftes in der Leher Straße. Hans Eduard Magnus Hellenberg, Leher Straße.

Kupferschmiedemeister: Karl Dettmar Hermann Weymann.

Maler: Johann Heinrich Behrens. Peter Heinrich Bucksath (1835). Johann Hinrich Huntemann, Fährstraße. Johann Wilhelm Meyer (1834), Mittelstraße. – Johann Christian Tieck, Marktstraße.

Maurermeister: Johann Hinrich Eits aus Lehe, Leher Straße. Jacob Eits, Geeststraße. Jobst Albers aus Brake. Allrich Wöhlken (1834). Johann Jürgen Poggensieck, Marktstraße. Hermann Georg August Ernst (1840). Claus Hamje.

Sattler: Georg Justus Meyer. – Peckhaus (verließ seine Familie und ging nach Mexiko). – Nicolaus Kahler (1841).

Segelmacher: Hinrich Wilhelm Bartling. – Erich von Recken aus Brake (1833). – Johann Friedrich Moltzen (1841).

Schiffszimmerer und Zimmerer: Meinhard Ahrens. – Claus Brede. – Rickmer Clasen Rickmers. – Hanns Andreas Rickmers. – Hermann Reiners. – Rodecurt. – Johann Dirk Koopmann. – Johann Hinrich Köster. – Gerhard Kroog. – Christian Diedrich Friedrich Müller. – Albert Friedrich Peters.

Schlachtermeister: Hermann Hinrich Ikels († 24.8.1833). – Johann Christoph Hermann aus Bederkesa († 31.12.1833). – Johann Brüggemann, Leher Straße (1834). – Christoph Weber, Leher Straße (1836). – Nikolaus Addicks aus Brake (1838).

Schlosser: Carl Ludwig Meise: - Aug. Eduard Zimmermann.

Schmiedemeister: Jobst Heinrich Freese, Ecke der Mittelstraße und des Marktes. - Ferdinand Hons aus Lehe. – Eilert Schröder aus Elsfleth, Marktstraße (1834). – Heinrich Gideon Glahn, Kirchenstraße (1836).

Schneidermeister: Johann Töns aus Lehe (1832), Leher Straße. – Johann Heinrich Eitz aus Sievern. – Heinrich August Blankenburg aus Otterndorf, auch Manufakturwarengeschäft, später Mützengeschäft für die Seeleute (1832). – Heinrich Gustav August Vogeler (1833). – Ernst August Vaupel aus Rodenberg in Kurhessen (1834). – Johann Christian Korten, auch Tuchhandel (1834). – Johann Heinrich König. – Johann Friedrich Völcker (1840). – Claus Diedrich Logemann. – Johann Friedrich Kohlmann (1841).

Schornsteinfegermeister: Johann Gottlob Guschmasch aus Meißen. – Paulmann, Thulesiusstraße, dessen Geselle Freiträger später das Geschäft übernahm.

Schuhmachermeister: Johann Joachim Jürgen Stiegmann (1833). – Johann Heinrich Daniel Walther (Walter), Marktstraße (1833). – Heinrich Christian Sander, Langenstraße. – Johann Hinrich Sennholz, Marktstraße, dessen Sohn bei der Thomasexplosion verunglückte. - Friedrich Christian Steinwedel, Ecke der Mittel- und Langenstraße. – Johann Conrad Andreas Fridrich Voigt, Osterstraße. – Ludwig Köhler, 1839, später (1848) Schlauchmacher. – Johann Pieper, Geeststraße, später Landwirt. – Carl Christoph Leopold Günther, Mittelstraße.

Tischlermeister: Meinhard Ahrens, Leher Straße, auch Zimmerer, (1834). – Damiel Block. – Christoph Friedrich Anton Glauert, Leher Straße. – Johann Gabriel Götz. – Johann Friedrich Christian Haberkorn. – Cord Höhns, Langenstraße. – Nicolaus Müller, Thulesiustraße (1838). – Hermann Friedrich Piening, Kurzestraße. – Tischler- und Zimmermeister Johann Hinrich Stürcke (in den 50er Jahren nach Amerika ausgewandert). – Lüder Wolters.

Uhrmacher: Eduard Friedrich Fouckhardt, Leher Straße. – Johann Mathias Wilhelm Pröhl aus Lüdingworth, Leher Straße (1835). – Heinrich Wilhelm Tiedemann, Ecke Mittel- und Marktstraße. – Franz Wilhelm Gustav Ehrlich, Leher Straße (1840).

Nachtrag: Detaillisten, Kolonialwaren- (= K.) oder Manufakturwarenhändler (= M.) oder beides zusammen:

Johann Deetjen Wwe., Leher Straße, 1834 (M.). – Gerhard Garrels, Detaillist, auch Kolonialwaren. – Heere Harms, Leher Straße, 1832 (K.). – Gerd Hohn, Langenstraße (K. und M.). – Johann Friedrich Hohn, Osterstraße, Wirt und Kolonialwarenhändler, 1841. – Jachens, Leher Straße, 1832 (K.). – Hinrich Jürgens, am Deich (K.). – Johann Wilhelm Kratz, (K.). 1833, Mittelstraße. – Johann Kuhlmann, Marktstraße (K.), Carsten Mehrtens (K.), Claus Hinrich Michelsen, am Markt (K.). – Morisse, Kurzestraße (K.). – Wacker, Leher Straße (M.). – Westermann, Ecke der Leher und Kirchenstraße (K.). – Hinrich Wilkens, Leher Straße (K. und M.).

Liste der Gemeindeverordneten vom Jahre 1851
* bedeutet: bis zum 1. Januar 1853 gewählt.

H. F. Riemenschneider; F. Bagelmann; N. Addicks*; H. P. Ulrichs*; D. Tiele; J. G. Claussen*; A. Wöhlcken; W. A. Ziegfeld; J. W. Meyer; F. W. Wencke; A. D. Buschmann*; H. J. Bicker; H. Harms*; J. G. Ledderhose*; H. Eggers*; J. W. Kratz*; J. v. Limbeck; J. Deetjen*; H. G. Glahn; H. Nonne*; J. H. Huntemann*; L. Köhler*; J. D. Kroog; F. W. Rahe*; D. Rönner; R. C. Rickmers; Fr. Hashagen*; A. C. Albers; G. W. Claussen*; H. W. Büttner; D. Vasmer; C. Lange*; F. Gerke*; C. Masson; H. Garrels; C. Wilkening*; C. Dettmer; C. Schade; G. Hohn*; A. W. Thorade*.

Die Verwaltung der Stadt Bremerhaven 1879/80 vor der Wahl des ersten juristischen Stadtdirektors

A.   Stadträte (8)
1. Dr. Th. Wolf, prov. Stadtdirektor, Advokat und Notar. – 2. Carl Barth, Rentier, geb. 9. Juni 1813. – 3. J. D. Kroog, Kaufmann, geb. 22. November 1816. – 4. C. Frucht, Kaufmann. – 5. W. Gutkese, Direktor der Seewarte. – 6. H. W. Landwehr, Kaufmann. – 7. Chr. Lübben, Kaufmann – 8. Hermann Gebhardt, Stadtrat, geb. in Braunschweig, 21.April 1843.

B.   Stadtverordnete (30)
1. Dr. A. Barth, Stadtverordnetenvorsteher, Apotheker, geb. 18. August 1844. – 2. F. Stötzer, Kaufmann. – 3. H. C. Scharrenbeck, Schneidermeister. – 4. J. H. Gätjen, Kaufmann. – 5. J. H. Wilkens, Rentier. – 6. F. Bosse, Kaufmann. – 7. R. Kroymann, Kaufmann. – 8. J. H. Gehrels, Kaufmann. – D. H. R. Dieckhoff, Getreidewäger. – 10. Gottfried Wenke, Inspektor. – 11. Daniel Claussen, Kaufmann. – 12. Johs. Flemming, Kaufmann. – 13. D. Heinrichs, Annehmer. – 14. L. Bodenstab, Kaufmann. – 15. F. Rodenburg, Kaufmann. – 16. H. L. Kuhlmann, Kaufmann. – 17. H. F. W. Dirks, Schuhmacher. – 18. C. Hamje, Maurermeister. – 19. H. Garrels, Kaufmann. – 20. R. C. Werner, Bäcker. – 21. J. G. Vasmer, Bäcker. – 22. Ed. Ulrichs, Kaufmann. – 23. H. H. Lührs, Maler. – 24. F. R. Ricklefs, Kaufmann. – 25. Johann Vaupel, Klempner. – 26. A. E. Giese, Kaufmann. – 27. W. Spassen, Kaufmann. – 28. Johs.

Schwoon, Kaufmann. – 29. F. Bargmann, Kaufmann. – 30. H. Menkens, Drogist.

Herr Hermann Gebhardt, bisher Stadtrat in Braunschweig, wurde am 20. Januar 1880 als besoldetes Mitglied des Stadtrats und gleich darauf einstimmig zum Stadtdirektor in Bremerhaven erwählt.

Lieder zum Gesange

bei der Feier

der

Grundsteinlegung

der
neuen Kirche zu Bremerhaven
am 29. Mai 1846

1.
Auf dem Wege zur Grundsteinlegung

Mel.: Befiehl du deine Wege

So kommt zum ernsten Gange,
Zu weihn den heil'gen Ort,
Auf daß wir lange, lange
Des Herrn erfreun uns dort;
Der uns bisher erhalten,
Behütet immerdar.
Er wird auch ferner walten;
Sein Wort bleibt ewig wahr.

Wo zwei und drei verbunden
Den Blick auf ihn gestellt,
Da wird er schon gefunden,
Das ist, was ihm gefällt.
So kommt in vollen Schaaren,
Mit Gott-erfülltem Sinn,
Sein Heil uns zu bewahren,
Zur neuen Stätte hin!

Wo unter Kriegesschauern
Der Feind uns einst bedräut,
Erheben sich die Mauern,
Dem Friedensgott geweiht.
Das was die Zeit vernichtet,
Die Zeit gebärt es neu;
Mit Gottes Hülf' errichtet,
Wird anderes Gebäu.

Im Glauben sei's begonnen,
In Hoffnung und Vertraun;
Die Liebe ist gewonnen,
Sie hilft das Haus erbaun.
So laß denn Deinen Segen,
O Herr, nicht ferne sein,
Wir sind auf Deinen Wegen, -
Laß unser Werk gedeihn!

2.

Während der Legung des Grundsteins

O Herr, der Du die Welt gegründet
Durch Deines Willens Schöpferkraft,
Wir stehen hier vor Dir verbündet,
Demüth'ge Zeugen Deiner Macht.

Was vor Jahrhunderten begonnen
Durch Menschenkunst und Menschenhand,
Wir seh'n in Trümmer es zerronnen,
Der Erde wieder zugewandt.

Und was wir Neues heut' erstreben,
Auch das wird wiederum vergehn;
Im staubgebornen Wechselleben
Erscheint kein ewiges Bestehn.

Doch was in uns're Brust gewebet
Von Deines Wesens Licht und Recht,
Der Geist, der sich zu Dir erhebet,
Er ist von göttlichem Geschlecht.

Mit diesem Geiste Dir zu nahen,
In brüderlicher Einigkeit,
Des Vaters Segen zu empfahen,
Ward diese Stätte Dir geweiht.

Der Erbe Schooß ist aufgegraben,
Zu gründen Tempel und Altar;
O Herr, von dem wir alles haben,
Sei mit uns jetzt und immerdar.

Laß segnend hier Dein Wort verkünden
Und den, den Du zum Heil gesandt;
Dem Retter von der Macht der Sünden
Sei'n unsre Herzen zugewandt.

Und unsre Kinder, die wir weihen
Dir durch der Taufe heil'gen Bund,
Laß diesen freudig hier erneuen,
Bekennen Dich mit Herz und Mund.

In Deiner Furcht geschloßner Ehen
Verleihe Segen und Gedeihn,
Und wenn wir kranken Lindrung flehen,
Laß Deinen Trost nicht Ferne sein!

Und in dem Mahl der Liebe spende
Für jede Zwietracht Frieden aus;
Drauf falten wir vor Dir die Hände,
Dein Segen komm' in unser Haus!

3.

Auf dem Rückwege von der Grundsteinlegung

Nun danket alle Gott,
Mit Herz und Mund und Thaten,
Der große Dinge thut,
Der stets uns wohl berathen,
Der uns von Mutterleib',
Von Kindesbeinen an
Und bis auf diesen Tag
Beständig wohlgethan.

Der ewig reiche Gott
Woll' uns bei unserm Leben
Ein immer fröhlich Herz
Und seinen Frieden geben;
Er woll'n an seiner Hand
Uns leiten fort und fort;
So sind wir hier getrost,
So sind wir selig dort.

Der große Starke Gott,
Der uns von allem Bösen,
Das uns bedrängt und droht,
Allmächtig kann erlösen;
Er schütz' uns in Gefahr,
Er helf' uns allezeit,
Er führ' uns endlich ein
Zur sel'gen Ewigkeit.

Dir, Vater, Dir sei Preis
Auf Erden und dort oben;
Dir Sohn, Der Jesus Christ,
Zur Herrlichkeit erhoben,

Und Dir, o heil'ger Geist!
Es schalle weit und hehr
Dem, der da war und ist
Und sein wird, Preis und Ehr!

St. Pauli Anweisung

zu

gesegneter Wirksamkeit des Predigers in der Gemeinde.

Bei Übernahme seines Amtes am Sonntage Septuag. 1856 nach 1. Cor. 9,
24-27 der Gemeine geschildert von H. Wolf, Prediger zu Bremerhaven.
Der Reinertrag ist für den Kirchenfond bestimmt
Bremerhaven, Verlag von L. v. Vangerow 1856

Zwei theuren Gemeinen

gewidmet

Der St. Nicolaigemeine zu Kiel

zum Dank für die Liebe, womit sie den Scheidenden entließ,

Der Gemeine zu Bremerhaven

zum Dank für das Vertrauen, womit sie den Kommenden aufnahm.

Gnade sei mit dir und Friede, liebe Gemeine, von Gott unserm Vater, und dem Herrn Jesu Christo.

Wenn der Apostel Paulus mit diesem Segenswunsche seine Corinthergemeine grüßt, so spricht er darin Alles aus, was er für sie auf seinem Herzen trägt. Gottes Gnade hatte ihn berufen zum Apostelamt. Das Bedürfnis göttlicher Gnade zu wecken in der jungen Gemeine und zu stillen zugleich, war sein Verlangen; und wie er selber den Frieden gefunden bei dem Friedensfürsten, so auch verweiset auf ihn er alle die, welche sich nach dem Frieden sehnen, den die Welt wohl nehmen, aber den sie nimmer geben kann.

Und mit welch' anderem Gruße sollte denn heute ich dich grüßen, theure Gemeine, in dem feierlichen Augenblick, wo ich mein Botenamt an dieser Stätte beginnen soll. Das Geheimnis vom Himmelreich dir kund zu thun, ist von Stund' an mein Auftrag, und Sorge tragen soll ich, daß jedes

Glied der Gemeine sich einbürgere immer mehr und mehr in dem Reich, darinnen die Gnade waltet und der Friede.

So seid mir denn allzumal aufs innigste gegrüßt aus einem Herzen, das überströmt von Rührung und Dank gegen Gott und Menschen.

Die Stürme, welche über mein theures Geburtsland gingen, hatten mich herausgerissen aus dem Seelsorgeamt an einer Gemeine, in deren Mitte ich freilich noch lebte, aber die ich nur von Gott noch meine Gemeine nennen durfte. Mit all' dem Schmerz, worin meine Stellung mich versetzen mußte, stand ich müssig am Wege, der Stunde harrend, wo es dem Herrn gefallen mögte, mich wieder zu rufen in seinen Weinberg. Da wurde mir von befreundeter Hand der Weg zu euch gezeigt, und ich stand vor euch, und hielt Pfingsten mit euch, ein Fremder mit Fremden. Und lange Monde folgten, in denen es zur Entscheidung lag, ob ich wiederkehren sollte. Siehe! da trat der Herr zu mir hinan, derselbige, der nach dem heutigen Evangelio sich die Arbeiter dinget, zu der Zeit, die ihm gefällig ist, und rief mich in diesen Weinberg.

Und abermal an einem Sabbathmorgen stehen wir hier einmüthig bei einander.

Versammelte Christen! wie sollte mir da das Herz nicht beben, von heißem Dank bewegt und tiefer Rührung?

So ist denn doch mein brünstigstes Sehnen in Erfüllung gegangen, das köstliche Amt wieder führen zu dürfen, dem ich als Jüngling geweihet wurde, und das meine Lust gewesen durch die lange Reihe von Jahren hin. So ist denn doch mein Gebet erhöret worden, womit ich abtrat von meiner lieben Kanzel und Abschied nahm von meiner theuren Kieler Gemeine, daß der treue Gott mir seine Gnadenhand nicht entziehen wolle, nun ich aus der Gunst der Machthaber in meiner Heimath gefallen war; mir die Tage verkürzen, die nach seiner Zulassung über mich verhängt waren, und meinen Mund mich wolle öffnen lassen wieder vor einer neuen eigenen Gemeine.

Vater, mein Vater! Du hast meine Thränen gesehen, die ich im Verborgenen weinte, wenn die Kirchenglocken Deine Boten vor die Gemeine riefen, und ich durfte nicht kommen, durfte das volle Herz nicht ausschütten in liebgewohnter Weise vor der liebenden Gemeine.

Vater, mein Vater! Du hast die Thräne gesehen, die in meinem Auge glänzte an diesem Morgen, als die Kirchenglocken diese Deine Gemeine riefen in dieses Dein Haus, als ich hörte unter dem festlichen Geläute Deinen Ruf: gehe du auch hin, du sollst wiederum mein Prediger sein.

Vater, mein Vater! Siehe hier bin ich, Du hast mich gerufen, rede Du, ich, Dein Knecht will hören. Rede Du mir ins Herz hinein, auf daß ich's nimmer vergesse, wie Du segnen kannst auch im Sturm, wie Du Alles lässest ein Ende gewinnen, daß wir es können ertragen, und, sofern wir Dich lassen walten, Du, treuer Menschenhüter, alles herrlich hinausführst. Rede Du mir ins Herz hinein den neuen Muth zum alten Amt, das alte Vertrauen zu der neuen Gemeine.

Sei Du mit uns in dieser Stunde, sei Du mit meinem, mit Deinem Werke für und für. Behüte Du meinen Eingang, zu gedeihlichem Fortgang, zu gesegnetem Ende. Amen.

Schon erinnert habe ich euch daran, daß unser Herr im heutigen Evangelio uns ein Gleichniß bietet, worin das Himmelreich dargestellt ist unter dem Bilde eines Weinbergs, daß er sich die Arbeiter wählt, und daß Beides bei ihm steht, die Zeit, wann er sie dinget, und der Lohn, den er ihnen am Feierabend reicht. Wenn nicht heute ein ander' Textwort sich noch näher uns legte, würde ohne weitere Wahl jenes Evangelium ich meiner Predigt zum Grunde legen. Was wir zu sagen haben, können wir aus demselben nehmen, was wir zu geben haben, in dasselbe legen. Doch ein ander' Textwort fordert dringlicher noch, daß aus ihm gepredigt werde. Es ist das der Anfang der heutigen Epistel. Das Wort ist von Paulo. Seine Sendbriefe an die Gemeine sind Briefe an junge Christenvereine, die eben erst um die Heilsbotschaft sich gesammelt hatten. Paulus war der Stifter derselben, und mit all' der Liebe, die seine Stellung zu diesen Pflanzstätten christlichen Lebens und christlicher Sitte ihm eingiebt, überwacht er sie, und deckt die Gefahren auf, denen sie ausgesetzt sind. Und dahin zielt denn auch die heutige Epistel. Wollet sie verlesen hören, wie sie am Schlusse des 9. Cap. des 1. Briefes an die Corinther vom 24. Verse an also lautet:

„Wisset ihr nicht, daß die, so in den Schranken laufen, die laufen alle, aber Einer erlanget das Kleinod? Laufet nun also, daß ihr es ergreifet. Ein jedlicher aber, der da kämpfet, enthält sich alles Dinges, jene also, daß sie eine vergängliche Krone empfahen, wir aber eine unvergängliche. Ich laufe aber also, nicht als aufs Ungewisse, ich fechte also, nicht als der in die Luft streichet. Sondern ich betäube meinen Leib und zähme ihn, daß ich nicht den andern predige und selbst verwerflich werde."

So weit heute. Das Folgende würde für jetzt zu weit führen. Ist der Inhalt des Gebotenen doch auch schon reicher und tiefer, als wir auszureden vermögen.

Unsere Aufgabe wird jetzt die sein, was heute uns vorzugsweise bewegt, nachklingen zu hören in dem mitgetheilten Wort, und zu dem Ende versetzen wir uns für einen Augenblick in die Zeit und an den Ort, wo zuerst diese Epistel verlesen wurde. Und drängt sich uns dann die Bemerkung auf, unsere Gegenwart stehe in einiger Aehnlichkeit zu jener Vergangenheit, so ist damit uns beiden, der Gemeine und dem Prediger, ein Anlaß geboten, der apostolischen Mahnung unser Ohr zu leihen.

Werft demnach einen Blick auf die Stadt Corinth.

Alles besaß sie, worauf die Welt einen Wert setzt. An zwei Meeren gelegen mit zwei Häfen versehen, strömten ihr die Schätze der Erde doppelt zu, und die reiche Stadt war doch so arm. Sie hatte Götter genug, aber keinen Gott, Güter genug, aber kein bleibend Gut, Hülfsmittel genug, aber kein Mittel zur Hülfe, wenn vor dem brechenden Auge das Gold dieser Erde seinen Glanz verliert. Doch die Stunde hatte für Corinth geschlagen; Paulus kam und theilte seine Gaben aus, jene Güter, die der reichen Stadt in ihrem Reichthum fehlten.

Doch siehe! kaum ist sie gegründet, die junge Gemeine, so bebt der Grund, auf dem sie steht. Es stehen andere Lehrer auf nach Paulo, andere Dinge predigend, denn er; im Gesetz befangen, hangend an der Form, und das Volk wird irre, und das Volk hängt ihnen an; denn die Menge sucht nun einmal immer den ererbten altgewohnten Boden. Und es kommt so weit, daß sie den Apostelfürsten schmähen; ja, sie geben der Verdächtigung Raum, er habe den Beruf zum Apostelamt nicht vom Herrn empfangen. Wunderbar! Statt freudig die Botschaft aufzunehmen, streitet man in Corinth sich über die Boten. Statt willig die Lehre anzunehmen, und in treuer Befolgung ihres Segens inne zu werden, entzweiet man sich über die Lehrer. Und so wird das, was Frieden fördern sollte, Anlaß zu bitterm Streit. Da vernimmt St. Paulus mit tiefm Schmerz die Trauerbotschaft, und in heiligem Zorn sendet er gen Corinth die Antwort. Und diese Antwort ist der Brief, aus welchem unsere Epistel genommen ist.

Diese Epistel mag denn unser Text sein.

Wie aber das Epistelwort aus den Text giebt, so bietet es uns auch das Thema. Es ist dieses die darin gegebene

Anweisung St. Pauli zu gesegneter Wirksamkeit des Predigers in der Gemeine.

Wir brauchen nur dem Gedankengange des Apostels zu folgen, um Das zu finden, was als das Nothwendigste und Unerläßlichste zu solch' gesegneter Wirksamkeit von uns Predigern gefordert wird.

Wenn nun aber er, der Apostelfürst, von dem Bewußtsein der Gefahren durchdrungen ist, die seinem gesegneten Wirken entgegen stehen, wenn er die Klippen nennet, die er selber zu vermeiden hat, wie vielmehr sollte das für mich gelten, und mit wie weit größerer Sorge muß mich das erfüllen?

Paulus knüpft an Gegebenes und Bekanntes an. Corinth kennt und liebt die öffentlichen Spiele, die Wettrennen und die Wettkämpfe, wo die Kämpfer sich abmühen um einen Kranz, der bald verdorrt, eine Krone, die bald verwelkt.

So hat eine jede Zeit und so hat ein jedes Volk und ein jedes Alter ein irdisch' Ziel, wornach vorzugsweise gestrebt wird, und nur zu leicht geschieht es, daß in dem Suchen und Jagen nach demselben das Unvergängliche aus dem Auge gelassen und versäumet wird. Deshalb war die Mahnung, laufet alle nach der unvergänglichen Krone, und zwar so, daß ihr sie ergreifen möget, für die Corinther an ihrer Stelle, und nicht minder gilt sie für uns.

Das ist es ja eben, daß der Mensch des inne werde, und stets des eingedenk bleibe, inmitten der Sorgen um die Dinge dieser Welt, dem Jagen nach dem vergänglichen Gut, daß die Erde es nicht allein sei, sondern daß er, der Mensch mit der unsterblichen Seele, ein ander' Ziel habe, das höher liegt, daß er trachten solle nach dem was droben ist, ringen nach dem Himmelreich. Und wie Corinth, die reich begünstigte Stadt, des vergaß, so auch ist Gefahr vorhanden für uns, die wir an einem Ort leben, der durch seine günstige Lage zu lohnendem Streben nach den Gütern vorzugsweise zu streben, die wir nicht wägen und nicht messen können. Und je größer der Werth ist, den die himmlischen Güter vor den irdischen voraus haben, deshalb, weil bei dem Vergänglichen der Eine das entbehren muß, was der

Andere hat und sein nennt, während bei den ewigen Gütern alle, die da laufen, das Kleinod erringen können, deshalb, weil die Blätter welken an den schönsten Kränzen, die uns hier unten geflochten werden, während die himmlische Krone unverwelklich ist, sollte uns doch das Ewige vor allem am Herzen liegen. Mögen wir denn immerhin für das Irdische sorgen mit aller Strebsamkeit und allem Fleiß, - wir stehen ja mit unsern Füßen auf der Erde – aber wir wollen doch zuerst trachten nach dem was droben ist. Denn siehe, die Stunde kommt, wo das Irdische schwindet, und sind wir auch noch so reich im irdischen Gut, haben wir die unverweltliche Krone nicht erkämpft, blutarm werden wir dann dastehen, und die Hände zusammenschlagend über unserm Haupte in die Klage der Angst ausbrechen müssen: Ihr Berge fallet über mich, und ihr Hügel bedecket mich.

Deshalb, theure Gemeine, hast du dir dieses Gotteshaus erbauet, deshalb sammeln wir uns heute zu eigner kirchlicher Gemeinschaft, damit die Frage nach dem Einen was noth ist, näher an uns hinantrete. Und das soll mein Beruf sein in eurer Mitte, daran euch zu mahnen mit dem lauten Wort und mit dem stillen Beispiel, jeden anzufassen, und keinen zu lassen von der Wiege bis zum Sarge, in Freud' und in Leid, auf daß alle laufen mögen, das Ziel zu erlangen und die Krone am Ziel. So soll ich mit des Erlösers Botschaft, in seinem Auftrage dem Apostel nach, dastehen in der Gemeine.

Wenn ein Säugling das Licht dieses Lebens erblickt hat, soll ich dem Herrn, der ihn uns schenkte, vor euch und mit euch danken; soll hinweisen euch auf die Gnadenhand dessen, in dessen Macht Mutterleben und Kindesleben steht. Ihm soll ich die Kindlein weihen durch die heilige Taufe, soll sie hineinführen helfen mit meinem Wort und Werk in die Gemeinschaft, deren Glieder wir sind, damit sie dem angehören, der gesagt hat: Lasset die Kindlein zu mir kommen. Und sobald die Hände sich falten lassen zum Gebet, und sobald der Verstand sich zu entwickeln beginnt, soll ich Sorge tragen für die jungen Christen, soll ich sie um mich sammeln später im engeren Kreis, und dann sollen wir unsere Kohlen zusammentragen und den Herrn anflehen, daß er herniederfahre und eine heilige Flamme entzünde in den jungen Herzen, die da leuchte über die Welt hinaus, durch alle Trübsal hindurch, bis wir am Ziel sind. – Und wenn zwei Herzen sich gefunden haben, und wollen mit einander gehen durchs eheliche Leben, dann soll ich die Hände in einander legen und soll hinweisen die Verbundenen auf den Helfer droben, der in ihrem Bunde der Dritte sein muß. Und wenn es Abend geworden für die Erdenpilger und die Nacht will sie umfangen, dann soll ich die Kranken sehen und trösten, und den Sterbenden das Morgenroth zeigen im Abendroth. Und wo ein Kämpfer müde würde im Kampf, wo die Hände sinken in Schwachheit und Zweifel, wo eine Seele niedergebeugt ist durch Kreuz und Noth, und in Gefahr schwebt, das Ziel aus dem Auge zu verlieren und den Weg dahin, da soll ich das wankende und zagende Herz aufrichten mit dem Trostwort das von oben stammt. Und wenn das Bewußtsein eurer S c h u l d über euch kommt, und es bangt euch vor dem Richter, dann soll ich das selige Wort des Evangeliums jedem ins Herz legen: Rufe den Herrn an, er will Dich erhören, gieb ihm dein Herz und du wirst seine Zusage hören, deine Sünde soll dir vergeben sein.

Seht, Lieben, so soll ich a l l e n nahe stehen und ü b e r a l l, daß k e i n e r es vergesse, unsere Heimath sei nicht hier, sondern d o r t.

Hohes, herrliches Ziel! Wie hellleuchtend und ladend strahlst Du uns entgegen!

Aber wie leicht verfehlen wir des Ziel! Wie wird es mir, dem armen, schwachen, sündigen Menschen, gelingen, solcher Aufgabe zu genügen?

H e r r! an Dir liegt ja alles, und an Deiner Gnade! Unser Wollen und unser Vollbringen schaffest Du, und willst mächtig sein in unsrer Schwachheit. Aber auch in des Knechtes Hand hast Du Waffen gelegt, mit denen er zu kämpfen, ihm den Weg gezeigt, auf welchem er sich dem Ziel zu nähern hat.

Diese Waffen sehen wir in des Apostels Hand. Er kennt die Gefahren, welche seiner Wirksamkeit drohen. So viel an ihm liegt, begegnet er denselben siegreich.

Ich laufe nicht, als aufs Ungewisse, ich fechte nicht, als der in die Luft streichet, ich bezähme meinen Leib, so spricht er, und so ist er nicht verwerflich worden, indem er andern predigte.

Mit der Entschiedenheit des eignen innern Ueberzeugtseins tritt der Apostel seinen Freunden und seinen Widersachern gegenüber. Ihn hatte in heilger Weihestunde der Herr gefaßt. Nicht ein wankend Rohr steht er da inmitten der streitenden Partheien. Was er ergriffen hat, mit dem allein will er die Glieder der Gemeine für den Herrn ergreifen.

So laufen, nicht als aufs Ungewisse, dem Apostel nach, soll auch ich.

Fest und entschieden soll ich dastehen, nicht von dem Winde der Meinungen und Ansichten mich bewegen lassen; mein muß geworden sein, was ich euch zu bringen habe, in mir zum Leben gekommen sein, womit ich Leben wecken und Leben fördern soll in der Gemeine!

Versammelte Gemeine!

Ich laufe nicht, als aufs Ungewisse. Ihr wißt es, daß ich in göttlichen Dingen ein Freund der Vernunft bin. Des Apostels Vorschrift, prüfet Alles, und das Beste behaltet, ist für mich geltend, und ich kenne keinen andern Beweis für die Wahrheit und Göttlichkeit der Lehre Jesu, als den, welchen er selber, unser Herr, uns gegeben hat. Er aber spricht, so ihr werdet thun den Willen meines himmlischen Vaters, so werdet ihr des inne werden, ob meine Lehre von Gott ist, oder ob ich von mir selber rede. Nicht meine ich, daß ichs bereits ergriffen hätte, sondern ich jage dem nach, daß ichs ergreifen möge, und will nicht müde werden, zu forschen in der Schrift, ob sich's also verhalte.

Gemeine des Herrn, hast du Vertrauen zu mir?

Nicht ohne begründete Hoffnung komme ich zu dir, du werdest mir dein Vertrauen schenken. Bin ja eine lange Reihe von Jahren in dem Amte gestanden, das heut ich hier übernommen, und aufs Ungewisse bin ich nimmer gelaufen. Fest stehend in dem Glauben, der in mir lebendig geworden, habe ich manche Wittwe aufgerichtet und manche Waisenhand gefaßt, wenn wir den Hausvater hinaustragen sollten; fest stehend in diesem Glauben bin ich gestanden am Grabe manch' theuren Freundes, am Grabe der Kinder, und dieser Glaube hat mich aufrecht erhalten; und dieser Glaube hat sich mir bewährt in diesen letzten Jahren, die reich an Segnungen, wie keine, aber auch reich an harten Prüfungen über mich gekommen waren. Und was so mich getragen hat, und womit ich andere getragen in dem Herrn, das, theure Gemeine, bringe ich Dir.

Gemeine des Herrn, hast du Vertrauen zu mir?

Was frage ich, ich vertraue auf dein Vertrauen.

Hast du doch bereits so viele Beweise herzlicher Zuneigung mir gegeben; sind doch von der ersten Stunde an, da ich mit den Meinigen in deine Mitte trat, bis zu dieser Morgenstunde hin, wo der Tag anbrach, so viele Zeugnisse deines Vertrauens mir geworden, daß ich nur zu beten habe, der Herr möge solch' schönes Zutrauen mir in Gnaden bewahren.

Zu Corinth, wo die Spaltungen der Gemeine so gefahrdrohend waren, wo Paulus selber dem nicht entging, geschmähet zu werden, wo es für ihn nöthig ward, Waffen zur Abwehr in die Hand zu nehmen, standen die Partheien gar hart gegen einander, und um siegreich den Kampf zu bestehen, durfte der Apostel nicht in die Luft streichen.

Wann würde das von ihm geschehen sein? Wenn er sich eingelassen hätte auf die Streitigkeiten der Schulen, wenn er ein Gewicht gelegt auf Fragen, über die nun einmal nie eine Verständigung zu erwarten und zu hoffen steht, wenn er das in den Vordergrund gestellt hätte, was keine Lebensfrage sein kann auf dem Gebiete christlichen Glaubens und Lebens.

Folgen wir ihm, und fördern wir so den Frieden.

Ach! Es ist so viel Krieg und Streit auf Erden, auf politischem Gebiet, wie auf dem der Kirche. Die Völker liegen wider einander in schwerem Kampf, und die Gewaltigen der Erde führen wider einander Krieg. Aber in der Kirche auch, die der Friedensfürst gestiftet hat, ist Hader und Zank; die Confessionen stehen schroff gegen einander und im Schooße der einzelnen Kirchen selbst fehlt es an Frieden.

Welches wird da meine Aufgabe sein? Will ich das Ziel erlangen, welches ich mir vorgesteckt, Liebe und Frieden zu predigen in der Gemeine, und Zerstreuetes zu sammeln, da darf auch ich keine Luftstreiche thun. Die Erfahrung habe ich gemacht, daß Partheikämpfe in der Kirche nie zum Segen für die Gemeine dienen; das habe ich gelernt, daß nie und nimmer Heil zu erwarten sei für die Kirche, wo Glaubensfehden ausgekämpft werden, und daß unser Herr schon im Hinblick darauf seinen Zeitgenossen die Warnung gegeben, wenn sie euch sagen, hier ist Christus oder da, so sollt ihr es nicht glauben.

Und wenn ich ins Auge fasse, welcher Beruf mir eben hier geworden, wo die Mitglieder der lutherischen und der reformierten Gemeinschaft sich dahin vereinigten, in gemeinsamer Andacht neben und mit einander sich zu erbauen, da würde der Muth mir gefehlt haben, dem Ruf zu folgen, wenn nicht des festen Willens ich wäre, über den Partheien zu stehen, und von der Stelle aus, wo die Flammen zusammenschlagen, die von beiden Altären aufsteigen, nicht nach dem Buchstaben der Bekenntnisse, sondern nach ihrem Geiste, dem Geiste der Schrift gemäß, für die Erbauung der Gemeine Sorge zu tragen.

Unbekümmert durch Partheiungen und Anfeindungen, will ich nicht Theil haben an dem, was die Kirche spaltet, will das Geschrei erwidern mit Tragen und Dulden und Schweigen, und also in die Fußstapfen des Apostels zu treten suchen, der allen Alles zu werden strebte, damit er allenthalben je etliche selig mache; will dem nacheifern, der für seine Verfolger gebetet hat und segnete, die ihm fluchten.

Doch um das Höchste zu erreichen, und dieses ist das Höchste, da bedarf es einer Kraft, die ich nicht habe, ich armer sündiger Mensch, der ich bin. Der Apostel selbst fühlt es, er werde doch aufs Ungewisse laufen, werde doch Luftstreiche thun, wenn nicht vor Allem den natürlichen Menschen er in Zucht nähme, und alle Selbstsucht zum Schweigen gebracht. Was hilft alles Reden, wenn die eigne That fehlt? Nichts ist es, als ein tönend Erz, und wehe mir, wenn ihr sagen dürftet: nach meinen Worten dürftet ihr euch richten, aber nach meinem Werken nicht. So bitte ich den treuen Gott, der mich hierher geleitet hat, und Du, liebe Gemeine, bitte ihn mit mir, daß er mir die Kraft gebe in meinem inwendigen Menschen, Allem Wiederstand zu leisten, wodurch ich selber verwerflich würde, während ich euch predige. Siehe! ich gelobe es euch in dieser Stunde, kein ander Ziel will ich haben, und keinen andern Weg dahin.

Und sollte ich straucheln in meinem Lauf, sollte ich fehl greifen in meinem Thun, sollte ich zurückbleiben in meinem Amt hinter euren Erwartungen in diesem und in jenem, in Allem, ich bitte euch, richtet dann nicht, sondern helft mir zurecht mit sanftmüthigem Geiste, und lasset uns einander tragen in der Liebe, womit der Herr uns geliebet hat.

Und nun laßt mich schließen.

Es ist mir schwer geworden, den Strom der Gedanken, die durch meine bewegte Seele ziehen, in die Schranken eines kurzen Wortes zu leiten, und nun ich am Ende stehe, fühle ichs lebhaft, wie vieles noch sich verdrängt und ausgesprochen zu werden verlangt.

Doch alles hat seine Zeit und sein Maaß, eine Anzugspredigt auch.

So laßt mich denn schließen.

Aber bevor ich abtrete von dieser Stätte für heute, bitte ich euch, mein Gebet zu hören, mit mir zu beten, und all', was seinen Ausdruck noch nicht gefunden, und es darf doch nicht verschwiegen werden heute, das alles ziehen wir mit hinein, wenn nun vor den Herrn wir treten und beten also:

Herr, unser Gott. Es ist ja Alles Dein, Dein dieses Haus, und Dein diese betende Gemeine, und Dein bin ich, Dein Knecht. Dein ist diese Stunde, und das Gebet, das in dieser Stunde über meine Lippen gehet, es ist Dein. Herr, unser Gott, höre und erhöre Du denn, was Dein Knecht betet vor Deiner Gemeine.

Vater unser, der Du bist im Himmel, geheiligt werde Dein Name, zu uns komme Dein Reich. Laß die Gnadensonne des Evangeliums immer weiter leuchten über die Völker hin, immer tiefer hineindringen in die Herzen der Bekenner Deines Sohnes, damit die Frucht des Geistes, allerlei Gütigkeit und Gerechtigkeit und Wahrheit, möge geschmeckt werden von Allen, die berufen sind zu dem Erbtheil Christi.

Segne Du unser theures Vaterland in allen seinen Marken. Laß alle Fürsten Dich suchen, alle Obrigkeiten in Deiner Furcht wandeln, alle Unterthanen Dir dienen, auf daß wir groß dastehen mögen unter den Völkern, von unsern Freunden geliebt, von unsern Feinden gefürchtet, aber hochgeachtet von allen. Fördere und mehre Du Deutschlands Einigkeit und Einheit. Füge Du wieder zusammen, was zerrissen ist, bringe Du wieder, was getrennt ist, und heile Du alle Wunden unseres Volkes; wo sie bluten und wie tief sie sind, das weißt Du.

Segne Du unsern Freistaat. Laß den Namen Bremen den guten Klang behalten, den derselbe von Alters her gehabt hat nah und fern. Halte Du Deine segnende Hand über jedem Werke, wodurch das Wohl meines neuen Vaterlandes gefördert wird, in Kunst und in Wissenschaft, in Handel und in Schiffahrt, in Bürgersinn und Frömmigkeit. Laß die zum Sprichwort gewordene Biederkeit und Treue seiner Bürger auf Kind und Kindeskind vererben, damit eine späte Nachwelt noch der Segnungen genießen möge, deren die Gegenwart sich nach Deiner Gnade erfreuet.

Segne die hochverehrten Obern unseres Staates. Erfreue Du sie mit dem köstlichen Bewußtsein, daß es keinen schöneren Beruf gebe, als arbeiten zu dürfen an des theuren Vaterlandes Wohlfahrt; daß es keinen schönern Lohn gebe, als den, das Wohl seiner Mitbürger gefördert zu haben, rastlos Gutes wirkend, so lange es Tag ist. Ich nenne im Geiste die Namen unserer Obern alle vor Dir mit der Ehrfurcht und Ergebenheit eines Unterthans, und würde hier keinen Namen nennen, stehen sie doch alle zu ihrem Amte und zu ihrer Last (4. Mos. 4,49), doch ist es mir, wie wenn ich einen Namen läse auf den Lippen der betenden Gemeine. Gleich schmerzlich entbehren wir alle heute die Gegenwart eines Mannes in unserer Mitte. Aber wir wissen es, im Geiste ist er bei uns heute, und während wir hier für ihn beten, betet daheim er für uns, daß das Werk dieser Stunde möge ein gesegnetes sein. Mit der Liebe, womit ein Vater seinen Sohn liebt, trägt er unser Bremerhaven an seinem Herzen. Laß ihn denn recht lange noch, gütiger Gott, Beförderer und Zeuge sein des wachsenden Gedeihens seiner Schöpfung; laß uns alle ihm nacheifern in dem Streben, nach Kräften beizutragen, jeder an seinem Theil, daß unser Gemeinwesen sich so entfalte, wie es s e i n väterlicher Wunsch ist, und laß bei einer dankbaren Nachwelt den Namen S m i d t stets unvergessen bleiben.

Ja segne, segne Du u n s e r n W o h n o r t mit Deinem besten Segen, mit Frömmigkeit und rechtschaffenem Sinn und Wandel bei allen seinen Bewohnern. Laß in keinem Hause die Liebe zu Dir und zu Deinem Wort erkalten, und wo ein neuer Herd gegründet wird, da lasse Gottesfurcht mit des Hauses Bewohnern einziehen.

Segne die V o r g e s e t z t e n u n s e r e s A m t e s. Laß ihre Sorgfalt für das allgemeine Beste immer und überall anerkannt werden, und lasse sie stets willige Herzen und Hände finden für das, was sie anordnen zum Wohle der Gesammtheit.

Segne u n s e r e G e m e i n e. Laß unser schönes Gotteshaus, das durch seinen einfach erhabenen Bau jeden zur Andacht stimmt, der über dessen Schwelle tritt, Deinem väterlichen Schutz empfohlen sein, und nimmer seines köstlichsten Schmucks beraubt werden, des einmüthigen Beisammenseins der Gemeineglieder, so oft die Thüren zur Anbetung in Deinem Heiligtum geöffnet sind. Und dann laß das Saatkorn, welches hier ausgestreuet wird, Wurzel schlagen in den Herzen der Hörer, daß das Wort nicht leer wieder komme, sondern in dem Wandl der Gemeine offenbar werde, daß sie D e i n e Gemeine ist, und nicht u m s o n s t sich dieses schöne Haus gebauet hat.

Segne Du die Männer in unserer Mitte, in deren Hand die Sorge gelegt ist für das Gedeihen unserer kirchlichen Gemeinschaft, die B a u h e r r e n und D i a k o n e n unserer vereinigten evangelischen Gemeine. Ihren Fleiß und ihre Umsicht, womit sie die Obliegenheiten ihres Amtes erfüllen, unterstütze Du, damit keiner von ihnen ermüde, in Einmüthigkeit und Treue das heilige Werk zu fördern, welches ihren Händen anvertraut ist.

Wir lösen mit dem heutigen Tage das Band, das Bremerhaven seit seinem Entstehen mit einer benachbarten Gemeine verbunden gehalten hat. Wir können es nicht lösen, ohne der Gemeine und ihren Behörden zu danken, die so bereitwillig bisher ihr Gotteshaus zu gemeinsamer Andacht geboten haben. Wir danken den Gliedern der Gemeine und ihren Predigern für jedes Liebeswort und Liebeswerk, und bitten Dich, o Herr, Du wollst alles dessen gedenken, und zu unserm Dank Dein Vergelten hinzuthun.

Nicht minder fühlen wir uns zu herzlichem Danke verpflichtet dem Prediger gegenüber, der an diesem Orte mit großer Aufopferung und Selbstverleugnung sich der Gemeine, die ohne Hirten war, angenommen hat, und hoffen, daß ihm ein dankbares Gedächtnis bewahrt bleibe, wenn Du nun, o Herr, ihn berufen wirst, eine eigne Gemeine Dir zu weiden.

Segne Du die Eheleute in unserer Mitte mit einem verträglichen, Dir ergebenen Sinn, damit die Herzen mögen fest mit einander verbunden bleiben und die Hände in einander liegen bis Du, o Herr, nach Deinem Ratschluß, sie auseinander nimmst.

Segne Du die Erziehung der Kinder in unseren Häusern und in unseren Schulen, damit die Jugend Dich frühe suchen lerne, und Dich gefunden habe, bevor die schweren Stunden kommen der Versuchung und der Trübsal. Laß die Hausväter und die Hausmütter die rechten Väter und Mütter ihrer Häuser sein, und dann segne Du sie mit dem schönsten Elternsegen, daß sie ihre Kinder wandeln sehen in Deiner Furcht und Christi Liebe.

Laß die Lehrer in unseren Schulen stets das Vertrauen finden, dessen sie bedürfen für ihren heiligen, schweren Beruf, Menschenkinder zu erziehen, daß sie Christenkinder werden immer mehr und mehr, und heranwachsen mögen zu dem vollkommenen Maaße, Deine Kinder, Gotteskinder sich zu wissen in Noth und Tod, in Zeit und Ewigkeit.

So segne uns, barmherziger Gott, so segne uns alle, daß keiner Luftstreiche thue, keiner aufs Ungewisse laufe, sondern jeder sich selbst bekämpfe, und so laufe, daß er die unverwelkliche Krone erlange.

Und so, Vater, so segne auch mich und die Meinigen. Wie der Schiffer sich freut, wenn aus Stürmen gerettet sein Schiff im Hafen ruht, so freuet sich meine Seele, nun ich Amt und Brod wiedergefunden, und nach den Stürmen, die über mich gegangen, mich sicher weiß in dem Vertrauen der neuen Gemeine. Was soll ich für mich erflehen? Ich habe nichts zu bitten,

Dein Wille geschehe. Aber um das Eine flehe ich, daß ich nicht verwerflich werde, während ich andern predige, daß ich treu erfunden werden möge in meinem Amt. Alles andere befehle ich Deinen treuen Händen, weiß ich's doch, und hab' es eben heute aufs Neue erfahren, daß Du, Vater, das Segnen nicht lassen kannst. Amen.

Familien-Stammtafeln der ersten (bzw. ältesten) Bremerhavener Einwohner

Stammtafel der Familie Johann Carl Brinkmann

Johann Carl Brinkmann, Kaufmann, gestorben, zugezogen aus Lehe etwa Mitte der dreißiger Jahre, war verheiratet mit Doris Siebs (gestorben), Schwester des Fährpächters und Fuhrwerksbesitzers Eide Siebs.

Aus dieser Ehe 4 Kinder: 1. Elise, verheiratet mit dem Fabrikanten Grote in Cincinatti (Ohio), nach kurzer Ehe gestorben. – 2. Helene, verheiratet mit dem früheren Ehemann ihrer Schwester Elise, Fabrikant Grote in Cincinatti. Aus dieser Ehe 4 Kinder: Fritz, Elise, Helene, Edmund. – 3. Karoline, zog 1871 auch nach Amerika, unverheiratet gestorben. – 4. Johann Carl, Lotse, geboren 19. Januar 1841, gestorben in Bremerhaven am 24. April 1890, war verheiratet mit Helene Barre, geboren 9. September 1847, wohnhaft in Bremerhaven. Kinder aus dieser Ehe: a) Johann Carl, Kaufmann in Bremerhaven, verheiratet in 1. Ehe mit Witwe Kathinka Schlemmermeyer (gestorben), aus deren 1. Ehe 2 Söhne stammen: 1. Leo Schlemmermeyer, Rechtsanwalt und Notar, verheiratet mit Martha Heine, geborene Probst, 2. Dido, unverheiratet, Expedient. – Johann Carl Brinkmann, verheiratet in 2. Ehe mit Lucie Quintern. – b) Adolf, in Hildesheim, Gastwirt, verheiratet mit Mariechen Lüder (2 Kinder: Anni und Adolf). – c) Frieda, unverheiratet, gestorben in Bremerhaven 1890. – d) Paul, in Hamburg, Monteur, verheiratet mit Käthe Behrens. – e) Oskar, Kaufmann in Bremen, früher Lloydoffizier, verheiratet in 1. Ehe mit Elly Hasselmann (gestorben; 2 Kinder: Karl-Heinz und Ursula), in 2. Ehe mit Elisabeth Prüfer, Geestemünde.

Stammtafel der Familie Albrecht Diedrich Buschmann

Dr. med. Albrecht Diedrich Buschmann kam im Januar 1839 von Bremen als Arzt nach Bremerhaven, geboren 1. Mai 1811 in Bremen, gestorben 28. Juni 1874 in Bremerhaven, verheiratet 1839 mit Maria Dorothea Frantz, geboren 11. März 1814 in Bremen, gestorben 6. November 1882 in Bremen.

Aus dieser Ehe 7 Kinder: 1. Johann Michael, Ingenieur, geboren 7. Januar 1840, gestorben 11. Dezember 1878 in Bremerhaven. – 2. Luise Albertine, geboren 16. Mai 1841 in Bremerhaven, gestorben 1920 in Düsseldorf, verheiratet 19. August 1870 mit Carl Ignatz Cremer, Rechtsanwalt in Gelsenkirchen. Aus dieser Ehe 2 Kinder: a) Marie Luise genannt Marli, geboren 1. April 1873 in Gelsenkirchen, verheiratet mit Philipp Goelner, Oberleutnant; b) Lilli Antoinette, geboren 3. Oktober 1875 in Gelsenkirchen, verheiratet seit 22. April 1895 mit Paul Wessig, Hauptmann in Neubreisach. – 3. Albrecht Diedrich, Kaufmann, geboren 1843 in Bremerhaven, gestorben 1883 in Buenos Aires. – 4. Hermann Albert, Ingenieur in Alameda, Californien, geboren 1845 in Bremerhaven. – 5. Wilhelm, geboren 1846, gestorben 1853 in Bremerhaven. – 6. Johanne Luise, geboren 1848 in Bremerhaven, verheiratet 1874 mit Andreas Reinhard van Limbeek, Kaufmann in Brüssel, geboren in Bremerhaven. Aus dieser Ehe 3 Kinder: a) Hans, Kaufmann in Antwerpen, geboren 1875 in Neuyork; b) Charlie, Kaufmann in Antwerpen, geboren 1878, verheiratet mit Bertha van Weddingen; c) Marie Albertine, geboren 1882 in Bremen, verheiratet 1909 mit Max Robert Wichmann, Fabrikant in Hamburg. – 7. Paul Maria, Kaufmann, geboren 1853 in Bremerhaven, gestorben 1884 in Erfurt.

Stammtafel der Familie Albert Buschmann

Albert Buschmann, Bruder von Dr. med. Albrecht Diedrich Buschmann, Goldschmied in Bremerhaven, geboren 20. Juni 1819 in Bremen, gestorben 3. Januar 1877 in Bremerhaven, verheiratet mit Johanne Luise Schierstein, geboren 28. Oktober 1822 in Bremen, gestorben 22. Mai 1897 in Geestemünde.

Aus dieser Ehe 4 Kinder: 1. Heinrich Ludwig, Bankdirektor, geboren 26. April 1854 in Bremerhaven, gestorben 4. Mai 1911 in Geestemünde, verheiratet mit Magdalene Heincke 28. Mai 1891. Aus dieser Ehe 2 Kinder:

a) Amely, geboren 11. März 1893 in Bremerhaven, verheiratet am 3. Juni 1921 mit Dr. rer. pol. Hanemann; b) Heinz, Dr. med., geboren 25. Mai 1895 in Bremerhaven, gestorben 25.3.1924 vor Bahia. – 2. Johanne Marie, geboren 14. Oktober 1855 in Bremerhaven, gestorben 22. März 1876, verheiratet mit Conrad Waltjen 1875, Bankdirektor. – 3. Albrecht Diedrich, Bankdirektor, geboren 25. Februar 1858 in Bremerhaven, verheiratet mit Marie Dänike 18. Oktober 1887. 1 Sohn: Ludwig Christian Theodor, Buchdruckereibesitzer, geboren 10. März 1889, verheiratet mit Luise Hüllen 2. Dezember 1916. – 4. Carl Otto, Maschinenbauer, geboren 16. Januar 1862 in Bremerhaven, verheiratet 1892 mit Emma Klingenberg. Aus dieser Ehe 2 Kinder: a) Bertha, geboren 1893 in Geestemünde, verheiratet 1911 mit Julius König; b) Carl, geboren 8. März 1895 in Geestemünde, gestorben 26. Februar 1908.

Stammtafel der Familie Franz Eberhard Claussen

Franz Eberhard Claussen, Anfang der dreißiger Jahre zugezogen, Spediteur und Inhaber eines Schiffsausrüstungsgeschäftes, geboren 5. März 1810, gestorben 1882, verheiratet mit Johanna Rebecka Solling, Pastorentochter aus Esensham, gestorben 1886.

Aus dieser Ehe 10 Kinder: 1. Georg Ludwig, geboren in Brake, unverheiratet gestorben. – 2. Adolf Julius Wilhelm Heinrich, geboren in Bremerhaven 20. November 1837, verheiratet, gestorben in Neuyork. – 3. Elisabeth Ida Marie, geboren 24. Juni 1839, verwitwete von Tronchin, gestorben in Hamburg 1915. – 4. Johanne Emilie, geboren 31. März 1841, verwitwete Schmidt. – 5. Auguste Marie, geboren 13. Januar 1843, verwitwete Schönborn, gestorben in Hamburg. – 6. Franz Eberhard, geboren 11. Juli 1844, gestorben in Bremerhaven. – 7. Heinrich Christian, geboren 30. April 1846, gestorben 10. November 1846. – 8. Juliane Christine, geboren 18. September 1847, gestorben 31. Januar 1849. – 9. Emilie, geboren 15. August 1849, verwitwete Wölffer, gestorben in Hamburg. – 10. Heinrich Christian, geboren 29. Dezember 1852, Prokurist a. D. in Bremerhaven, verheiratet mit Olga Bode. Aus dieser Ehe 3 Kinder: 1. Henny, geboren 17. Juli 1891, verheiratet mit Wilhelm Albers, Lehrer in Wesermünde-Lehe; 2. Walter, geboren 31. März 1893, Richter in Bremerhaven, verheiratet den 14. Januar 1927 mit Käthe Hamje; 3. Heinrich, geboren 18. Mai 1895, Kaufmann in Sheppshead Bay bei Brooklyn.

Stammtafel der Familie Johann Georg Claussen

Johann Georg Claussen, zugezogen nach Bremerhaven (Sohn des Caspar Dietrich Claussen, gestorben 15. November 1827, Kaufmann in Brake, verheiratet mit Luise Catherine Groß, gestorben daselbst), geboren 11. Mai 1808, gestorben 29. Dezember 1885 in Bremerhaven, Kaufmann; derzeitiger Eigentümer des großen Auswandererhauses, Vorsitzender des Gemeinderats von 1854 bis 1860, später preußischer Vizekonsul, verheiratet in 1. Ehe mit Anna Amalie Probst, in 2. Ehe mit Annette Adeline Joppert, in 3. Ehe mit Johanne Elisabeth Joppert (gestorben 7. Mai 1873).

Aus diesen 3 Ehen 13 Kinder, darunter das älteste: Daniel Christian Georg, Kaufmann, geboren 30. August 1829, gestorben in Bremerhaven 5. April 1898, verheiratet mit Cathinka Rodenburg, gestorben.

Aus dieser Ehe: I. Christian, Dr. jur. geboren 16. September 1853, gestorben 2. Januar 1908, Rechtsanwalt und Notar, Oberleutnant d. L. a D., 1. Vorsitzender des Turnvereins Bremerhaven, verwaltender Bauherr der vereinigten evangelischen Gemeinde, verheiratet mit Anna Mohr.

Aus dieser Ehe 4 Kinder: 1. Curt, Dr. jur. geboren 17. Dezember 1882, Rechtsanwalt und Notar, Diakon der vereinigten evangelischen Gemeinde, verheiratet mit Margareta Reimkasten, Aus dieser Ehe: a) Ilse, geboren 1. November 1912. – b) Lotte, geboren 14. Mai 1916. – c) Margrit, geboren 13. Oktober 1919. – d) Gisela, geboren 29. Oktober 1921. – 2. Richard, geboren 10. Juli 1885, gestorben im Weltkriege 4. August 1914. – 3. Cathinka, geboren 18. Oktober 1886. – 4. Walter, Kaufmann, geboren 31. Oktober 1891.

II Lily, geboren 18. Januar 1856, verheiratet mit dem praktischen Arzt Christian von Harbou. Aus dieser Ehe 2 Kinder: 1. Adolf von Harbou, Major a. D., jetzt Kaufmann. – 2. Bodo von Harbou, Major a. D., jetzt Direktor des Stickstoff-Syndikats.

III. August, geboren 5. November 1858.

Stammtafel der Familie Jürgen Arend Dreyer

Jürgen Arend Dreyer, geboren in Bederkesa, aus Dingen, wo er Pachtmüller war, 1832 nach Bremerhaven eingewandert; baute sich in der Leher Straße Nummer 79 an, wo er eine gut renommierte Wirtschaft mit

Kegelbahn und Ausspann, auch Bäckerei betrieb. Verheiratet mit Anna Rebecka Schwanemann, starb er in Lehe, gerade an seinem Geburtstage, 80 Jahre alt.

Aus der Ehe 7 Kinder: 1. Diedrich, Bäckermeister hierselbst, verheiratet mit Hannchen von Oven, gestorben in Bremen, 95 Jahre alt (1 Tochter Alida, verheiratete Neyde, gestorben in Bremen). – 2. Sophie, verheiratet mit Schlachtermeister Nikolaus Addicks, beide gestorben. Aus dieser Ehe 8 Kinder: Ida, Magdalene, Johanne, Elise, Nikolaus, Sophie, Marie und Meta. – 3. Katharine, verheiratet mit Ballastlieferant Georg Wienbarg, geboren 5. Dezember 1821, gestorben 1902. Der Mann starb 1866. 5 Kinder aus dieser Ehe: a) Adolf, Kapitän, verheiratet, gestorben in Brooklyn; b) Georg, verheiratet in Lehe, gestorben.; c) Wilhelm als Kind gestorben; d) Wilhelm Nikolaus, verheiratet, Wirt in Bremerhaven, 76 Jahre alt; e) Johanne, unverheiratet, geboren 13. Juli 1852. – 4. Anna, geboren 18. Februar 1823, gestorben 1900, war mit dem Seelotsen Christian Ricklefs (gestorben 2. Oktober 1885) verheiratet. Aus dieser Ehe 3 Kinder: a) Anna, verheiratet in 1. Ehe mit dem Küpermeister Johs. Hellenberg, in 2. Ehe mit dessen Bruder Karl; b) Heinrich, Schlachtermeister, verheiratet mit Johanne Kuhlmann (4 Kinder); c) Karoline, verheiratet mit Kaufmann Wasow. Goldene Hochzeit 1926 (7 Kinder). – 5. 1 Töchterchen, früh gestorben. – 6. Wilhelm, Malermeister, Verfasser der „Memoiren eines Bremerhavener Jungen", verheiratet mit Elise Ricklefs, gestorben. Goldene Hochzeit. Wilhelm Ricklefs Dreyer starb 81 Jahre alt bei seiner Tochter, Frau Krizala hier. Aus seiner Ehe 3 Töchter und 3 Söhne. – 7. Karoline, verheiratet in 1. Ehe mit Schlachtermeister Louis Weber, in 2. Ehe mit dem Feinmechaniker Georg Meyer. Aus beiden Ehen 8 Kinder.

Der Stammbaum der Familie Ehrlich

geht nachweislich bis 1560 zurück. Seit der Reformation waren zwölf Ehrlichs als Theologen tätig, vorwiegend in Halle a. d. S. und Umgegend. Um 1830 amtierte der letzte Pfarrer Ehrlich in Wesel am Rhein als Militärpfarrer und hielt daselbst eine damals in Deutschland vielbesprochene Gedächtnisrede für die Schillschen Offiziere. Er war der Bruder des in den dreißiger Jahren in Bremerhaven eingewanderten Franz Wilhelm Gustav Ehrlich.

Beide waren Söhne des am 3. Januar 1776 in Halle a. d. S. geborenen Carl Gotthilf Ehrlich, späteren Theologen und Seminardirektors in Soest.

Franz Wilhelm Gustav Ehrlich, geboren 4. August 1817, Uhrmacher, verheiratet mit der Witwe Fouckhardt, die 2 Kinder mit in die Ehe brachte: Sophie, verheiratet mit Kapitän Heyn, und Eduard, verheiratet.

Aus der Ehe mit der Witwe Fouckhardt gingen hervor: I. Carl, geboren 11. Oktober 1839, gestorben 22. November 1894, war verheiratet in 1. Ehe mit Friederike Dettmer (gestorben 10. April 1873), in 2. Ehe mit Martha Baumgarten. Kinder aus der 1. Ehe: 1. Frau Henny Edelbacher-Traun, wohnhaft in Bremen. – 2. Gustav, Inhaber der noch bestehenden Firma W. G. Ehrlich (Uhren, Gold- und Silberwaren), verheiratet mit Frieda Mortensen. Aus dieser Ehe 3 Töchter: a) Margareta, verheiratet mit dem Tierarzt Fritz Burger in Glashütte bei Dresden; b) Karola Irmgard, unverheiratet, wohnhaft in Berlin; c) Lisa Elfriede, wohnhaft in Berlin. – 3. Frieda, unverheiratet, wohnhaft in Berlin. – Kind aus 2. Ehe Carl Ehrich's: Carl, wohnhaft in Bremen, verheiratet (2 Kinder Karl und Ilse).

II. Johann Leonhard, geboren 28. Januar 1840, gestorben in Bremerhaven 19. Dezember 1890, war verheiratet mit Dorothea Albrecht, geboren in Bremen, 26. September 1853, gestorben 18. Mai 1887. Kinder aus dieser Ehe: 1. Marie, verheiratet mit dem Fabrikanten Eulitz in Leipzig (1 Tochter aus der 1. Ehe des Mannes). – 2. Richard, Kaufmann in Frankfurt a. M., verheiratet mit Gustchen Frucht (2 Söhne).

Stammtafel der Familie Garrelt Garrels

Garrelt Garrels, verheiratet mit Helene geborene Gehrels, wohnhaft in Leer (Ostfriesland, daselbst gestorben.

Aus dieser Ehe 6 Kinder: I. Anna, verheiratet mit Kapitän Knud Jensen. Aus dieser Ehe 1 Tochter Marie, verheiratet.

II. Hinrich, aus Leer, Führer einer Kuff und Wirt, 1830 von Vegesack (dort Bürger) nach Bremerhaven verzogen. Hier Gasthofbesitzer, Kaufmann und Reeder, verheiratet mit Marchina, geborene ten Bruin. 1854 der erste verwaltende Bauherr der vereinigten evangel. Gem., gestorben 1869. Aus dieser Ehe 9 Kinder: 1. Helene. – 2. Adolphine, verheiratet 1840 mit Kapitän Gerhard Ihlder. – 3. Heinrich, zog nach Bremen, verheiratet mit Johanne geborene Faber. Aus dieser Ehe 8 Kinder. – 4. Gerhardt, frühe gestorben. 5. Anna, frühe gestorben. – 6. Martin, Kaufmann, verheiratet mit Gertrud Garrels aus Amsterdam, Vorsitzende des Frauenvereins der vereinigten evangelischen Gemeinde. Aus dieser Ehe 1 Tochter, frühe gestorben. – 7. Louis (Ludwig). – 8. Hermann, gestorben 1880. – 9. Martha, frühe gestorben.

III. Marie, nach dem Ableben ihrer Schwester Anna (s. I.) verheiratet mit Kapitän Knud Jensen, Witwer.

IV. Helene, verheiratet mit Barthold Hey aus Cuxhaven, gestorben 1878. Aus dieser Ehe 4 Kinder: 1. Gerhard. – 2. Helene, verheiratet mit H. Haesloop. – 3. Heinrich, verheiratet. – 4. Hermann, verheiratet.

V. Gerhardt, - geboren in Leer, 1831 nach Bremerhaven verzogen. Hier Kaufmann, Wirt und Auswanderer-Agent, verheiratet mit Catherine geborene Prigge, gestorben 10. September 79, 80 Jahre alt. Aus dieser Ehe 4 Kinder: 1. Hendrina, verheiratet mit Kaufmann Jensen in Altona. – 2. Helene, frühzeitig gestorben. – 3. Heinrich, Kaufmann, verheir. Mit Helene geborene Tieck, beide gestorben. Aus dieser Ehe 5 Kinder: a) Betty, verheiratet mit Bankdirektor a. D. Schröder in Berlin. Aus dieser Ehe 1 Tochter Leni-Gret, verheiratet mit Regierungsrat Dr. med. Arthur Mallwitz, Berlin. B) Gerhard, verheiratet mit Frida geborene Bartels in Hamburg; c) Ludwig, Kaufmann in Firma Tieck & Garrels, verheiratet mit Johanne geborene Hanekampf aus Oldenburg. 1 Tochter Erika. D) Helene, in Hannover. E) Ida, verheiratet mit Dr. med. Adolf Ohly in Kassel, 2 Töchter: Ingeborg (gestorben) und Renate.

VI. Hermann, gestorben.

Stammtafel der Familie Friedrich Hashagen

Carl Johann Friedrich Hashagen aus Marssel bei Lesum, 1837 nach Bremerhaven gezogen, Glaser, dann Kolonialwarenhändler, seit 1846 Mühlenbesitzer, verheiratet in 1. Ehe mit Adeline Elberfeld.

Aus dieser Ehe 4 Kinder: 1. Catharine, geboren 1838, verheiratet mit Wilhelm Scheller. – 2. Anna, geboren 1840, verheiratet mit Heinrich Hashagen in Wilmington. – 3. Friedrich, geboren 1842, zuletzt Privatmann, unverheiratet, gestorben 1926. – 4. Christian, Kaufmann, verheiratet mit Johanne Schwiefert, 1923 gestorben. Aus dieser Ehe 4 Kinder: a) Dora verw.

Müller, verheiratet mit A. Hubert (Kinder: Gertrud und Otto. B) Henry, verheiratet mit Kaufmann Carl Poeppel in Bremerhaven (Kinder Heinz und Wilma). C) Christian in Bremen, verheiratet mit Hedwig Tittel (1 Sohn Robert). D) Anna, verheiratet mit Diedrich Osmers (1 Tochter Irma).

Carl Johann Fridrich Hashagen in 2. Ehe verheiratet mit Henriette Dreyer aus Spieka.

Aus dieser Ehe 7 Kinder: 1. Julius, verheiratet in Newyork, gestorben. – 2. Adele, frühe gestorben. – 3. Johannes, geboren 1853, früher Mühlenbesitzer, verheiratet mit Mathilde Janssen aus Oldenburg, gestorben 1925. – 4. Bertina, verwitwete Westermann in Newyork. – 5. Minna, verwitwete Budde in Bremen. – 6. Rudolph, verheiratet in Newyork, gestorben. – 7. August, verheiratet in Newyork.

Stammtafel der Familie Gerd Hohn

Gerd Hohn, geboren 9. Dezember 1808, gestorben in Bremerhaven Dezember 1873, zugezogen aus Hering in der oldenburgischen Gemeinde Abbehausen 1835, vielseitig beschäftigter Kaufmann (Kolonial- und Manufakturwaren; Talglichtgeschäft; Eisen- und Tabakhandel), verheiratet in 1. Ehe mit Friederike Westpfahl, hiesige Privatlehrerin, in 2. Ehe mit deren Schwester Louise, Lehrerin in der Kleinkinderschule hier, in 3. Ehe mit Anna Schwarzenbach aus Jever.

Kinder aus 1. Ehe: 1. Anna Kapelle, Kaufmannsfrau, gestorben in Amerika. – 2. Frau Ingenieur Johanne Donau, Wwe., gestorben, Mutter von 12 Kindern, davon noch 6 leben. – 3. Philipp, Kaufmann, gestorben in Hoboken. – 4. Gerd, als Kind gestorben.

Kind aus 2. Ehe: Martha, geboren 6. Dezember 1844, verheiratet mit dem am 30.7.1923 gestorbenen Lehrer Wilhelm Vahlsing, Mutter von 11 Kindern, davon noch 6 leben: 1. Frau Anna Röseler, Witwe (4 Söhne). – 2. Auguste, Haustochter. – 3. Frau Martha Albersmeier in Weehawken, New-Jersey (1 Tochter). – 4. Frau Marie Deetjen, Witwe in Milwaukee (1 Tochter verheiratet). Die unter 3 und 4 genannten Frauen in dankbarer Erinnerung wegen ihrer großen Mildtätigkeit, den Notleidenden unserer Stadt in der Zeit nach dem Weltkriege erwiesen. – 5. Konrad, verheiratet,

Baumeister in Wesermünde (2 Töchter und 1 Sohn) gestorben 28. Dezember 1926. – 6. Bertha, seit November 1926 verheiratet mit dem Betriebsingenieur Laue, Witwer.

Zwei Brüder von Gerd Hohn, der sich in der Langenstraße anbaute, siedelten gleichfalls nach Bremerhaven über, zugleich mit Gerd: Hinrich Gerhard Hohn, dem 1835 ein Bauplatz an der Geeststraße angewiesen wurde, wo er Landwirtschaft und Fuhrwerk betrieb, während der dritte Bruder Johann Friedrich erst später zuzog und 1841 das Wirtschaftsgebäude von Siljacks in der Osterstraße, das er umbaute und vergrößerte, übernahm.

Stammtafel der Familie Hermann Hinrich Ikels

Hermann Hinrich Ikels aus Hammelwarden, Schlachtermeister, kam 1832 nach Bremerhaven, wo ihm am 14. März das Grundstück an der östlichen Seite des Marktplatzes, Nummer 205, übertragen wurde. Verheiratet mit Mary Addicks aus Plymouth, Tochter des ersten Oberlotsen in Bremerhaven Dierk Addicks.

Aus dieser Ehe 2 Kinder: I. Hermann Heinrich, geboren in Hammelwarden 19. Februar 1832, Fleischermeister, verheiratet in 1. Ehe mit Caroline Garbe aus Stöcken bei Hannover. Kinder: 1. Hermann Heinrich Jakob, Fleischermeister, geboren 22. September 1860, verheiratet mit Johanne Schmitt. Aus dieser Ehe 6 Kinder: a) Catherine, verheiratet mit Schiffsingenieur Otto Munzer, gestorben (Kinder: Hanneliese und Eva). b) Hermann, gestorben. c) Wilhelm, gestorben. d) Louise, verheiratet mit Kunstgärtner Emil Siedenburg in Bremerhaven (Kinder 3 Söhne: Heinz, Hermann und Walter). e) Johanne, verheiratet mit Apotheker Georg Drews (1 Tochter Waltraut). f) Hermann, Student an der Technischen Hochschule in Hannover. – 2. Diedrich, als kleines Kind 1864 (?) gestorben.

II. Elise, gestorben; verheiratet mit Kapitän Tiedemann in Altona (1 Sohn Ludwig gestorben).

Hermann Heinrich Ikels, geboren 1832, in 2. Ehe 1869 verheiratet mit Catharine Kuhlmann, Tochter des Fleischermeisters Christian Kuhlmann, gestorben und Schwester des verstorbenen Stadtrats Heinrich Kuhlmann.

Kinder aus dieser 2. Ehe: 1. Conrad, geboren 7. Juni 1870, unverheiratet gestorben. – 2. Marie, geboren 21. November 1871, verheiratet mit Zimmermeister Kistner, gestorben. Kinder: a) Hans, Techniker, gestorben. b) Grete, verheiratet mit Kapitän Bellmer, gestorben (1 Sohn, 2 Jahre alt). c) Heinz, Zimmermeister in Lehe, verheiratet mit Lotte Niedermeyer aus Geestemünde. – 3. Heinrich, geboren 8. Juni 1873, Fabrikant in Lehe, verheiratet mit Frieda Bolland (Kinder: Annemarie, Hilde, Heinz). – 4. Wilhelm, geboren 18. Juni 1874, Wäger in Nordenham, zweimal verheiratet (3 Kinder). – 5. Dora, Mary, geboren 3. September 1875, gestorben 19 Jahre alt. – 6. Friedrich Johann, geboren 1. August 1877, Schüler des Technikums, gestorben 17 Jahre alt. – 7. Christine Anna, geboren 6. Juni 1879, verheiratet mit Kaufmann Finger. – 8. Elise, geboren 13. Februar 1881, frühe gestorben. – 9. Ernst, geboren 21. August 1882, Ingenieur in Berlin, verheiratet mit Marie Siedenburg. – 10. Anna, geboren 25. November 1883.

Stammtafel der Familie Ludwig Köhler

Ludwig Köhler, 1838 aus Stade, wo er länger im Militärdienst stand, eingewandert, Schuhmachermeister, später Schlauchmacher, geboren 1810 in Coldingen bei Plattensen a. d. Leine, gestorben 21. August 1883, ehemaliger Gemeindeverordneter und Diakon der vereinigten evangelischen Gemeinde. Verheiratet mit Dorothea geborene Sentin, gestorben 29. Dezember 1884.

Kinder aus dieser Ehe: I. Ernst, Schlachtermeister und Viehhändler, verheiratet in 2. Ehe mit Sophie Oetjen, gestorben 10. Oktober 1909. Ernst Köhler gestorben 21. Dezember 1907, verunglückt durch Fuhrwerk.

Kinder aus dieser 2. Ehe: 1. Louise, verheiratet mit Kaufmann Georg Köhnen (1 Tochter Käthe). – 2. Ernst, Schlauchmacher in Geestemünde, verheiratet mit Gretchen Dieckmann (1 Sohn Albert). – 3. Adele, verheiratet mit Kapitän Christian Hajessen in Bremen. 3 Söhne: a) Richard; b) Ludwig, Ingenieur, verheiratet (1 Tochter); c) Karl. – 4. Karl, Milchviehhalter, verheiratet mit Marie Krüdener (gestorben 2. Januar 1922). Kinder: Georg und Annemarie. – 5. Sophie, verheiratet mit Bergwerksekretär Wilhelm Lindemann (gestorben). Kinder: Erna und Erich. – 6. Dora, verheiratet mit Ingenieur Heinrich Förster, gestorben in Chemnitz.

II. Diedrich, Schlauchmacher, Stadtrat seit 9. April 1900, geboren in Bremerhaven 5. März 1842, gestorben 25. Februar 1916, war verheiratet mit Adelheid Timmermann, gestorben.

Kinder aus dieser Ehe: 1. Heinrich, Kaufmann, verheiratet mit Berta Oetjen (1 Sohn Heinz). – 2. Luise, verheiratet mit Kaufmann Max Pust, Geestemünde. Kinder: a) Anneliese, verheiratet mit Regierungsrat Dr. jur. Benno Siebs in Aurich (1 Tochter Dorothea, gestorben 27. November 1924); b) Friedrich Albert; c) Hans.

III. Ludwig, Schlachtermeister, verheiratet (1 Sohn Ludwig).

IV. Fritz, Inspektor und Prokurist der Rickmers-Reederei Geesthelle, geboren in Bremerhaven 11. Juni 1843, verheiratet mit Henriette Lübbers, gestorben in Geesthelle 7. Januar 1925.

Kinder aus dieser Ehe: 1. Alfred, Schiffbauingenieur, geboren 29. Oktober 1876, verheiratet mit Erika Boué. – 2. Henny, verheiratet mit Lloydkapitän Johs. Heincks (gestorben in Bremen). Aus dieser Ehe 3 Kinder: a) Fritzi, verheiratet mit Pastor Christiansen; b) Lucie; c) Wilhelm. – 3. Etha, verheiratet mit Carlo Praesent, Lloydkapitän, Leiter der Unterweser-Reederei A.-G., Bremerhaven. – 4. Elsa, verheiratet mit Rechtsanwalt und Notar Dr. jur. Pane, Bremerhaven. Kinder: aus 1. Ehe des Vaters a) Rolf; aus 2. Ehe des Vaters b) Horst; c) Etha; d) Elsa.

V. Albert, Schlauchmacher, geboren in Bremerhaven 29. März 1852, gestorben daselbst 2. Januar 1911, verheiratet mit Rebekka Janssen.

Kinder aus dieser Ehe: 1. Arnold, Kaufmann, geboren 12. April 1877, verheiratet in Berlin. – 2. Dorothea, verheiratet mit Karl Weyell, Weinhändler. – 3. Marie, verheiratet mit Curt Gewecke, Kapitän a. D.

Stammtafel der Familie Johann Ludwig Köster

Johann Ludwig Köster, Schiffsannehmer, geboren 1809, gestorben 1885, zugezogen 1838, verheiratet mit Margarete Schütte, geboren 1812, gestorben 1901.

Aus dieser Ehe 7 Kinder: 1. Johann, Schiffsannehmer, verheiratet (3 Töchter und 1 Sohn), gestorben. – 2. Betty, verheiratet mit Klempnermeister Müller in Bremerhaven beide gestorben (Kinder gestorben). – 3. Diedrich, Kapitän a. D., geboren 19. April 1844, zweimal verheiratet. Aus 1. Ehe: Johannes, Maschinist, gefallen in Frankreich 1916. Aus 2. Ehe: a) Diedrich, kaufmännischer Angestellter; b) Walter, Bankbeamter; c) Gertrud. – 4. Martin, Schiffsannehmer, verheiratet, gestorben 1910 in Bremerhaven. – 5. Christian, Schmiedemeister, geboren 1848, verheiratet. Kinder: a) Johann (Jonny), verheiratet in Bremen (2 Kinder); b) Christian, Nachfolger im Geschäft des Vaters, verheiratet (1 Sohn); c) Ferdinand, im Geschäft des Vaters, verheiratet (2 Töchter); d) Ludwig, Netzmacher, gefallen in Rußland; e) Mathilde, verheiratet mit Maschinist Richter (4 Kinder). – 6. Anna, verheiratet (4 Kinder am Leben). – 7. Elisabeth, gestorben 1915.

Stammtafel der Familie Johann Diedrich Kroog

Johann Diedrich Kroog, geboren 22. November 1816 zu Heide im Kirchspiel Schönemoor in Oldenburg, gestorben 17. Dezember 1895, verheiratet mit Katharine Luise Frerichs aus Brake, gestorben 2. September 1900.

Aus dieser Ehe 3 Kinder: 1. Anna, verheiratet mit J. Riechmann, gestorben in Oldenburg im März 1911. 2 Kinder: a) John, verheiratet in Newyork; b) Georg, Barcelona. – 2. Johann Gerhard, Zivilingenieur, verheiratet mit Anna Schuche, gestorben in Goslar a. H. im Januar 1922 (1 Tochter: Else Lobeck, Witwe, Schlachtensee bei Berlin). – 3. Edo Wilhelm Diedrich, Kaufmann, gestorben 17. November 1915 in Bremerhaven, verheiratet mit Henriette Buchtenkirchen, gestorben 3. März 1923 in Bremerhaven. 2 Kinder: a) Clara, verheiratet mit Kaufmann Claus von Bargen (3 Kinder: Gertrud, Ella und Annemarie); b) Martha, verheiratet mit Ingenieur H. Himmelbach, Geestemünde (2 Kinder: Hans und Walter).

Johann Diedrich Kroog ist im Jahre 1836 von Schönemoor nach Bremerhaven als Küpergeselle eingewandert, betrieb dann selbständig eine Küperei in der Kurzestraße. Im Jahre 1845 leistete er als Bremerhavener Bürger den Bremischen Huldigungseid. Im Jahre 1851 erwarb er von dem Detaillisten Johann Wacker dessen Haus mit dem darin befindlichen Woll- und Kurzwarengeschäft (jetzt Grundstück Bürgermeister Smidt-Straße 40) und erweiterte, nachdem er die Küperei abgegeben, das Geschäft in ein Manufaktur-, Weißwaren- und Konfektionsgeschäft. Johann Diedrich Kroog wurde 1874 in den Gemeinderat gewählt und bekleidete später bis zu seinem Tode das Amt eines Stadtrats und stellvertretenden Stadtdirektors.

Seine Frau, die ihn fünf Jahre überlebte, war Inhaberin des Verdienstkreuzes für Kriegshilfe aus den Jahren 1870/71.

Edo Wilhelm Diedrich Kroog führte das Kroogsche Geschäft weiter und ließ an Stelle des alten Hauses im Jahre 1904 einen modernen Neubau aufführen, in dem das Geschäft von dem jetzigen Inhaber Claus von Bargen noch heute betrieben wird. Edo Kroog war Veteran von 1870/71 und während 10 Jahren rechnungsführender Bauherr der vereinigten evangelischen Gemeinde.

Stammtafel der Familie J. H. Kuhlmann

Johann Hinrich Kuhlmann, geboren 22. November 1810 in Ollenbrock (Oldenburg), gestorben 15. April 1889 in Bremerhaven, war als jugendlicher Arbeiter bei dem Bau des ersten Hafens beschäftigt, stand dann eine Zeitlang als Fuß-Briefbote im Dienst der hiesigen Spediteure, eröffnete später in der Marktstraße ein Detailgeschäft (Kolonialwaren) und verheiratete sich am 11. Februar 1838 mit Friederike Christine verwitwete Oeters geborene Wellhausen.

Aus dieser Ehe 2 Kinder: I. August Friedrich, Kaufmann, geboren 22. November 1838, gestorben in Bremerhaven 10. Juni 1882, war verheiratet mit Anna Norden, gestorben 10. Mai 1921.

Aus dieser Ehe: 1. Johann Hinrich, geboren 23. November 1865 in Bremerhaven, Kaufmann; verheiratet mit Anna Johanna Friederike Lahmeyer. Aus dieser Ehe 4 Kinder: a) Friedrich, Obersparkassensekretär, verheiratet mit Margarete Jung; b) Heinrich, 1. Funkoffizier, verheiratet mit Irene Betke (Tochter Gerda); c) Johanna (Hanna), verheiratet mit Oberzollinspektor Willy Nahke in Bremen (Kinder: Kurt und Rolf); d) Johann, Kaufmann, unverheiratet.

II. Friederike (Frieda) Sprickerhoff, geborene Kuhlmann.

Johann Hinrich Kuhlmann senior, geboren 22. November 1810, stiftete im Jahre 1885 der „Großen Kirche" in Bremerhaven den Altar-Kronleuchter und der Stadtbibliothek zirka 1.000 zum Teil wertvolle Bände.

Stammtafel der Familie Allerich Diedrich Luerssen

Allerich Diedrich Luerssen aus Burhave, siedelte 1832 nach Bremerhaven über und trat am 7. Mai in die „Hansestadt-Bremische Lotsengesellschaft zu Bremerhaven" ein, war verheiratet mit Christine Meiners.

Aus dieser Ehe 6 Kinder: I. Catharine, verheiratet mit J. G. Müller in Bremerhaven, Besitzer des Gasthofes am Hafen „Stadt Hull".

II. Anton, Speisewirt, verheiratet, gestorben in Neuyork.

III. Allerich, Seelotse, später Hafenlotse, verheiratet mit Metta Meyer aus Geestendorf. Aus dieser Ehe 3 Kinder: 1. Bertha, verheiratet in 1. Ehe mit dem Kontoristen Friedrichsen. 2 Kinder: 1 Tochter, als Kind gestorben und Toni, verheiratet in Soest mit Kaufmann Heinrich Rinke. Verheiratet in 2. Ehe mit Reepschläger C. G. Ahlers. – 2. Toni, verheiratet mit Reeder und Großfischhändler Karl Kämpf in Geestemünde (2 Söhne Karl und Willy). – 3. Oskar, früher Steuermann, jetzt Schiffsausrüstungsgeschäft, verheiratet. 1 Sohn Allerich, Kaufmann, 1 Tochter Erna und 1 Sohn Willy.

IV Gerhard, als Schüler beim Baden hier ertrunken.

V. Hermann Wilhelm Christian, geboren 14. März 1840, Böttchermeister und Milchhändler, war verheiratet mit Emma Hildebrand, gestorben 5. September 1924. Goldene Hochzeit 27. Oktober 1920. Wilhelm Luerssen ist der älteste in Bremerhaven geborene, stets hier ansässige und noch lebende Bürger. Aus dieser Ehe 4 Kinder: 1. Friedrich, Klempnermeister in Lehe, geboren 13. September 1871, verheiratet mit Margerete Funck aus Blankenese. Keine Kinder. – 2. August, geboren 18. Januar 1873, verheiratet mit Sophie Drews, geboren 14. Mai 1884. 1 Tochter Magdalene, geboren 24. August 1911. – 3. Magdalene, verheiratet mit Gustav Specht, Kaufmann in Geestemünde. Aus dieser Ehe 8 Kinder: a) Gustav, im Weltkriege gefallen; b) Wilma, verheiratet; c) Ida, verheiratet; d) Hannchen, verheiratet; e) Hertha; f) Karl und g) Georg, Zwillinge; h) 1 Söhnlein Wilhelm gestorben. – 4. Ida, verheiratet mit Hotelbesitzer Gustav Othmer in Ebsdorf, Kreis Uelzen. Aus dieser Ehe 8 Kinder: a) Ida, verheiratet; b) Gustav, Bankbeamter, verheiratet; c) Willy; d) Emmy; e) Rudolf: f) Magdalene; g) Hermann; h) Annemarie, gestorben.

VI. August, als Kind in Bremerhaven gestorben.

Stammtafel der Familie Wilhelm Luerssen

Wilhelm Luerssen, Seelotse, später infolge eines Unfalls Hafenlotse, verheiratet mit Lucie Lührs, kam mit seinem Bruder Allerich, von dem er erzogen und zum Seelotsen ausgebildet wurde, 1832 nach Bremerhaven.

Aus dieser Ehe 3 Kinder: 1. Betty, verheiratet mit Friedrich Früßmers, Kaufmann in Bremen. – 2. Hinrich, Klempnermeister in Bremerhaven, verheir. mit Dorothea Lührs (gest. 1927), verdienter Diakon der verein. evangel. Gemeinde (gest. 1923). Aus dieser Ehe 4 Kinder: a) Luise, verheiratet mit Adolf Kulow, Polizeimajor in Bremerhaven. 2 Töchter, Helma und Gertrud, beide in den Vereinigten Staaten von Amerika; b) Betty, verheiratet mit Robert Richter, Hafen-Oberinspektor und Wasserschout. 2 Söhne, Heinrich, Kaufmann; Robert, Seemann. C) Heinrich, Klempnermeister in Bremerhaven, verheiratet mit Helma Prahl. 2 Kinder, Hinrich und Karl. D) Nikolaus, Kaufmann in Bremerhaven, verheiratet mit Elisabeth Prahl. 1 Sohn Heinrich. – 3. Anton, Kaufmann in Hamburg, verheiratet mit Lucie Pfitzner.

Stammtafel der Familie Anton Meentzen

Anton Meentzen, geboren 22. November 1806 in Atens, gestorben 3. April 1883, verheiratet mit Helene Albers, gestorben 9. August 1895, im Jahre 1831 nach Bremerhaven zugezogen, erst Seemann, dann Kolonialwarenhändler, baute sich 1834 Ecke der Graben- und Geeststraße an. Seit 1861 betrieb er Wirtschaft und Handlung im alten hannoverschen Hafenhause am Deich (sein Vorgänger in dieser Stellung war Lübbe Dohm). Seit dem 30. Oktober 1870 privatisierte er. Seine Nachfolger im Geschäft des Hafenhauses waren der Bürger und Kornmesser Helmrich Kriete aus Bremen und sein Schwager Johann Häfken.

Aus seiner Ehe 1 Kind: Lena, geboren 25. März 1849, verheiratet mit Christian Arens, Kaufmann, gestorben 21. November 1914. Aus dieser Ehe 3 Kinder: 1. Helene, geboren 30. Juni 1875, verwitwete Hachmeister (1 Sohn Johann, Seefahrer). – 2. Anton, geboren 13. Oktober 1880, Obersekretär an der Allgemeinen Ortskrankenkasse. – 3. Minna, geboren 10. Juni 1882.

Stammtafel der Familie Carsten Mehrtens

Carsten Mehrtens, Schmiedemeister, Gastwirt und Kolonialwarenhändler, ehelicher Sohn des Landwirts Christopher Mehrtens in Donnern
bei Bexhövede, Kreis Geestemünde, war seit 1821 als Schmiedegeselle an
dem hannoverschen Geestehafen bei dem Schmiedemeister Gideon Hin-
rich von Glahn tätig. Nach dem Tode des letzteren 1824 übernahm er das
Schmiedegeschäft, verheiratete sich im Mai 1826 mit der Witwe von
Glahns, Catharine geborene Wrede aus deren Ehe 1 Sohn stammte: Hinrich
Gideon von Glahn, später Schmiedemeister in der Kirchenstraße. Frau
Catharine Mehrtens starb den 21. November 1835. Im folgenden Jahre ver-
heiratete sich Mehrtens mit Metta Labusör (richtig Labouseur), eheliche
Tochter des aus Frankreich 1813 nach Lehe eingewanderten Maurermeister
Adam Christoph Labouseur.

Aus dieser Ehe 5 Kinder: I. Johann, Ingenieur in Hannover, gestorben
12. September 1917, verheiratet mit Marie Riemenschneider, gestorben 29.
Dezember 1922. Aus dieser Ehe 5 Kinder: 1. Fritz, Remscheid. – 2. Paul,
Ettlingen. – 3. Johann, Berlin. – 4. Ernst. Alle 4 Söhne Ingenieure und verheiratet. – 5. Marie, unverheiratet.

II. Carl, geboren 10. Februar 1839, Kaufmann in Bremerhaven, gestorben 4. Juni 1911, verheiratet mit Kunigunde Wilkens, geboren 7. Mai 1843
in Bremerhaven, gestorben 2. Dezember 1921. Aus dieser Ehe 7 Kinder: 1.
Karl, Kaufmann, unverheiratet gestorben in Hamburg. – 2. Heinrich,
Kaufmann in Bremerhaven, unverheiratet. – 3. Alphons, Drogist in Bremerhaven, früher Stadtrat und langjähriges Mitglied der Bremer Bürgerschaft, unverheiratet. – 4. Otto, Oberingenieur in Kiel, verheiratet mit
Emmy Schuhmacher. – 5. Rudolf, gestorben als dreijähriges Kind. – 6.
Gustav, Dr. chem., in Bremen unverheiratet. – 7. Friedrich, Bankdirektor
in Bremen, verheiratet mit Hermine Ordemann (1 Sohn Friedrich Karl).

III. Georg, Geheimrat und Professor, verheiratet, in Dresden gestorben.
Aus dieser Ehe 3 Kinder: 1. Paul, Major a. D. in Berlin. – 2. Kurt, Leutnant, im
Weltkriege gefallen. – 3. Meta, in Berlin, unverheiratet.

IV. Hermann, Dr. chem., in Neuenburg im Oldenburgischen, unverheiratet, gestorben.

V. Auguste, verheiratet mit dem Zimmermeister Georg Allrich Wöhlken. Aus dieser Ehe 4 Kinder: 1. Meta Margarete, verheiratet in Amerika. –

2. Johann Carl, Zimmermeister, verheiratet in Amerika. – 3. Georg Alarich, verheiratet in Berlin. – 4. Auguste, gestorben 7. April 1873 in Bremerhaven.

Stammtafel der Familie Christian Müller

Friedrich Christian Müller, geboren 15. Februar 1804 in Klingt bei Hechthausen, gestorben 23. Juni 1881, war verheiratet mit Henrike Fieck, geboren 6. August 1807 in Geestendorf, gestorben 23. November 1882. – Christian Müller kam im Jahre 1827 nach Bremerhaven, hat den Grundstein der alten Schleuse mit gelegt und ist seit 1830 50 Jahre als Schleusenwärter dort beschäftigt gewesen. Zu der Feier der 50jährigen Wiederkehr der Eröffnung des Alten Hafens, am 12. September 1880, wurde er von der Stadt im Wagen abgeholt. Den durch Alter und Gebrechlichkeit hinfällig gewordenen Vater begleitete sein Sohn Heinrich August. Die Fahrt ging zuerst zum Marktplatz, wo dem alten Schleusenwärter anläßlich einer daselbst veranstalteten Festlichkeit ein Ehrenplatz auf der Tribüne angewiesen wurde. Nach Vollendung dieser Feier bewegte sich der Zug durch mehrere Straßen nach der Alten Lloydhalle, wo Müller an dem Festessen teilnahm.

Aus seiner Ehe stammen 7 Kinder: 1. Friedrich Christian, geboren 21. Oktober 1833 in Bremerhaven. – 2. Christina Elise, geboren 7. November 1835 in Bremerhaven. – 3. Meta Amalie, geboren 10. März 1838, unverheiratet, gestorben 26. Oktober 1923 in Bederkesa. – 4. Heinrich August, geboren 16. Juli 1840, gestorben 1. Juni 1921 in Bederkesa, unverheiratet, früher Seelotse in Bremerhaven. – 5. Frederika, geboren 8. Dezember 1842, wohnhaft in Hamburg. – 6. Anna Niesje, geboren 15. November 1845, wohnhaft in Neuenkirchen bei ihrem Sohne. Sie war verheiratet mit dem Zahlmeister des Norddeutschen Lloyd Hermann Schilling, der am 8. Dezember 1896 mit dem Dampfer „Salier" untergegangen ist. – 7. Der jüngste noch lebende Sohn Gerhard Syabbe Jacob, Bremerhavener Lotse a. D., geboren 29. Juni 1851 in Bremerhaven, verheiratet in Geestemünde.

Stammtafel der Familie Philippi

Dr. jur. Carl Jacob Philippi, Advokat und Notar, geboren 30. März 1803 in Burg bei Bremen, kam nach Bremerhaven 1831, verheiratete sich

1838 mit Elisabeth Probst, Tochter des Hafenmeisters Probst, starb am 8. November 1880 in Bremerhaven. Catharina Elisabeth Philippi geborene Probst, geboren 17. Oktober 1817, gestorben in Bremerhaven 10. März 1897.

Aus dieser Ehe 8 Kinder: 1. E l i s a b e t h, geboren 29. Juni 1839, wohnhaft in Bremen. – 2. L i n a, geboren 6. März 1842, verheiratet mit Ernst Woltemas, zuerst Musiklehrer und -Direktor, später Sparkassendirektor, geboren in Stift Quernheim, Westfalen, 15. September 1826, gestorben 10. Juni 1888 in Bremerhaven. Aus dieser Ehe 4 Kinder: a) Medizinalrat Dr. G u s t a v, geboren 30. Dezember 1861. Seine Frau, geborene Vollmar, starb 1917. 2 Kinder: Ernst, geboren 13. Oktober 1913; Mathilde, geboren 25. März 1915. b) C a r l A u g u s t, Hafenkapitän, geboren 14. März 1863, verheiratet mit Helene Hornbostel. 1 Tochter Margarete, geboren 2. Februar 1899, verheiratet mit Fritz Busse, Bremerhaven. Aus dieser Ehe 2 Kinder: Wiltrud, geboren 21. Dezember 1921; Friedrich Carl, geboren 11. Januar 1923. c) E l l a, geboren 21. Mai 1864, gestorben 1903 in Dresden. d) A n n a, starb 2 ½ jährig (?) – 3. Johann F r i e d r i c h, geboren 14. Januar 1841, ist jung gestorben. – 4. Johann Daniel, geboren 23. November 1843, gestorben in Newyork, verheiratet mit Lina Trautwetter. 1 Sohn Daniel, Musikdirektor in Pittsburg, Amerika. – 5. Bertha C h r i s t i n e, geboren 30. September 1885, ist jung gestorben. – 6. G e s i n e, geboren 17. Februar 1847, verheiratet mit Oberstleutnant Krause. 2 Kinder: Paul, Stadtbaurat in Lüneburg; Käthe, Lehrerin in Charlottenburg. – 7. E i n K n a b e, geboren 4. September 1848, starb 28. September 1848. – 8. A d o l f, geboren 13. Januar 1850, gestorben in Peoria, Amerika.

Stammtafel der Familie Johann Pieper

J o h a n n P i e p e r, Schumachermeister, später Landwirt, aus Varel, 1838 nach Bremerhaven zugezogen, geboren 2. März 1815, gestorben 4. Juli 1877, war verheiratet mit Meta Bischoff aus Boitwarden, gestorben 18. Juni 1874.

Aus dieser Ehe 3 Kinder: I. G e o r g, Bäckermeister, gestorben 18. März 1924, verheiratet in 1. Ehe mit Marie geborene Wessels, in 2. Ehe mit Auguste Kohlmann, gestorben, in 3. Ehe mit Henriette Bruns, gestorben 1913, Tochter des Seelotsen Anton Gerhard Bruns, gestorben 1900, 89 Jahre alt.

Kinder: Aus der 1. Ehe: 1. Johann, Geschäftsreisender, früher Bäckermeister, verheiratet mit Florentine Bruns (Kinder: Käte, Herbert). Aus der 2. Ehe: 2. Meta. – 3. Johanne, verheiratet mit Kaufmann Dammann in Geestemünde (Kinder: Käte, Heinz-Adolf). – 4. Georg, Bäckermeister, verheiratet mit Frida Cordes (Kinder: Rudolf, Helmut). – 5. Henny, verheiratet mit Christoph, Bürobeamter. Kinder: a) Fritz, kaufmännischer Angestellter; b) Richard, zurzeit Bäckergeselle. Aus der 3. Ehe: 6. Florentine, verheiratet mit Ingenieur Eduard Rosenberg (1 Sohn Konrad). – 7. Gerhardine, verheiratet mit Kohlenhändler Ernst Dieckhoff (1 Tochter Hildegard).

II. Betty, verheiratet mit Kaufmann Heinrich Ludwig Kuhlmann, geboren 22. September 1834. Kinder aus dieser Ehe: 1. Johann, Kaufmann, verheiratet mit Henny Weber. Kinder: a) Karola; b) Heinz, gestorben; c) Walter, im Geschäft des Vaters. – 2. Heinrich, Kaufmann in Lehe, verheiratet mit Henny Elbrecht. – 3. August, Kaufmann, verheiratet mit Frida von Riegen. Kinder a) Helmut; b) Hans; c) Heinz Ludwig. – 4. Betty, verheiratet mit Meier-Peter, Kaufmann in Essen (1 Sohn Kurt).

III Johann, gestorben 1923, Klempnermeister, verheiratet mit Rebecka Bruns, gestorben. Kinder aus dieser Ehe: 1. Antonie, gestorben 1924, verheiratet mit Lloydkapitän Rehm. (Kinder: a) Hans, Bankbeamter, verheiratet mit Anna Feiß; b) Dr. rer. pol. Arnold.) – 2 Johanne, verheiratet mit Maurermeister Thein, Sondershausen. Kinder: a) Bertus, verheiratet; b) Wilma, verheiratet; c) Hanni, verheiratet; d) Annieta. – 3. Betty, verheiratet mit Lloydkapitän Heinrich Gößling (1 Sohn Helmut, Lloydoffizier). – 4. Georg, unverheiratet.

Stammtafel der Familie Hinrich Christopher Poppe

Hinrich Christopher Poppe, Schiffsannehmer, geboren 1806 in Hammelwarden, gestorben 1874 in Bremerhaven, verheiratet mit Beke Margarete Helmers, geboren 1809 in Bremerhaven, gestorben 1884 in Bremerhaven.

Aus dieser Ehe 7 Kinder: I. Johann, Kapitän, geboren 1837, gestorben 1921, verheiratet mit Anna Menke, geboren 1841, lebt in Brake. Kinder: a) 2 Söhne, verheiratet, aus deren Ehen zusammen 4 Kinder; b) 1 Tochter, unverheiratet.

II. Peter Christoph, Kapitän, geboren 1839, gestorben 1912, verheiratet mit Mathilde Dannemann, geboren 1851, gestorben 1902. Aus dieser Ehe 8 Kinder: 1. Elsa. – 2. Mathilde, in Bremen. – 3. Frida. – 4. Margarete. – 5. Heinrich, Kaufmann in Bremen, verheiratet mit Grete Röpke. – 6. Anna. – 7. Hanna, verheiratet in Hamburg mit Robert Lübeck, Zahlmeister bei der Hapag. Kinder: Rolf und Lotte. – 8. Peter Christoph, Kaufmann in Argentinien, verheiratet mit Frida Fischer. Kinder: Peter und Alexander. – Unter diesen 8 Kindern in Bremerhaven: a) Elsa, Lehrerin; b) Frida, verheiratet mit dem Lehrer Heinrich Dörr. Kinder: Heinz Christoph und Walter.

III. Anna, geboren 1842, gestorben 1896, verheiratet mit Fritz Eggeling, Inhaber eines Friseurgeschäftes. 7 Kinder, darunter in Bremerhaven Johanne, verheiratet mit Oskar Schulz, Uhrmacher. Aus dieser Ehe 8 Kinder, darunter in Bremerhaven: Oskar, Margarete, Max, Elisabeth, Anna.

IV. Hinrich, geboren 1844, gestorben 1874.

V. Auguste, geboren 1847, verheiratet mit Fuhrwerksbesitzer Georg Leede, geboren 1839, gestorben 1915. Aus dieser Ehe 5 Kinder: 1. Christoph, verheiratet mit Johanne Oelrich. 4 Kinder: a) Georg, gestorben; b) Franz, verheiratet mit Olga Thomas; c) Johann; d) Helene. – 2. Wilhelm, gestorben. – 3. Elisabeth, verheiratet mit Franz Ricklefs, Kaufmann in Siegen. – 4. Georg. – 5. Theodor, verheiratet mit Mathilde Krankenberg.

VI. Hermine, geboren 1849, verheiratet in 1. Ehe mit Schiffsoffizier Heinrich Frerichs, geboren 1849, gestorben 1884. In 2. Ehe verheiratet mit Baumeister Eduard Apold in Newyork, gestorben. Aus 1. Ehe 3 Kinder: 1. Edoline, verheiratet mit Fritz Conrad (1 Sohn). – 2. Dora, gestorben, war verheiratet mit Fred Wenzel (1 Sohn). – 3. Henny, verheiratet mit Heinrich Fricke.

VII. Theodor, geboren 1851, Privatmann in Newyork, unverheiratet.

Stammtafel der Familie Rickmer Clasen Rickmers

Rickmer Clasen Rickmers, geboren zu Helgoland 7. Januar 1807, Sohn des Fischers und Lotsen Peter Andres Rickmers (geboren 11. April 1782 zu Helgoland), verheiratet 14. August 1831 zu Esens, Ostfriesland, mit Margarete Peter Reimers (geboren 6. Dezember 1806, gestorben 2. Februar 1893 zu Geesthelle-Geestemünde).

R. C. Rickmers kam am 3. Juni 1832 nach 13stündiger, vielfach stürmischer Fahrt in einer selbstgebauten Schaluppe mit seiner Frau abends 6 Uhr in Bremerhaven an, hier sein Glück zu versuchen. Beide wohnten zunächst bei dem Schiffszimmerbaas Cornelius am Deich, wo der Mann, gelernter Schiffszimmerer, mit dem Bau von Booten beschäftigt wurde. Am 25. Juni 1834 bezog Rickmers das kleine Haus, das er sich in der Geeststraße erbaut hatte. Auf einem angrenzenden Platze betrieb er selbständig den Bootsbau. Im Jahre 1839 errichtete er eine Schiffswerft an der Geeste auf dem heutigen „Torfplatz". Diese wurde 1857 zum Bau großer Segelschiffe nach Geesthelle bei Bremerhaven verlegt. Es kam die Zeit, wo Rickmers als Reeder und Großkaufmann weithin bekannt wurde und zu Reichtum gelangte. Kommerzienrat R. C. Rickmers verstarb in seiner neben der Werft gelegenen Villa 26. November 1886.

Aus seiner Ehe gingen 8 Kinder hervor: I. Maria Dorothea, geboren am 19. Januar 1833, verheiratet mit Kaufmann Ernst Mohr 14. August 1856. Aus dieser Ehe 12 Kinder: 1. Etha, verheiratet mit Landrat von Daniels (Kinder: Etha und Thea), in 2. Ehe mit Freiherr von Massenbach (1 Kind: Georg). – 2. Anna, verheiratet mit Rechtsanwalt Dr. jur. Christian Claussen (4 Kinder und 4 Enkelkinder, siehe die Stammtafel von Johann Georg Claussen). – 3. Louise, geboren und gestorben 1860. – 4. Alice, geboren 1862, gestorben. 1864. – 5. Erna, verheiratet mit Kaufmann Bernhard Droste (gestorben). 3 Kinder: a) Maria, in 1. Ehe verheiratet mit Notar Dr. Schmidtbauer (1 Kind); in 2. Ehe mit Professor Dr. Rumpf, Mannheim (2 Kinder); b) Bernhard, Kaufmann, verheiratet (2 Kinder); c) Robert, Kaufmann, unverheiratet. – 6. Olga, verheiratet mit Apotheker Georg Ebrecht, beide gestorben. – 7. Oskar, verheiratet und gestorben (3 Kinder). – 8. Alice, verheiratet mit Apotheker Viefhaus, gestorben. Kinder: Edgar und Maria, verheiratet mit Kaufmann Müller (1 Tochter Maria). – 9. Frieda, verheiratet mit Generaloberarzt Dr. Richter (Kinder: Harald, Helga und Helmut, alle 3 verheiratet). – 10. Ellen, geboren und gestorben 1871. – 11. Alfred, unverheiratet. – 12. Asta, verheiratet mit Freiherr von Schleinitz, Dr. ing. in Berlin.

II. Andreas Clasen, Kaufmann und Reeder, verheiratet mit Helene Bouraud (Kinder: Maria, Ellen, Elisabeth, Andrée, Renée).

III. Peter Andreas, Kaufmann und Reeder, gestorben 15. Dezember 1902, verheiratet mit Sophie Bouraud. Aus dieser Ehe 8 Kinder: 1. Robert, Kaufmann in Bremen, verheiratet. – 2. Madeleine, verwitwete Werner in

Leipzig. – 3. Paul, Kaufmann und Reeder in Hamburg, verheiratet mit Maria (Mai) Melchers aus Bremen. (Kinder: Etha, Peter, Ursula, Bertram, ein Zwillingspaar, 2 Knaben.) – 4. Richard, gefallen 1917. – 5. Albert, Reeder in Hamburg, Ehe geschieden. – 6. Sabine, verheiratet mit Kapitän Heinrich Oetting, geschieden. – 7. Etha, verheiratet mit dem Pariser Rechtsanwalt de la Main (2 Kinder). – 8. Rickmer, Kaufmann, verheiratet mit einer geborenen Melchers aus Bremen, Ehe geschieden.

IV. Edward Emil, früh gestorben 14. Dezember 1840 in Bremerhaven.

V. Dorothea (Dodo) Catherine, verheiratet mit Rudolph Freiherr von Diepenbrock-Grüter. Aus dieser Ehe 9 Kinder: Georg, Etha, gestorben, Richard, Victor, Wilhelm, Tekla, Etha, Asta, Maria.

VI. Edward Gustav, geboren 17. August 1843, gestorben 2. Dezember 1843 in Bremerhaven.

VII. Wilhelm Heinrich, geboren 28. Dezember 1844 in Bremerhaven, zweimal verheiratet; in 1. Ehe mit Alice Hellbardt (Kinder: Willy, Erwin und Hans); in 2. Ehe mit Ellen Rickmers.

VIII. 1 Söhnlein, totgeboren, 3. März 1847.

Die Angaben aus der Familienstammtafel R. C. Rickmers nach Mitteilungen der Rickmers-Reederei, Hamburg, Zweigniederlassung Geesthelle-Geestemünde.

Stammtafel der Familie Riemenschneider

Rendant Fritz Heinrich Riemenschneider, Accise- und Steuerheber, Gemeindeverordneter von 1851, langjähriger Bauherr der vereinigten evangelischen Gemeinde, geboren 25. Oktober 1809 in Bremen, gestorben 3. Februar 1883 in Bremerhaven, verheiratet mit Marie Sophie geborene Hermann aus Bederkesa, geboren 19. Mai 1813, gestorben 22. April 1893. – Riemenschneider kam 1829 nach Bremerhaven als Kanzleigehilfe beim Bremischen Amt.

Aus seiner Ehe gingen 8 Kinder hervor: I. Marie, geboren 25. Januar 1836, gestorben 29. Dezember 1922 in Hannover, verheiratet mit Fabrikbesitzer Johann Mehrtens, geboren in Bremerhaven 21. November 1836, gestorben 12. September 1917 in Hannover, Kinder: 1. Fritz, Remscheid. – 2. Paul, Ettlingen. – 3. Johann, Berlin. – 4. Ernst, alle vier Ingenieure. – 5. Marie.

II. Henriette, geboren 10. September 1837, gestorben 10. März 1868 in Bremerhaven, unverheiratet.

III. Amalie, geboren 26. August 1839, gestorben 3. Juli 1925 in Bremerhaven, verheiratet mit Gymnasiallehrer Carl Schütz, geboren 9. April 1834, gestorben 17. April 1884. Kinder 1. Otto, Kaufmann in Amerika (2 Kinder). – 2. Henny, verheiratet mit Obersekretär Mönnich (1 Kind Greta). – 3. Emmy, Lehrerin am Lyzeum in Bremerhaven. – 4. Frieda, verheiratet mit Gartenbauinspektor Ad. Hoff in Harburg a. d. Elbe (2 Kinder: Wally und Rudolf). – 5. Tilly, unverheiratet.

IV. John, geboren 1840 in Bremerhaven, gestorben 1926 in Augusta, Amerika. In 1. Ehe verheiratet mit Auguste Erdmann, in der 2. Ehe mit Anna Köhler.

V. Wilhelmine, geboren 8. März 1843 in Bremerhaven, wohnt auf dem Rittergut Alt-Sührkow in Mecklenburg, war verheiratet mit Oberlehrer Johannes Hincke, geboren 24. August 1824, gestorben 27. September 1871. Aus dieser Ehe 1 Kind: Fritz, geboren 14. Juni 1871, preußischer Generalkonsul, Geschäftsinhaber der Darmstädter und Nationalbank in Berlin, verheiratet mit Berna Bauer aus Bremerhaven. Aus dieser Ehe 1 Tochter: Wilma, geboren 28. Juni 1896, verheiratet mit Rittergutsbesitzer Lubitz (2 Kinder: Fritz, Joachim).

VI. Mathilde, geboren 7. Januar 1847 in Bremerhaven, gestorben 23. Februar 1872 in Hannover, verheiratet mit Hofzahnarzt Julius Schroeder. 1 Kind: Julius, Spezialarzt Dr. med. in Hannover, verheiratet mit Margarete Buchholz (2 Kinder: Hans Ekkehard, Margarete).

VII. Fritz Heinrich, Dr. jur., Bremerhaven, Rechtsanwalt und Notar, geboren 23. Dezember 1851, gestorben 19. Dezember 1926 in Bremerhaven, drei Monate vor seinem 50jährigen Anwaltsjubiläum; verheiratet mit Therese Elise Droste, geboren 23. Mai 1862, gestorben 18. Dezember 1888. Aus dieser Ehe 2 Kinder: 1. Resi, geboren 3. September 1883, verheiratet mit Landgerichtsdirektor Iffland, Hannover, gestorben 2. Mai, 1924. Kinder: a) Irmgard, geboren 18. August 1903, verheiratet mit Hans Jacobi (Kind Ursula); b) Fritz Adolf, cand. jur., geboren 18. Oktober 1904, Hannover; c) Resi, geboren 14. September 1907, Musikstudierende, Hannover; d) Ernst August, Schüler in Treyka (Hessen), geboren 30. Mai 1914. – 2. Valy, geboren

30. Dezember 1885, verheiratet mit Dr. med. O. Minssen, Bremerhaven. Kinder: a) Mins, geboren 25. Juni 1916; b) Vally, geboren 9. September 1819; c) Iddem, geboren 9. Juni 1922.

VIII. Emmy, geboren 5. Juli 1855, gestorben 1. Juni 1910, verheiratet mit Heinrich von Riegen, Kaufmann (Schiffsausrüstungsgeschäft), früher Stadtrat. Aus dieser Ehe 7 Kinder: 1. Hans, geboren 31. Mai 1876, verheiratet in Christiansand (3 Kinder: Hans, Erna und Heinrich). – 2. Heinrich Jasper, geboren 25. Juli 1877, gestorben 2½ Jahr alt. – 3. Emmy, geboren 25. September 1878, gestorben 27. März 1900. – 4. Mary, geboren 26. Mai 1880, gestorben 24. August 1903. – 5. Frieda, geboren 1881, verheiratet mit Kaufmann August Kuhlmann, Bremerhaven (3 Kinder: Helmut, Hans und Heinrich-Ludwig). – 6. Hugo, geboren 19. April 1883, gestorben 13. Oktober 1906. 7. Erna, geboren 27. Juni 1886 in Bremerhaven, gestorben 13. Oktober 1906.

Stammtafel der Familie van Ronzelen

Hafenbaudirektor Baurat Johannes Jacobus van Ronzelen, geboren 12. Juni 1800 in Amsterdam als Sohn eines höheren Beamten im Wasserbaufach, wurde Wasserbau-Ingenieur im Dienst der holländischen Regierung, 1827 für den bremischen Staatsdienst gewonnen, um in dem neugegründeten Bremerhaven den ersten Seehafen zu erbauen. Van Ronzelen war seit 1821 verheiratet in 1. Ehe mit Hendrikje geborene Vliedorp.

Aus dieser Ehe 4 Kinder: I. August, Kaufmann in Lima (Peru), zweimal verheiratet. Aus beiden Ehen 7 Kinder, darunter aus der 1. Ehe 3: 1. Auguste, verheiratet mit Apotheker Möhricke (gestorben) in Melsungen (1 Sohn Raoul, gestorben 18 Jahre alt in Hamburg). – 2. Juan, gestorben. – 3. Wilhelm, gestorben.

II. Wilhelm, Kaufmann in Lima (Peru).

III. Gertrud, 1849 verheiratet mit dem Postsekretär, späteren Kaufmann Carsten Greve in Bremerhaven, beide gestorben.

IV. Hendrikje, geboren 10. Juni 1832 in Bremen, gestorben 27. Januar 1919, verheiratet mit Baurat Dincklage in Geestemünde. Aus dieser Ehe 10 Kinder, von denen noch leben: 1. Karl, Kapitän a. D. in Hamburg. – 2. Mathilde, verheiratet mit Rechtsanwalt Dr. jur. Brüel, gestorben in

Geestemünde 17. Februar 1920. Aus dieser Ehe 3 Kinder: a) Hendry, geboren 29. Juni 1886 in Geestemünde, verheiratet mit Rittergutsbesitzer Karl Leisewitz in Valenbrook bei Bederkesa; b) Gertrud, geboren 2. September 1887 in Geestemünde, verheiratet mit Oberbürgermeister Waldemar Becké in Bremerhaven (Kinder: Klaus, geboren 23. Dezember 1912 und Wolfgang, geboren 14. Juni 1919); c) Georg, Dr. med., geboren 25. August 1889, gestorben 9. Januar 1924. – 3. Jacoba, verheiratet mit Farmer Karl Hoppe in Mexiko. – 4. Franziska, verheiratet mit Hilmar von Campen, Emmertal bei Halmen. – 5. Annemarie, verheiratet mit Professor Sunkel in Kassel.

Baurat van Ronzelen verheiratet in 2. Ehe mit Marie geborene Camerer, gestorben in Bremerhaven. Aus dieser Ehe 2 Kinder: 1. Johannes, gestorben. – 2. Clotilde, verheiratet mit Kapitän Danielsen in Hamburg. Kinder aus dieser Ehe: a) Karen, verheiratet mit Dr. Homrey in Berlin-Zehlendorf; b) Berndt, Rechtsanwalt in Berlin.

Baurat van Ronzelen verheiratet in 3. Ehe mit Minna Meyer, gestorben in Hamburg. Aus dieser Ehe: 1. Friedrich, Kaufmann in Hamburg, verheiratet mit Franziska Schröder in Hamburg. Aus dieser Ehe 1 Tochter Franziska, verheiratet mit Korvettenkapitän a. D. Michaelis in Zoppot. – 2. Mariechen, gestorben.

Baurat Johannes Jacobus (Jacob) van Ronzelen starb den 30. November 1865 in Bremerhaven.

Stammtafel der Familie Melchior Schwoon

Melchior Schwoon, in der oldenburgischen Gemeinde Bockhorn geboren, widmete sich in Brake dem kaufmännischen Berufe, kam im Herbst 1831 nach Bremerhaven als Vertreter einer Zweigniederlassung der Braker Speditionsfirma Mc' Namara. Bald wurde er selbständig. Sein Speditionsgeschäft gehörte zu den angesehensten Firmen Bremerhavens. Das Vertrauen seiner Mitbürger wählte ihn zu verschiedenen Ehrenämtern. Er wurde langjähriges Mitglied der Bremer Bürgerschaft, gehörte zu den letzten Ortsvorständen des Fleckens und wurde 1851 in den neugegründeten städtischen Gemeinderat gewählt. Er war einer von den beiden ersten Bauherren der vereinigten evangelischen Gemeinde, die 1854 vom Konvent gewählt wurden. Melchior Schwoon starb als britischer Vizekonsul am

11. November 1874 in Bremerhaven. – Er war in 1. Ehe seit 1836 mit Friederike Schilling aus Oldenburg verheiratet; in 2. Ehe mit Jenny Marie
Louise Wolf, Tochter des Pastors Wolf in Bremerhaven.

Kinder aus der 1. Ehe: I. Melchior, nach St. Franzisco ausgewandert,
dort Inhaber eines Holzgeschäftes.

II. Auguste, gestorben, verheiratet mit dem Chefarzt des städtischen
Krankenhauses Dr. med. Louis August Dietrich Soldan, gestorben. Kinder
aus dieser Ehe: 1. Anna, verheiratet mit Geheimrat von Hantelmann (3 Kinder). – 2. Adolf, Major bis 1918, verheiratet in Gießen. – 3. Clara, unverheiratet, in Dresden – 4. George, Major im Großen Generalstab bis 1918.
Militärischer Schriftsteller, verheiratet, wohnhaft in Dresden. – 5. Jonny, Dr.
med. – 6. Kurt, Kaufmann in Chile, unverheiratet.

III. Franz, gestorben, unverheiratet.

IV. Anna, verheiratet mit Rittmeister a. D. Ciriacy-Wantrup in Dresden
(2 Söhne und 1 Tochter)

V. Johannes, gestorben 1924, Inhaber der Firma Melchior Schwoon,
britischer Vizekonsul, verheiratet mit Annt Eits, gestorben. Kinder aus dieser
Ehe: 1. Melchior, Kaufmann in Berlin, verheiratet mit Lula Joran, später
geschieden (1 Tochter Edith). – 2. Franz, Kaufmann, wohnhaft in Hamburg,
verheiratet mit Christine Seebeck, geschieden. Aus dieser Ehe 1 Tochter
Margot, verheiratet seit 5. Dezember 1926 mit dem Chemiker Erich Becker
in Leverkusen bei Köln. – 3. Marie, unverheiratet, früher in Wesermünde-
Lehe wohnhaft, jetzt in Dresden. – 4. Alice, gestorben als Kind. – 5. Hans,
verheiratet in Schwerin, Kaufmann. – 6. 1 Söhnlein, früh gestorben.

VI. Clara, verheiratet mit Verlagsbuchhändler Detjen in Neapel.

Stammtafel der Familie Eide Siebs

Eide Siebs, Fährpächter und Fuhrwerksbesitzer in Bremerhaven bis
1851. Geboren als ehelicher Sohn des Eide Johann Siebs den 6. August
1804 in Misselwarden, das damals von den Franzosen besetzt war, ging
1827 als Unternehmer zum Bau des ersten Hafens nach Bremerhaven,
pachtete die Prahmfähre über die Geeste 1834 und betrieb sie bis zum
Jahre 1851 und hatte daneben seit 1840 ein Fuhrwerksgeschäft. Verheiratet
in 1. Ehe mit Helene Rehm seit 15. April 1834. Aus dieser Ehe 6 Kinder,
die alle im Bremerhavener Fährhaus geboren sind.

1. Cornelius Eduard, geboren 3. März 1835, gründete 1863/64 mit W. Rogge eine Sägerei und Zimmerei in Lehe, betrieb seit 1892 nur ein Kohlengeschäft. Gestorben 17. August 1902, zweimal verheiratet. Aus 1. Ehe Johanne Charlotte, verheiratet mit Handelsgärtner Heike (Kinder Hans, Margarethe und Adolf); aus 2. Ehe (geboren in Lehe) 6 Kinder. – 2. Louise Dorothea, gestorben 1913, verheiratet mit Kapitän Sprenger, gestorben in Geestemünde. Kinder: Anna und Friedrich, beide gestorben. Anna war verheiratet mit Konteradmiral Klimpt in Kiel. – 3. Helene Dorothea, gestorben, verheiratet mit Zimmer- und Baumeister Friedrich Wilhelm Rogge in Lehe. Kinder: Wilhelm, Johanna, gestorben, Georg, gestorben, Andreas, Gustav – alle verheiratet und Dora, unverheiratet, gestorben. – 4. Johann August, gestorben, ursprünglich Maschinenbautechniker, beteiligte sich seit 1866 an der Vieh-Spedition nach England und wurde 1892 Reeder in der Hochseefischerei Geestemünde. Verheiratet mit Christiane Wilhelmine Helene Auguste Wiemers. Kinder, geboren in Geestemünde: a) Benno Eide, geboren 14. September 1891, Dr. jur., Regierungsrat in Hannover, verheiratet mit Anneliese Pust, Geestemünde (1 Tochter Dorothea, gestorben in Stade 27. November 1924, 1 Jahr 7 Monate alt); b) August Heinrich, Student der Medizin, als Kriegsteilnehmer gefallen 17. Januar 1917; c) Georg Otto, Kaufmann, geboren 19. März 1895. – 5. Eide, ausgewandert 1867 nach Amerika, verheiratet mit Meta Adelheid Ploghost, starb am 2. Februar 1907 in Brooklyn. (Tochter Louise Helene Gesine, geboren 1871 in Newyork City.) – 6. Georg, geboren 20. Oktober 1846, verheiratet mit Margarethe Gesine Deelwater aus Welle bei Geestemünde, gestorben. – Teilhaber der Firma Eide Siebs in Geestemünde, Leiter des Fuhrwerks und der Landwirtschaft. Jetzt Privatmann.

Der Fährpächter in Bremerhaven, Eide Siebs, siedelte 1852 nach Geestemünde über. Hier wurde er Gasthofbesitzer und Kolonialwarenhändler, ferner Eigentümer verschiedener Grundstücke und Ländereien, besonders in der Feldmark Wulsdorf. Seit 1865/66 Spediteur von lebendem Vieh nach England. Siebs starb 2. Oktober 1895. Er war in 2. Ehe verheiratet mit Anna Catharine Deelwater aus Welle.

Aus dieser Ehe, geboren in Geestemünde, 3 Kinder: 1. Helene Margaretha, verheiratet 1882 mit Steuer- und Zollinspektor und Hauptmann der Landwehr Lachmund. Kinder: Hans, Anna, Kurt und Paul. – 2. Carl Heinrich

Louis, Spediteur bei der Firma F. Rodenberg in Bremerhaven, stab unverheiratet 19. Juni 1898 in Geestemünde. – 3. Theodor Johann, widmete sich anfangs dem kaufmännischen Beruf, später der Landwirtschaft, war verheiratet mit Martha Henriette Norden, geboren 1873 in Geestendorf. Er starb am 24. September 1906 in Geestemünde. Aus dieser Ehe 1 Sohn: Johann Eide Georg, geboren in Geestemünde 12. Juni 1894.

Stammtafel der Familie J. Stiegmann

Bürger und Schuhmachermeister Johann Joachim Jürgen Stiegmann aus Lübeck stammend, gründete im Jahre 1833 eine Schuhmacherei in der Osterstraße in Bremerhaven. Er verheiratete sich mit Louise Wilhelmine geborene Thülemeier und starb 16. September 1850. Ihre Kinder waren 2 Söhne und 2 Töchter.

Johann Christoph Friedrich, Carl Joachim Wilhelm, Betty und Caroline. Die beiden Töchter waren hier am Platze verheiratet, sind beide verstorben. Der zweitälteste Sohn Carl wanderte im Jahre 1859 nach Westindien aus und starb dort ein Jahr später am gelben Fieber.

Der älteste Sohn, Johann Christoph Friedrich, geboren 28. Mai 1833, erlernte bei seinem Vater das Schuhmacherhandwerk. Als er 18 Jahre alt war, ging er, mit seinem Wanderbrief versehen, in die Fremde und übernahm nach sechs Jahren, von der Wanderschaft zurückkehrend, die Fortführung des Geschäftes in der Osterstraße. Er verheiratete sich im Jahre 1859 mit Gesina Margaretha von Uchtrup aus Friesoythe in Oldenburg. Von ihren Kindern starben die beiden Mädchen bereits im Alter von zwei und sieben Jahren. Die beiden Söhne sind Carl und Wilhelm.

Im Jahre 1860 verzog Johann Stiegmann nach der Geeststraße in ein kleines, schmales, einstöckiges Haus (Rickmers-Haus), bis i. J. 1870 sich die Gelegenheit bot zum Hauskauf an der Bürgermeister Smidt-Straße 35. Hier begann der Aufstieg des Geschäftes und brachte Johann es aus den bescheidenen Anfängen heraus bis zum lebhaftesten Betrieb der Maß-Schuhmacherei. Es wurden zeitweise 20 bis 27 Gesellen beschäftigt. Alsbald wurde auch Fabrikware bezogen und das Geschäft als Schuhwarenhandlung immer mehr vergrößert.

Ehrenamtlich war Johann auch als Gemeinderat tätig. Er starb nach einem sehr arbeitsreichen Leben am 13. Januar 1904. Seine beiden Söhne,

Peter Johann Carl, geboren 5. Januar 1865 und Wilhelm Arnold, geboren 18. September 1868, übernahmen am 1. Januar 1896 das Geschäft.

Der unverheiratete Carl verstarb am 24. Oktober 1926. Alleiniger Inhaber des Geschäftes ist jetzt Wilhelm, verheiratet 1896 mit Marianne Magdalene geborene Theis aus Bremerhaven. Die beiden Söhne aus dieser Ehe sind: Johann Wilhelm, geboren 23. August 1897, Buchhändler in Bremen und Wilhelm Carl Emil, geboren 2. September 1899, Gehilfe in der Schuhwarenhandlung des Vaters.

Stammtafel der Familie Ernst August Vaupel

Ernst August Vaupel, Schneidermeister zugezogen 1834 nach Bremerhaven, gestorben November 1876, verheiratet in 1. Ehe mit Gesche Margarethe Meyer, in 2. Ehe mit Rebekka geborene Ganten.

Kinder aus 1. Ehe: 1. August, gestorben, Schneidermeister, verheiratet mit Helene geborene Battermann. – 2. Wilhelm, Seemann, verschollen in Amerika.

Kinder aus 2. Ehe: 1. Louise, gestorben, verheiratet mit Seelotse Wilhelm Schmitt, gestorben. Kinder a) Frau Johanne Ikels, Bremerhaven; b) Frau Kapitän Strunck, Bremerhaven; c) Frau Ida Lehrke, Geestemünde; d) Heinrich, Kapitän; e) Luise; f) Bertha. – 2. Johann, Klempnermeister, eine Zeitlang Stadtrat, geboren 5. Mai 1840, gestorben 7. April 1916. Kinder: a) Charles, Klempnermeister, verheiratet mit Gesine Büsing. Aus dieser Ehe: Walter, cand. jur., Hilma, Hanna; b) Gustav, Oberingenieur in Berlin, verheiratet (1 Sohn Hans); c) Rudolph, gestorben; d) Georg, Rechtsanwalt hier, gestorben; e) Robert, gestorben; f) Oskar, Stadtrat und Direktor der städtischen Gaswerke in Reichenbach in Schlesien; g) Franz, 1915 gefallen; h) Adolf, 1914 gefallen. – 3. Karl. – 4. Friedrich, Kaufmann in Newyork, verheiratet. – 5. Frau Catharine Heise, gestorben in Lehe, verheiratet mit Lloydinspektor August Heise, gestorben. 3 Kinder a) Auguste, verheiratet mit dem leitenden Ingenieur Paul Hartmann, gestorben (Kinder: Gertrud, Paul, Irmgard); b. Ferdinand, Kaufmann in Hamburg, verheiratet mit Hanna Knobloch; c) Alfred, Ingenieur in Bremen, verheiratet (2 Kinder).

Druckfehlerverzeichnis[140]

Erster Teil, Seite 22 Mitte statt 1697: **1679**

Zweiter Teil, Seite 43, statt am 20. Mai wurde: wurden; statt zugeschlagen: die Hafenarbeiten zugeschlagen. Seite 84, statt sich *in.* sich *an.* Seite 87 statt 1827/28: **1847/48**. Seite 98 statt Schenadoah[141]; Schenandoah. Seite 111, statt den Anfang: dem Anfang. Seite 121/122 statt viermal Register-Tonnen: Register Tons. Seite 135 Mitte statt (... Linckemann): (... Lindemann). Seite 156 Mitte statt verfertigte: verfertigten. Seite 162 Mitte statt dem Jahre: den Jahren. Seite 257 Ende des Absatzes statt Beckerkesa: Bederkesa.

---

[140] *Seitenangaben vom Herausgeber angepasst.*
[141] *Schreibweise mit 'Sch' aus dem Original übernommen*

Karten und Pläne

betr. Befestigungen, Hafenanlagen und

Bebauung Bremerhavens

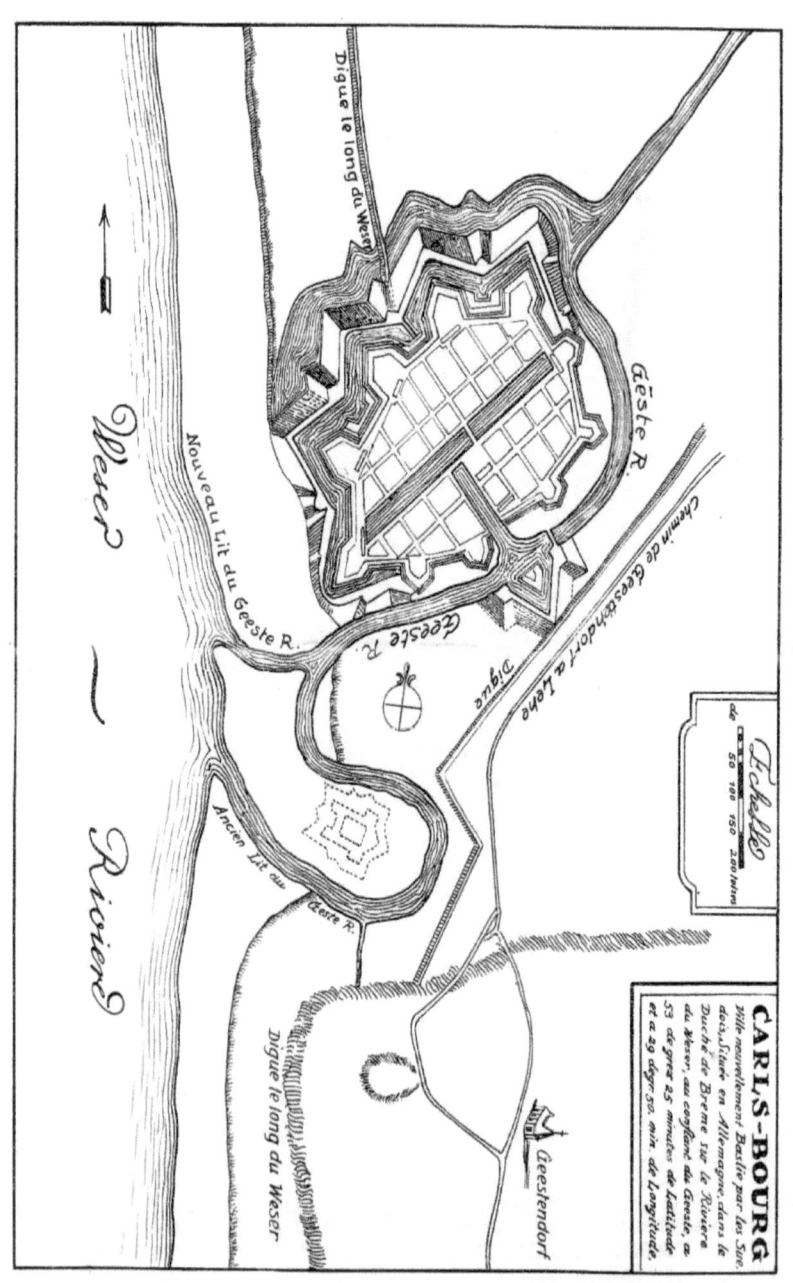

CARLS-BOURG

Ville nouvellement Bastie par les Suedois, Située en Allemagne, dans le Duché de Breme sur le Rivière du Weser, au confluent du Geeste, à 53 degres 45 minutes de Latitude, et a 29 degr. 50 min. de Longitude.

Echelle
de ___ 50 100 150 200 toises

Geeste R.

Weser ___ Rivière

Digue le long du Weser

Nouveau Lit du Geeste R.

Ancien Lit du Geeste R.

Geeste R.

Digue

Chemin de Geestendorf à Lehe

Digue le long du Weser

Geestendorf

1

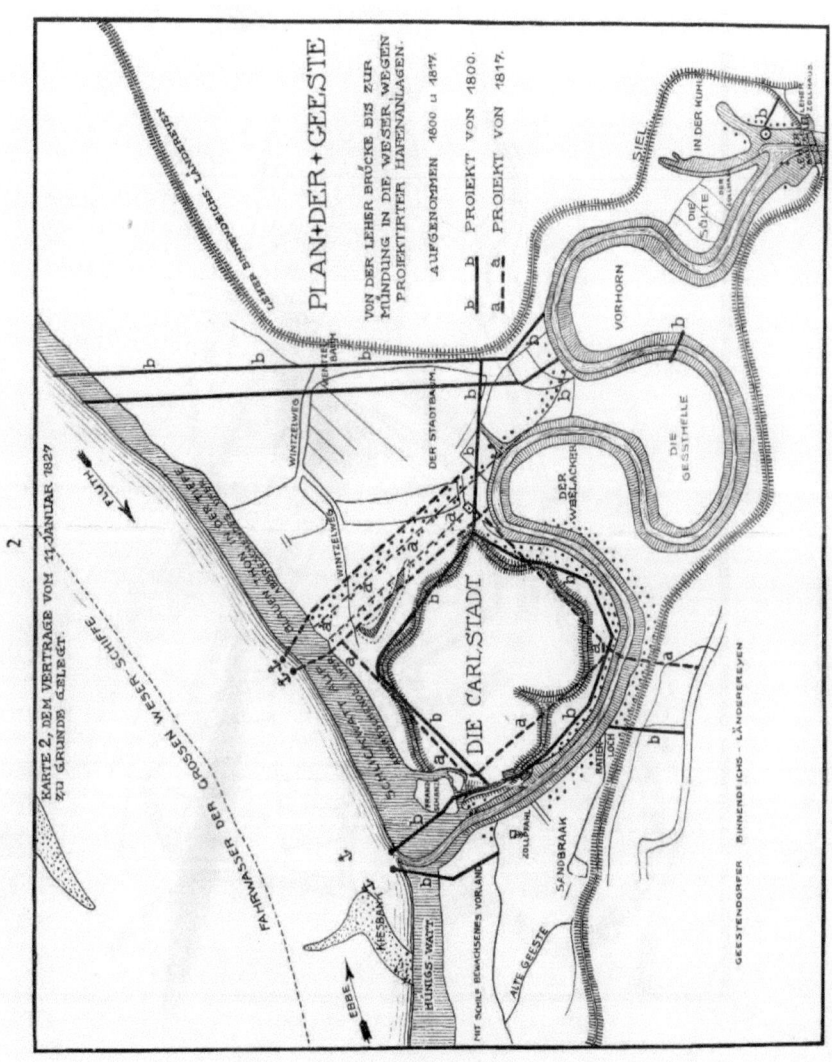

PLAN+DER+GEESTE

VON DER LEHER BRÜCKE BIS ZUR
MÜNDUNG IN DIE WESER, WEGEN
PROJEKTIRTER HAFENANLAGEN.

AUFGENOMMEN 1800 u. 1817.

b——b   PROJEKT VON 1800.
a——a   PROJEKT VON 1817.

KARTE 2, DEM VERTRAGE VOM 11 JANUAR 1827
ZU GRUNDE GELEGT.

2

DIE CARL·STADT

VORHORN

DIE
GEESTHELLE

DER
WIELACHEN

SIEL

DIE
SÖTE

IN DER KUH

LEHER
ZOLLHAUS

GEESTENDORFER BINNENDEICHS – LÄNDEREIEN

SANDBRAAK

ALTE GEESTE

KESBAAK

HUNJGS·WATT.

FAHRWASER DER GROSSEN WESER·SCHIFFE

LAUFE DES HANNOVERSCHEN LANDWASSERS

FLUTH

EBBE

399

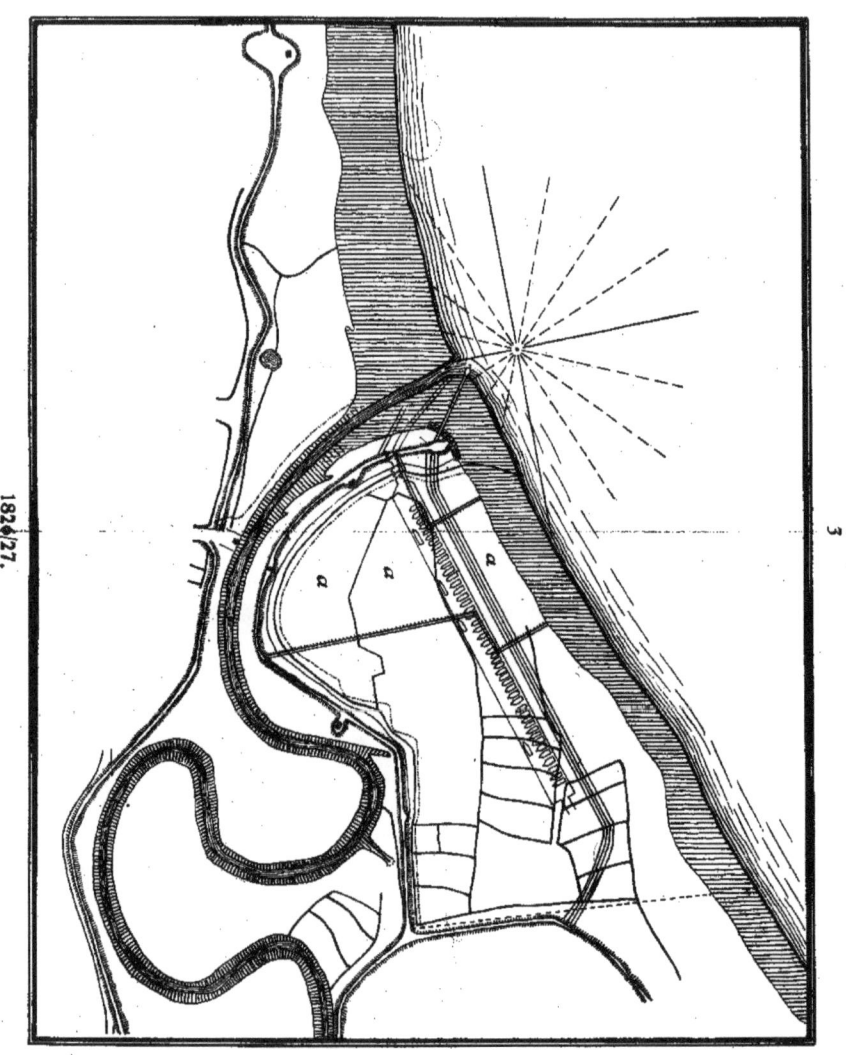

4

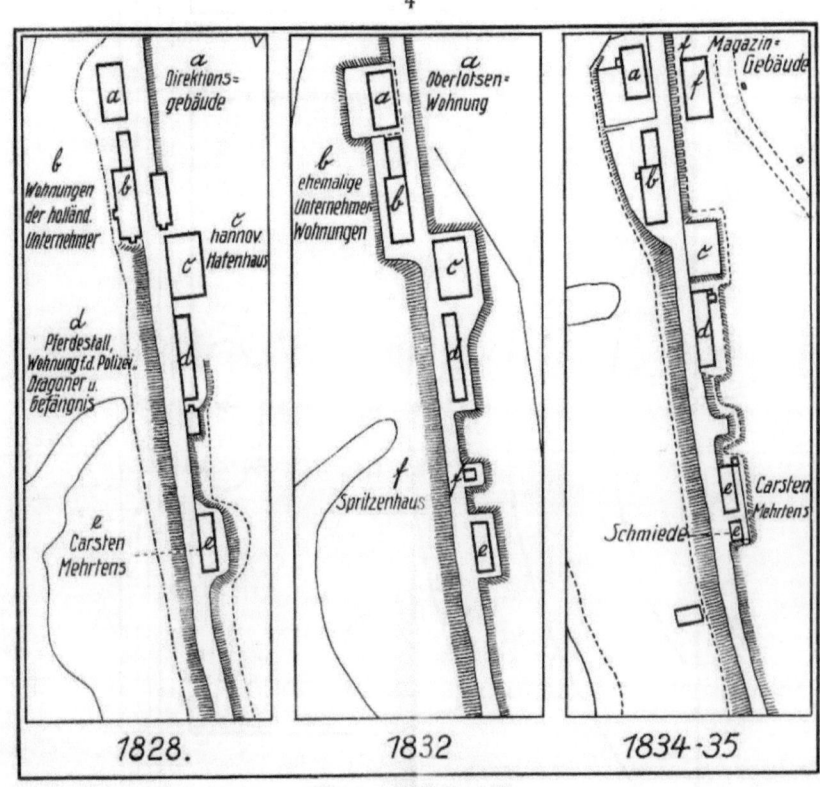

1828. **1832** **1834-35**

Bauten am Schirmdeich.

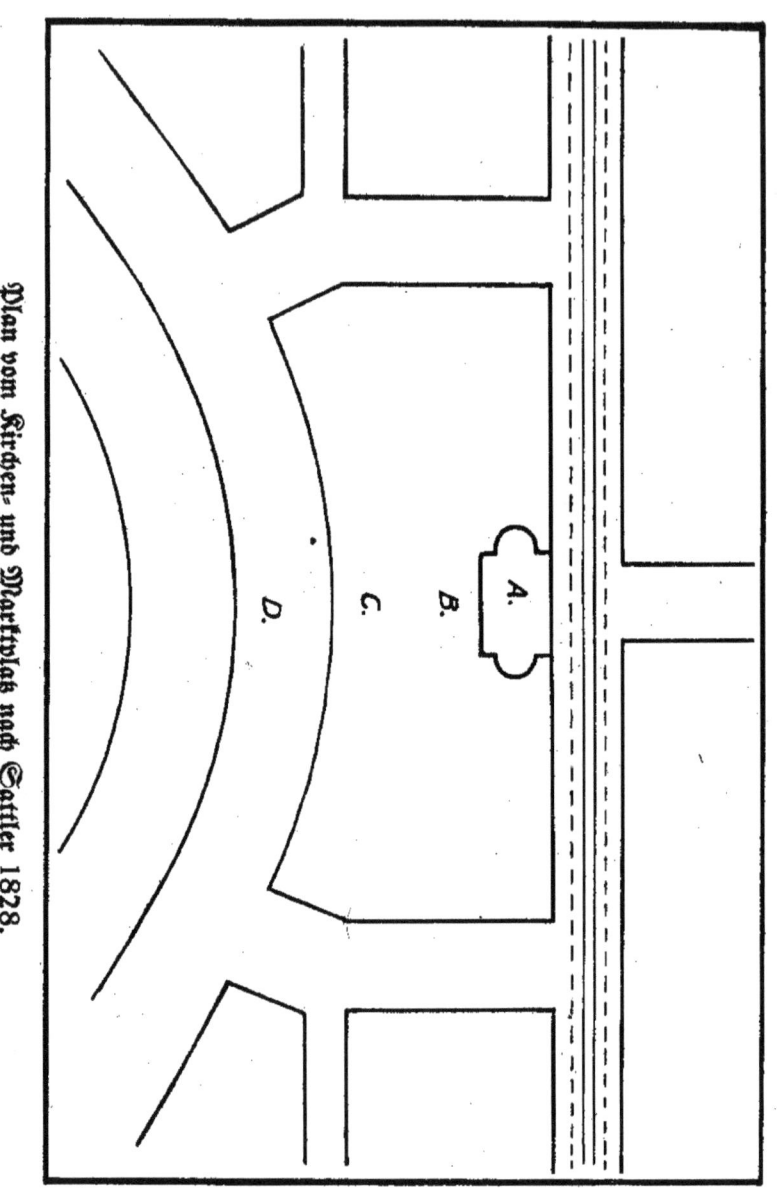

Plan vom Kirchen- und Marktplatz nach Sattler 1828.

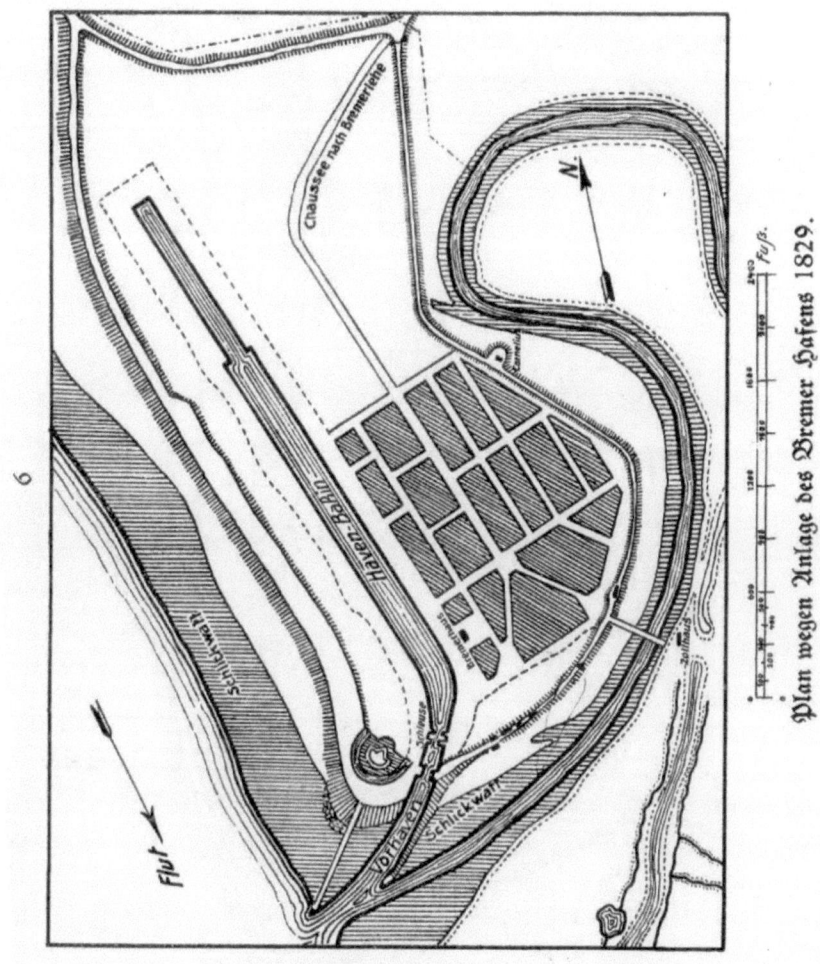

Plan wegen Anlage des Bremer Hafens 1829.

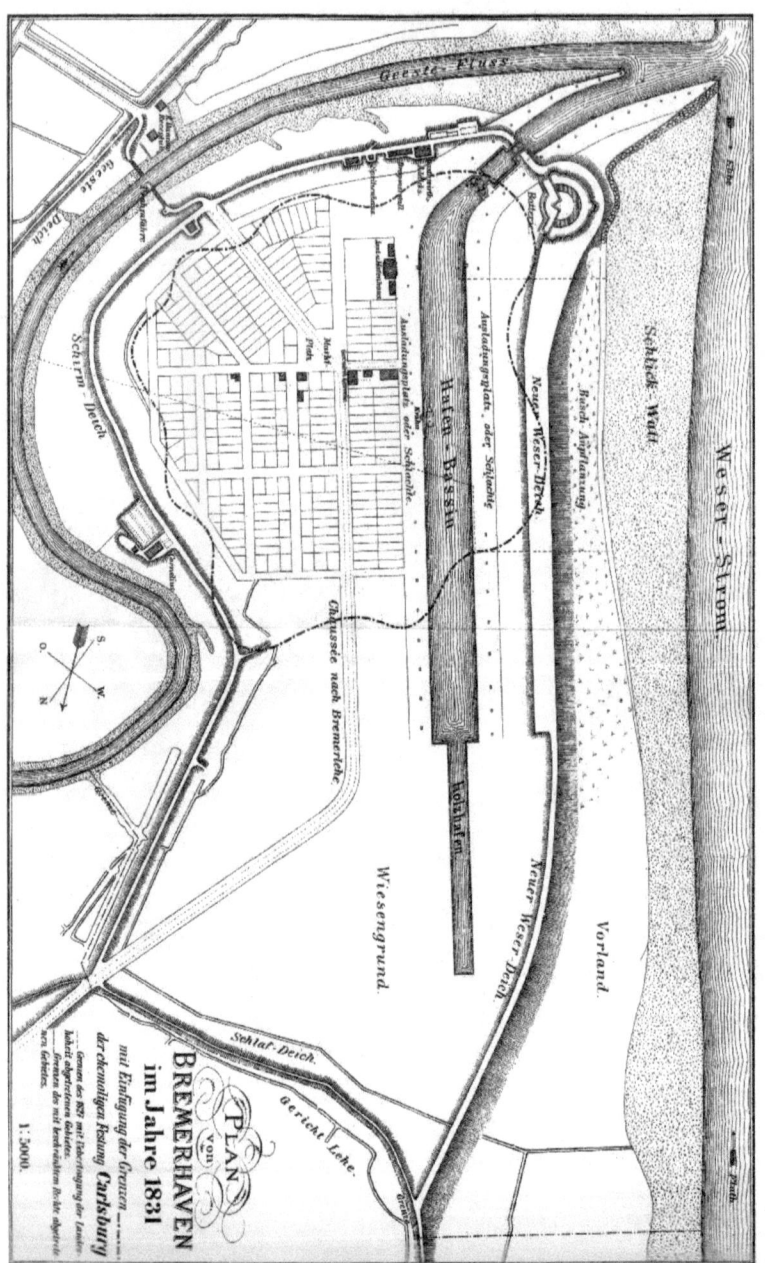

PLAN von BREMERHAVEN im Jahre 1831

mit Einfügung der Grenzen der ehemaligen Festung Carlsburg

1:5000.

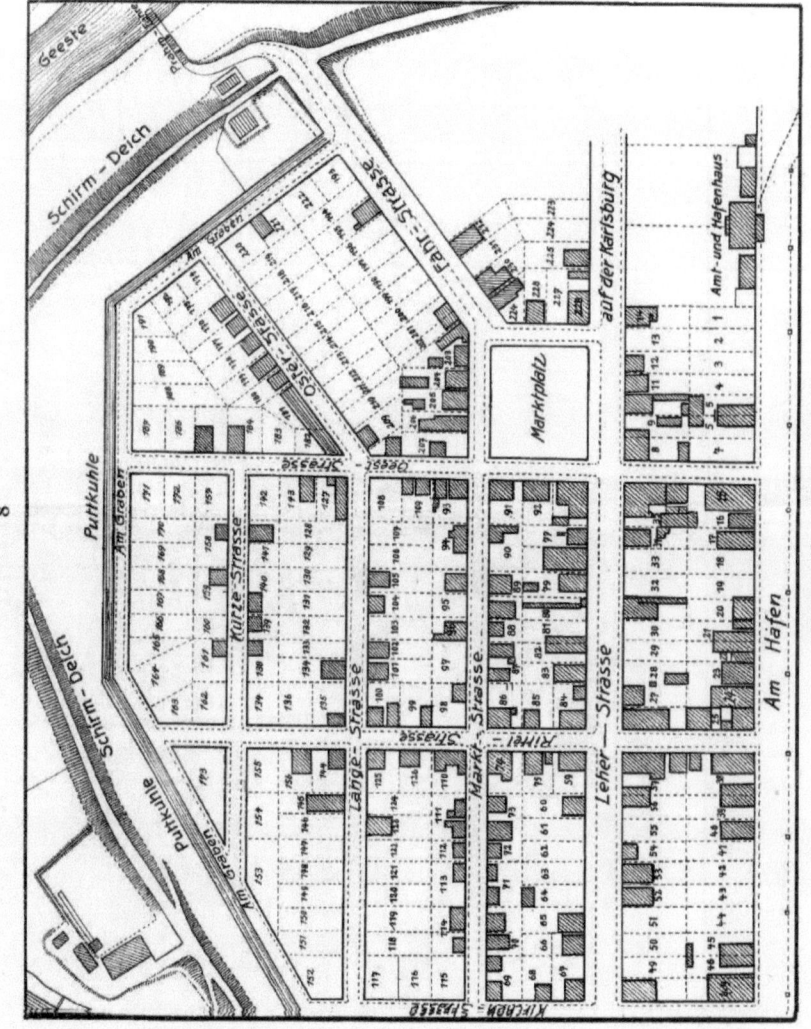

Plan von Bremerhaven 1834/35.

ENTSTEHUNG der HAFENANLAGEN zu BREMERHAVEN.

Weser-Strom

PLAN
von
Bremerhaven
nebst Geestemünde
und den angrenzenden Theilen von
Lehe und Geestendorf.

1:10.000.

Zollgrenze
Landesgrenze zwischen Preußen
und Bremen.

a Leuchtthurm u. Beobachter.
b Post- u. Telegraphen-Anstalten.
c Prüfungs. u. Reinwachthaus u. Reserve.
d Stadthaus.
e Gerichtsgebäude.
ee Krankenhaus u. Rettungs-Institution.
f Bahnhof u. Hafenamt.
g Auswandererhallen.
gg Bauer-Zelte.
hh Marine-Artillerie Depot-Kommandantur.
i Schulen.
l Hafen Dirctionsbische.
l Artilleriegrube.
m Kabelhäuser.
n Wasserkunst.
o Wasserversorgungsstation.
oo Herberge zur Heimath.
p Ratsskullargarten.
pp Kirchenbauweisen-Anstalt.
q Große Kirche (zwisch. eingef.) Brunnekity.
r Lutherische (Brem) Kirche.

s Katholische Kirche.
t Neue Geestendorfer Kirche.
u Spar-Denkmal.
v Kolpro-Denkmal.
w Krieger-Denkmal.

1. Hotel Lütke.
2. Hotel Beermann & Meyer.
3. Hotel Herrefeld.
4. Hotel Herrmann.
5. Liegel Hôtel.
6. Hôtel Wiege.
7. Hôtel Alter.
8. Hôtel Hammer.
9. Café Bismarck.
10. Neues Flächen-Reichsantikum.
11. Fortigungsgeschäftsimmobilien.
12. Weisser Saal.

61. Pflundrei-Restaurant.
62. Weinstuben.
63. Krüger's Café.
64. Krüger's Weinhalle.
65. Weinkeller.
66. Gebenesarm.
80. Sanders Hôtel.
81. Tunnel Hôtel.
82. Hôtel Stadt Emäß.
85. Front- tute Restaurantum.

Lehe

Vordere
Hören.

Geestemünde

Geestendorf

Inhaltsverzeichnis[142]:

Vorwort 5

Erster Teil: Aus der Vorgeschichte Bremerhavens 11

Zweiter Teil: Die Entwicklung Bremerhavens von seiner Gründung bis zu seiner Stadtwerdung den 18. Oktober 1851 oder Alt-Bremerhaven 31

Die Gründung, der Difinitivtraktat, Hafenbau, Straßenpläne und Anweisung der Bauplätze 33

Die staatliche Verwaltung Bremerhavens und deren Einrichtungen 51

Amtmann und Hafenmeister 66

Die Polizei 71

Oberlotse und die „Hansestadt-Bremische-Seelotsen-Gesellschaft zu Bremerhaven" 74

Schleusenmeister und Schleusenknechte 80

Hannoversche-bremische Quarantäneanstalten 83

Das Bergungswesen 87

Die zur Sicherung des Hafens gegen Feuersgefahr und zur Erhaltung der nächtlichen Ordnung 1837 und 1842 getroffenen Einrichtungen. 89

Die Auswanderung über Bremen – Bremerhaven von 1832 bis Ende 1851. 92

Bild: Hafen 103

Die Werften und Docks von 1843 bis 1851 105

Die ersten deutsch-amerikanischen Dampferverbindungen zwischen Bremerhaven und Newyork und der Bau des Neuen Hafens 109

Die Gründung der ersten deutschen Kriegsmarine mit der Hauptstation Bremerhaven 114

---

[142] Zusatz des Herausgebers

Die Entwicklung von Bremens Handel und Schiffahrt von 1831 bis   121
Ende 1851

Die Entwicklung der Ortsgemeinde. Die Bewohner. Der Ausbau   125
der Straßen. Die Art der Häuser. Die Teilung der Bauplätze. Die
Bevölkerungszunahme.

Der durch Fähre, Chaussee, Weserschiffahrt, Post und Telegraphie   137
hergestellte Verkehr mit dem Hafenort

Windmühle in Bremerhaven   152

Wasserversorgung   152

Kanalisation   154

Beleuchtung des Ortes   156

Arzt, Apotheke und Krankenpflege   156

Die Rechtspflege   159

Die erste (provisorische) Gemeindeverwaltung   160

Theater, Vereine, Musik und Gesang, Geselligkeitsleben, Feste und   166
Vergnügungen der Erwachsenen

Aus dem Leben und Treiben der Bremerhavener Jungen und Mäd-   173
chen in den dreißiger und vierziger Jahren des vorigen Jahrhunderts.

Die Wirtschaften in Alt-Bremerhaven   180

Die erste Entwicklung des Bremerhavener Schullebens   183

Schul- und Armenpflege   187

Die kirchliche Zugehörigkeit zu Lehe und das kirchliche Leben in   189
Bremerhaven

Die Grundsteinlegung der Kirche   193

Betrachtung über den kulturellen Stand und das äußere Gepräge   199
Bremerhavens unmittelbar vor seiner Stadtwerdung

Die Stadtfrage und ihre Vorgeschichte, sowie die Einführung der   202
Stadtverfassung

Dritter Teil: Die Stadt Bremerhaven von 1852 bis zur Durchfüh-   211
rung der Neuen Städtischen Verfassung Ende 1879

Das Ende der deutschen Kriegsflotte   211

Das Ende der deutsch-amerikanischen Dampferverbindungen   216

Die Gründung des Norddeutschen Lloyd   217

Bremerhavens bedeutsame Entwicklung als vollgültiger Seehafen   220

Der Auswanderungsverkehr über Bremen – Bremerhaven von   226
1852 bis Ende 1879

Die Zunahme des bremischen Handels und der bremischen   228
Schiffe bis Ende 1879

Die staatliche Verwaltung, deren Beamte und Einrichtungen   228
von 1852 bis Ende 1879 (Amtmann, Polizeiverwaltung, Hafenmeister und Hafenbaudirektor)

Die weitere Entwicklung des Lotsen- und Schleusenwesens   238

Hannoverisch-bremischen Quarantäneanstalten   242

Strandungsordnung vom 17. Mai 1874   243

Die Entwicklung der Stadtgemeinde   244

Wochenmärkte und Jahrmarkt von 1852 an   250

Ein neues Wasserwerk für Bremerhaven   252

Das Vereinsleben   271

Entwicklung des Stadttheaters und die Gründung des Volksgar-   289
tens, Gasthöfe

Bremerhaven im Kriegsjahr 1870/71 und als Garnison   297

Die Thomas-Explosion   299

Die weitere Entwicklung des Schulwesens bis Ende 1879   301

Das kirchliche Leben und die Entwicklung der einzelnen Kirchen- 305
gemeinden bis Ende der siebziger Jahre

Bild: Kirche 317

Erhebene Feste 324

Durchführung der neuen städtischen Verfassung Ende 1879 327

Bild: Kaserne 329

Das Bild von Stadt und Häfen zur Zeit der neuen Verfassung 1879 330

Schlußbetrachtung 332

Vierter Teil: Anhang: Der Definitivtraktat von 1827 337

Kapitel III-IX der provisorischen Gemeindeverfassung vom 8. No- 339
vember 1837

Liste der in den 30er Jahren und Anfang der 40er Jahre des vor- 343
herigen Jahrhunderts hier ansässigen Gewerbetreibenden

Liste der Gemeindeverordneten vom Jahre 1851 346

Lieder zum Gesange bei der Feier der Grundsteinlegung der 348
neuen Kirche zu Bremerhaven am 29. Mai 1846

Familien-Stammtafeln der ersten (bzw. ältesten) Bremerhavener 366
Einwohner

Druckfehlerverzeichnis 395

Karten und Pläne – betr. Befestigungen, Hafenanlagen und Be- 397
bauung Bremerhavens

Nachwort des Herausgebers

Bei diesem Buch handelt es sich um einen Nachdruck. Text-, sowie Bild- und Kartenmaterial sind ohne Änderung aus der Originalausgabe von 1927 übernommen worden.

Von mir hinzugefügte Inhalte/Anpassungen sind in kursiv gedruckt.

Diese sind:

- Hinzufügung eines Inhaltsverzeichnises
- einige erläuternde Fußnoten
- Punkte als Tausendertrennzeichen

Bremerhaven, am 16. November 2023

Robert Westerhoff